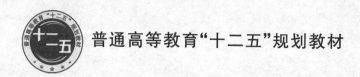

普通高等教育"十二五"规划教材

消费者行为学

（第 2 版）

叶 敏 张 波 平宇伟 编著

北京邮电大学出版社
www.buptpress.com

图书在版编目（CIP）数据

消费者行为学 / 叶敏，张波，平宇伟编著. -- 2版. -- 北京：北京邮电大学出版社，2016.7
ISBN 978-7-5635-4493-6

Ⅰ.①消… Ⅱ.①叶…②张…③平… Ⅲ.消费者行为论—高等学校—教材 Ⅳ.①F713.55

中国版本图书馆CIP数据核字（2015）第198088号

书　　　名：	消费者行为学（第2版）
著作责任者：	叶　敏　张　波　平宇伟　编著
责 任 编 辑：	付兆华
出 版 发 行：	北京邮电大学出版社
社　　　址：	北京市海淀区西土城路10号（邮编：100876）
发 行 部：	电话：010-62282185　传真：010-62283578
E-mail：	publish@bupt.edu.cn
经　　　销：	各地新华书店
印　　　刷：	北京通州皇家印刷厂
开　　　本：	787 mm×1 092 mm　1/16
印　　　张：	18.25
字　　　数：	466千字
版　　　次：	2008年1月第1版　2016年7月第2版　2016年7月第1次印刷

ISBN 978-7-5635-4493-6　　　　　　　　　　　　　　　　　　　　定　价：38.00元

· 如有印装质量问题，请与北京邮电大学出版社发行部联系 ·

前　言

改革开放以来，中国的消费市场成长得很快，广大消费者在消费观念、消费方式、消费内容上发生了巨大变化。一定意义上，不了解目标市场消费者的心理与行为特点，就无从谈起制定正确的营销策略和取得最佳营销效果。正因如此，消费者行为学研究在市场营销理论体系中占有重要的基础性地位，是研究市场细分、目标市场选择、市场定位、营销战略与策略组合的基本出发点。许多大企业和公司都设有专门的研究机构，把对消费者行为的调查研究，作为制定营销战略目标的重要依据。在以消费者为导向的现代市场经济条件下，研究消费者行为已成为企业开展营销活动的基础，越来越多的学者和企业销售部门致力于消费者行为的研究与应用。

消费者行为学虽然是一门新兴学科，但是从其产生以来，一直受到了理论界和企业界的高度重视，并成为市场营销专业学生必修的课程。如何将理论与实践相结合，更好地服务于企业与社会，提高消费文明和消费质量，促进经济发展，是摆在我们面前的亟待解决的课题。经过多年的教学与科研工作，我们深深感到，不论是从消费者行为学的教学考虑，还是从企业营销实践考虑，对一本实用性较强的消费者行为学教材的需要是多么迫切。我们愿意将自己多年来研究的结果、教学实践经验的体会与同行的成果汇集在一起，编写一本新的教材，敬献给广大读者。

本书的编写基本上是沿循消费者内外影响因素及其购买决策的过程这一主线而展开。在编写过程中，广泛借鉴国内外有关研究成果，力求反映出该研究领域发展的最新水平。在研究体系上，对体系结构进行了精心设计和编排，以便尽可能完整全面地涵盖该研究领域的各个方面。在研究内容上，对近年来消费领域出现的许多新现象、新问题进行了真实反映和探索性研究。在研究方法上，注重理论与企业营销实践的紧密结合，以求为企业开展营销活动提供切实有效的方法和手段。在编写体例上，强调体例的新颖性和实用性，在各章中设置了导入案例、知识链接等栏目，并在章后安排了复习思考题，供学生巩固所学的知识点。

本书由北京联合大学管理学院的叶敏副教授主编并总纂，北京联合大学管理学院的张波、平宇伟参加了撰写工作。叶敏编写了第一章、第三章、第七章、第八章、第九章、第十章；张波编写了第二章、第四章、第五章、第六章；平宇伟编写了第十一章、第十二章。

本书在写作过程中参考了国内外许多专家学者的著作，在此一并致谢！

鉴于消费者行为学是一门相对年轻的学科，加之作者水平有限，书中的不当之处甚至错误在所难免，敬请广大读者批评指正，以便今后修改、完善。

叶　敏

目 录

前言

第一章 绪论 1
第一节 消费者行为学的研究对象和内容 2
一、消费、消费者与消费者行为 2
二、消费者行为学的研究对象和内容 3
第二节 消费者行为学的演进与发展 5
一、消费者行为学的学科化和发展 5
二、消费者行为学的研究现状与发展趋向 7
三、消费者行为学在我国的发展 8
第三节 消费者行为学的研究方法 9
一、消费者行为学的研究原则 9
二、消费者行为学研究的具体方法 9
第四节 为什么要研究消费者行为 13
一、研究消费者行为对开展商业活动非常重要 13
二、了解消费者行为对非营利机构开展活动及个人工作有相当的帮助 14
三、关注消费者行为对许多公共政策的讨论过程有重要影响 14
四、了解消费者行为对个人有重要影响 14

第二章 影响消费者行为的因素体系 16
第一节 消费者行为模式 17
一、消费者行为 17
二、消费者行为的一般模式 19
三、影响消费者行为的因素体系 23
四、消费者行为模式的运用 24
第二节 影响消费者行为的外部环境因素 26
一、自然环境因素 26
二、社会环境因素 28
第三节 影响消费者行为的个人内在因素 35

一、生理因素 ……………………………………………………………………… 35
　　二、心理因素 ……………………………………………………………………… 40

第三章　消费者群体的心理与行为 ……………………………………………… 42

　第一节　消费者群体概述 ………………………………………………………… 43
　　一、消费者群体的含义 …………………………………………………………… 43
　　二、消费者群体与消费者个体的关系 …………………………………………… 43
　　三、消费者群体的类型 …………………………………………………………… 44
　第二节　主要消费者群体的心理与行为特征 …………………………………… 45
　　一、不同年龄段的消费者群体心理与行为特征 ………………………………… 46
　　二、男女消费者群体心理与行为特征 …………………………………………… 52
　第三节　暗示、模仿与从众行为 ………………………………………………… 54
　　一、暗示 …………………………………………………………………………… 54
　　二、模仿 …………………………………………………………………………… 54
　　三、从众行为 ……………………………………………………………………… 55
　第四节　消费习俗与消费流行 …………………………………………………… 58
　　一、消费习俗 ……………………………………………………………………… 58
　　二、消费流行 ……………………………………………………………………… 59

第四章　社会环境与消费者心理和行为 ………………………………………… 65

　第一节　社会文化与消费者行为 ………………………………………………… 66
　　一、社会文化的含义和特征 ……………………………………………………… 66
　　二、社会文化的内容 ……………………………………………………………… 68
　　三、亚文化 ………………………………………………………………………… 76
　第二节　社会阶层与消费者行为 ………………………………………………… 78
　　一、社会阶层的含义 ……………………………………………………………… 78
　　二、社会阶层与消费者行为的相关关系 ………………………………………… 82
　第三节　参照群体与消费者行为 ………………………………………………… 83
　　一、参照群体的含义和类型 ……………………………………………………… 86
　　二、参照群体的影响作用 ………………………………………………………… 88
　　三、参照群体对消费者行为的影响 ……………………………………………… 89
　第四节　家庭对消费行为的影响 ………………………………………………… 90
　　一、家庭的含义与特征 …………………………………………………………… 91
　　二、家庭成员角色结构与购买决策 ……………………………………………… 92
　　三、家庭生命周期不同阶段的购买特点 ………………………………………… 94

第五章　消费者的品牌心理与行为 ……………………………………………… 97

　第一节　品牌概述 ………………………………………………………………… 98

一、品牌的含义与特征 …………………………………………… 98
　　二、企业的品牌定位 ……………………………………………… 99
　第二节　消费者的品牌心理 …………………………………………… 103
　　一、品牌的心理效应 ……………………………………………… 104
　　二、品牌个性 ……………………………………………………… 107
　　三、品牌的心理作用过程 ………………………………………… 110
　第三节　消费者的品牌购买行为 ……………………………………… 113
　　一、品牌的消费行为 ……………………………………………… 113
　　二、品牌的习惯性购买 …………………………………………… 116
　第四节　建立和保持消费者的品牌忠诚 ……………………………… 117
　　一、品牌忠诚 ……………………………………………………… 117
　　二、品牌忠诚度的测定 …………………………………………… 118
　　三、品牌忠诚形成原因的传统解释 ……………………………… 118

第六章　消费者的价格认知心理与行为 …………………………… 122

　第一节　商品价格与消费心理 ………………………………………… 123
　　一、商品价格的心理功能 ………………………………………… 123
　　二、消费者的价格心理特征 ……………………………………… 123
　　三、制定商品价格的心理策略 …………………………………… 123
　　四、商品调整定价的心理策略 …………………………………… 124
　第二节　消费者的价格心理表现与价格判断 ………………………… 126
　　一、定价的含义 …………………………………………………… 126
　　二、价格感知 ……………………………………………………… 126
　第三节　制定价格策略 ………………………………………………… 128
　　一、定价应考虑的因素 …………………………………………… 129
　　二、价格策划的原则与程序 ……………………………………… 129
　　三、可供选择的定价方法与策略 ………………………………… 131
　第四节　修订价格策略 ………………………………………………… 134
　　一、地区性价格策略 ……………………………………………… 134
　　二、价格折扣与折让策略 ………………………………………… 135
　　三、促销价格策略 ………………………………………………… 135
　　四、差别定价策略 ………………………………………………… 136
　　五、产品组合定价策略 …………………………………………… 136
　第五节　变动价格策略 ………………………………………………… 138
　　一、主动调整价格策略 …………………………………………… 138
　　二、被动调整价格策略 …………………………………………… 139

第七章 广告与消费者心理和行为 ………………………………………………… 141

第一节 广告的心理功能与心理过程 ……………………………………… 142
一、广告的概念与特点 …………………………………………………… 142
二、广告的心理功能 ……………………………………………………… 142
三、广告的心理过程 ……………………………………………………… 143

第二节 广告媒体的心理特征 ……………………………………………… 148
一、广告媒体类型 ………………………………………………………… 148
二、广告媒体选择心理 …………………………………………………… 154
三、广告版面、栏目和时间选择心理 …………………………………… 155

第三节 广告策划与设计心理 ……………………………………………… 157
一、广告定位心理 ………………………………………………………… 157
二、广告创意心理 ………………………………………………………… 159
三、广告诉求心理 ………………………………………………………… 161
四、广告文化心理 ………………………………………………………… 165

第八章 消费者的心理活动过程 ………………………………………………… 169

第一节 消费者的知觉 ……………………………………………………… 170
一、知觉的概念 …………………………………………………………… 170
二、知觉的分类 …………………………………………………………… 170
三、知觉的基本特性 ……………………………………………………… 172
四、知觉在营销活动中的应用 …………………………………………… 174

第二节 消费者的注意与记忆 ……………………………………………… 176
一、消费者的注意 ………………………………………………………… 176
二、消费者的记忆 ………………………………………………………… 178

第三节 消费者的学习与联想 ……………………………………………… 181
一、消费者的学习 ………………………………………………………… 181
二、消费者的联想 ………………………………………………………… 186

第四节 消费者的情绪与意志 ……………………………………………… 187
一、消费者的情绪 ………………………………………………………… 187
二、消费者的意志 ………………………………………………………… 194

第九章 消费者的个性 …………………………………………………………… 196

第一节 消费者的个性概述 ………………………………………………… 197
一、个性的含义与特征 …………………………………………………… 197
二、个性的内容 …………………………………………………………… 198
三、与消费者行为有关的几个个性概念 ………………………………… 199

第二节 消费者的气质 ……………………………………………………………… 201
　一、气质的含义 …………………………………………………………………… 201
　二、气质的类型 …………………………………………………………………… 202
　三、消费者购买行为中的气质表现 ……………………………………………… 207
第三节 消费者的能力 ……………………………………………………………… 208
　一、能力的含义和类型 …………………………………………………………… 208
　二、消费者的能力构成 …………………………………………………………… 209
　三、消费者购买行为中的能力表现 ……………………………………………… 210
第四节 消费者的性格 ……………………………………………………………… 211
　一、性格的含义与特征 …………………………………………………………… 211
　二、性格的类型 …………………………………………………………………… 212
　三、性格与消费者的购买行为 …………………………………………………… 214
第五节 消费者的自我概念 ………………………………………………………… 215
　一、自我概念的含义 ……………………………………………………………… 215
　二、自我概念形成的影响因素 …………………………………………………… 215
　三、自我概念的构成 ……………………………………………………………… 216
　四、自我概念与消费者行为 ……………………………………………………… 217
　五、自我概念的测量与运用 ……………………………………………………… 219

第十章　消费者的需要和动机 ……………………………………………………… 222

第一节 消费者的需要 ……………………………………………………………… 223
　一、消费需要的含义与特征 ……………………………………………………… 223
　二、消费需要的种类 ……………………………………………………………… 225
第二节 消费者的购买动机 ………………………………………………………… 230
　一、购买动机的含义 ……………………………………………………………… 231
　二、购买动机的分类 ……………………………………………………………… 234
　三、关于购买动机的理论 ………………………………………………………… 238
第三节 消费者需要、动机和行为之间的关系 …………………………………… 242
　一、消费者需要、动机和购买行为全过程 ……………………………………… 242
　二、消费者需要和动机之间的关系 ……………………………………………… 242
　三、动机与行为的关系 …………………………………………………………… 243

第十一章　消费者的态度 …………………………………………………………… 245

第一节 消费者态度的构成与特性 ………………………………………………… 246
　一、消费者态度的含义 …………………………………………………………… 246
　二、消费者态度的特性与功能 …………………………………………………… 249
第二节 改变消费者态度的策略 …………………………………………………… 250

一、改变消费者态度的说服模式 ………………………………………………………… 251
　　二、说服模式中的具体影响因素 ………………………………………………………… 253
　第三节　消费者态度的测量 …………………………………………………………………… 260
　　一、量表测量 ……………………………………………………………………………… 260
　　二、非量表测量 …………………………………………………………………………… 262
　　三、态度测量上常出现的问题 …………………………………………………………… 265

第十二章　消费者购买决策与购买行为 …………………………………………………… 267

　第一节　消费者购买决策过程 ………………………………………………………………… 269
　　一、参与决策的角色 ……………………………………………………………………… 269
　　二、购买行为的类型 ……………………………………………………………………… 270
　　三、购买决策的阶段 ……………………………………………………………………… 272
　第二节　消费者购买决策后行为 ……………………………………………………………… 276
　　一、购后感受的含义 ……………………………………………………………………… 276
　　二、顾客满意的价值 ……………………………………………………………………… 276
　　三、顾客不满意的后果及应对措施 ……………………………………………………… 279

参考文献 ……………………………………………………………………………………………… 282

第一章

绪 论

1. 了解消费者行为学的研究对象和基本内容;
2. 了解消费者行为学的历史发展与研究意义;
3. 掌握消费者行为学的研究方法;
4. 掌握消费者、消费者心理、消费者行为的基本概念;
5. 了解研究消费者行为的理由。

1. 消费者行为学的研究对象;
2. 消费者行为学的基本内容;
3. 消费者行为学的历史发展与研究意义;
4. 消费者行为学的研究方法;
5. 消费者、消费者心理、消费者行为的基本概念。

山姆的选择

沃尔玛的创始人老山姆看到了碳酸饮料的巨大市场,决定推出自己的可乐品牌,并取名为"山姆的选择"。为了确保自己的可乐在口感上不输于可口可乐和百事可乐,山姆投入200万美金,给5万人做了测试,他把可口可乐、百事可乐、山姆的选择瓶子上的商标都撕掉,然后邀请被调查者品尝,并要求分辨出自己所饮用的可乐品牌。结果发现,消费者根本就分不清楚哪个是可口可乐,哪个是百事可乐,哪个是山姆的选择。山姆想既然顾客分不清,只要他的价格便宜还有渠道,那老百姓就会喝他的可乐。于是踌躇满志的山姆向市场推出了新可乐,其产品定价比可口可乐便宜了近40%,而其时沃尔玛在全美有近千家的连锁超市。但是当"山姆的选择"真正贴上标签摆上货架时却很少有人问津,人们仍然钟情于可口可乐和百事可乐。

是什么原因让人们对可口可乐与百事可乐趋之若鹜呢?

以消费者的需要为核心,是现代营销理论和实践的精髓。了解和掌握消费者行为的相关知识,无论是对于营销管理人员还是对于公共政策的制定者,都具有十分重要的意义。

第一节　消费者行为学的研究对象和内容

一、消费、消费者与消费者行为

1. 消费与消费者

消费与消费者是两个不同的概念。广义的消费包括生产消费和生活消费。生产消费指生产过程中工具、原材料、燃料、人力等生产资料和活劳动的消耗，它包含在生产活动中，是维持生产过程连续进行的基本条件。生活消费又称个人消费，是指人们为满足自身需要而对各种物质生活资料、劳务和精神产品的消耗，它是人们维持自身生存和发展的必要条件，也是人类社会最大量、最普遍的经济现象和行为活动。在社会再生产过程中，生产消费与生活消费处于完全不同的地位。如果说前者是这一过程的起点的话，后者则处于这一过程的终点，即生活消费或个人消费是一种最终消费。马克思称之为"原来意义上的消费"。通常情况下，"消费"一词狭义地专指个人生活消费。

消费者与消费既紧密联系，又相互区别。如上所述，消费是人们消耗生活资料及精神产品的行为活动，而消费者则是从事消费行为活动的主体——人。这里，由于研究角度的不同，对消费者概念的界定也有广义和狭义之分。

广义的消费者是指所有从事物质产品和精神产品的消费活动的人。一定意义上，社会中的每一个人，无论其身份、地位、职业、年龄、性别、国籍如何，为维持自身的生存和发展，都要对衣食住行等物质生活资料或精神产品进行消费，因而都是消费者。换言之，广义的消费者是等同于全人口的、最大的社会群体。

狭义的消费者概念是从市场需求的角度界定的。将消费者放在市场需求的框架中加以考察，可以认为消费者是指那些对某种商品或服务有现实或潜在需求的人。除了消费者之外，产品和服务的购买、使用者还包括企业、学校、政府机关和其他组织，他们被称为组织用户。例如，家庭主妇购买桃子回来供全家人食用，则该主妇及其家人就是消费者；而生产果汁的公司购买桃子来榨制桃汁以供销售之用，那么生产果汁的公司就是组织用户。本书研究的主要是消费者行为的基本理论，不过，这些理论同样适用于组织用户的购买行为。

由于对商品需求的表现不同，狭义的消费者又可相应地分为现实消费者和潜在消费者。现实消费者指对某种商品或劳务有现实需要，并实际从事商品购买或使用活动的消费者。潜在消费者指当前尚未购买、使用或需要某种商品，但在未来可能对其产生需求并付诸购买及使用的消费者。例如，青少年消费者大多对厨房炊具用品缺乏现实需要，但在将来独立组建家庭后，就会对其产生实际需求。因此，就现阶段而言，青少年是厨房炊具用品的潜在消费者。通常，消费者需求的潜在状态是由于缺乏某种必备的消费条件所致，诸如需求意识不明确、需求程度不强烈、购买能力不足、缺乏有关商品信息等。而一旦所需条件具备，潜在消费者随时有可能转化为现实消费者。

显然，对企业而言，更有实际意义的是狭义的消费者概念。因为没有任何一个企业能够面对等同于全人口的所有消费者并满足其全部消费需要，而只能从中选取对本企业特定产品及服务有现实或潜在需求的消费者，通过不断向市场提供适销对路的商品，以满足其现实需求并促进潜在需求向现实需求转化，来求得自身的生存和发展。

2. 消费者心理与行为

值得指出的是,无论广义或狭义的消费者,都首先作为人而存在,因而必然具有人类的某些共有特性,如有思想、有感情、有欲望、有喜怒哀乐、有不同的兴趣爱好、性格气质、价值观念、思维方式等。所有这些特性构成了人的心理,也称为心理活动或心理现象。心理活动是人脑对客观事物或外部刺激的反应活动,是人脑所具有的特殊功能和复杂的活动方式,它处于内在的隐蔽状态,不具有可以直接观察的现象形态,因而无法从外部直接了解。但是心理活动可以支配人的行为,决定人们做什么,不做什么,以及怎么做。换言之,人的行为尽管形形色色、千变万化,但无一不受到人的心理支配。因此,观察一个人的行为表现,即可间接了解他的心理活动状态。

同样,人作为消费者在消费活动中的各种行为也无一不受到其心理活动的支配。例如,是否购买某种商品,购买何种品牌、款式、何时、何地购买,采取何种购买方式,以及怎样使用等,其中每一个环节步骤都需要消费者做出相应的心理反应,通过一系列心理活动加以分析、比较、选择、判断。所以,消费者的各种消费行为都是在一定心理活动支配下进行的。这种在消费过程中发生的心理活动即为消费心理,又称为消费者心理。而消费者行为则是消费者在消费心理的支配下,对商品、服务等消费对象加以选择、评价、购买和使用的一系列行为活动。

二、消费者行为学的研究对象和内容

消费者心理与行为作为一种客观存在的经济现象,如同其他经济现象一样,有其特有的活动方式和内在运行规律。消费者行为学就是研究消费者在消费活动中的心理与行为特点及其规律,以便适应、引导、改善和优化消费行为的一门现代经营管理科学。

消费者行为学以消费者在消费活动中的心理和行为现象作为研究对象。实际生活中,这些心理和行为现象表现形式多样,涉及消费群体、市场营销、社会文化环境、消费者个人心理特性、行为方式等诸多方面和领域。为此,消费者行为学的研究对象在具体内容上又可分为以下几个方面。

1. 消费者群体心理与行为

消费在直接形态上表现为消费者个人的行为活动,但从社会总体角度看,消费者行为又带有明显的群体性。现实生活中,某些消费者由于年龄、性别、职业、收入水平、社会地位、宗教信仰相同或接近,因而在消费需求、消费观念、消费习惯以及消费能力等方面表现出很大的相似性或一致性。具有上述相同消费特征的若干消费者构成一定的消费者群体。消费者群体是社会消费活动的客观存在。研究不同消费者群体在消费心理和消费行为方式上的特点与差异,有助于从宏观角度把握社会总体消费的运动规律,同时对商品生产者和经营者准确地细分消费者市场,制定最佳营销策略,无疑具有重要的指导意义。因此,消费者的群体心理与行为特点(如群体规范、群体压力、群体内部沟通、模仿、暗示、从众,以及消费习俗、消费流行等)就成为消费者行为学的研究对象之一。此外,少年儿童、青年、老年、女性消费者群体等是市场需求中具有重要意义的消费者群体,需要加以专门研究。

2. 消费者心理、行为与社会环境

现实当中,消费者及其所从事的消费活动都是置于一定的社会环境之中,在某种特定的环境条件下进行的。因而一方面,无论消费者个人抑或消费者群体,其心理活动的倾向及其行为表现,在很大程度上要受到社会环境因素的影响和制约;另一方面,消费者在适应环境的同时,也会以不同方式影响和作用于环境。具体分析各种社会环境因素诸如社会文化和亚文化、社会阶层、参照群体、家庭、舆论导向等与消费者心理及行为的相互影响和作用方式,对于了解消费者心理与行为活动的成因,掌握其运动规律具有重要意义。

3. 消费者心理与市场营销

现代市场经济条件下,消费者与之大量接触,受其影响最为深刻、直接的环境事物就是企业的市场营销活动。市场营销是商品生产者和经营者围绕市场销售所从事的产品设计、制造、包装装潢、命名、定价、广告宣传、渠道分销、购物环境布置、销售方式、服务等一系列活动,其目的在于通过满足消费者的需要,激发购买动机,促成购买行为,实现商品的最终销售。因此,市场营销的一切活动都是直接围绕消费者进行的。显然,营销活动会对消费者心理及购买行为产生直接影响。同时,企业所采取的全部营销策略、手段又必须以消费者的心理与行为为基础,最大限度地迎合消费者的需求、欲望、消费习惯、购买能力等。换言之,市场营销活动的效果大小和成功与否,主要取决于对消费者心理及行为的适应程度。

由此可见,消费者心理和行为与企业的市场营销活动之间有着极为密切的内在联系,二者相互影响,又互为作用。而市场营销既是适应消费者心理的过程,同时又是对消费心理加以诱导,促成其行为实现的过程。探讨这一过程中消费者如何对各种营销活动做出反应,以及怎样针对消费者的心理特点改进营销方式,提高营销效果,是消费者行为学研究的主要对象和内容之一,也是其研究目的和任务所在。

4. 消费者的心理活动基础

心理活动基础是消费者赖以从事消费活动的基本心理机制及其作用方式,包括消费者心理活动的一般过程,消费者的个性心理特征、消费需要和动机等。消费者行为学运用心理学有关原理和要素分析法对上述方面进行系统研究,通过对心理过程中的认识过程、情感过程、意志过程等基本活动过程,以及知觉、注意、记忆等心理要素的分析,揭示消费者心理现象的一般规律,把握其心理和行为活动中的共性。

另外,消费者行为学通过研究消费者的能力、气质、性格、自我概念等个性心理特征,了解消费心理现象的个别性或特殊性,进而解释不同消费者之间在行为表现上存在的种种差异。同时对影响消费者行为的诸多心理因素中最重要、最直接的因素——需要和动机——加以深入研究,系统分析现化消费者的需求内容、动机类型及其发展变化趋势,从而为购买行为的研究奠定基础。

5. 消费者的购买行为

购买行为是消费者心理活动的集中外现,是消费活动中最有意义的部分。在消费者行为学的研究中,将影响消费者的心理因素与其行为表现紧密联系起来,深入探讨消费者的购买行为过程,购买决策的形成以及态度、偏好、逆反心理、预期心理等对购买决策与行为的影响。通过对购买过程中产生消费需求、驱动购买动机、搜集有关信息、进行比较选择、制定购买决策、实际从事购买、评价所购商品等若干阶段及其相互联系的逐一考察,抽象出消费者购买行为的基本模式。在购买过程中,决策居于关键性环节。

第二节　消费者行为学的演进与发展

消费者行为学作为一门独立的学科体系，其有关研究却经历了漫长的理论与实践的积累和演变过程。其间，理论研究每前进一步，都始终与社会经济的发展以及相关学科的不断完善紧密相随。因此，二者构成消费者心理与行为研究产生和发展的坚实基础。

一、消费者行为学的学科化和发展

自20世纪初以来，有关消费者心理与行为的研究经历了不断丰富、发展和完善的过程。成为这一过程现实推动力的是市场结构和企业营销观念的变化。

20世纪20年代以前，在物资紧缺、商品供不应求的卖方市场形势下，多数企业奉行以生产为中心的"生产观念"，认为消费者欢迎那些可以买得到和买得起的产品，企业只需集中精力发展生产，增加产量，降低成本，就不愁产品卖不出去，因而不甚重视产品推销。受生产观念的束缚，这一时期关于消费者心理与行为的研究进展缓慢，仅仅局限于有关广告心理的零散实验与调查，研究成果也微乎其微。

20世纪20年代初至第二次世界大战期间，西方主要资本主义国家处于由"卖方市场"向"买方市场"过渡的阶段。由于产品积压，销售不畅，多数企业突破重生产、轻销售的传统思想，转而遵从"推销观念"，即认识到如果企业采取适当的推销措施，消费者有可能购买更多的产品。受这一观念的驱使，越来越多的企业求助于广告宣传和其他推销手段，努力探索如何引起消费者的兴趣，争取潜在顾客。

为适应企业界的这一要求，有关学者开始了对消费者心理的系统研究，并首先在广告心理和销售心理方面取得进展。一些心理学家运用心理学原理系统研究广告的运用对消费者的影响。例如，研究采用何种版面设计、色彩、插图和文字可以更好地引起消费者注意？广告应该刊登在杂志的前半部还是后半部？同时就各种不同形式的广告对消费者的说服、记忆效果等进行了实验比较。

此外，一些学者围绕推销人员的心理素质，如何针对消费者心理特点进行推销等问题进行了探讨。1929年爆发的世界性经济危机，进一步推动了理论界对消费需求、消费者心理、消费趋势等课题的研究，并利用多种方法对消费者的需要进行市场调查。由此，一个从多侧面、多角度研究消费心理的趋势逐步形成，并为第二次世界大战后这一研究领域的全面发展奠定了基础。

20世纪50年代以来，以美国为首的资本主义国家相继进入发达阶段。随着战争结束和经济迅速增长，以商品供过于求、卖主之间竞争激烈、买方处于优势地位为特征的"买方市场"逐步形成。为在买方市场下扩大销售，增加盈利，企业纷纷转向奉行"市场观念"，即以消费者及其需要为中心，集中企业的一切资源力量，千方百计满足顾客需要。在经营方式上，也由以产定销改为以销定产。

上述形势推动了消费者心理与行为研究的全面展开。首先取得进展的是关于消费动机的研究。一些心理学家尝试把心理分析理论和心理诊疗技术应用于该研究中，试图提示出隐藏在各种购买行为背后的深层动机。美国学者E·迪德等人在1950年进行的销售速溶咖啡的研究取得了重要成果,并引起了企业界的广泛重视。

速溶咖啡问世之初的遭遇

在20世纪40年代,厂家纷纷推出速溶咖啡。在这以前,人们饮用咖啡要花费很长时间,要经过一系列烦琐的步骤:先将咖啡豆细细研磨,然后将研磨的粉末放入专门用来煮咖啡的炊具中煮沸,最后还得将煮好的咖啡过滤,很不方便。而速溶咖啡正好克服了上述缺点,它不用研磨、煮沸等步骤,一冲即可,适应当时不断加快的生活节奏,似乎理所当然会受到消费者青睐。但是,当把这种省时省力的产品介绍给消费者后,却发现它并不像预期的那样大获成功,而是不受欢迎。厂家大惑不解,为探究原因,直接询问消费者,得到的回答是速溶咖啡的味道不好。但是,当让消费者具体就传统制作的咖啡和速溶咖啡进行味道对比时,发现二者并没有明显差别。于是,心理学家海尔设计了一种间接的方法,他开出了两张购货单:

购货单一	购货单二
一听发酵粉	一听发酵粉
两块面包,一块萝卜	两块面包,一块萝卜
一磅速溶咖啡	一磅传统咖啡
1.5磅牛肉	1.5磅牛肉
两听桃子	两听桃子
5磅土豆	5磅土豆

在进行调查时,随机用两张购货单之一出示给调查者,并告诉他,这是一个家庭主妇的购货单,请他对家庭主妇进行评价。结果发现,采取购货单一的家庭主妇,被多数被调查者看成是不会生活、懒惰、生活无情趣的人,而采取购货单二的家庭主妇,被调查者的评价是有消费经验、勤快、讲究生活。

而两张购货单的区别,就在于一张是速溶咖啡,另一张是传统咖啡。正是这种观念上的因素,使得购买者因为不愿意被人看成是不会生活的、懒惰的、生活无情趣的人而拒绝购买速溶咖啡。

弄清了消费者拒绝的真正原因后,企业的广告改变了主题,不再宣传速溶咖啡省时省力方便的特点,而是强调它不但味道纯正,而且节省下来的时间、精力还可以做许多别的事情。这适应了消费者的观念,改变了消费者的态度,使速溶咖啡成了最受欢迎的产品之一。

这一时期,一些工程师、制造商在新产品研制过程中发现,产品的外观、造型、性能等对消费者心理有重要影响。为此,他们运用心理学中有关知觉的理论和方法,开展了"新产品初步设计研究"、"产品定位研究"等,从而为消费者心理与行为研究开辟了一个新的领域。

在消费需求调查方面,社会学、社会心理学等有关理论和概念被相继引入,由此推动了一系列新的研究发展,例如社会群体、社会阶层、家庭结构等对消费者行为的影响,意见领袖在新产品推广中的作用,信息传递中的群体影响等。

进入20世纪60年代,随着市场的高度繁荣和人们收入水平的提高,消费者的心理和行为趋向复杂,企业间争夺买主的竞争空前激烈。与此相适应,对消费者心理与行为的研究进入蓬勃发展阶段。1960年,美国心理学会成立了消费心理学科分会,标志着消费心理学作为一门独立的学科正式诞生。心理、经济、法律等各界人士又共同成立了顾客研究会。一些学者就态度因素及个性特点与消费者行为的关系开展研究,进一步拓宽了消费者心理与行为的研究范围。

二、消费者行为学的研究现状与发展趋向

20世纪70年代以来,有关消费者心理与行为的研究进入全面发展和成熟阶段。前人的研究成果经过归纳、综合,逐步趋于系统化,一个独立的消费者行为学学科体系开始形成,相关的研究机构和学术刊物不断增多。除大学和学术团体外,美国等国家的一些大公司也纷纷附设专门研究机构,从事消费者心理和行为研究。有关消费者心理与行为理论和知识的传播范围日益广泛,并且越来越受到社会各界的高度重视。综观近年来消费者心理与行为的研究现状,可以发现如下新的发展趋势。

1. 研究角度趋向多元化

长期以来,人们只从商品生产者和经营者的单一角度研究消费者心理与行为,关注点集中在帮助工商企业通过满足消费需要来扩大销售,增加盈利。目前,这种单一局面已被打破,许多学者开始把消费者心理及行为同更广泛的社会问题联系在一起,从宏观经济、自然资源和环境保护、消费者利益、生活方式等多种角度进行研究。

例如,研究作为买方的消费者行为对市场变动的影响,各种宏观调控措施对消费者的心理效应,政府部门在制定经济规划时如何以消费者心理作为重要参考依据等。又如,顺应20世纪70年代以来消费者权益保护运动的广泛兴起,许多学者注重从消费者利益角度研究消费者心理,帮助消费者提高消费能力,学会保护自身权益不受损害。再如,开展有关生活方式的专门研究,即把消费者作为"生活者",研究不同类型消费者生活方式的特点,及其与消费意识、消费态度、购买行为的关系,从而帮助消费者提高生活质量。上述方面的探讨为消费者心理与行为的研究提供了更加广阔、新颖的研究角度。

2. 研究参数趋向多样化

在最初的研究中,人们主要利用社会学、经济学的有关概念作为参数变量,根据年龄、性别、职业、家庭、收入等来分析和解释各种消费心理与行为的差异。以后,随着研究的深入,与心理因素和社会心理因素有关的变量被大量引入,如需要、动机、个性、参照群体、社会态度、人际沟通等。今天,由于社会环境的急剧变化和消费者自身素质的提高,消费行为比以往任何时期都更为复杂,已有的变量已很难对此做出全面的解释。例如,为什么已成为世界最富国之一的日本,国民却仍崇尚节俭,储蓄率居发达国家之首;而同样富裕的美国人却寅吃卯粮,热衷于借债消费。

为准确把握日益复杂的消费行为,研究者开始引入文化、历史、地域、民族、道德传统、价值观念、信息化程度等一系列新的变量。新变量的加入为消费者心理与行为研究精细化提供了可能性,同时也使参数变量在数量和内容上更加丰富多样。而这一现象正是消费者行为学的多学科、综合性趋势进一步加强的反映。

3. 研究方法趋向定量化

新变量的加入使各参数变量之间的相互关系更加复杂,单纯对某一消费现象进行事实性记述和定性分析显然是不够的。为此,当代学者越来越倾向于采用定量分析方法,运用统计分析技术、信息处理技术以及运筹学、动态分析等现代科学方法和技术手段,揭示各变量之间的内在联系,如因果关系、相关关系等。定量分析的结果,使建立更加精确的消费行为模式成为可能。而各种精确模型的建立,又进一步推动了对消费现象的质的分析,从而把消费者行为学的研究提高到了一个新的水平。

除上述方面外,近期的消费者心理与行为研究在内容上更为全面,理论分析上更加深入,学科体系趋于完善,研究成果在实践中得到越来越广泛的应用。以上趋势表明,有关消费者心理与行为的研究已经进入更成熟的发展阶段。

三、消费者行为学在我国的发展

有关消费者行为学的研究是在20世纪80年代中期从西方引入我国的。在此之前,我国在该领域的研究基本处于空白状态。

改革开放以来,随着市场经济体制的逐步确立,我国消费品市场迅速发展,20世纪90年代中期基本形成以消费者为主体的"买方市场"。与此同时,广大消费者的消费水平、消费结构发生了巨大变化,逐渐由贫困型向温饱型、小康型转化;消费方式由单一化、被动式向多样化、选择式转化。进入21世纪,消费方式变化的一大特点是向市场化转化,突出表现在住房消费、教育文化消费、轿车消费和医疗等领域。消费者自身的主体意识和成熟程度也远远高于以往任何时期,消费者在社会经济生活中扮演着日益重要的角色。正是在这一背景下,我国理论界及工商企业一改以往的漠视态度,对消费问题予以前所未有的热情和关注。关注的重点既有宏观消费现象,又有微观消费者心理与行为的研究。目前,消费者行为学已经成为市场营销专业的必修课,而且受到管理学、传播学、广告学等相关专业的重视和欢迎。

可以说从20世纪80年代中期起,我国一些学者开始从国外引进有关消费者心理与行为的研究成果。近几年,随着研究工作的深入,这一新兴研究领域在我国已由介绍、传播阶段进入普及和应用阶段。研究的内容也从单一研究消费者转变为放在社会经济文化大环境之中、放在企业市场营销中、涉及各方面心理现象与行为的研究。同时,各种调研机构纷纷开展居民收入、储蓄保险、投资理财、消费信贷、消费者态度、消费者信心指数和消费趋势预测研究,及时跟踪分析我国消费者心理和行为的变化动态。政府有关部门亦将消费者的收入、储蓄、投资状况、消费者态度、消费者信心指数和消费者预期等作为制定宏观经济决策的重要依据。工商企业则将消费者行为学研究的成果直接应用到市场营销活动中,用以指导和改进产品设计、广告宣传和销售服务等。

第三节　消费者行为学的研究方法

一、消费者行为学的研究原则

科学地研究消费者的心理与行为,揭示心理与行为之间的关系、实质、规律、机制,必须遵循以下三个基本原则。

1. 客观性原则

客观性原则就是指研究者要尊重客观事实,按照事物的本来面目来反映事物。对消费者行为学来说,就是要从消费者心理活动产生的客观条件及其表现和作用揭示心理活动发生发展的规律性。消费心理是由客观存在引起的,对任何心理现象,必须按它们本来的面貌加以考察,不能脱离实际去主观臆断。这一原则要求研究者在消费者的消费行为过程中去研究其心理活动。只有根据消费者的所想所说、所作所为,才能正确判断其心理特点。

2. 发展性原则

发展性原则就是指运用动态的、连续的观点在事物产生、延续、发展、变化的过程中进行研究的原则。我国的市场发展变化很快,作为市场要素之一的消费者,在市场中的行为也不可能处于静止状态或处于某种模式之中,消费者的消费生活(包括消费观念、消费动机、消费结构、消费趋向)也在不断地变化着。因此,要在发展中去研究消费心理与行为。这一原则,要求不仅对已经形成的消费心理与行为做出描述,而且要阐明那些潜在的、新的心理与行为特点。

3. 联系性原则

联系性原则就是指把世界看成是一个普遍联系的网。把其中存在的各种事物和现象作为网上的纽结来进行研究,从而把握事物之间的关系及其相互制约性。这首先是因为影响和制约消费心理与行为的内部、外部因素是相互联系的。例如,企业营销环境的优劣会影响顾客的情绪,顾客的心境制约着他们对环境的体验。其次是因为心理过程和心理状态也是相互联系的。例如,人们对商品的认知是多学科的交叉。这种交叉学科的特点,就要求人们不能孤立地而是要联系其他相关学科的成果进行研究。

研究消费心理与行为,在遵循上述原则的同时,还要根据研究任务的需要,选择适当的方法。

二、消费者行为学研究的具体方法

方法是解决问题、实现预期目标的基本途径和手段。消费者行为学是一门应用性极强的学科,它进行研究的出发点和归宿是为了运用,指导实际的工作。这个性质决定了它的基本研究包括观察法、实验法、访谈法、投射法、问卷法等。它们都涉及对所要解决的问题进行研究设计,采用合适的搜集资料的方法,按照一定研究程序进行统计检验的基本过程。在具体问题的研究中如果运用的方法正确,能达到事半功倍的效果。反之,方法有误则可能事倍功半。

1. 观察法

观察法是科学研究中最一般、最简易和最常用的研究方法,也是研究消费者行为学的一种最基本的方法。在市场营销活动中,观察者依靠自己的视听器官,通过消费者的外部表现(动作、行为、谈话),有目的、有计划地观察了解消费者的言语、行动和表情等行为,并把观察结果按时间顺序系统地记录下来分析原因,用以研究消费者心理活动的规律。

观察法的具体形式有以下几种。

(1) 直接观察法。直接观察法是指调研人员到现场对消费者进行观察时,消费者处于无意识的状态。一般调研的内容有某段时间的客流量、顾客在各柜台的停留时间、各组的销售状况、顾客的基本特征、销售员的服务态度等。特别是当消费者难以对调查研究进行配合时,比较适合采用此法。

(2) 仪器观察法。在科学技术高度发展的今天,许多电子仪器和机械设备成为对消费者进行心理调研的工具。例如,经过被调查者的同意,可以在家用电视上安装一个监视装置,记录下这台电视机的开关时间、收看哪些频道、收看时间如何等。再如,在测定广告效果时,可借助摄像机摄下人们的眼部活动,观察瞳孔的变化,分析广告设计对人们注意力的影响。另外,美国有些超级商场配备了整套监视装置,分析消费者的购物习惯。

(3) 实际痕迹测量法。该方法是指调研人员不是直接观察消费者的行为,而是通过一定的途径来了解他们的痕迹和行为。例如,某公司为了评价各种广告媒介的效果,在广告中附有回条,顾客凭回条可到公司购买折价的商品。根据回条的统计数,公司就可以找出最佳广告媒介。再比如,某商店为了调查顾客购买电器后的反应,可到各维修点调查哪些产品维修最多、哪些部件替换最快以及消费者的评价等。

观察法的优点是比较直观,观察所得到的材料一般也比较真实,切合实际。这是由于消费者是在没有被施加任何影响、没有干扰的情况下被观察的,是一种心理的自然流露。观察法的不足之处在于其具有一定的被动性、片面性和局限性。观察只能被动地等待所要观察的行为出现,而行为出现时,也只能观察到被观察人是怎样从事活动的外在表现形式,并不能了解消费者为什么这样活动,因而对观察所得到的资料往往不足以区别哪些是偶像现象,哪些是规律性的反映。

2. 实验法

实验法是有目的地严格控制或创设一定条件,引起某种心理现象,从而进行研究的方法。实验法可分为实验室实验法和自然实验法两种形式。

(1) 实验室实验法。这种方法是指在专门的实验室里借助各种仪器进行研究的方法,也可以在实验室里模拟自然环境条件或工作条件进行研究。应用这种方法研究的结果一般比较准确。如测定消费者对商业广告的记忆率,就可以在实验室内运用录像、图片、文字等广告手段,选取不同时间测试被试者的广告记忆效果。但是,这种方法比较机械,只适宜研究较简单的心理现象。

(2) 自然实验法。自然实验法是指在企业营销环境中,有目的地创造某些条件或变更某些条件,给消费者的心理活动施加一定的刺激或者诱导,从中了解消费者心理活动的方法。这种方法虽然是在企业营销环境中进行的,但又不是纯自然的,是测试者根据研究目的创设或变更条件主动地施加一些影响,按研究目的获取准确、有效的资料,是应用范围比较广泛的方法。例如,工商企业举办单项或综合的商品展销会、新产品展示会等,可以说是自然实验法的一种运用。

3. 访谈法

访谈法是研究者通过与研究对象直接交谈,在口头信息沟通的过程中了解研究对象的心理状态的方法。访谈法也称面谈调查,一般由访问人员向被调查者当面询问问题,可以采用登门拜访、邀约面谈、开座谈会或电话访谈的形式进行。访谈法获得信息最为可靠,是消费者心理研究中最常见和最广泛采用的方法。依据与受访者接触的不同方式,访谈法又可分为面对面访谈法和电话访谈法。

(1) 面对面访谈法。面对面访谈法又可分为结构式访谈和无结构式访谈两种。结构式访谈又称控制式访谈,是研究者根据预定目标,事先撰写好谈话提纲,访谈时依次向受访者提出问题,让其逐一回答。这种访谈组织比较严密,条理清楚,研究者对整个谈话过程易于掌握,所得的资料也比较系统。但是,由于受访者处于被动地位,容易拘束,双方感情不易短时沟通。无结构式访谈也称自由式访谈。在这种方式下,研究者与受访者之间可以比较自然地交谈。它虽然有一定的目标,但谈话没有固定的程序,结构松散,所提问题涉及的范围不受限制,受访者可以较自由地回答。在这种方式下,受访者比较主动,因而气氛较活跃,容易沟通感情,并可达到一定的深度。

面对面访谈的优点主要有:①直接获得问题的答案,还可以通过观察被调查者的面部表情和反应动作,从中获得许多有价值的信息;②访问人员有机会对某项问题作深入讨论,谈话中可发现和提出更多的问题;③当被调查者对问题不够理解时,可当场解释,当回答的内容不够明确时,可当场要求补充,从而获得许多有价值的信息;④富有伸缩性,如发现被调查者不符合样本条件,可立即终止调查,样本能够精确控制;⑤访问人可借谈话激发被调查者的兴趣,使他们无拘无束地回答问题;⑥通过向被调查者展示公司产品的样品、图表和说明书,可以起到广告宣传的作用;⑦面谈调查也是一种感情投资,使消费者与企业建立感情联系。

面对面访谈法的主要缺点在于:①访问人员的主观偏见经常影响资料的准确性;②对访问的工作难以监督,谈话进程不易掌握;③对研究者的访谈技巧要求也比较高;④有些被测验者产生被质问的压迫感;⑤当地区分布面广时,成本甚高。

(2) 电话访谈法。电话访谈法是借助电话与受访者进行谈话的方法。它一般是在研究者与受访者之间受空间距离限制,或者受访者难以或不便直接面对研究者时采用的访谈方法。电话访谈是一种结构式访谈,访谈内容要事先设计和安排好,由调查员根据抽样要求,通过电话向调查对象询问意见。

电话访谈法的优点在于:①经济迅速,情报及时;②渗透性强,对难以接触的被调查者和家庭可以进行调查;③可以涉及一些面谈时不便谈的问题;④资料的统一程度高。

电话调查的主要缺点是:①受电话设备的限制;②时间短促,仅能回答简单的问题,图表、设备等无法利用;③一般限于本地区,否则费用过大。

访谈法的优点是一般较容易取得所预期的资料,准确性高。但是,该方法所耗费用较多,对进行访谈的人员的素质要求也比较高。

4. 投射法

在探求消费者心理时,通过调查法、观察法和实验法可以收集到大量的材料,但问题在于被调查者对这类问题的回答往往听起来是合理的、合乎社会规范的,实际上并不一定是他内心真实的想法。这种自觉或不自觉的掩饰，致使材料的可靠性降低，影响了分析的科学性。要了解消费者的真实动机和心态，就必须借助于投射法解决。投射法是一种测定心理状况的工具。

投射法是研究者以一种无结构性的测验，引出被试者的反应，借以考察其所投射出的人格特征的心理测验方法。也就是说，投射法不是直接对被试者明确提出问题以求回答，而是给被试者一些意义不确定的刺激让其想象、解释，使其内心的动机、愿望、情绪、态度等在不知不觉中投射出来。目前，最常用的投射法有罗夏墨渍测验、主题统觉测验、角色扮演法和造句测验法等。

（1）罗夏墨渍测验。具体做法是给被试者10张墨渍图，这些图是将墨水涂在纸上，再将纸折叠起来而制成的浓淡不一的、对称的墨渍图案。其中，五张是黑、白两色，两张是黑、白加上其他深浅不同的颜色，其余三张是彩色的，颜色各不相同。让被试者逐一说出从图中看出什么或可能是什么，并做好记录，主要记录的是回答的语句、主要动作、表情、所用时间。全部测验结束后，可以再问一些相关问题，允许修订原来的回答。然后，调研人员可以通过统计分析，对测验结果做出综合解释，以判明被试者的内心状态。

（2）主题统觉测验。主题统觉测验是与罗夏墨渍测验齐名的一种测验工具，即由研究者向被调查者出示一连串与调查主题相关的图画或照片，要求被调查者根据自己的理解编一个故事，可以任意发挥。在被调查者所讲的故事中，常常会将自己内心的情感世界展现出来，调研人员就可根据记录加以分析总结。

（3）角色扮演法。角色扮演法就是让被测试者扮演某种角色，然后以这种角色的身份来表明对某一事物的态度或对某种行为做出评价。例如，将一幅绘有一名家庭主妇面对各种罐头食品陈列架的图片出示给被测试者，要求其说出图中主妇的购买想法。由于被测试者不知道图上的人到底想些什么，往往根据自己的想象和愿望，说出图上该家庭主妇的想法，而其回答无疑是反映了被测试者本人的想法。这种方法的特点是不让被试者直接说出自己的动机和态度，而是通过他对别人的描述，间接地反映出自己真实的动机和态度。这是一种简便易行的方法。

（4）造句测验法。造句测验法是由研究者提出某些未完成的句子，要求被测试者填上几个字，将句子完成。例如，"_____牌电视机最受欢迎"；"_____牌西服最潇洒"；"假如你买空调器，应该选择_____牌"；"口渴时最想喝的饮料是_____"等。研究者通过被测试者填写的内容，可推知其爱好、愿望和要求，从而了解到消费者对某种商品的评价和看法。

投射法能够探究到人的内心世界和潜意识，从而得到有价值的心理活动资料。但是，投射法的技术性很强，实际操作的难度也较大。投射法还可以采用字词联想法、语句完成法、故事完成法等方式。

5. 问卷法

问卷法是研究消费者行为常用的方法。问卷法是通过研究者事先设计的调查问卷，向被调查者提出问题，并让其予以回答，从中了解被调查者心理与行为的方法。根据操作方式，问卷法可以分为邮寄问卷法、入户问卷法、拦截问卷法和集体问卷法等。

邮寄问卷法是通过邮政方式进行，而不受地理条件的限制。问卷到达的范围十分广泛，被调查者填答问卷的时间比较灵活，回答问题也比较真实可靠。

入户问卷法是研究者或访问员依据抽取的样本挨家挨户上门访问。该法要求受访者对每一个问题做出回答,访问员当场做好记录;也可以由访问员挨家挨户发完问卷就离去,由受访者自行填写,过后再收回问卷。

拦截问卷法是由访问员在适当地点(如商场出入口处等)拦住适当受访者进行访问。

集体问卷法是由研究者对一群人同时进行访问,它适合于受访者相对集中的情况。

采用问卷法进行调查研究,不是口头传递信息,而是通过文字传递信息。其优点是能够同时取得很多被调查者的信息资料,可以节省大量的调查时间和费用,而且简便易行。但是,问卷法也有其局限性,主要是它以文字为媒介,研究者与被调查者没有面对面的交流,无法彼此沟通感情;如果受访者没有理解问题,或者不负责任地回答,甚至不予协作、放弃回答,问卷结果就失去了意义。

第四节　为什么要研究消费者行为

研究消费者行为是令人振奋且很有趣的,对我们个人来说也是很重要的。

一、研究消费者行为对开展商业活动非常重要

在市场经济的环境中,商业活动不仅仅只是生产产品或建立会计系统,不仅仅是为股东创造利益或对员工进行管理。我们有必要重新去理解市场营销的作用。市场营销是吸引和留住消费者的商业活动,它通过信息、资金、商品、服务、地位、感情等资源来与消费者进行交流,使他们意识到充分的利益,从而吸引和保留消费者。那么,谁是消费者?如何满足他们?如何发现他们?向他们销售什么产品?用什么方法来激励他们购买?如何让他们感觉到满意?要回答这些问题,就需要充分地了解消费者。

排毒养颜胶囊

女士们都知道这个产品——"排毒养颜胶囊"。企业工程师设计这个产品时,其功效是治便秘。如果以治便秘的功效定位上市,它怎么与西方治便秘的药(1元钱1片)竞争?

想一想,中国女人最爱什么?——爱美!每个女人的包里都有一个小镜子。脸上长痘痘,烦不烦?——烦!只要能让她美,产品价高些也无所谓。怎么把"治便秘的产品"与"脸"联系起来呢?想办法在消费者心目中种下一个新概念——排毒,每个人身体内都有毒,把毒排掉,脸上就不长东西了,就美了。于是,"排毒养颜胶囊"横空出世,连续三年销量排在保健品前三位。

可见,并非技术最好才会卖得最好,而是要抓住顾客的消费心理,按照顾客的要求,去定制产品模型。

由于世界经济增长趋于缓慢和企业全球化的扩张,吸引和保留消费者的工作更具挑战性。在这里也有人类行为方面的普遍重要因素,但是同样也有当地不同的影响消费者行为的因

素。如果消费者满意度下降(如销售额下降),那么,其背后的真实含义是什么、在哪些方面不满意,这些都会给企业很多启示。例如,福特公司注意到,该公司 Lasers 车在泰国一季度的实际销售额不如预期,他们知道市场出现了问题,但是他们可能没有了解问题的主要原因。这些原因是多方面的,也许消费者口味发生变化,也许偏好其他新的竞争产品,也许经济环境的变化,也许设计不太适宜,也许其他因素。要找到福特汽车在泰国销售中存在的问题,那就要审视福特的营销组合活动。

二、了解消费者行为对非营利机构开展活动及个人工作有相当的帮助

许多非营利机构(如政府、艺术团体、慈善机构等)也需要通过如何满足人们的需求和欲望来确定他们的使命。消费者行为方面的知识帮助非营利性机构理解捐赠者的动机,从而提出服务沟通方案,改变他们的行为(如公共服务机构鼓励人们开车系安全带,鼓励人们戒烟等)。从个人角度来看,有助于把自己成功"销售"给公司或社会其他成员。理解他人的需求与动机,不仅是很好的实践,而且也是营销技巧。

三、关注消费者行为对许多公共政策的讨论过程有重要影响

政府管理者、产业游说团、非营利性机构、活动家组织都影响政府、企业政策和消费者活动。

近年来,消费者权利受到了许多威胁,例如,有害产品原料、不完善的制造过程,甚至把弱势消费者作为目标的营销活动,都可能影响到消费者安全。把烟草销售给贫穷国家,这些国家的消费者无力关注或忽略烟草对健康的危害,这是消费者知情权受到威胁的案例。在世界卫生组织网站上可以查看到相关信息。

消费者选择权也受到各种各样的威胁。如某些行业的垄断控制限制了向消费者提供的产品,从而限制了消费者的选择。例如,美国州和联邦政府对微软公司罚款,因为它强迫消费者在视窗软件上选择 IE 浏览器。东欧以及亚洲的仿制品也很猖獗,限制了消费者接近真实可信产品的机会。假冒产品同样引起了世界贸易组织成员国之间的冲突。自行下载歌曲和电影的,也应该被视为小偷。同样,强迫性消费也是抑制选择的现象,包括饮食没有节制,厌食,强迫性购买,赌博,对酒、烟草和毒品的上瘾等。

要解决消费者权利受威胁的问题,需要制定相关的产业标准、政府法规和法律,还需要国际条约和惯例。许多发达国家政府建立消费者保护代理系统,明确立法和监督保护消费者权利。一般这些政策采取以下三种补救措施:告知消费者;赋予明确的消费选择权;适当限制消费者选择。标签上标示食品是否包含基因改造原料,或者是否符合有机的标准,并需要通知消费者;限制向消费者传递的信息数量或一些内容,特别是对辨别能力比较差的儿童等消费者群体;严格限定广告主的电视节目营销,以保护弱势消费者群体。欧洲议会已经明令禁止对儿童进行促销活动。

四、了解消费者行为对个人有重要影响

可以说,我们生活在一个市场营销时代,几乎任何事物都可以成为每个人的可能消费的对象。

本·拉登商品的营销

2001年的"9·11"纽约恐怖袭击事件之后,美国到处可以看到国旗主题(Flag-Themed)的商品。在这期间,各种各样的本·拉登商品迅速遍及世界各地。从古龙香水到卫生间的卫生纸,臭名昭彰的形象随处可见。可以想象,这些商品将吸引无数不同群体的消费者。在未来,将有数以千计的组织和组织群体说服消费者使用这些产品,从中达到他们获利的目的。

对这些密集式营销战略,人们需要有效的工具,以帮助他们了解哪些商品对他们有意义,哪些商品对他们没意义。消费者充分了解和准备之后,他们才有能力去控制自己的消费行为,在市场上更加了解营销人员所采取的影响消费者行为的战略或策略。消费者可以发表自己的想法(如通过网站),促使企业改进自己的产品,从长远来看,这能够全面提高人们的生活质量。消费者活动团体可以影响企业行为。如耐克公司最近采取了更为透明的政策,积极回应相关团体对它在亚洲的劳工政策的责难。了解消费活动背后的原因,会对消费者有更多的帮助。

复习思考题

1. 如何理解广义消费者和狭义消费者?
2. 消费者行为学的研究内容主要包括哪些方面?
3. 如何理解消费者行为学的学科性质?
4. 学习消费者行为学应掌握哪些实用的研究方法?
5. 为什么要研究消费者行为?

第二章

影响消费者行为的因素体系

 教程目标

1. 掌握消费者行为的概念与特征;
2. 了解影响消费者行为的因素体系;
3. 了解影响消费者行为的外部环境因素;
4. 掌握影响消费者行为的自然环境因素;
5. 掌握影响消费者行为的社会环境因素;
6. 了解影响消费者行为的内部环境因素;
7. 掌握影响消费者行为的个人生理因素;
8. 掌握影响消费者行为的个人心理因素。

 本章精要

1. 消费者行为的概念与特征;
2. 消费者的一般行为模式;
3. 影响消费者行为的因素体系;
4. 影响消费者行为的自然环境因素;
5. 影响消费者行为的社会环境因素;
6. 影响消费者行为的个人生理因素;
7. 影响消费者行为的个人心理因素。

 导入案例

对消费者的窥察

全国范围内数百家公司都装备了电子和红外线监测仪器,进行商场内部对顾客的窥察。有一些公司甚至通过在货道中设置无线电步话机对商场内购物的顾客进行严密的监视。这些公司之所以这样做并不是为了抓获商场窃贼,而是为了了解消费者的交易模式以便转变他们的购买习惯。

拿亚利桑那州 Chandler 的 Bashas' Market 公司来讲,公司的一项调研表明,仅有 18% 的消费者沿张贴有致意标幅的货道在高利润商品区浏览、寻购,所以商场布局管理经理 George Fiscus 对高利润商品区的位置进行了调整,将该商品区夹在了花样百货区和占商场总交易额 62% 的花生、黄油、果冻布丁以及健康食品区之间。通过这一布局调整,高利润商品区的销售额提高了 40%。

监测消费者的一举一动,可以为营销者提供详细的统计资料和新的营销视角。这一调研活动也得出了许多令人吃惊的结论。

- 通过在货道对 1 600 名顾客的观察,马斯(Marsh)超市的研究人员发现了一个令人担忧的趋势:顾客仅仅在商场的边缘商品区做大量的购买,如农产品、牛奶和肉制品商品区,而经常绕过占据商场大部分空间的服装等核心商品区。印第安纳服装连锁店内部核心商品区销售额仅占总交易额的 13%～30%,而外围边缘商品区却占 80%。
- 维德卡特(Vide Ocart)公司是芝加哥的一家商业公司,该公司通过安装在天花板上的红外线传感器跟踪购物手推车,从而发现了大量的"汲取者"。这些顾客把他们的手推车停放在货道的入口,然后自己沿货道走下去,边浏览边从货架上挑选商品,并放在臂弯里,最后再一并放入手推车中。营销者发现由于这些顾客没有把手推车推进货道,双手拿不了太多商品,故而降低了购买数量。
- 根据食品营销协会贸易小组的调查,有些百货公司虽然吸引了数量巨大的消费者,但却不能保证与之成比例的销售额。通过对 2 400 名顾客及其购物终结时手推车所载商品的追踪调查,该协会发现,尽管 77% 的顾客都浏览了面包食品区,但只有 1/3 的顾客真正购买了面包食品。
- 通过对凯马特(Kmart)商场中 P&G 公司产品的调研发现,当诸如咖啡、牙膏等商品被陈列于正常货道之外的货架上时,这些商品的销售额会大幅度上升。在没有任何配送和降价的情况下,上述陈列方法使牙膏的销售额在三个星期的测试期内比过去上升了 119%,而咖啡的销售额也增加了 500% 以上。

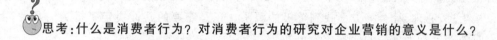
思考:什么是消费者行为?对消费者行为的研究对企业营销的意义是什么?

第一节　消费者行为模式

一、消费者行为

1. 含义

消费者行为是指消费者为获取、使用、处置消费物品所采取的各种行动以及先于且决定这些行动的决策过程。

消费者行为是与产品或服务的交换过程密切联系在一起的。在现代市场经济条件下,企业研究消费者行为是为了与消费者建立和发展长期的交换关系。为此,它不仅需要了解消费者是如何获取产品与服务的,而且也需要了解消费者是如何消费产品,以及产品在用完或消费之后是如何被处置的。因为消费者的消费体验、消费者处置旧产品的方式和感受,均会影响消费者的下一轮购买,也就是说,会对企业和消费者之间的长期交换关系产生直接的作用。

传统上,对消费者行为的研究,侧重点一直放在产品、服务的获取上,关于产品的消费与处置方面的研究则相对地被忽视。随着对消费者行为研究的深化,人们越来越深刻地意识到消费者行为是一个整体,是一个过程,获取或者购买只是这一过程的一个阶段。因此,研究消费者行为,既应调查、了解消费者在获取产品、服务之前的评价与选择活动,也应重视他们在获取产品后对产品的使用和处置等活动。只有这样,对消费者行为的理解才会趋于完整。

美国市场营销协会把消费者行为(Consumer behavior)定义为:"感知、认知、行为以及环境因素的动态互动过程,是人类履行生活中交易职能的行为基础。"在这一定义中,至少有三层重要的含义:消费者行为是动态的;消费者行为涉及了感知、认知、行为以及环境因素的互动作用;消费者行为涉及到了交易。

2. 特征

(1) 多样性与复杂性

消费者行为的多样性表现为不同消费者在需求、偏好,以及选择产品的方式等方面各有侧重、互不相同。同一消费者,在不同的时期、不同的情境、不同产品的选择上,其行为均呈现出很大的差异性。消费者行为的复杂性,一方面可以通过它的多样性、多变性反映出来,另一方面也体现在它受很多内、外部因素的影响,而且其中很多因素既难识别,又难把握。很多人都承认,消费者行为均受动机的驱使,但每一行为后的动机往往是隐蔽和复杂的。同一动机可以产生多种行为,同样,同一行为也可以是由多种动机所驱使的。不仅如此,消费者行为还受各种文化的、社会的、经济的、个体的因素所影响,而且这些因素对消费者行为的影响有的是直接的,有的是间接的;有的是单独的,有的则是交叉或交互的。正是这些影响因素的多样性、复杂性,决定了消费者行为的多样性和复杂性。

虽然如此,消费者行为也并非完全不可捉摸。事实上,通过精心设计的调查,消费者的行为是可以被理解和把握的,这也是工商企业和学术界致力于分析消费者行为的根本出发点。消费者行为虽然多种多样,但在这些千差万别的行为背后,存在一些共同的特点或特征。为什么消费者行为会富有共性?原因在于,任何消费者行为都受人类的需要所支配,而人类的需要最终可以从生理、心理、社会等方面找到终极的源头。正是需要的共性决定了行为的共性,由此使我们对消费者行为规律的探索成为可能。

(2) 可诱导性

消费者有时对自己的需要并不能清楚地意识到。此时,企业可以通过提供合适的产品来激发消费者的需要。正是在这个意义上,我们说,消费者的行为是能够被影响的。应当指出的是,企业影响消费者行为是以其产品或活动能够满足消费者某种现实或潜在的需要,能够给消费者带来某种利益为前提的。很多新产品虽然伴有大规模的广告与促销活动,但最终还是失败了的事实,从反面说明了产品适合消费者需要的重要性。

在保持消费者选择自由的前提下,对消费者予以劝导、施加影响,应当说是一种合乎法律,也合乎社会规范的行为。当然,如果采用直接欺骗、垄断等手段来影响消费者,则将构成对消费者选择自身粗暴干涉。此时,就会促发严重的伦理问题,法律和政府的干预也就成为必然。

(3) 动态性

首先,这个定义强调消费者行为是动态的。这意味着个体消费者、消费者群体和整个社会随着时间的推移都在不断地改变和发展。这一点对于消费者行为的研究和营销战略的制定有着非常重要的意义。其次,就消费者行为研究而言,它的含义是消费者行为的概括归纳通常会受到特定时期、特定产品以及特定消费者个体或群体的限制。因此,研究消费者行为的学生们必须注意不能将理论和研究成果过分绝对化。

从制定营销战略的角度讲,消费者行为的动态属性显示,我们不能期望同一个营销战略在所有的时期对全部的产品、市场和产业都适用。虽然这一点看起来好像非常明显,但的确有许多公司都没有很好地认识到在不同市场上调整他们战略的必要性。比如,Philip Morris公司的营销战略尽管在其他产品的营销上都获得了成功,但却没能做好著名品牌"七喜"的营销工作。进一步讲,某一营销战略在某一点上非常成功,但在另一点上可能就会非常失败。比如说,美国汽车工业在相对质量较低的汽车销售方面是非常成功的,一直到美国消费者接触到品质和价值优良的日本汽车,才致使美国汽车制造商不得不想方设法改善产品质量。再比如,当有健康意识的消费者得知棕榈油和椰油的胆固醇含量太高时,Kellogg 公司也不得不调整它的营销战略,从产品中去掉这些油脂。总之,正是消费者行为的动态属性使得市场营销战略的制定成为一件令人兴奋、充满挑战的任务。

(4) 互动性

消费者行为包含了感知、认知、行为,以及环境因素的互动作用。也就是说,要想理解消费者并且制定合适的营销战略,我们就必须了解他们想些什么(认知),感觉如何(感知),他们要做什么(行为),以及与消费者想法、感觉和行为相互影响的事情和环境(环境心理因素)。无论是对单个消费者或某一目标市场进行评价,还是对整个社会进行评估,综合地分析全部这些因素对于理解和制定营销战略都是十分有益的。

(5) 交易性

消费者行为包含了人类之间的交易。这一点使消费者行为的定义与市场营销的定义保持了一致性,后者在当前的定义中也强调交易。事实上,市场营销的作用就是通过系统地制定和实施营销战略,创造与消费者的交易。

二、消费者行为的一般模式

消费者行为过程包含哪些因素呢?市场营销研究人员在借鉴不同领域研究成果的同时也建立起自己的理论、模型和概念,试图用以解释消费者行为。

在很多情形下,这些理论对于如何有效解释消费者行为往往互相重叠甚至互相矛盾。哪一种是最权威的理论,至今尚无定论,而且要想建立这种能为所有人接受的理论恐怕是不太可能的。

1. 尼克西亚模式

尼克西亚模式是尼克西亚其出版的《消费者决策过程》一书中提出来的,如图 2-1 所示。这一理论把消费者的消费行为看成是一个信息处理过程,认为消费者的消费行为过程就是消费者在其特定心理特点的基础上对营销者所发出的刺激信息进行接收、加工、存储、使用和反馈的过程。这一模式包括四个部分,即:从信息源到消费者态度、消费者对信息的调查和评价、购买行动、消费后的信息反馈。

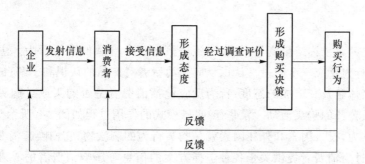

图 2-1 尼克西亚模式

(1) 从信息源到消费者态度

表示企业通过推销活动把自己的企业或产品的属性以信息的形式发射给消费者,消费者受其信息的影响,在自己的独特个性和心理活动的基础上,经过特有的信息处理过程,从而形成对商品和服务的态度并予以输出。

(2) 消费者对信息的调查和评价

消费者形成对商品和服务的态度后,就开始进行对该商品和服务的调查与评价活动,在调查评价的基础上形成消费者购买动机。

(3) 购买行动

消费者在购买动机的驱使下会形成购买决策,并进而采取购买行动。

(4) 消费后的信息反馈

消费者购买后,就会将其购买经验或教训反馈到大脑储存起来,以指导今后的购买行为,或者把消费后的感受反馈给企业或其他消费者。

尼克西亚模式对市场营销理论做出了重要贡献。该模式推理严谨,简单明了。但该模式没有对外界环境因素的作用做出分析和说明,且对模式发展的过程没有做详细说明,因而,不易被营销者所掌握。

2. 霍华德-谢恩模式

这一模式最初于20世纪60年代由霍华德提出,后经反复修改并与谢恩合作出版了《购买行为理论》一书,从而系统提出了具有特色的霍华德-谢恩模式。

该模式主要通过四大因素描述了消费者的购买行为。

(1) 刺激或投入因素

刺激或投入因素也称输入变量,主要是由营销部门所控制的因素,包括产品的实质刺激,如产品的质量、价格、特征、适用性及服务等;产品的符号刺激,如通过营销者、广告媒体等把产品的特征传递给消费者;社会性刺激,如家庭、相关群体、社会阶层等。

(2) 外在因素

外在因素也称外在变量,主要是指购买决策过程中的外部影响因素,如文化、消费者个性、消费者的经济状况等。

(3) 内在因素

内在因素也称内在过程,是指介于刺激和反应之间起作用的因素,是这一模式的核心,也是其认为最重要的因素。它说明投入因素和外在因素是如何在心理活动过程中发生作用,并最终引出结果的。

(4) 反应或产出因素

反应或产出因素也称结果变量,是指购买决策过程所导致的购买行为。主要包括认识反应、情感反应及行为反应三个阶段。认识反应是消费者对产品的认识和了解;情感反应是消费者对商品的情绪体验及其形成的态度;行为反应包括消费者是否购买或对购买何种品牌的认识程度的预测及公开的购买活动。霍华德-谢恩模式的作用过程如图2-2所示。

这一模式认为,投入因素和外在因素就是购买行为的刺激物,它们唤起消费者的需要并形成购买动机,通过为消费者提供关于各种选择方案的信息等影响消费者的心理活动状态。消费者受到刺激物和以前购买经验的影响,开始接收信息,产生自己的一系列购买动机,并做出可选择产品的一系列反应,最终形成一系列购买决策的中介因素或者制定出一系列使其动机

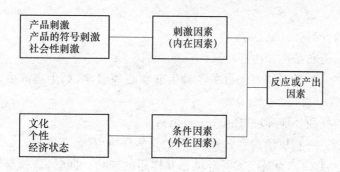

图 2-2 霍华德-谢恩模式

与满足动机的备选方案相配合的规则。这些动机、选择方案和中介因素的相互作用,使消费者产生了一定的购买倾向和态度。这种倾向和态度与其他因素,如购买行为的各种限制性因素结合后便产生了购买意向和实际的购买行为。

霍华德-谢恩模式利用心理学、社会学和管理学的各种知识,从多方面解释了消费者的购买行为。同时,该模式结构严谨,内容完整,变量具体,且只要将模式内的几个变量或相对重要性改变后,就可适应各种不同产品的营销活动和各种不同消费者的购买模式,其参考价值较大,因而受到了许多营销专家及营销心理学家的重视。

3. EDK 模式

这一模式是由美国俄亥俄州立大学三位教授 J. Engel、R. D. Blackwell 及 D. T. Kollat 于 20 世纪 70 年代在《消费者行为》一书中提出来的。该模式特别强调消费者的购买决策过程,或者说这一模式是以消费者购买决策过程为基础而建立起来的。在这一模式中,消费者心理(大脑)构成了一个"中央控制器",外界的信息,即外界因素在消费者态度、经验和个性的作用下,便可产生一定的输出结果,做出购买决定。当然,如果输入的信息与消费者的态度、经验及个性特点不相符合,就不会产生购买决策和购买行为。

此模式主要是一个消费者购买决策模式,它详细表述了消费者的购买决策过程,强调了购买决策的系列化特点。模式变量多也较全,但过于烦琐,不易被人们掌握。

4. 卢因行为模型

以上三个模式各有特点,从不同方面研究了消费者行为的过程和规律,都对营销活动产生一定的影响。但各模式普遍变量较多,复杂烦琐,不便利用和掌握。且由于各个消费者的个性不同,厂商发出的信息各异,社会环境的复杂多变,这些模式均未作详细分析和说明。因此,需要我们在综合考虑各种因素的基础上,对消费者的行为模式做出概括和总结,从而提出一种可行性的行为模式分析理论。

20 世纪以来,许多心理学家、社会心理学家和生物学家对探索人类行为奥秘发生了浓厚的兴趣,纷纷致力于人类行为研究,试图揭示隐藏在复杂行为现象背后的一般规律。在众多研究成果中,尤以美国的社会心理学家库尔特·卢因(Kurt Lewin)的研究成果最为引人瞩目。在大量分析试验的基础上,卢因提出了他的著名的行为模型(Lewin metal of behavior,卢因的行为模型)。下面来简单介绍一下他的核心思想。

卢因的行为模型如下所示:

$$B=f(P,E)$$

式中,P——$P_1, P_2, \cdots, P_n$;

E——$E_1, E_2, \cdots, E_n$;

B——个人的行为(Behavior);

P——个人的内在条件和内在特征(Personal);

$P_1, P_2, \cdots, P_n$——构成内在条件的各种生理和心理因素,如生理需要,生理特征、能力、气质、性格、态度等;

E——个人所处的外部环境(Environment);

$E_1, E_2, \cdots, E_n$——构成消费者各种因素,如自然环境、社会环境等。

该模型表明,人类的行为是个人与环境相互作用的产物。同时,该模型进一步表明,人类的行为方式、指间和强度,主要受两大类因素的影响和制约,即个人的内在因素和外部环境因素。其中,个人内在因素包括生理和心理两类基本因素,而外部环境因素又包括自然环境和社会环境两类因素。

卢因的行为模型在一定程度上揭示了人类消费行为的一般规律,并对影响行为的多种因素做出了最基本的归纳和划分,其结论具有高度概括性和广泛适用性,因而受到其他学者的一致认可。

5. 影响因素模型

环境是指消费者的外部世界中各种自然的、社会的刺激因素的综合体,它包括各种事物、地点以及其他对消费者的感知、认知和行为会产生影响的人,是影响因素模型的重要因素。环境的重要组成部分是商家们精心营造的用于影响消费者行为的自然的和社会的刺激因素。这其中包括产品、广告、商人的口头宣传、价目标签、招贴画以及商场。这些因素对于理解消费者行为极为关键。

将影响消费者行为的因素分类,在某种意义上带有主观或武断成分。例如,我们将学习视为一种内部影响,而事实上人类学习很大程度上与模仿他人以及与他人相互作用有关。从这一意义上,学习也可视为一种群体互动过程。在图2-3中,连接外部影响与内部影响的线条两端均带有箭头,这是表示相互作用、相互影响。

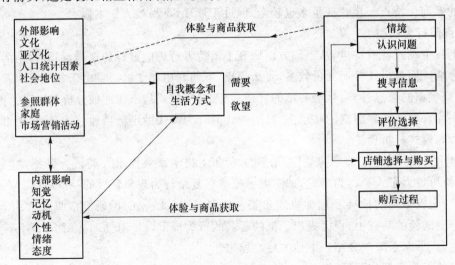

图2-3 影响因素模型

三、影响消费者行为的因素体系

消费者行为是人类行为的重要组成部分。因此,卢因关于人类行为模型及其基本影响因素的研究,同样也适用于对消费者行为及其影响因素的分析。影响消费者行为的因素很多,可以按照不同的标准进行划分,如图 2-4 所示。

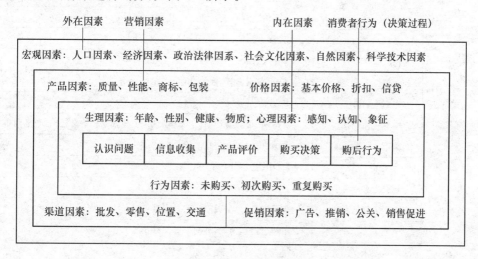

图 2-4 影响消费者行为的因素

图 2-4 所示的最中间为消费者的决策过程,即认识问题、信息收集、产品评价、购买决策和购后行为。按照对消费者行为的影响程度将各因素由外向内分为三层:最外层是外在因素,即宏观因素,包括人口因素、经济因素、政治法律因素、社会文化因素、自然因素、科学技术因素;第二层为营销因素,包括产品因素(质量、性能、商标、包装)、价格因素(基本价格、折扣、信贷)、渠道因素(批发、零售、位置、交通)及促销因素(广告、推销、公关、销售促进);第三层为内在因素,包括生理因素(年龄、性别、健康、特质)、心理因素(感知、认知、象征)、行为因素(未购买、初次购买、重复购买)。

这里,我们可以将影响消费者行为的因素同样分为两大类,即外部环境因素和个人内在因素。其中,外部环境因素可区分为自然环境因素和社会环境因素,而个人内在因素具体包括消费者的生理因素与心理因素。内、外部这两大类因素相互联系、相互作用,共同构成影响消费者行为的复杂的因素体系。影响消费者行为的因素有来自外部环境的,如地理因素、人口因素;也有来自消费者内部的,如心理因素、行为因素。具体内容如表 2-1 所示。

表 2-1 影响消费者行为的因素

影响因素	具体变量	典型分类
地理因素	地理区域	南方、北方、东北、平原、山区
	气候	寒带、温带、亚热带、热带
	城乡	大、中、小城市,镇、乡、村,郊区和农村
	人口密度	高密度、中密度、低密度

续 表

影响因素	具体变数	典型分类
人口因素	性别	男、女
	年龄	老年、中年、青年、少年、儿童、婴儿
	文化	高等、中等、初等教育
	职业	公务员、教师、工人、医生、军人
	民族	汉、满、蒙、回、壮、苗等
	种族	黄种人、白种人、黑种人
	宗教	基督教、天主教、佛教、伊斯兰教
	家庭人口	多、少
	家庭生命周期	新婚期、子女婴幼期、子女学龄期、子女就业和结婚迁出期、老两口期
	国籍	中国、美国、英国、日本等
	收入	高、中、低、贫困
心理因素	社会阶层	上层、中层、下层
	生活方式	享受型、地位型、朴素型、自由型
	个性	随和、孤独、内向、外向
行为因素	利益追求	便宜、实用、安全、方便、服务
	购买时机	平时、双休日、节假日
	购买状态	未知、已知、试用、经常购买
	使用程度与使用状态	大量使用者、中量使用者、少量使用者、非使用者；经常使用者、初次使用者、曾经使用者和潜在使用者
	对市场营销因素的反应程度	对产品、价格、渠道、促销、服务等的敏感
	偏好与态度	极端偏好、中等偏好、没有偏好；热心、积极、不关心、消极、敌意

总之，消费者行为是消费者个人与环境交互作用的结果，其行为方式、指向及强度，主要受消费者个人内在因素与外部环境因素的影响和制约。各种影响因素是从不同方面、不同层次和不同角度对消费者的行为发生作用的。这些因素相互交织、共同作用，构成了影响消费者行为的因素体系。

四、消费者行为模式的运用

消费者行为模式一般包括六个基本模块：买什么（What）、何时买（When）、何处买（Where）、为何买（Why）、由谁买（Who）和如何买（How），可归纳为"5W1H"模式。

1. 消费者"买什么"与企业营销行为

"买什么"是指消费者在一定时期购买力投向的对象，即消费者购买什么样的特定商品。很明显，它对企业营销行为的影响是非常直接的，它直接关系到企业组织什么样的商品，即货源的组织问题。若是生产企业还影响到其新产品开发的方向。它对营销人员的影响则主要表现在对商品的推销上，若商品适销对路则成交迅速，否则推销、推荐的难度增大。

2. 消费者"何时买"与企业营销行为

"何时买"是反应消费者购买时间规律的模块,它主要表现为消费者每天、每周、每月、每季度购买时间上的规律性。它对企业营销行为的影响主要表现在:影响企业营业(作息)时间的安排,影响企业用人规模及方式的确定,以及影响企业营销人员心理及行为的变化等。

3. 消费者"何处买"与企业营销行为

消费者"何处买"包括两个方面,即何处决定买和何处实际买。一般来说,生活日用品,决定买与实际买往往在同一地点;而家庭耐用消费品和贵重商品,决定购买与实际购买则往往又不在同一地点。这对企业营销行为必然会产生重要影响。首先,它影响到企业促销策略和促销方式的选择,如日用品的促销往往应放在购物现场,采取诸如现场促销、推广,商品陈列展示、POP广告,以及依靠营销人员现场介绍、示范等方式;而耐用品则需要加大售前的促销宣传,使消费者在实际购买前做出购买决定。其次,它还影响到企业结算中收款方式的选择,因为,若企业采取分期付款和延期付款或提供消费信贷,则有可能促使那些已决定购买而在付费等方面需要帮助的消费者实现购买行为。此外,它还影响到企业营销人员接待服务时情绪的好坏,如果购买时"决定"与"实际"同步,则不会直接影响到营销人员的情绪变化;但如果两者不同步,则往往会打击营销人员的积极性,有时甚至会导致冲突的发生。

4. 消费者"为何买"与企业营销行为

"为何买"旨在分析消费购买特定商品的原因,它涉及消费者的购买动机。关于这一模块对企业营销的影响十分明显。归纳起来说,由于消费者购买动机的不同,决定了企业及营销人员所采取的接待方式的不同,促使其转化为购买行为的措施亦不同。

5. 消费者"由谁买"与企业营销行为

"由谁买"分析的是在家庭消费者中由谁来决定购买的问题,也就是寻找家庭购买决策者的问题。购买某种商品,表面上看,是一个人的行动,但实际上,是由发起者、影响者、决定者、执行者和使用者等角色共同作用的结果。家庭决策者的构成大致分为四种类型,即丈夫决定型、妻子决定型、共同决定型(协商型)和各自做主型(独立型)。这就是所谓的"家庭权威中心点"问题。从现象上看,由谁决定购买与营销活动毫不相干,但实际上它们之间存在着一定的联系。首先是表现在家庭权威中心点的不同会影响企业目标市场相关策略和技巧的选择,在企业目标市场上决策者的类型及构成的不同,企业所采取的促销及拓展市场的策略地位有所区别,不能一成不变。此外还表现在对营销人员的影响。作为企业促销员之一的营销人员,承担着诱导发起者,鼓励影响者和争取决定者的任务。营销人员积极的行为会促使消费者做出决策,实现购买行为;反之,营销人员消极的行为,又会使消费者潜在的需求无法实现其转化。

6. 消费者"如何买"与企业营销行为

消费者"如何买",涉及消费者对商品的期望、选择商品的标准和方式,以及对购物地、对营销人员的要求等方面,即消费者的购买行为方式。因此,这一模式与企业营销行为关系更为密切。由于商品多种多样,品类繁多,而对不同的商品,消费者的期望、选择的标准、方式以及对购物地、对营销人员的要求又有一定的差别。

第二节　影响消费者行为的外部环境因素

影响消费者行为的外部环境因素极其复杂多样，而且几乎涉及人类生活的各个方面和领域。按其性质划分，可以将诸多外部环境因素分为自然环境因素和社会环境因素两大类。

一、自然环境因素

沙尘暴里寻商机

自 1999 年春天以来，我国北方绝大部分地区都受到了沙尘暴或沙尘天气的影响，沙尘所到之处天空昏暗、空气浑浊，居民即使紧闭门户，可在粉尘飞扬的室内呼吸也很难舒畅。沙尘暴不折不扣地已成为北方越来越频繁的"城市灾难"。

据悉，仅在 2001 年，我国监测网络就观测到多次沙尘暴现象，虽然我国已启动一系列重大环保工程来恢复沙尘暴源区和附近地区的植被和生态环境，力图从源头上控制沙尘暴的爆发，但这也并不能在短期内解决我国北方地区的沙尘暴问题。据专家估计，即使国家环保措施实施得力，最快也要 15～20 年才能从根本上解决沙尘暴问题，在这期间沙尘暴仍频频发生。沙尘暴给人们带来的种种危害，使人们"谈沙色变"。沙尘漫天，它使空气中弥漫着一股土腥味，外出不便，车辆、楼窗、街道乃至整个城市蒙上了层层灰尘。

沙尘暴肆虐北方大地、人们生活饱受沙尘之扰，苦不堪言。同时这也导致空调在部分城市出现了产品供不应求，甚至人们争购的局面，由此也引发了一股"沙尘暴经济潮"。精明的商家看出了其中蕴含的无限商机，采取了相应的策略，从而带动了车辆洗刷、家政服务、环卫清扫、吸尘器、空调、墨镜、口罩等行业的兴旺。

自然环境因素包括地理区域、气候条件、资源状况和理化环境等因素。自然环境直接构成了消费者的生存空间，在很大程度上促进或抑制某些消费活动的开展与进行，它们对消费者的消费行为有着明显的影响。

1. 地理区域

受所处地域的地理经度、纬度以及地形、地貌的影响，南方与北方、城市与农村、内陆与沿海、高原山地与平原水乡的消费者，在消费需求和生活习惯上存在多种差异。

例如，中国人在饮食习惯方面，南方人偏爱甜味，北方人则偏爱咸味。南方人和北方人的饮食差异往往是在饮酒方面体现得最为突出，北方人喜欢辛辣凛冽的白酒，而南方人则偏爱香甜而醇厚的黄酒。由于地域差异形成的不同消费偏好，使得长期以来国内酒类市场一直保持着"南黄北白"的消费格局。

城市居民与农村居民对商品需求的种类、数量和购买方式也有着明显的区别(见上例，城市居民与农村居民家庭耐用消费品的消费差异)。这其中除了农村消费者收入增长缓慢的原因外,配套的消费环境也是一大制约"瓶颈"。相对于非耐用品而言,农村消费者对耐用品的消费与购买受消费环境特别是与消费有关的服务环境制约较大。比如,供水、供电条件的不足,使得农村消费者对洗衣机、电冰箱的购买行为受到限制;而因无电视信号接收站,节目信号少或弱,农村消费者购买彩电的热情也会大打折扣;电压不稳、电力供应不足、电价过高、电网建设滞后等现象在农村普遍存在,于是出现了"冰箱变成碗柜,洗衣机变成米缸"的笑话。农村居民同样的消费支出却得不到和城市居民相同的消费效用,这在一定程度上抑制了农村消费者的购买欲望。可见要想实现农村消费市场的扩张,就必须改善农村落后的基础设施,打破这一消费"瓶颈"。

2. 气候条件

不论是地域性的气候条件,还是全球化的气候环境,都很大程度地制约着消费者的消费行为。可以说,自古"天"与"人"休戚相关。从地域的角度来看,不同气候地区的消费者呈现出不同的消费活动。例如,炎热多雨的热带地区与寒冷干燥的寒带地区相比,消费者在衣食方面的差异非常明显。同样是冬季,热带地区的消费者要的是毛衣、夹克等轻微御寒的服装,而寒带地区的消费者则需要厚重的大衣、皮衣等服装;热带地区的消费者喜欢清爽解热型饮料,寒带地区的消费者则偏爱酒精度高、能御寒的白酒。

从全球角度看,近年来,人类赖以生存的家园——地球——表面温度不断升高,温室效应加剧。温室效应已被列为21世纪人类面临的最大威胁之一,它除了使地球表面温度变得越来越高外,还给全球的湿地沼泽、沿海低地、珊瑚礁、温带寒带的大量物种带来毁灭性打击。温室效应带来的影响几乎是每一个消费者都曾亲身体验过的。21世纪以来,几乎每年夏季,全国各地的消费者都对电风扇、电冰箱、空调、竹凉席、清凉饮料的消费需求骤增,其中一个最主要的原因就是地球变暖,各地出现罕见高温。

3. 资源状况

自然资源是人类社会赖以生存的物质基础,也是社会生产资料的主要来源。自然资源的开发、利用程度和储量与消费者的消费活动关系极为密切。例如,石油、太阳能乃至核能的广泛应用,为消费者提供了众多的新型消费品,带来消费方式的变化和更新。

从消费者熟悉的家庭日常生活用品"柴、米、油、盐"的消费中,就很容易理解这一点。最初,人们用柴或木头来生火做饭,后来用铁炉烧煤,再往后用煤气炉、用电炊具、液化气、天然气等。未来将是全面利用太阳能的能源灶。可以说,每一次"灶的消费"的飞跃,都与相应能源的开发与利用进度并行。

再如车用燃料,我国轿车大多使用汽油,但自1999年以来,全球石油价格的升高,促进了使用石油液化气的汽车出现,它是由使用汽油的汽车直接改装而成的。最近,还出现了用小麦、玉米等原料生产出乙醇,再和汽油按一定比例混合而成的一种新型车用燃料——车用乙醇汽油。可见,工业能源转化为民用的结果,使得消费者对同一领域产品的选择余地加大了。

自然资源的储量对消费者的影响更加直接。一些重要的资源出现紧缺,将抑制消费者的消费需求,或者引发其他消费需求。以水资源为例,我国人均拥有水量只有世界平均水平的1/4,全国670个城市中,有400多个有着不同程度的缺水。由于工农业生产和城市生活污水处理率低,江河湖泊水质恶化的趋势尚未得到遏制。政府利用价格杠杆调节水市场需求,最直接的效应是使消费者懂得"慎用水、节约水"。这样不但有利于提高广大居民的饮水质量,而且有利于水资源的合理配置。另外随着水价上调,像节水器、节水马桶、节水洗衣机等节水产品也深受居民欢迎。

"十一五"期间,我国在能源调度上有重大举措,"西气东输"、"西电东输"、"南水北调"等工程已全面展开。由此可见,资源状况对消费者的行为有着多方面的影响。

4. 理化环境

理化环境主要是指由人为因素造成的消费者生存空间的优劣状况。如空气、水的洁净程度,噪声的强弱程度等。理化环境的优劣直接关系到消费者的身心健康,因此对消费者的行为有着重要的影响。例如,我国大城市由于人口的急剧膨胀,严重缺水,市政依靠抽取地下水供市民饮用。但一般而言,地下水存在离子含量偏高、水质偏硬、细菌超标等问题,并且受洪、枯季的影响,水质不很稳定。于是净水以及与净水有关的设备需求在大城市中相当火爆。消费者大量购买桶装净水或瓶装净水。

随着空气污染的不断加剧,职业性"氧吧"场所渐渐兴起于国内各大城市。氧吧消费是一种有偿呼吸,消费者每次消费时间大约为15~20分钟。而在职业性氧吧问世不久,适于家庭使用的各类氧吧仪器也开始热闹地上市了。这些仪器的工作原理是能够电离空气释放负离子。空气中负离子能活化氧气,从而在小范围内改善空气质量。与此相对应的是一些有针对性的特殊氧吧的出现,比如汽车氧吧、电脑氧吧等。大城市的居民消费者竞相购买这些产品。

二、社会环境因素

房地产调控政策中的"丈母娘"因素

"丈母娘"的社会地位越来越高,说话也越来越算数,这是由中国社会的人口现状所决定的。目前,中国人口的男女性别比例已经达到了116.9:100,这也就意味着在未来的20年内,平均每年处于结婚年龄的男性要比女性多出120万人左右。虽然计划生育使我国的人口增长速度逐渐放缓,可"养儿防老"的观念却使得男性出生比例大幅上升。正常的人口性别比例应该在103~107:100,我国现在已经高出了正常值10个百分点。普通男性在择偶方面已经处于弱势地位,特别是在农村地区,娶媳妇的成本越来越高。

在城市地区,为了结婚,男方家庭必须要准备婚房,没有婚房,结婚几乎是不可能的事情。某优秀男青年表示,他与女朋友是大学的同班同学,相恋已经有5年之久了,却一直不能结婚,最主要的原因就是女方的母亲坚持要男方在上海买房子。男孩子来自于江苏一座中等城市,如果按照当地的标准来看,属于中产阶级,可是还是没有足够的财力在上海购置婚房。尽管女孩子的年龄也不小了,这位准丈母娘要求男方买房的决心依然没变。

这些年来,中国的农村在结婚彩礼方面也发生了很大的变化。很多女方的家庭甚至放弃了要彩礼的传统习惯。但是,事实上,男方家庭的付出更大了。过去,女方只要求男方在农村建房。现在,更多的女方要求男方要在城里购买婚房。因为,女方的家庭已经意识到,农村的宅基地是不能买卖的,农村的房子是没有投资价值的。进城买房已经成为农村青年结婚的一种时尚。房地产当中一个有趣的现象是城市的精英到农村去买小产权房,农村的精英到城市购买商品房。

据估计,每年结婚的人口大约在1 800万至2 000万人。换句话说,也就是大约有900万至1 000万对新婚家庭。如果每家按照100平方米来计算婚房的话,每年大约需要建设10亿平方米的住房。这部分人口构成了刚需的核心。而且,这部分人口基本上与保障性住房无缘,主要是进入商品房市场。在中国,由于女性的优势地位,男方不得不购置婚房。结婚买房已经成为婚姻一项必要的前提条件。婚房的巨量需求,必然会支撑房价继续上涨。廉租房、公租房之类的事情都不会在丈母娘的考虑之中。

在婚房市场的支撑之下,中国的房地产市场难以形成泡沫,同时,也难以出现房价下跌的情形。丈母娘对于女婿的影响要远远大于政治家的影响。

与上述案例相比,社会环境因素对消费者的影响更为直接,内容也更加广泛。社会环境具体包括人口环境、社会群体环境、经济环境、政治法律环境、科技环境、文化环境等。

广义地讲,社会环境包括人与人之间所有的社会意义下的相互作用。消费者可以直接(可能会与同事或朋友谈论体育器材)或间接地(看父亲买汽车时与他人讨价还价,看他人所穿的服装)与其他人发生相互作用。人们可以直接或间接地感知这些相互作用。

正确地区分社会环境的宏观和微观层次是非常必要的。宏观社会环境指大规模人群中人与人之间直接或间接的相互作用。研究者已经分析了三种宏观社会环境——文化、亚文化和社会阶层。这些都会影响相应群落中个体消费者的价值观、信仰、态度、情感和行为。例如,研究者已经证明,不同亚文化群或者社会阶层中的个体消费者对一个产品的态度是截然不同的,这表明他们对不同的营销战略的反应也是截然不同的。正是由于这些差异的存在,使得宏观社会环境的分析在市场划分中起到了不可替代的作用。

微观社会环境指小群体(家庭和相关群体)中人们之间的直接相互作用。这些直接相互作用使得消费者对产品、商场和广告的认知和情感以及消费行为受到极大影响。例如,通过家庭及相关群体间人们的直接相互作用,人们的行为、价值观、信念和对事物的态度都受到了影响。而且,家庭成员间的影响是根深蒂固的,如孩子们长大后会购买他们父母曾经买过的品牌,光顾同样的商场,以同样的方式购买商品。

宏观社会环境(文化、亚文化和社会阶层)影响了家庭和相关群体。图2-5表明了宏观环境对微观环境的社会影响。

1. 人口环境因素

构成人口环境的因素有人口总数,人口密度与分布,人口的年龄、性别、职业与民族构成,以及人口素质状况等。

(1) 人口总数

一个国家的总人口数与该国人均国民收入水平密切相关,因而对消费者的购买力水平、购买选择指向和消费方式有直接影响。据国家统计局最新数字显示,截至2003年年底,中国大

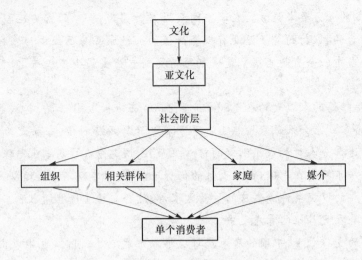

图 2-5　社会环境间相互影响的流程图

陆人均国内生产总值虽然已经超过 1 000 美元,但在世界各国的排名中仍然居后。这主要就是因为中国总人口数庞大,占世界总人口 1/5 强,经济总量的增长被人口基数所摊薄。我国人均国内生产总值相对较少,意味着人均可支配收入也相对较少,居民家庭的消费内容与消费数量必然受到限制。

（2）人口密度与分布

人口密度与分布状况关系到消费者的消费活动空间是否适宜。一些大城市人口集中,密度过大,出现住房拥挤、交通紧张、环境污染等一系列"大城市病",已经严重妨碍了消费者的日常生活和消费活动。例如,像北京等这样人满为患、生存空间狭小的特大型城市,当地的总体房价几乎是其他二三级城市的 4～5 倍。过高的房价必然制约购买需求,许多工薪阶层只好"望房兴叹"。合理的人口布局已经成为摆在未来中国发展面前的一个首要问题。

（3）人口的年龄、性别、职业、民族构成

年龄、性别、职业、民族构成等人口统计变量直接影响消费者的需求结构和购买方式。例如,人口老龄化趋势的加快使得保健型消费品的购买量迅速上升,形成了独特的"银色市场"。而职业的差别使人们在衣、食、住、行等方面有着显著不同,通常不同职业的消费者在衣着的款式、档次上会做出不同的选择,以符合自己职业特点和社会身份。受教育程度是人口素质高低的重要标志,随着受教育程度的提高,消费者文明消费、自主消费的意识,以及筛选信息、选择决策等能力也必然相应增强。

我国是世界上人口最多的国家,人口环境因素对消费者行为的影响尤为突出。关注人口环境的变化,对研究我国消费者行为具有极强的现实意义。

2. 社会群体环境因素

社会群体环境包括消费者所处的家庭、社会阶层、社会组织、参照群体等。

（1）家庭

家庭是与消费者关系最为密切的初级群体。因家庭的规模、类型及所处生命周期不同,消费者的购买内容、购买意向也会有明显不同。在我国,家庭是消费的重要单位。家庭规模大小对消费产生直接影响。据历届人口普查资料表明,我国家庭户均人口 20 世纪五六十年代为 4~5 人,1982 年人口普查时为 4.43 人,1990 年第四次人口普查时下降为 3.96 人,2000 年第五次人口普查时为 3.44 人。可见我国家庭规模在缩小,子女同父母分户独居现象迅速增加。家庭规模的缩小导致了家庭数量的扩大,对住房和耐用消费品的需求也随之增加。

我国家庭消费方式正从封闭、半封闭方式转向开放化、社会化方式,即将家庭的部分劳务改由社会上的专业服务部门来完成,以使家庭成员腾出充足的时间,用于学习、娱乐和消遣。例如,在食品消费上,可以直接购买熟食、半成品或干脆在外就餐;在衣着上,更多地购买成衣;在日常家务方面,可以请家庭服务员或社会服务机构代为处理。此外,家庭形式的多样性使得消费者的消费行为也呈现出对应的多样性特点。

我国家庭消费类型

结合我国的家庭消费特点,可以从消费决策角度将我国家庭消费类型分为以下四种。

(1) 重智力倾向家庭。这类家庭注重智力投资,不惜代价订阅大量书刊,购置乐器和家用电脑,注重对孩子的教育和各项技能的培训,使家庭成员具备较好的个人文化素质。

(2) 重用品倾向家庭。该类家庭注重购置各种家用电器和设备,把家庭布置得富丽堂皇、舒适大方,以享受现代社会文明,显示家庭的气派和富裕。

(3) 重健康倾向家庭。这类家庭注重家庭成员的身体健康,注意卫生和营养,讲究吃穿,注意进行各种有益的文化体育活动。

(4) 重爱好倾向家庭。这类家庭成员中有收藏、养花、摄影等爱好,消费支出也比较集中于这些方面。

进入 21 世纪以来,我国居民家庭消费出现了新的热点,家电、旅游、住房、汽车、信息、教育消费已成为我国居民家庭的重点消费指向。

(2) 社会阶层

社会阶层是由具有相同或类似社会地位的社会成员组成的相对恒定的群体,处于不同社会阶层的消费者,由于其收入水平、职业特点不同,造成他们在消费观念、审美标准、消费内容和方式上也存在明显差异。

社会生活中,每个消费者均处于一定的社会阶层。同一阶层的消费者在价值观念、态度和行为方式等方面具有同质性,不同阶层的消费者则在这些方面存在较大差异。因此,研究社会阶层对于深入了解消费者行为具有特别重要的意义。

消费者行为学中讨论社会阶层,一方面是为了研究不同阶层的消费者在购买、使用、沟通、个人偏好等方面具有哪些独特性;另一方面是了解哪些行为被限定在某一特定阶层的行为领域之内,哪些行为是各社会阶层成员所共同具有的。例如,不同社会阶层的消费者所选择和使用的产品是存在差异的。在服装、住宅、家具和汽车等能显示地位与身份的产品的购买上,不同阶层消费者的消费差别十分明显。在我国,上层消费者多有别墅,住宅环境优雅,室内装修豪华,购买的家具和服装都是名牌,档次和品味也很高,拥有高档豪华轿车或者跑车;中层消费者住宅条件也较为不错,但他们中的一部分人对内部装修不是特别讲究,服装、家具不少但高档的不多,有的拥有家庭轿车;下层消费者则住宅周围环境较差,在服装与家具上投资较少,买不起家庭轿车。

不同社会阶层的消费者由于在职业、收入、教育等方面存在明显差异,因此即使购买同一产品,其趣味、偏好和动机也会有所不同。例如,同是买牛仔裤,下层消费者可能看中的是它的耐用性和经济性,而上层消费者可能注重的是它的入时性和自我表现力。事实上,对于市场中的现有产品和品牌,消费者会自觉或不自觉地将它们按社会阶层划分并消费。

(3) 社会组织

社会组织如机关、学校、军队、企业、医院、协会等,是消费者参与社会实践活动的主要场所,其工作性质、组织结构及活动内容同样会给人们的消费生活带来某些限制和影响。这些年炒作得很厉害的网络虚拟社区就是凭借网络的优势,将具有共同兴趣爱好的网民组织起来,形成网上社区。由于社区成员具有趋同的消费趋向,加之成员之间的全方位互动和相互影响,使他们的消费行为更具商业价值。研究社会组织对消费者行为的影响,有助于企业锁定目标顾客,低成本地开展营销活动。

(4) 参照群体

当有旁人在场时,往往会对消费者形成一定的心理压力,从而导致他们采取与单独活动时不同的行为。这种情况表现得相当普遍,比如,在带着小孩购物时,对某种商品的选择可能会受到孩子对这些商品偏好的影响,而这种影响是消费者在单独购物时所不会有的。还有,当消费者在为家庭成员准备晚餐时,往往考虑的是食物的经济性和迎合每个成员的口味,但如果举办的是一个社交性的晚宴,则要求食物档次高并能合乎大众口味。此外,社会环境对传播场合也有一定影响。例如,当有旁人在场时,会降低消费者对电视广告的注意力;同样,在个人上门推销中,旁人在场也会减弱推销员言辞的影响力。

参照群体分为个人期望归属的向往群体和个人拒绝接受的疏远群体。消费者行为学中所谈的参照群体主要是指向往群体,各种参照群体通常会对消费者产生示范或诱导作用,参照群体还会通过群体压力,使个人行为与群体趋向一致。消费者往往会有意识或不自觉地模仿、追随参照群体的消费方式,指导自己的购买选择。近几年来,中国台湾的一些年轻人盲目崇尚追逐、模仿日本时尚流行文化,自成一族——"哈日族"——在服饰穿戴打扮上向日本演艺界名人靠拢。无独有偶,大陆青年由于受韩国流行音乐的冲击,也出现了一些与韩国演艺界名人激情相拥的"韩流族",街头上染着头发、穿着肥脚裤、走路一晃一晃的中学生就是"韩流族"的形象。毋庸置疑,这些年轻人的消费行为已经深深地受到他们崇拜的日韩演艺界名人的影响,并试图与他们保持一致。

3. 经济环境因素

经济环境包括宏观经济环境与微观经济环境,从国家经济政策、政府宏观调控、国民经济发展状况、市场供求总量及其构成等各种宏观经济因素,到企业的产品设计、加工制作、广告宣传、销售服务,以及商品质量、款式、价格、商标、包装等微观经济因素,都会对消费者的行为产生直接影响。这是由于一切经济活动都是围绕最终消费者进行的,并通过消费者的实际商品购买及使用活动来最终体现其成果。

从宏观角度看,对消费者行为影响最直接的是国家的消费体制以及相关的消费政策。消费体制是整个经济体制的重要组成部分。计划经济体制下,我国实行的是低工资下的福利型消费体制,城镇居民的住房、医疗、教育、能源等都由政府补贴和直接分配,不进入个人消费。国家的消费政策也一直奉行"高积累、低消费"的方针。由于是卖方市场,消费者长期限于被动式、无选择的消费方式,消费观念一直停留在初级层次。例如,奉行个人消费靠国家的观念;明天的钱今天不能花的观念;重生产轻消费,把生产与消费对立起来的观念;重商品所有权,轻商品使用权的观念;重实物消费,轻服务(精神)消费的观念;把鼓励合理消费与发扬艰苦奋斗精神对立起来的观念等。改革开放以来,我国逐步确立了社会主义市场经济体制。随着国民经济的持续高速增长,物质产品趋于丰富,市场由卖方市场向买方市场转变。特别是从1997年10月以来,由于受到亚洲金融危机等国内外不利因素的影响,我国第一次出现了内需不足、通货紧缩的局面。政府制定出台了一系列刺激消费、扩大内需的政策和措施,积极引导消费者转变观念,培养科学、合理的消费方式,逐步完善以个人消费为主体的消费体系。消费政策的调整,有效地促进了消费需求的缓慢扩张,消费者信心和购买欲望逐渐增强。

从微观角度看,消费者在进行消费活动时,之所以购买这种商品而不购买那种商品,选择某种品牌而不选择其他品牌,在这家商店购买而不在那家商店购买,很大程度上取决于商品的效用、质量、价格、款式、外观、广告宣传、商家信誉、售前售后服务等各种微观经济因素。这些由企业营销行为导致的因素变动,会直接影响消费者的消费选择。以商品价格为例,价格变动会直接影响消费者对商品的需求。首先,原材料、燃料等生产资料价格的上涨会造成生产成本的增加,引起产品价格上升,需求下降。例如,1999年以来原油价格的飙升,导致汽油、柴油等化工产品的价格相继上升,在一定程度上抑制了消费者的需求。其次,国际贸易中一国对另一国的产品进行反倾销制裁或征收特别关税,将导致该商品价格的大幅提高,消费者因此会被迫放弃或减少购买该种商品。例如,日本政府正式决定从2001年4月23日起,对主要从中国进口的大葱等农产品实行临时紧急进口限制,限制使日本农产品市场需求受到抑制。

4. 政治法律环境因素

政治法律环境涉及一个国家的政体、社会制度、政府更迭、社会稳定性以及相关法律的制定颁布等要素。这些因素都直接或间接地影响消费者的消费心理,进而影响其消费行为。政治环境不稳定,如政党纷争剧烈、政府政策朝令夕改、社会动荡不安,人民群众就会产生各种疑虑和担心,对未来失去信心。体现在消费活动上,则消费信心下降,未来预期悲观,抑制消费、谨慎消费成为主导性消费行为。这方面最典型的例子莫过于个人的投资理财行为。受到政治上利坏消息的影响,消费者会从金融市场上纷纷撤资,轻则导致股市、债市重跌,重则引发股市、债市的崩盘。例如,中国台湾地区居民担心引发某些战争,纷纷抛售手中的股票,引起中国台湾股市"地震"。相反,受到政治上利好消息的鼓舞,居民对未来会产生良好的心理预期。体现在个人投资理财活动上则表现为投资踊跃,引发股市、债市大幅上扬。

消费者只能在法律规定范围内行使消费权利,从事消费活动。所有国家的法律都明令限制或禁止从事特殊消费品的买卖,如可卡因、海洛因、大麻等毒品,从而使一些消费者的消费需求受到限制。又如,很多国家的法律规定禁止向未成年人出售香烟。美国癌症协会在2000年美国芝加哥第11届世界烟草大会上发表的材料表明,在世界196个被调查国家中,一半国家的法律规定禁止向未成人出售香烟,1/3的国家有戒烟机构或渠道,1/3的国家规定必须在香烟包装上印刷警告性图案。显然,法律的明文规定对未成年人的香烟消费需求构成极大限制。

5. 科技环境因素

科学技术的迅猛发展,对消费者的消费内容、消费数量及消费方式产生的影响是不言而喻的。一方面,科技发展使人们的消费方式日益多样化,人们的消费活动不再受时间和空间的限制。例如,消费者可以亲自到商场去购物,也可以通过邮寄购物、电视购物、网上购物等途径购买到商品。另一方面,科技发展使人们的消费内容极大丰富,任何一类产品都会找到不同档次、不同性能、不同价格、不同品牌的商品。以彩电为例,从视觉效果上可分为普通弧形、平面直角、超平、纯平彩电等;从屏幕尺寸上可分为53 cm、64 cm、74 cm、86 cm等;从品牌上可分为长虹、海尔、康佳、TCL、乐华、厦华等。目前各大家电厂商又在力推信息家电等新概念家电。

然而,科学技术的飞速发展也为消费者的购买决策增加了难度。面对层出不穷的新产品,消费者会因知识滞后、能力不足而无所适从,难以选择,从而增加了决策失误的可能性。

科学技术对消费行为的影响,我国居民感受最深的莫过于家电产品了。"旧三件"、"新三件"等标志性家电消费品的升级换代,反映了我国消费者消费水平的提升,也是我国特有的同质化、排浪式大众消费行为特点的体现。以家电产品为龙头的各种耐用消费品层出不穷,并以前所未有的速度进入千家万户,不仅极大地丰富了消费者的消费内容,改善了人们的生活质量,也深刻地影响和改变着人们的生活方式和消费习惯。

随着信息技术、生命科学、新材料、新工艺、新能源等当代最新科学技术的发展和应用,消费者必将迎来新一轮的"消费革命"。

6. 文化环境因素

文化环境对消费者行为的影响是潜移默化且根深蒂固的。正因为如此,文化环境对消费者的影响作用已经越来越为人们所重视。大量实例表明,不同国家、地区、民族的消费者,出于文化背景、宗教信仰、道德观念、风俗习惯以及社会价值标准的不同,在消费观念及消费行为方式上会表现出明显差异。例如,中国人民银行自1999年3月推出住房、汽车、旅游、家电、助学教育等领域的消费信贷,旨在促进消费、鼓励消费。然而,消费信贷却是"叫好不叫座",实际推行中进展缓慢,阻力重重。其重要原因之一就在于中国传统观念的影响和束缚。

中国人历来视勤俭持家、精打细算、未雨绸缪、量入为出为美德,而对超过自身支付能力的消费视为奢侈浪费,借债消费更是为人所不齿的行为。体现在消费观念上,人们普遍崇尚"勤俭节约、量入为出",忌讳"寅吃卯粮,举债度日",因而即期收入成为当前消费的最大极限。人们宁愿省吃俭用,也不愿意"负债消费"或"超前消费"。与此相对应的是,人们认为"无债一身轻",欠债是不光彩和无能的表现,对"寅吃卯粮"则持鄙视的态度。由此可见受中国传统文化的影响,我国消费者对花明天的钱圆今天的梦的消费信贷方式还难以全面接受,要改变千百年来形成的传统消费观念并非易事。

第三节　影响消费者行为的个人内在因素

女士专用酒流行起来

据一位业内人士介绍,近年来,随着人们生活水平的提高,年轻人越来越崇尚个性化的生活方式,女性尤其是年轻女性饮酒的人数在不断增加。根据一项调查显示,近三年来,中国各大城市中时常有饮酒行为的女性人数正在以每年22%的速度增长,各种国产的、进口的、专门针对女性的酒类品种目前已达到几十种。一位啤酒经销商介绍,由于饮酒的女士数量增长很快,各种女士酒近来不断上市。仅在最近一段时间,燕京啤酒集团推出了无醇啤酒,吉林长白山酒业也出了"艾妮靓女女士专用酒",还有台湾烟酒公司研制成功一种功能性饮料(五芝啤酒),其出发点很大程度上也是针对女性市场的。此外还有哈尔滨泉雪啤酒有限公司推出的有保健功能的含"肽"啤酒,也推出营养概念,抢占女性啤酒市场。业内专家介绍说,目前国内市场上的各种女士酒大约有40种,都是近来才出现的,预计还会有更多类似的酒出现。

现代商业活动中,消费者的购买行为不仅受企业市场营销活动、社会和文化等外在因素的影响,个人心理与个人特性也会对此产生不可忽视的作用。一般来说,个人因素的不同,如年龄、性别、职业、生活方式、性格及自我概念等的不同,会带来购买活动的重大差异。

在企业的市场营销过程中,常以年龄、性别、收入等人口统计变量来细分市场和制定相应的战略与策略。因为这些变量既易于识别和衡量,又与个人需求息息相关,是企业营销者不能忽略的因素。

在现实生活中,消费者的行为表现千差万别、形态各异。但挖掘其本质,我们会发现它们无不以某些共同的生理和心理活动为基础。消费者的生理及心理活动与特征是决定其行为的内在因素。探讨这一因素系统,可以揭示出消费者生理及心理活动的共性,以及外部行为的共同生理与心理基础。

一、生理因素

生理因素是指消费者的生理需要、生理特征、身体健康状况以及生理机能的健全程度等。生理学与解剖学的研究表明,人类的生理构造与机能是行为产生的物质基础。任何行为活动都是以生理器官为载体,并且在一定的生理机制作用下形成的,消费行为亦是如此。因此可以说,消费者的每一个行为都是以生理活动为基础,并通过生理机能的整体协调运动来产生和完成的。

1. 生理需要

在影响消费者行为的各个生理因素变量中,生理需要是对消费者行为影响最为直接的自变量。心理学上所说的"需要",是指客观刺激物通过人体感官作用于人的大脑,而引起的某种缺乏状态或未满足的主观感受状况。这种主观感受状况会引起人的不适或紧张,并促使人们千方百计地去缓解或克服这种不适和紧张。例如在炎热的夏季,当人们大汗淋漓、口渴难耐时,首先会想到通过喝水的方法来解决这种不适的感觉。

人的需要是多方面、多层次的,而其中生理需要是这些需要中最根本、最朴素的。所谓生理需要是指人们在衣、食、住、行、休息、健康、性等方面的要求。生理需要是人类为维持自身生存和繁衍后代所必须满足的基本需要。可以说,满足自身生理需要是人类一切行为活动的最初原动力,也是消费者行为的首要目标。在人们进行的形形色色的消费活动中,消费者只有首先从事对衣、食、住、行等基本生存资料的消费,使生理需要得到满足,然后才有可能进行旅游观光、娱乐休闲、文化教育、智力开发等享受和发展资料的消费。此外,人类的生理特点决定了生理需要本身具有延续性的特征,它是循环往复、重复发生的。因此,消费者为满足生理需要而进行的消费活动也是没有止境、永远不会终结的。从这个意义上来说,生理需要对消费者行为起着主要的支配作用,同时也构成了消费活动的基本内容。

生理需要的具体内容和形式并非一成不变。随着经济的发展和社会制度的变迁,它也会呈现出不同的特点。例如,同样是"民以食为天",原始人满足五谷杂粮、茹毛饮血的饮食,而现代人需要的是低脂肪、高蛋白、富含维生素的有营养的食品,所消费的食品要具有9个特征,又称9F,即健康(Fitness)、高纤维(Fiber)、快速反应(Fast)、新鲜(Fresh)、功能分装(Function)、趣味(Fancy)、外国风味(Foreign)、可玩的(Fun)和著名商标(Famous)。可见,同样是满足吃的需要,不同时代存在很大差异。

2. 生理特征

生理特征具体包括人体身高、体形成貌、年龄、性别等方面的外在特点,以及耐久力、爆发力、抵抗力、灵敏性、适应性等方面的内在特性。这些生理特征是先天遗传的结果,同时也受到后天环境的影响。生理特征的差异可以引起不同的消费需求,从而会导致不同的消费者行为活动。需要指出的是这些特征并非孤立地影响消费者的行为,更常见的是以组合因素的形式对消费者行为产生影响。

(1) 外在特点

① 身高、体形。就人的身高、体形等身材特点而言,其差异对消费者的影响是显而易见的。以服装选购行为为例,有的人身材魁梧、体形肥胖;有的人身材矮小、体形瘦弱,他们所表现出来的购买倾向就有很大差别。首先,在服装尺寸的选择上,毫无疑问,前一类人选择的服装尺寸较大,后一类人选择的服装尺寸相对较小;其次,在颜色的选样上,前者多会选择深色服装,如黑色、蓝色、绿色、灰色等冷色调,以使肥胖的体形显得瘦一些,而后者多会选择浅色或色彩强烈的服装,如白色、淡黄色、橙色、红色等暖色调的衣服,以便显得体形高大强壮一些。另外,身材高大、体形肥胖的消费者对食物等消费品的摄入量和花费比身材矮小、体形瘦弱的消费者通常要大得多。

由于人种的差别,不同国家、不同地区之间消费者体形的差异也引发了不同的消费需求。例如,日本的汽车生产厂商曾按照本国人的身材尺寸生产了一批小汽车销往美国,结果由于汽车的脚踏板太小、座椅靠背太矮,不符合美国人的身材等原因而导致滞销。

② 相貌。相貌包括五官、皮肤、毛发等组成要素。消费者受自身相貌特征的影响,往往会进行一些带有个性化倾向的消费活动。所谓"爱美之心,人皆有之",眉清目秀、五官端正的消费者一般不会从事诸如矫形、整容、带假发等特殊的消费活动;而相貌有缺陷的消费者则会主动搜寻有关信息,接受整容等医疗消费或者进行相关商品的购买活动。五官的大小、位置高低的差异也会驱使消费者做出不同的消费行为选择。例如,西欧人喜欢使用斜口瓷杯,这是由于西欧人大多是高鼻梁,每当用平口瓷杯喝水时,杯子里的水还没喝完,鼻子就与杯口"碰架",而斜口瓷杯则能恰好避免这一尴尬。

皮肤的类型、颜色对于消费者选择个人清洁用品和化妆品、护肤用品,具有决定性的影响。人的皮肤根据皮肤皮脂分泌的多少,可分为干性、油性、中性、混合型及过敏性皮肤等几种类型。消费者会根据自己皮肤类型的特点,选择使用不同的清洁用品和化妆品、护肤用品,来进行美容或皮肤的保健。另外,皮肤的颜色也决定了消费者对化妆品的选择。黄皮肤的东方人喜欢具有皮肤增白效果的化妆品,而西方白种人更倾向于使用可以使皮肤显得健康黝黑的化妆品。

毛发由体毛和头发组成。体毛浓密,生长过多的消费者出于维护自身形象的考虑,可能会购买消除体毛的药品。而头发的长短、颜色与发质状况,也会影响消费者对护发用品的选择。

③ 年龄。不同年龄的消费者因其生理机能与社会经历的差异,会有不同的消费心理,并形成不同的消费行为。按照年龄大小,通常可以将消费者分为四个不同年龄阶段的消费集群:少年儿童消费群,指 14 岁以下的消费者;青年消费群,指 15～35 岁的消费者;中年消费群,指 35～60 岁的消费者;老年消费群,指大于 60 岁的消费者。

年龄差异对消费者行为的影响体现在,各消费集群之间在消费特点与消费内容上存在着明显的不同。例如,少年儿童是儿童玩具、文具、书籍、乐器、运动器材及儿童食品、营养品、少儿服装等商品的主要消费者,他们的消费特点是具有好奇性及随意性;而中、青年人是手机、呼机、台式电脑、笔记本电脑、掌上电脑、数码相机、数码摄像机等数字化产品的主要消费者,他们喜欢时尚的商品,领导着时代的消费潮流;老年人则是对保健食品、医疗、服务、娱乐等有特殊需求的消费者,他们大多消费谨慎,注重实效。年龄差异引发了不同的消费需求,因而企业常常将年龄作为细分市场的主要依据,把市场划分为少儿市场、中年市场、青年市场及老年市场,并分别命名为"向阳市场"、"活力市场"、"银色市场"。

④ 性别。性别的差异对消费者行为的影响是与生俱来的,具有内在稳定性。由于遗传的原因,男性和女性呈现出不同的消费心理特征。心理学研究表明,男性与女性的消费行为差异主要体现在消费需求、购买动机、购买决策、购买过程、购买时机等方面。男性大多粗犷、豪爽,需求单一,对商品的选择不太挑剔,购买商品较多地关注商品的功能与效用,购买决策自主,速度快,需要时才购买;女性则天生细腻、谨慎,需求多样,对商品的选择认真、挑剔,易受商品的外观形象以及主观情感的影响,购买决策被动,速度慢,时间长,经常即兴购买。

另外,男性与女性的消费领域也有很大不同,一些领域甚至出现"一边倒"的情形。例如,近年来兴起的网络信息消费就以男性为主,女性所占比例较小。

知识链接

性别差异是依然存在的

1. 女性的购买行为

在我国,女性市场是一个潜力巨大的市场。她们人数众多,购买力也很大,她们不仅购买自己所需的消费品,而且也是家庭日常消费品的主要决策者和购买者。同时,女性消费者的传播能力、表达能力和感染能力都很强,因此争取女性消费者对扩大企业的销售是非常重要的。虽然女性的购买行为会随着收入、职业、年龄和文化素质等因素的不同而变化,但她们之间仍存在具有普遍指导意义的购买特点。

(1) 购买行为具有浓厚的感情色彩。女人天生感情丰富,心境变化剧烈,富于幻想和联想,反映在选购商品时表现为易受感情左右。宣传广告、商品包装以及橱窗布置陈列的鲜艳、亮丽都容易对女性产生吸引力,唤起她们的好感,从而产生强烈的购买欲,这在青年女子中尤为常见。有的女性会对某种商品一见钟情,爱不释手;有的则对未能买到某一个喜爱的商品而懊恼不已。同时,女性在购买时的联想力也是惊人的。除把自己摆进去外,往往把丈夫、子女、父母以及兄弟姐妹也包括进去,因此商品的促销,如能给予女性以夫妻情感、母爱方面的诉求(例如宣传剃须刀使男性常保青春;宣传儿童服装使孩子像盛开的花朵,是母亲的骄傲),则促销效果要比直接地对产品吹捧更佳。

(2) 购买行为易受外界因素影响,从众倾向明显。女性在购买过程中不仅受到对商品感情因素的影响,还易受购货现场气氛、营业员服务态度及他人购买行为的影响。这是由于女性的购买动机不如男性稳定,起伏波动较大。她们往往会对某件商品的购买与否举棋不定,此时她们就需要参考外界的因素来支持或改变自己的决策。心理学研究表明,女性比男性更易接受外界宣传和群体压力,进而改变自己的态度和行为。表现在消费实践中,当面临自己不熟悉的商品或差异性不大的商品时,往往更多地依赖于他人的消费经验来做出抉择。

(3) 求美的个人消费。亮丽的肌肤、优雅的身材是女性的一个永恒追求的主题。即使是到了中年,她们也总希望自己风韵犹存,气质不凡。姑娘们花在穿戴、装饰上的钱远多于小伙子们,漂亮、新颖服饰的巨大吸引力常常会使她们怦然心动。化妆品柜台前流连驻足的女性多半抵挡不住各种名牌化妆品的诱惑。金银、真皮背包也总是许多青年妇女的必备之品。而出于对身材、体形的关心,女性对那些低脂肪、低胆固醇的食品,减肥、抗衰老的保健品也保持着最密切的关注。

(4) 注重价格和实际利益。虽然如前面所说,女性对美的追求会大大增加她们的开支,但是我们绝不能忽略女性的精打细算,这一点在女性婚后表现得更为显著。大多数中年妇女在当家理财时都表现出高于男性的精明和理智,她们对价格变化敏感,对优惠打折的商品兴趣浓厚,她们会对这些商品反复比较,其细致耐心常常使男同胞们自叹不如。

2. 男性的购买行为

目前,我国20岁以上的男子有3亿人之多,是一个庞大的消费群。据统计,男性为自己的消费投资是10年前的10~15倍,消费内容无所不包,男性消费品每年的生产和销售都以一个惊人的数字增长。同时,随着男女社会地位的日趋平等,男性承担家务的份额越来越大,男性在家庭用品购买上的作用与影响今非昔比。再加上男性消费心理与女性消费心理的很多不

同,这都使得我们不能忽视对男性购买行为的研究。

(1) 购买行为具有被动性。通常情况下,男性在料理家务,照顾老人、小孩方面不如女性,加上公务繁忙,所以购买活动也远不如女性频繁,比较被动。许多时候,购买动机的形成往往是由于外界因素的作用,如家人的嘱咐、朋友的委托、工作的需要。即使是自己所需的日常用品,也是直到手头没有了,才匆匆赶去购买,购买的主动性、灵活性都比较差。我们常常看到,许多男性顾客在购买商品时,事先记好要购买的商品名称、规格等,如果商品符合他们的要求,则采取购买行功,否则放弃购买。

(2) 购买力求果断、迅速。一般来说,男性具有较强独立性、自尊心和自信心,这些个性特点也直接影响其购买行为,表现为决策果断,而不似女性那样思前想后、反复斟酌和比较。即使是处在比较复杂的购买情况下,如当几种购买动机发生矛盾冲突时,男性也能够果断处理并做出决策。同时,我们注意到许多男性消费者在购买过程中不愿斤斤计较,以免失去男子汉的风度。他们很少讨价还价,也较少有耐心去精心地挑选和详细地询问,即使拿到稍有毛病的商品,只要无关大局,他们也懒得为此与商家理论是非,一争高下。

(3) 购买行为理性化,较少感情色彩。男性消费者在购买商品上重于理智动机,感情色彩相对淡薄,在购买活动中心境变化也不如女性强烈。他们善于从总体上评价商品的优缺点,注重商品的质量、功能及理化特性等方面,而女性有时往往只凭对颜色、式样的直觉而形成对商品的好恶。男性的理智在购买贵重、耐用消费品的过程中表现尤为突出,他们通常会在购买前作出一番调查以丰富自己的商品知识。犹豫不决的心理状态只是发生在购买之前,一旦形成决策,则会坚定购买目标,而较少受旁人议论、广告宣传和环境气氛所左右,并且一旦买下之后也少有退货现象,这一点在中年男子身上表现得尤为明显。

(2) 内在特性

生理内在特性包括耐久力、爆发力、抵抗力、灵敏性、适应性等方面要素。人体的耐久力是指人体持续进行一项活动所能承受的最长时间限度的能力;人体爆发力是指在最短时间内使器械(或人体本身)移动到尽量远的距离的能力;人体抵抗力是指人体能够抵御外界致病因素对人体侵害的能力;人体的灵敏性是指人体在外界条件的突然变换下,能够迅速准确地协调改变身体运动的能力;人体的适应性是指人体在面对环境压力时,通过行为反应、生理反应和基因频率改变等形式对付这种压力,以协调与外界环境的关系,继续生存的能力。消费者的这些素质都受到心血管、呼吸、神经系统发育程度的制约。

无疑,消费者的上述内在特性,对消费行为的影响是深层次的。中国人向来很注重身体的调养与滋补,一旦消费者认为自身的某一素质失调,则往往会购买相关的食品或保健品、药物进行补充治疗。例如人体内的钙代谢正常是全身组织、器官各系统发挥正常功能的基础条件之一,钙代谢水平能够直接或间接地影响人体的抵抗力,身体抵抗力弱的消费者会在保健品市场上选择购买补钙保健品进行服用,以增强身体的抵抗能力。最近几年,在我国消费者中掀起了一股"滋补热"的浪潮,这其中既有消费者的主动选择,也有被动的接受,其原因亦复杂多样。

3. 健康状况

健康状况表明消费者的身体素质水平,通常分为良好、一般、较差等几种情况。每个消费者都向往健康的生活,希望充分享受健康带来的幸福与快乐。健康消费已成为现代消费者新的消费选择。而健康消费的内容和方式直接取决于消费者的健康状况。

体质衰弱或患有严重疾病的消费者,不仅消费内容有诸多限制(例如糖尿病患者忌食高糖类的食品,晚期食道癌、胃癌的患者几乎难以下咽任何食物),而且在购买活动范围和方式上也会受到各种阻碍,例如健康状态极差、长期卧病在床的消费者是不会去进行旅游、健身、逛街购物等消费活动的。

4. 生理机能的健全程度

消费者的生理机能的健全程度会直接影响消费活动。生理性残疾的消费者,在购买对象选择上,既需要商品本身适合残疾人使用,又需要一些具有特殊辅助功能的商品来克服残疾带来的麻烦与不便。例如,腿部残疾的消费者需要轮椅、拐、假肢等帮助行走的工具;手部残疾的消费者需要可以方便穿戴的服装等;眼睛残疾的消费者,或者需要可以增强视觉效果的商品,如弱视的消费者需要配带弱视镜,或者需要一些有助于行走认清周围环境的工具,如双目失明的消费者需要购买导盲犬引路;听力残疾的消费者需要能够帮助他们增强听觉的商品,如助听器;言语残疾的消费者,需要方便他们与他人沟通交流的商品,如基于计算机的手语与口语之间转化的智能翻译系统。另外,生理机能状态不稳定的消费者,如精神病患者,其行为会受不同程度的限制,因而有时不能实现正常购买与消费。

二、心理因素

除生理因素外,消费者的行为还受到自身心理因素的影响。心理因素主要指消费者的心理活动。心理活动是人类特有的高级活动,也是世界上最复杂的活动之一。而消费者在消费过程中进行的心理活动,正是人类这一复杂活动的典型反映。由于心理活动是在人体生理活动基础上发展起来的大脑器官的特殊机能,因此与生理因素相比,心理因素对消费者行为的影响更深刻、更复杂。

心理因素在影响消费者行为活动的诸因素中处于支配性的主导地位。在消费过程中,消费者首先受到某种信号的刺激,内心产生消费欲望与需求;需求达到一定强度后,会引发指向特定目标的购买动机;在动机的驱使下,消费者搜寻相关的商品信息;然后根据个人偏好,从商品质量、价格、品牌等方面对商品进行分析比较;最后做出购买决策,采取购买行动;购买后消费者还要根据自己的感受进行评价,以形成购买经验。在上述过程中,需要、动机、偏好等心理要素支配着分析、选择、决策、购买、评价等一系列消费行为活动。此外,消费者对某种商标、品牌喜爱或厌恶,对广告宣传拒绝或接受,消费态度是从众还是保持个性,购买动机是追求时尚还是注重传统等具体活动,无一不是心理因素的体现和作用结果。

影响消费者行为的心理因素主要包括心理过程和个性心理两个方面,其中又包含若干具体构成要素。

1. 心理过程

心理过程指消费者心理活动的动态过程,它包括认识、情感、意志三个相互联系的具体过程。认识过程是人脑对客观事物的属性及其规律的反映,具体表现为感觉、知觉、注意、记忆、想象、思维等多种心理现象。现实生活中,消费者的消费活动首先是从对商品或服务等消费对象的认识过程开始的。情感过程是指人在认识客观事物时所持的情绪和情感体验。消费者在认识消费对象时并不是淡漠无情的,而是有着鲜明的感情色彩,如喜欢、欣赏、愉悦、厌恶、烦恼等。这些感情色彩体现着消费者的情绪或情感。意志过程指人们自觉确立行为的动机与目的,努力克服困难以实现目标的心理过程。在消费行为中,意志过程表现为消费者根据对消费对象的认识,自觉确定购买目标,并据此调节行为,克服困难,努力实现目标的过程。

认识、情感、意志是统一心理过程的三个方面,它们之间相互联系、相互作用,共同支配着消费者的消费行为。人类的心理过程具有普遍性,是所有消费者在消费行为活动中必然经历的共同过程。

2. 个性心理

由于先天遗传因素及后天所处社会环境不同,人与人之间在心理活动过程的特点和风格上存在着明显差异。每个人所独有的心理特点和风格,就构成了他们的个性心理。对于消费者而言,他们的个性心理主要表现在个性倾向性与个性心理两个方面。

个性倾向性包括兴趣、爱好、需要、动机、信念、价值观等;个性心理特征则是指人的能力、气质与性格等。正是由于个性心理的千差万别,面对同一消费对象或环境刺激,不同的消费者才会产生完全不同的心理反应,并做出不同的行为表现。

复习思考题

1. 阐述消费者行为的概念。
2. 在制定营销战略中,消费者分析有何作用?
3. 举三个实际例子,说明营销战略确实可以影响人们的购买行为,并分析为什么这些战略比其竞争对手的战略更成功?
4. 结合生活中的例子谈谈对消费者行为的认识。
5. 影响消费者行为的外部环境因素有哪些?
6. 影响消费者行为的个人内在因素有哪些?
7. 列举出各种对消费者行为产生影响的自然环境因素和社会环境因素,并分析各自的作用大小。
8. 列举出各种对消费者行为产生影响的生理因素和心理因素,并分析各自的作用大小。

第三章

消费者群体的心理与行为

1. 掌握消费者群体的含义；
2. 了解消费者群体与消费者个体的关系；
3. 了解各主要消费者群的行为特征；
4. 掌握暗示、模仿和从众的含义及对消费行为的影响；
5. 掌握消费习俗与消费流行对消费者心理与行为的影响。

1. 消费者群体含义；
2. 暗示、模仿和从众的含义及行为特征；
3. 消费习俗对消费者心理与行为的影响；
4. 消费流行对消费者心理与行为的影响。

动感地带

中国移动的"动感地带"(M-Zone)业务以客户需求为导向,目标直指15~25岁的年轻时尚族群,倾力营造"时尚、好玩、探索"的品牌魅力空间,推出仅15个月时间就"感动"了2 000万目标人群,也就是说,平均每3秒钟就有一个动感地带新用户诞生。"动感地带"业务的成功,与其紧紧抓住年轻人消费心理特征的营销策略密不可分。

"动感地带"最吸引人之处就在于其灵活的定价措施。"动感地带"设置了不同的短信套餐标准。当时,如果每月支付20元就可发300条短信,而每月支付30元可发500条短信,这样,"动感地带"的最低资费额度可以达到每条短信息0.06元。由于当时国内手机用户发送短信的资费基本上没有低于每条0.1元这个价位,因此"动感地带"的定价方式一经推出,就受到了收发短信的主体人群——年轻人——的欢迎。

在品牌传播方面,"动感地带"采用在15~25岁年轻人中极具号召力的周杰伦作为明星代言人,不仅有效提升了"动感地带"在年轻人中的知名度,而且使得年轻人感觉加盟"动感地带"不再是简单的打打电话、发发短信、玩玩游戏,而是获得属于自己的"年轻人的通信自治区",体味"我的地盘,我做主"的良好感觉。而频频出现在报纸、杂志、电视、广播、网站上的"动感地带"广告无不惟妙惟肖地传达该品牌的核心价值与定位。触动目标用户内心世界的品牌定位和以此为核心的一系列推广活动,引起了广大动感用户的共鸣,"动感地带"得到了越来越多年轻人的认可。

人是一种群居的动物,人的行为包括消费和购买行为,不可避免地会带着自己所从属的社会群体的特征,而且还会受其他个体或社会群体的影响。因此,研究消费者群体的心理与行为,是认识消费者行为不可或缺的一项内容。

第一节　消费者群体概述

一、消费者群体的含义

研究消费群体的心理和行为,是为了最大限度地遵从经营管理的经济原则。消费者以群体的形式出现,市场营销才可能规模化,经营效益才可能最大化,仅满足单个消费者的需求,不足以形成规模化经营。

消费群体的概念是从社会群体的概念中引申而来的。

社会群体的定义是:人们在相互交往的基础上所形成的团体或组织。处于这个团体或组织中的成员具有共同的特征,或者具有共同的目的,或者从事共同的活动,或者具有共同的需要,每一个人在这个群体当中充当一定的角色,群体内部一般具有一些成文或不成文的规范来约束群体内的成员。

具有共同消费特征的消费者所构成的群体即消费者群体。消费者群体是特定的社会群体,具有消费方面的共同特征与规律性。消费者群体的共同特征,包括消费者收入、职业、年龄、性别、居住分布、消费习惯、消费爱好、购买选择、品牌忠诚等因素。

二、消费者群体与消费者个体的关系

消费者行为具有较大的自主性,消费群体内部的关系比社会群体(如工作群体)要相对松散一些,但是这种松散的关系不是绝对的,在特定的条件下,消费者群体的成员也可能形成极为紧密的关系,比如潮流型消费者对榜样型消费者的崇拜。在潮流型消费者之间,会出现暂时的紧密关系,他们可能共同分享榜样消费者的资料(如影视明星的私人生活情况),共同追求榜样消费者的纪念物等;当消费群体的共同利益受到损害时,这些消费者也可能紧密地联合起来保护他们的权益,采取共同的措施和协调一致的行为,与损害他们权益的单位进行交涉,而一旦被损害的权益得到了保护或补偿,这一消费群体就会自行解散,从紧密的协作关系回到松散的关系。

消费者群体是与消费者个体相对应的一个概念。研究消费者的心理和行为,目的是为了开发商品市场,更好地满足消费者的需要,也是为了让工商企业得到相应的经济利益。正是基于这样的目的,研究消费者的心理和行为就必须与工商企业的经济利益联系起来。工商企业要取得相应的经济效益,其商品的销售通常是建立在规模化的基础之上,也就是建立在消费群体的基础之上的。这里不否认研究单个消费者行为以及为单个消费者实施营销策略而取得的经济效益,但是这种经济效益不具有普遍性。对于绝大多数的工商企业来说,它们的经营活动不能建立在满足个人消费需要的基础之上,而是必须建立在满足众多消费者(即消费群体)的

基础之上,所以,研究消费群体的心理和行为的重要性大于研究个体消费者的心理和行为。

相对于发达国家而言,我国消费者的个体行为容易受到群体的影响。我国社会群体相对稳定,人与人之间的影响较为密切,研究消费群体内部的影响可以更好地为市场开发提供依据。比如,我国的家庭是一种很稳定的消费群体,由于我国大多数人的家庭观念较重,很愿意维持家庭的稳定,在建立家庭的时候需要投入很大的花销,这就为研究人员提出了特殊的要求,即必须研究家庭这种特殊的消费群体。日常工作与生活中,我国消费者个体之间的交往较多,人们比较注意与周围环境保持良好的人际关系,尽量不出格;注意与别人的交往,注意听取别人的意见和反映;愿意参考别人的看法,购买商品比较注意别人对于商品的评价;愿意参考别人已有的消费经验,用别人的消费经验来判断自己将要购买的商品的质量等。因此,研究消费者的心理和行为,必须研究消费者所处的群体是如何影响群体成员的。

三、消费者群体的类型

现实生活中,人们会发现许多消费者尽管在年龄、性别、职业、收入等方面具有相似的条件,但表现出来的购买行为并不相同。这种差别往往是由于心理因素的差异造成的。可以作为群体划分依据的心理因素主要是生活方式。

在依据生活方式划分消费群体方面做得最为成功的是美国加州的 SRI 国际研究机构。SRI 在全美抽取了 2 500 名消费者进行问卷调查,收集消费者心理特征的数据,建立了著名的数据库 VALS(Value, Attitudes and Lifestyles),并且不断更新。

VALS 将消费者分为八个群体。如图 3-1 所示,整个消费者群体的划分依靠两个维度。纵向代表资源,包含收入、教育、自信、健康、购买欲望、智商和能力等;横向代表三种类型的行为导向:①原则导向型,消费者的行为主要受自己的世界观和价值观的指导;②地位导向型,消费者行为主要受其他人的行为和意见的指引;③行动导向型,消费者自身的消费经历和体验指导着消费行为。

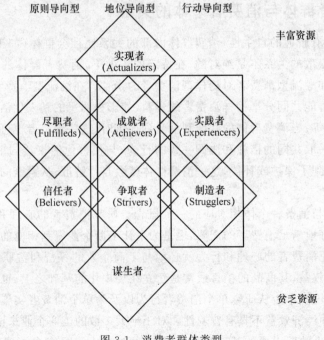

图 3-1　消费者群体类型

1. 实现者

这些消费者拥有最为丰厚的收入、很高的地位、强烈的自尊、丰富的资源,这使得他们在大多数情况下可以随心所欲的消费。他们有时依原则行事,有时追求对他人的影响和寻求变化。他们位于最高层,对于他们来说,个人形象非常重要,因为这显示了他们的品位、独立和个性。这一类消费群体喜欢挑选名贵和个性化的产品。

2. 尽职者

这类消费群体在原则型消费群体中拥有最丰富的资源。他们受过良好的教育,成熟且有责任心。他们闲暇时间大多待在家里,但却很关注时事,了解各种信息和社会变化。他们虽然收入颇丰,但却持有实用主义的消费观念,购买产品时,追求功用、价值和耐用性。

3. 信任者

在原则型消费群体中,这类消费群体拥有较少的资源。他们思想保守,消费行为易于预测。他们的生活围绕着家庭、教堂、社区和国家。他们拥有中等收入的水平,喜欢本国本地的品牌和产品。

4. 成就者

这类消费者在地位导向型消费者中拥有较多的资源。他们事业成功,家庭幸福。他们在政治上比较保守,尊重权威和地位。形象对他们很重要,他们常会选择同伴评价很高的产品和服务。

5. 争取者

这类消费者在地位导向型消费者中拥有较少的资源。他们的价值观与成就者相似,但收入较低,地位较低。他们关心别人的评说,将金钱视为成功的标准,因常感经济的拮据而抱怨命运的不公,他们易于厌倦和冲动。他们试图模仿所尊重和喜爱人的消费行为,但总是因超越其能力而倍感沮丧。

6. 实践者

这类消费者在行动导向型消费者中拥有较多的资源。他们是最年轻的群体,平均年龄25岁。他们精力充沛,喜爱各类体育活动,积极从事各种社会活动。他们在服装、快餐、音乐以及其他一些年轻人所喜爱的产品上不惜钱财,尤其热衷于新颖的产品和服务。

7. 制造者

这类消费者在行动导向型消费者中拥有较少的资源。他们讲究实际,只关注与自己息息相关的事物——家庭、工作和娱乐——而对其他一切都毫无兴趣。作为消费者,他们更倾向于实用功能型的产品。

8. 谋生者

这类消费者收入最低。他们生活在最底层,教育程度低,缺乏技能,没有广泛的社会联系。他们拥有最少的资源,为满足基本生活需要而奋斗。他们是年龄最大的群体,平均年龄为61岁。他们最关心的是健康和安全,在消费上比较谨慎,在能力范围内,他们忠诚于自己喜爱的品牌。满足这种消费者的需求对营销者和公共政策制定者来说都是一种挑战。

第二节 主要消费者群体的心理与行为特征

按照市场营销的目的进行市场细分,可能形成几十个甚至几百个消费群体,这对于满足大多数消费者的愿望来说是必要的,但是企业只可能占领其中有限的几个市场或几十个市场,这是企业资源有限性所决定的。这里仅以消费者的性别和年龄作为市场细分的标准,简要归纳消费群体的行为特征,为经营管理者提供最基本的参考思路。

一、不同年龄段的消费者群体心理与行为特征

1. 少年儿童消费者群

少年儿童消费者群,是由 0~14 岁的消费者组成的群体。由于计划生育政策的实施,我国儿童占总人口的比重呈下降趋势,1999 年我国儿童占人口的比重为 25.4%,"九五"期间为负增长。然而,儿童这一购买者角色的作用却更加突出了。一方面,中国儿童绝对数值大,共有 3.19 亿儿童,形成了一个庞大的消费群体;另一方面,独生子女是中国家庭的一个特殊现象,他们是家庭的核心,是"小皇帝"、"小太阳",家庭中相当大一部分消费支出都花在他们身上。

0~14 岁的少年儿童,又可根据年龄特征分为儿童消费者群(0~11 岁)和少年消费者群(11~14 岁)。这里分别就这两个年龄阶段的消费心理与行为特征进行探讨。

(1) 儿童消费者群的心理与行为特征

从初生婴儿到 11 岁的儿童,受一系列外部环境因素的影响,他们的消费心理和消费行为变化幅度较大。这种变化在不同年龄阶段表现得最为明显,即乳婴期(0~3 岁)、学前期(3~6 岁,又称幼儿期)、学初期(6~11 岁,又称童年期)。在这三个阶段中,儿童的心理与行为出现三次较大的质的飞跃,表现在心理上,开始了人类的学习过程,逐渐有了认识能力、意识倾向、学习、兴趣、爱好、意志及情绪等心理品质;学会了在感知和思维的基础上解决简单的问题;行为方式上也逐渐从被动转为主动。这种心理与行为特征在消费活动中有以下几种表现。

① 从纯生理性需要逐渐发展为带有社会性的需要

儿童在婴幼儿时期,消费需要主要表现为生理性的,且纯粹由他人帮助完成。随着年龄的增长,儿童对外界环境刺激的反应日益敏感,消费需要从本能发展为有自我意识加入的社会性需要。四五岁的儿童学会了比较,年龄越大,这种比较越深刻。然而这时的儿童仅是商品和劳务的使用者,而很少成为直接购买者。处于幼儿期、学初期的儿童,已有一定的购买意识,并会对父母的购买决策发生影响。有的还可以单独购买某些简单商品,即购买行为由完全依赖型向半依赖型转化。

② 从模仿型消费发展为带有个性特点的消费

儿童的模仿性非常强,尤其在学前期,对于其他同龄儿童的消费行为往往有强烈的模仿欲望。随着年龄的增长,这种模仿性消费逐渐被有个性特点的消费所代替,购买行为也开始有了一定的目标和意向,如自己的玩具用品一定要好于其他同龄儿童。

③ 消费情绪从不稳定发展到比较稳定

儿童的消费情绪极不稳定,易受他人感染,易变化,这种心理特性在学前期表现得尤为突出。随着年龄的增长,儿童接触社会环境的机会增多,有了集体生活的锻炼,意志力得到增强,消费情绪逐渐稳定下来。

总之,儿童的消费心理多处于感情支配阶段,购买行为以依赖型为主,但有影响父母购买决策的倾向。

(2) 少年消费者群的心理与行为特征

少年消费者群是指 11~14 岁年龄阶段的消费者。少年期是儿童向青年过渡的时期。在这一时期,生理上呈现出第二个发育高峰。与此同时,心理上也有较大变化,如有了自尊与被

尊重的要求,逻辑思维能力增强。少年期是依赖与独立、成熟与幼稚、自觉性和被动性交织在一起的时期。少年消费者群的心理与行为特征可以从以下几点表现出来。

① 有成人感,独立性增强

有成人感,是少年消费者群自我意识发展的显著心理特征,他们认为自己已长大成人,应该有成年人的权利和地位,要求受到尊重,学习、生活、交友都不希望父母过多干涉,希望能按自己的意愿行事。在消费心理与行为上,表现出不愿受父母束缚,自主独立地购买所喜欢的商品。他们的消费需求倾向和购买行为尽管还不成熟,有时会与父母发生矛盾,但却在形成之中。

② 购买的倾向性开始确立,购买行为趋向稳定

少年时期的消费者,知识不断丰富,对社会环境的认识不断加深,幻想相对减少,有意识的思维与行为增多,兴趣趋于稳定。随着购买活动的次数增多,感性经验越来越丰富,对商品的判断、分析、评价能力逐渐增强,购买行为趋于习惯化、稳定化,购买的倾向性也开始确立,购买动机与实际的吻合度有所提高。

③ 从受家庭的影响转向受社会的影响,受影响的范围逐渐扩大

儿童期的消费者所受影响主要来自于家庭。少年消费者由于参与集体学习、集体活动,与社会的接触机会增多,范围扩大,受社会环境影响比重逐渐上升。这种影响包括新环境、新事物、新知识、新产品等内容,其影响媒介主要是学校、老师、同学、朋友、书籍、大众传媒等。与家庭相比,他们更乐于接受社会的影响。

(3) 满足少年儿童消费者群的营销策略

少年儿童消费者群构成了一个庞大的消费市场。企业把握少年儿童的心理与行为特征,是为了刺激其购买动机,满足他们的心理和物质需求,积极培养、激发和引导他们的消费欲望,从而大力开发这一具有极大潜力的消费市场。为此,可以采用如下营销策略。

① 区别不同对象,采取不同的组合策略

乳婴期儿童,一般由父母为其购买商品。企业对商品的设计要求、价格制定可以完全从父母的消费心理出发。商品质量要考虑父母对儿童给予保护、追求安全的心理,用品、服装要适应不同父母审美情趣的要求,玩具的价格要适当。

学龄前期的儿童不同程度地参与了父母为其购买商品的活动。因此,企业既要考虑父母的要求;也要考虑儿童的兴趣。玩具用品的外观要符合儿童的心理特点;价格要符合父母的要求;用途要迎合父母提高儿童智力及各方面能力的需要。

② 改善外观设计,增强商品的吸引力

少年儿童虽然已能进行简单的逻辑思维,但直观的、具体的形象思维仍起主导作用,对商品优劣的判断较多地依赖商品的外观形象,因此,商品的外观形象对他们的购买行为具有重要的支配作用。为此,企业在儿童用品的造型、色彩等外观设计上,要考虑儿童的心理特点,力求生动活泼、色彩鲜明。如用动物头像做成笔帽,用儿童喜爱的卡通形象作为服装装饰图案等,以此增强商品的吸引力。

③ 提高识记程度,灌输企业或商品形象

儿童的识记往往具有随意性,到了少年时期,这种识记的持久性大大增强。别具特色且少年儿童喜爱的品牌、商标或商品造型,一旦被其认识,就很难忘记。相反,如果他们对某商品产生不良印象,甚至厌恶情绪,则很难改变。因此企业在推销商品时,要注意强化正向识记,把企

业及商品的良好形象留给少年儿童。

2. 青年消费者群

青年是指由少年向中年过渡时期的人群。处于这一时期的消费者,形成了青年消费者群。不同国家地区由于自然条件、风俗习惯、经济发展水平不同,人的成熟早晚各异,青年的年龄范围也不尽一致。根据我国情况,青年消费者群的年龄阶段在15～35岁。

(1) 青年消费者群的特点

① 青年消费者群人数众多,是仅次于少年儿童的另一个庞大的消费者群。

② 青年消费者群具有较强的独立性和很大的购买潜力。进入这一时期的消费者,已具备独立购买商品的能力,具有较强的自主意识。尤其参加工作有了经济收入的青年消费者,由于没有过多的负担,独立性更强,购买力也较高。因此,青年是具有很大消费潜力的消费者群。

③ 青年消费者群的购买行为具有扩散性,对其他各类消费者都会产生深刻的影响。他们不仅具有独立的购买能力,其购买意愿也多被家庭所尊重。新婚夫妇的购买,代表了最新的家庭消费趋势,对已婚家庭会形成消费冲击和诱惑。孩子出世后,他们又以独特的消费观念和消费方式影响下一代的消费行为。这种高辐射力是任何一个年龄阶段的消费者所不及的。因此,青年消费者群应成为企业积极争取的对象。

(2) 青年消费者群的消费心理与行为特征

① 富于新时代气息的消费心理

青年人充满朝气与活力,热爱生活,富有理想,憧憬新生活,热衷追赶时代潮流,还有冒险精神和创造力。在消费活动中,青年人要求商品的结构、性能等能够符合现代科学技术和现代生活方式的要求,而对服务方面的消费,则表现出追求享受、新潮、刺激和独特的特点。例如:衣、食、住、行图快捷简便,穿衣要成品,吃的要半成品或成品,出行要现代化的交通工具。近年来选择在节假日旅游出行的人中,青年人占有相当大的比例。

② 追求个性、表现自我的消费心理

青年人处于少年向中年的过渡时期,少年期的未成熟心理与中年期的成熟心理共存。体现自我意识是青年人在消费活动中的心理要求,因此,他们更喜爱能够体现个性的商品,往往把所购商品与个人性格、理想、身份、职业、兴趣等联系在一起,并形成购买需求的总趋势。随着生理发育的成熟和社交面的扩大,青年人希望形成完美的个性形象,追求标新立异,强调个性色彩,而不愿落入"大众化","与众不同"的消费心理较之"追求流行"更为强烈。

定制营销

定制营销,即大规模定制营销,指企业在大规模定制的基础上,将每一位客户都视为一个单独的细分市场,根据个人的特定需求来进行市场营销组合,以创造独特的顾客价值的过程。今天,新技术允许公司应用定制营销,如功能强大的计算机、详细的数据库、及时沟通的电子邮件和互联网,所有这些都促进了大规模定制的发展。如访客可以在耐克网站通过从几百种颜色中选择,以及在鞋舌(一般指鞋带下面与脚背上面之间的部件,因其形状有点像舌头,故称之为鞋舌)绣上几个词或短语来个性化地定制自己的运动鞋;戴尔也为个体顾客配送装有特别定制的硬件和软件的计算机。

个性化定制预售模式越来越受消费者的追捧。

追赶流行的消费意识在当今青年人心目中逐渐淡化,一部分青年人主张"消费凸现个性",而也有相当数量的青年人则逐渐成为品牌消费者。据介绍,"与国际流行同步,与我国国情适应"的高品位、多价位的名品、名牌备受青年消费者的青睐。一些富有个性和时代气息的名牌少女装、休闲装、情侣装、牛仔服、职业套装等,以及一些名牌家用电器、名牌日常生活用品等,都深受青年人的喜爱。

③ 感情用事、凭直觉的消费心理

青年人的自主独立性逐渐强烈,依附和从众心理不断降低。在这种心理的影响下,青年人在购买商品的过程中,情感和直觉因素起着相当重要的作用,容易感情用事。同时,青年人在消费中的情感"两极性"心理也非常明显,肯定与否定都比较明确,强度也比较大。某种商品只要符合个人需要和兴趣,引起肯定的情感,便会形成对商品的偏爱和追求之心;反之,就会产生一种否定和抵触的情感,对商品厌恶、拒绝。

青年人往往有凭直觉选择商品的习惯,而忽略了必要的综合选择过程,注意力集中在自己感兴趣的某个方面,对其他方面就不会过分计较。款式、颜色、外观、品牌等外在因素都能单方面成为青年消费者的购买理由,这体现出其消费是冲动性消费多于计划性消费。不少青年人购置商品是在头脑发热、冲动的情况下进行的,消费效益不高,所购商品往往用过几次便束之高阁。在青年消费者中普遍存在有这种注重情感的心理,他们是实施冲动性购买和情感性购买行为的主体。

④ 超前的消费心理

青年人的消费观念新颖别致,时代感强,但如果刻意追求,图享受、爱虚荣,消费水平与收入不成正比例,便形成了消极的消费心理。这种消费早熟和超前消费的意识在高中生、大学生中较为突出。

青年消费心态调查

北京某市场调查公司对京、沪两大城市的青年消费心态的一项调查结果显示,青年人喜好进口货、追求名牌成为时尚。所调查的100名大学生无一例外都有名牌意识,拥有名牌服装、名牌鞋、名牌随身听的比例很大。

南京也对7所高校243名大学生进行了问卷调查,其中男女分别占58%和42%,城市、农村籍学生分别占44%和56%。调调查资料表明,大学生消费行为总体上是健康的,但存在着消极的消费心态,表现为:①享乐消费,有2.06%的人认为"青春易逝,时不再来,年轻时要尽情享乐",有1.82%的人持"反正有家里做后盾,多花点钱无所谓"的观点;②攀比消费,有19.34%的同学被问及"当经济拮据时,有朋友来访,您如何接待"时回答"面子不能丢,借钱也要花",一些同学吃、穿、用都要与周围同学攀比,超前消费的人为数不少;③从众消费,受消费潮流和市场影响,大学生特别是女大学生对衣着、装饰、都市流行色非常敏感,追求时尚。

(3) 对青年消费者群应采取的营销策略

企业要想争取到青年消费者市场,必须针对青年的心理与行为特点,确定本企业的营销策略。要及时推出能反映时代潮流、采用先进技术、美观实用的新产品,同时注意把握青年消费者心理共性及个性差异,把经营的商品与青年的气质、性格、兴趣爱好等联系起来,通过有特色的促销手段,刺激其购买动机,促成购买行为。

3. 老年消费者群

老年消费者群,一般指65岁以上的消费者。根据第五次人口普查结果,我国目前这部分人约占人口总数的6.96%,与1990年第四次人口普查相比上升了1.399个百分点,并且仍有增加的趋势,已经接近于人口学定义的老年型社会7%的标准,这表明我国正在进入老年型社会。许多企业家已经认识到"银发市场"的潜力,正在着力于开发。因此,研究老年消费者群的心理与行为特征是非常必要的。老年消费者由于生理演变的结果,在购买心理和行为上与其他消费者群有许多不同之处。

(1) 老年消费者群的消费心理与行为特征

① 求实性消费特征

求实消费一般包括三个方面的含义:一是商品的实用性;二是服务的可靠性;三是价格的合理性。

在日常消费中,尽管老年人的个性特征、生活习惯、消费方式有很大的差异,但求实消费是多数老年人的基本心态,它依老年人自身经历的不同而表现各异。我国老年人购物,一般要求商品经济实用、质量可靠、使用便利、易学易用、安全舒适、朴素大方、有益健康等,而对商品的审美情趣、花色款式、装潢色彩及趋时性等多无过高要求。一些家电采用触摸式按键被青年人认为是时尚和美的潮流,而老年人大多对触摸式按键的隐蔽性表示反感,反倒是认为普通旋钮式按键更为方便实用,一目了然。

对服务中的求实要求,表现为对售后服务要求可靠、及时、方便,能消除在商品使用中的不安全感;对劳务服务大多要求放心、称心、舒心,特别是对家庭保姆、小时工等更是如此。

对价格的求实要求是物美价廉,在我国节俭传统的影响下,老年人购物,一方面注意价格,择廉选购(虽然许多老年人很难做到价比三家);另一方面是要求实惠。从一般的消费心态看,年轻人花钱买靓丽、买时尚,老年人花钱买实用、买传统。

② 习惯性消费特征

老年人习惯性消费既是几十年生活惯性的继续,又是对新生活方式较少了解和难以接受的反映。人到老年以后,其行为表现往往是怀旧和沿袭旧俗的心态大于对新事物的学习和接受。其生理和心理基础在于,老年人学习能力和适应能力下降,而几十年生活方式的积累所形成的个人意识中的丰厚沉积构成了对新事物难以冲破的思维屏障。同时,身体机能的老化,使老年人对过去的远期记忆深刻,而对当前的近期记忆弱化。因此,在消费生活中,延续几十年形成的生活习惯,就成为老年人普遍的消费特征。它主要表现在日常生活中的购买方式、使用方法、商品认知(或品牌认知)等方面。老年人往往对传统产品情有独钟,大多是老字号、老商店的忠实顾客,也是传统品牌、传统商品的忠实购买者。

③ 方便性消费特征

消费中求方便是老年人生理变化促成消费生活变化的自然走向,方便性消费是生理变化的必然结果。它一般表现为对购买和消费两个方面求方便的要求。

由于精力、体力随人的年龄增加而不断下降,即使生活情趣很高的老年人,对购买时路途的奔波、商品挑选的烦琐或者商场中人流的拥挤,也大多会感到心有余而力不足。在使用中,对那些有使用要求或需要阅读说明后再使用的商品,特别是对有些家用电器商品的各种开关、按键等,老年人大多感到不方便和反感。一项非正式调查表明,除少数文化程度较高的老年人外,大多数老年人对现在商品包装上的各种文字说明均不阅读,只是根据个人原有的生活经验或由子女代为说明后才使用。这种求方便心态也是老年消费者容易成为假冒伪劣商品受害者的重要原因之一。

④ 补偿性消费特征

补偿性消费是一种纯粹的心理性消费,它是一种心理不平衡的自我修饰。在生活消费中表现为,人们将现代消费水平与过去消费进行比较,比较的结果大多是对过去生活某些方面感到遗憾和不满足,而当家庭或个人生活水平较高且时间充裕时,对过去遗憾和不满足的补偿往往会成为他们的消费追求。这部分消费者基本上属于老年人。因为,在生活中追忆往事是老年人的心理特征,而向往和憧憬未来是青年人的心理特征。

在我国,由于改革开放带来了社会生活和经济生活的巨大变化,所以老年人补偿性消费的特征在现阶段表现得尤为明显。比如,在许多经济发展水平较高地区出现的"重补结婚照"的热潮,就是补偿性消费的典型一例。许多五六十年代结婚的老年人,重披婚纱、重着婚装,花几百元、上千元感受现代生活的气息,以补偿过去年代由于过于朴素而留下的某些遗憾。

(2) 对老年消费者群应采取的营销策略

根据老年消费者购买心理与行为特点,营销人员应该制定针对性的营销策略。面对老年消费者的商品,应表现出传统、实用、方便、耐用的特色,同时要提供良好的服务;发掘老年人特有的消费需求,开发出适用于老年消费者的"银色商品";关注老年服务市场巨大潜力和良好前景,适时进入,在服务于老年消费者的同时实现企业利润的增长。

导入案例

"银色市场"的特征

同儿童市场、青年市场、中年市场等按年龄组细分的市场相比,老年市场在生活方式、消费需求及购买行为方面均具有突出的特点。

从生活方式看,他们闲暇时间多。老年人口中的大部分已离休或退休,闲居在家,有更多的时间看电视、听广播、浏览报刊杂志、参加社团活动、拜访亲友,商品信息来源广泛、丰富。值得注意的是,许多老年消费者有补偿性消费动机。在子女成人独立、经济负担减轻之后,一些老年消费者试图寻找机会补偿过去因条件限制未能实现的消费欲望。他们在美容、穿着打扮、营养食品、健身娱乐、旅游观光等方面,同样有着强烈的消费兴趣。

比如,在西方发达国家,针对成年人和老年人研制开发的玩具,正逐渐成为玩具市场的热点。在美国有40%以上的玩具是专为成人设计的。日本也在玩具方面开发了许多适合老年人的新功能,如在电动玩具游乐场常见"打击鳄鱼"上附加了测量血压的功能,由于兼具娱乐和运动功能,不仅适合脑中风患者使用,将来还可能被养老院采用,而在这个方面我国至今还处于空白。

从消费需求看,他们生理需求以长寿、安全为主。他们对食品和饮料的需求以保健卫生、医疗、方便为主,喜欢低脂肪、低胆固醇、容易消化、含糖量少、植物纤维丰富、抗衰老、抗疲劳、防痴呆、防便秘的食品及各类营养滋补品;对服装的需求以舒适宽松、穿脱方便、容易清洗为主,冬装重保暖轻便,夏装重凉爽透气;对药品的需求则以治病延年为主,主要是预防和治疗各种老年性常见病、多发病,如高血压、心脏病、糖尿病、脑血栓、老年性支气管哮喘等药品和医疗器械;对生活辅助用品的需求很突出,如老花镜、拐杖、助听器、假发、假牙等。

从购买行为看,他们理智购买动机强。讲究经济实惠,使用方便,经久耐用,不易受商品的包装、外观、色彩、广告、销售气氛的影响,极少产生冲动性购买。他们注重比较商品的价格,讲究物美价廉,对降价、特价、优惠价、折扣价较为敏感。老年顾客习惯性较强,通常长期使用某种品牌或某个厂家的商品,经常惠顾某家商店。老年顾客对新产品,尤其是结构较为复杂、性能难以认知、使用不大方便的新产品不易接受,往往是新产品已经被众多消费者接受后才开始感兴趣。他们选择安静的购物环境,期望得到尊重和热情接待,营业员的笑脸相迎、耐心解答会使他们迅速做出购买决定。

二、男女消费者群体心理与行为特征

从心理学上讲,人的心理性别特征不只是男女两种,但从消费群体的角度看,一般只研究典型的男性消费市场和女性消费市场。作为家庭生活成员的男性或女性与单身生活的男性或女性,在消费方式、决策模式方面具有一定的差异,这里不考虑这些差异,只从性别差异这一角度研究男性消费与女性消费的特点。

1. 男性消费者群体

男性所表现的心理特征一般是刚强粗犷,心胸开阔,意志坚强,决策果断、迅速,以事业为重,富有探索意识和冒险精神,喜爱体能型运动等。在消费心理方面,表现出如下基本特征。

(1)重视从整体方面收集商品信息,考虑比较周到

相对于女性消费者,男性消费者能够比较全面地、从总体上评价商品的优缺点,注重商品的质量、性能价格比、产地等方面的特征,实用型消费动机要比女性消费者突出。在挑选大件耐用消费品、家用电器之类的商品时,具备的商品知识普遍比女性多一些,决策考虑周到一些,自信心也比较强,是大件商品、家电商品、高科技产品等商品类型的主要购买者。

(2)决策、购买速度快

大多数男性消费者是事业型消费者,对家庭日常消费品的关心较少。男性购物时一般缺乏足够的耐心反复挑选、比较,也没有耐心像女性消费者那样细心地逛商场,一旦有了购买意向之后,购买决策的速度很快,选购时很少犹豫。男性消费者这种快速决策与购买的消费行为,有时会让奸商隐瞒实情,欺诈哄骗有机可乘。

(3)中年男性保守、节俭的消费心理比较突出

中年男性往往是家庭经济的主要负担者,求廉、节俭心理虽然不及同龄女性消费者突出,但比青年男性消费者强烈。中年男性消费者独立自主性很强,购买决策较少受到广告宣传、商业环境气氛的左右。

2. 女性消费者群体

女性的心理特征表现为情感丰富,情绪变化大,观察比较细腻,联想丰富,重视家庭和睦稳

定,重视外表与形体的美感。其消费心理特征如下所述。

(1) 女性是家庭消费的主要购买者

新中国建立之后,我国女性的地位明显提高,并深刻地影响到家庭消费模式的变化。女性一般负责家庭收入的管理,这种现象在城市居民中更为普遍。据调查,全部消费品的销售额中,由妇女购买的家庭消费品占55%左右,由男士购买的占30%左右,由男女共同购买的占11%左右,由孩子购买的占4%左右,可见妇女是家庭消费的主要购买者。日用品营销策略所针对的目标群体主要是女性。绝大多数女性消费者不像男性那样将事业看得重于一切,而是更看重家庭生活,她们希望通过女性特有的方式安排家庭生活,将家庭布置得更舒适、雅致,富有生活情趣。

(2) 认知细腻,决策带有较强的情绪性,容易受到环境的影响

因女性的情感丰富细腻,遇到感兴趣的商品容易产生购买愿望,也容易受到周围环境的影响,迅速形成购买决定。女性购买决策时很容易受到商品外观的诱惑,动人的广告画面、美观的商品包装、炫目的橱窗陈列等都能激起女性消费者的内在情感,使之产生购买欲望。

(3) 自我意识较强,联想丰富

女性消费者在购买决策中经常进行商品的自我比拟,联想商品的消费效果。很多女性逛商店的目的并不是购物,而是通过逛商店产生的联想满足一种心理愿望。女性消费者经常通过同伴的评价、宣传媒体上的比照等,来反馈商品对自我形象的影响。对于自己满意的商品,具有强烈的推荐愿望,对于自己不满意的商品,传话效应比较突出。一旦市场上出现大量相同的消费风格,使自己的个性被湮灭,女性消费者又会对该商品产生厌弃的心理。

(4) 观察仔细,对商品价格敏感

女性消费者尤其是中年女性消费者料理家务较多,对日用消费品考虑得比较周到,观察商品较为仔细,经济上精打细算,对商品的价格较为敏感,求廉的动机十分突出,讨价还价现象比较普遍,容易受便宜货的吸引,一旦遇到减价甩卖,趋之若鹜的多半是中年女性消费者。

随着现代社会的发展,部分城市女性延长了在职业场上的工作时间,因此带动了与工作职业有关的消费,美容、化妆、健美等消费支出呈上升趋势。

女性微妙的购物消费心理

女性往往会以貌取人,是天生而敏感的美学家,她们对笔记本式计算机、智能手机以及应用的衡量标准往往以外观为重,更轻一些、更薄一些、更漂亮一些,如果还能引来同伴的称赞和美慕就更好了。所以她们会对苹果的产品爱不释手,哪怕她们绝大多数时候仅仅是用iPhone打电话、发短信以及上网而已,哪怕她们几乎从来没有在App Store上有过应用,哪怕她们拿到Mac-Book的第一件事就是装上windows系统。只有让女性用户接受产品的界面和外观,才能让她们喜欢上产品本身。

女性通常对技术不甚了解,数据、参数对她们来说意义不大,她们更关心的是,哪些产品既宣传自己又能保护其隐私,或者能够让电池用得更久,让手机运行更快。简单并不意味着功能的简陋,相反,它意味着要开发者学会做减法,做到化繁为简,用最简单、直观的产品使用和界

面逻辑去满足女性用户的需求。

无论是微博、微信还是线下的现实社会,女性用户总是乐于听取别人的意见,即使网上有10个人说某个产品不好,只要身边有一个同伴在用,她们或许就会尝试,只要有10个人在用,她们绝对会自动屏蔽外界的一切批评。这也是女性消费的一个特点。

第三节 暗示、模仿与从众行为

一、暗示

1. 暗示的概念

暗示,又称提示,是在无对抗条件下,用含蓄、间接的方式对消费者的心理和行为产生影响,从而使消费者产生顺从性的反应,或接受暗示者的观点,或按暗示者要求的方式行事。

社会心理学的研究认为,群体对个体的影响,主要是由于"感染"的结果。处于群体中的个体几乎都会受到一种精神感染式的暗示或提示,在这种感染下人们会不由自主地产生这样的信念:多数人的看法比一个人的看法更值得信赖。因此暗示的主要影响因素就是暗示者的数目,或者说暗示所形成的舆论力量的大小,暗示得当,就会"迫使"个人行为服从群体的行为。

2. 暗示的方式

暗示的具体方式多种多样,如用个人的话语和语调、手势和姿势、表情和眼神以及动作等进行暗示,暗示还可以以群体动作的方式出现。例如,有的企业为了推销商品,不惜重金聘请名人作广告,这就是信誉暗示;有的出售商品时挂出"出口转内销"或"一次性处理"的招牌,这是词语暗示;还有的商贩业主雇佣同伙拥挤摊头,造成一种"生意兴隆"的假象,吸引他人随之抢购,这是行为暗示。

在购买行为中,消费者受暗示而影响决策的现象是极为常见的。实践证明,暗示越含蓄,其效果越好。因为直接的提示形式易使消费者产生疑虑和戒备心理;反之,间接的暗示则容易得到消费者的认同和接受。德国福斯汽车公司生产的"奔驰"牌轿车的广告是:"如果有人发现我们的奔驰牌车发生故障,被修理车拖走,我们将赠送您美金一万元"。这就以婉转的方式从反面暗示消费者,奔驰牌轿车的质量完美,绝对可靠。

二、模仿

1. 模仿的概念

模仿是指仿照一定榜样做出类似动作和行为的过程。

社会心理学家和社会学家的研究表明,人类在社会行为上有模仿的本能,这一本能同样存在于人们的消费活动中。消费活动中的模仿,是指当某些人的消费行为被他人认可并羡慕时,便会产生仿效和重复这类人的消费行为的倾向,从而形成消费行为的模仿。大凡能引起个体注意和感兴趣的新奇刺激,都容易引起模仿。

在消费活动中,经常会有一些消费者做出示范性的消费行为。这些人可能是普通消费者,但他们的消费兴趣广泛,个性独立,消费行为有独创性;也可能是一些名人,如影视歌星、运动员、政界人士等;还可能是某行业的消费专家,如美食家、资深发烧友等。这些特殊消费者的示范性行为会引起其他消费者的模仿,模仿者也以能仿效这些特殊消费者的行为而感到愉快。

在消费领域中,模仿是一种普遍存在的社会心理和行为现象。可供模仿的内容极其广泛,从服装、发型、家具到饮食习惯,都可成为消费者模仿的对象。名人、明星的装束打扮经常被人们竞相模仿。例如,英国已故王妃戴安娜因怀孕而特地设计穿着的一款底色鲜红、夹着黑白色碎花的孕妇服,成为当时英国妇女群起效仿的流行服装。

2. 消费活动中的模仿行为特点

消费活动中的模仿行为大致有以下特点。

(1) 模仿行为的发出者,即热衷于模仿的消费者,对消费活动大都有广泛的兴趣,喜欢追随消费时尚和潮流,经常被别人的生活方式所吸引,并力求按他人的方式改变自己的消费行为、消费习惯。他们大多对新事物敏感,接受能力强。

(2) 模仿是一种非强制性行为,即引起模仿的心理冲动不是通过社会或群体的命令强制发生的,而是消费者自愿将他人的行为视为榜样,并主动、努力加以学习和模仿。模仿的结果会给消费者带来愉悦、满足的心理体验。

(3) 模仿可以是消费者理性思考的行为表现,也可以是感性驱使的行为结果,成熟度较高。消费意识明确的消费者,对模仿对象的选择通常经过深思熟虑;而观念模糊、缺乏明确目标的消费者,其模仿行为往往带有较大的盲目性。

(4) 模仿行为的发生范围广泛、形式多样。所有的消费者都可以模仿他人的行为,也都可以成为他人模仿的对象。而消费领域中的一切活动都可以成为模仿的内容,只要是消费者羡慕、向往、感兴趣的他人行为,无论流行与否,消费者都可以模仿。

(5) 模仿行为通常以个体或少数人的形式出现,因而一般规模较小。当模仿规模扩大,成为多数人的共同行为时,就发展为从众行为或爆发为消费流行了。

三、从众行为

1. 从众行为的概念

从众行为是指个体在群体的压力下改变个人意见而与多数人取得一致认识的行为倾向。与模仿行为相似,从众也是在社会生活中普遍存在的一种社会心理和行为现象。在消费领域中,从众表现为消费者自觉或不自觉地跟从大多数消费者的消费行为,以保持自身行为与多数人行为的一致性,从而避免个人心理上的矛盾和冲突。这种个人因群体影响而遵照多数人的消费行为方式进行消费,就是从众消费行为。著名的阿希实验就表明了这一点。

阿希实验

"阿希实验"是研究从众现象的经典心理学实验,它是由美国心理学家所罗门·阿希(Solomon Asch)设计实施的。所谓从众,是指个体受到群体的影响而怀疑、改变自己的观点、判断和行为等,以和他人保持一致。阿希实验就是研究人们会在多大程度上受到他人的影响,而违心地进行明显错误的判断的。

阿希请大学生们自愿做他的被试者,实验前他告诉大学生们这个实验的目的是研究人的视觉情况的。当某个来参加实验的大学生走进实验室的时候,他发现已经有5个人先坐在那里了,他只能坐在第6个位置上。事实上他不知道,其他5个人是跟阿希串通好了的假被试者(即所谓的"托儿")。

阿希要大家做一个非常容易的判断——比较线段的长度。他拿出一张画有一条竖线的卡片,然后让大家比较这条线和另一张卡片上画的3条线中的哪一条线等长。判断共进行了18次。事实上这些线条的长短差异很明显,正常人是很容易做出正确判断的。

然而,在两次正常判断之后,5个假被试者开始故意异口同声地说出一个错误答案。于是被试者开始迷惑了,他是坚定地相信自己的眼力呢?还是说出一个和其他人一样但自己心里认为不正确的答案呢?

结果显示,不同的人有不同程度的从众倾向,从总体结果看,平均有33%的人判断是从众的,有76%的人至少做了一次从众的判断。而在正常的情况下,人们判断错的可能性还不到1%。当然,还有24%的人一直没有从众,他们按照自己的正确判断来回答。一般认为女性的从众倾向要高于男性,但从实验结果来看,男女在从众性上并没有显著的区别。

马丽的眼霜

随着年龄的增长,许多年轻女孩为了防止眼袋和眼角纹的出现,很早就开始使用眼霜,而马丽却对此不以为然:"今年才23岁,什么眼袋、眼角纹离我还很遥远。如果岁月不留人,眼霜如何能留住青春。据说中档的眼霜就要上百元,还未必有何显著效果。"然而,有一天马丽突然发现周围的朋友们全在用眼霜,甚至许多人比自己年龄还小。"眼霜真的有必要吗?"马丽问朋友。"当然,至少可以延迟衰老。你应该用些眼霜了,眼袋已经很明显了。"几乎所有的朋友都这样说。于是有一天,马丽也悄悄地用上了眼霜。

2. 从众行为产生的心理依据与原因

社会心理学研究认为,群体对个体的影响主要是"感染"的结果。个体在受到群体精神感染式的暗示或提示时,就会产生与他人行为相类似的模仿行为。与此同时,各个个体之间又会相互刺激、相互作用,形成循环反应,从而使个体行为与大多数人的行为趋向一致。上述暗示、模仿、循环反应的过程,就是心理学研究证实的求同心理过程。正是这种求同心理,构成了从众行为的心理基础,如图3-2所示。

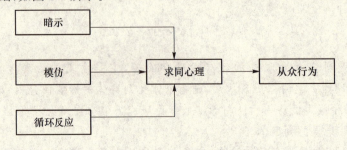

图 3-2 从众行为的心理基础

具体来说,之所以产生从众行为,是由于人们需要寻求社会认同感和安全感。在社会生活中,人们通常有一种共同的心理倾向,即希望自己归属于某一较大的群体,被大多数人所接受,以便得到群体的保护、帮助和支持。此外,对个人行为缺乏信心,认为多数人的意见值得信赖,也是从众行为产生的另一个重要原因。有些消费者由于缺乏自主性和判断力,在复杂的消费活动中犹豫不决,无所适从,因此,从众便成为他们最为便捷、安全、可靠的选择。

3. 从众行为的表现方式

消费者的从众行为多种多样,归纳起来有以下几种表现形式。

(1) 从心理到行为的完全从众

当消费者对某种商品不了解时,由于受群体的暗示或认为多数人的行为能提供有效信息,从而产生从众行为。

(2) 内心接受,行为不从众

这是指对形成的消费潮流从心理上已完全接受,但在形式和行为上予以保留。例如,多数美国人认为到市郊的超级市场购物既方便又便宜,而上层社会人士出于身份、地位等的顾虑,虽然内心赞成,但行动上不便支持。

(3) 内心拒绝,但行为上从众

这是一种权宜从众行为,虽然消费者对某些商品抱有抵触心理,但无力摆脱群体的压力而不得不采取从众行为。

4. 从众行为的特点

从众行为尽管有多种,但都具有以下一些共同特征。

(1) 从众行为往往是被动接受的过程

许多消费者为了寻求保护,避免因行为特殊而引起的群体压力和心理不安而被迫选择从众。在从众过程中,消费者会产生复杂的心理感受,除安全感、被保护感等积极感受外,还会有无奈、被动等消极的心理体验。

(2) 从众行为现象涉及的范围有限

就总体而言,消费者的行为表现形式是多种多样、各不相同的,这是由消费活动的个体性、分散性等内在属性决定的。因此,通常情况下,让大多数消费者对所有的消费内容都保持行为一致是根本不可能的,也就是说,从众行为不可能在所有的消费活动中呈现,它的发生需要一定的客观环境和诱因刺激。例如,在社会环境不稳定、人心浮动的情况下,个人容易追随多数人的消费行为;又如,舆论误导极易使消费者因不明真相、无从判断而盲目从众。

(3) 从众消费行为发生的规模较大

从众现象通常由少数人的模仿、追随开始,继而扩展成为多数人的共同行为。多数人的共同行为出现后,又刺激和推动了在更大范围内更多的消费者选择相同或相似的消费行为,从而形成更大规模的流行浪潮。因此,从众行为是消费流行的先导。

5. 影响消费者从众行为的因素

从众消费行为的发生和发展受到群体及个体多方面因素的影响,主要有下述几个因素。

(1) 群体因素

一般来说,群体的规模越大,群体内持相同意见的人越多,所产生的群体压力也越大,此时越容易产生从众行为。同时,群体的内聚力、一致性越强,群体领袖人物的权威性越高、影响力越大,从众行为就越容易发生。再者,个体在群体中的地位越低,就越容易被影响,也越容易采取从众行为。

(2) 个体因素

一般来说,容易发生从众行为的消费者大多对社会舆论和他人的意见十分敏感,缺乏自信,非常注重社会和他人对自己的评价,且个人缺乏足够的知识经验,做出判断时必须依赖他人提供的信息,所以容易发生从众行为。

(3) 问题的难度

问题的难度大小也是导致从众行为的重要因素。无论哪一种商品,只要消费者对其质量、功能和效用越难做出明确的判断,就越容易引起从众行为。有研究表明,个人在解决问题时,随着问题难度的加大,需要群体其他成员帮助、指点的必要性增加,个人对他人的依赖和信任随之增加,发生从众行为的机会也增加。

值得指出的是,从众行为作为一种多数人共同采取的大规模行为现象,必然对宏观经济运行、社会消费状况产生重要影响。这种影响既有积极的一面,又有消极的一面。

由于从众现象是通过多数人的行为来影响和改变个人的观念与行为的,因此,政府部门可以通过各种媒介宣传提倡正确的消费观念,鼓励引导健康的消费行为,使之成为大多数消费者共同遵从的行为规范,然后利用从众心理的影响,带动其他个体消费者,促进形成全社会健康文明的消费氛围。工商企业也可以利用从众心理,抓住时机进行宣传诱导,培育新的消费市场,引导消费时尚的形成或改变,进而促进大规模购买行为的实现。

在特定条件下,从众行为也可能导致盲目攀比、超前消费、抢购风潮等畸形消费现象的发生。对于这一消极影响,国家和企业必须采取积极措施加以防范。另外,从众行为还有可能扼杀消费者的创新意识,使新的消费观念、消费方式的提倡和推行遇到阻力或障碍。对此,企业要予以格外关注,采取多种措施避免从众行为的负面影响发生。

第四节 消费习俗与消费流行

一、消费习俗

1. 消费习俗的特点

消费习俗是指一个地区或一个民族约定俗成的消费习惯,主要包括人们对信仰、节日、婚丧、饮食、服饰等物质与精神产品的消费习惯。它是社会风俗的重要组成部分。不同国家、地区、民族的消费者,在长期的生活实践中形成了多种多样的不同的消费习俗。尽管如此,消费习俗仍具有某些共同特征。

(1) 长期性

消费习俗是人们在长期的生活实践中逐渐形成和发展起来的。一种习俗的产生和形成,要经过若干年乃至更长时间,而形成了的消费习俗又将在长时期内对人们的消费行为发生潜移默化的影响。

(2) 社会性

消费习俗是人们在共同从事消费生活中互相影响产生的,是社会风俗的组成部分,因而带有浓厚的社会色彩。也就是说,某种消费活动在社会成员的共同参与下,才能发展成为消费习俗。

(3) 地域性

消费习俗通常带有强烈的地域色彩,是特定地区的产物。如广东人素有吃早茶的习惯,东北人则习惯储藏过冬的食品。少数民族的消费习俗,更是他们长期在特定的地域环境中生活而形成的民族传统和生活习惯的反映。消费习俗的地域性使我国各地区形成了各不相同的地方风情。

(4) 非强制性

消费习俗的形成和流行不是强制发生的,而是通过无形的社会约束力量发生作用。约定俗成的消费习俗以潜移默化的方式发生影响,使生活在其中的消费者自觉不自觉地遵守这些习俗,并以此规范自己的消费行为。

2. 消费习俗对消费者心理与行为的影响

消费习俗涉及的内容非常广泛,如在饮食方面,我国有南甜北咸、东辣西酸的饮食习惯;在衣着方面,有风格各异、独具特色的各种民族服装;在传统观念、生活方式方面,城乡之间亦有很大差别。多种不同的消费习俗对消费者的心理与行为有着极大影响。

(1) 消费习俗促成了消费者购买心理的稳定性和购买行为的习惯性

受消费习俗的长期影响,消费者在购买商品时,往往容易产生习惯性购买心理与行为,固定地重复购买符合其消费习俗的各种商品。

(2) 消费习俗强化了消费者的消费偏好

在特定地域消费习俗的长期影响下,消费者形成了对地方风俗的特殊偏好。这种偏好会直接影响消费者对商品的选择,并不断强化已有的消费习惯。例如,各地消费者对本地风味小吃的喜好、各民族人民对本民族服饰的偏好等,都会使消费行为发生倾斜。

(3) 消费习俗使消费者心理与行为的变化趋缓

由于遵从消费习俗而导致的消费活动的习惯性和稳定性,将大大延缓消费者心理及行为的变化速度,并使之难以改变。这对于消费者适应新的消费环境和消费方式会起到阻碍作用。

正是由于消费习俗对消费者心理与行为有极大的影响,企业在从事生产经营时必须尊重和适应目标市场消费者的习俗特性。尤其是在进行跨国、跨地区经营时,企业更应深入了解不同国家地区消费者消费习俗的差异,以便使自己的商品符合当地消费者的需要。

二、消费流行

1. 消费流行的含义

消费流行是在一定时期和范围内,大部分消费者呈现出相似或相同行为的一种消费现象。当某种商品或时尚同时引起多数消费者的兴趣和购买意愿时,对这种商品或时尚的需求在短时期内会迅速蔓延、扩展,并带动更多的消费者争相效仿、狂热追求。此时,这种商品即成为流行商品,这种消费趋势就成为消费流行。

导入案例

苹果手机

企业瞄准流行趋势后,要注意时尚、流行往往是从处于社会上层的引领群体、意见领袖向下流传的。时尚往往发源于社会较高阶层,然后渐渐成为较低阶层的参照,而一旦完成了这种过渡,较高阶层就会放弃这种旧流行,创造或采纳新的流行,从而继续保持其在消费形式上与较低阶层的区别和距离。因此,企业要把目光瞄准社会中上阶层,以他们为目标群体设计新产品,才更容易成为流行产品。

在引领流行趋势方面非常有代表性的是苹果公司。从 iPod、iPad 到 iPhone,苹果公司每一次新产品上市,都引发全球"果粉"的狂热追逐。这一切,除了乔布斯的天才领导外,更要归功于苹果产品设计方面的创新能力。苹果公司站在使用者的立场上设计产品,充分考虑顾客的个人需求,预测人们对电子产品的追求趋势是简单、美观、关注细节、注重体验等方面,并以此为理念设计产品,引领电子产品消费潮流。以苹果手机为例,从 2007 年 iPhone 一代上市,无按钮、无键盘、大屏幕、多点触摸技术就引得粉丝争相购买。到 2011 年 10 月,iPhone4S 分布,A5 双核处理,CPU 提速,电池续航能力提升……苹果公司至今已经发布了六代苹果手机,而每一次都引得全球"果粉"争相购买,引导手机消费流行,关键在于它准确预测了消费者的需求,并以此设计新产品。这正好满足了人们对生活的追求:优美舒适、生活便利、展现个性自由。

我国改革开放以来,曾经出现过几次大的消费流行,如"西服热"、"喇叭裤热"、"牛仔裤热"、"呼啦圈热"等。近年来,市场上的流行风潮越来越多,流行变化的节奏也越来越快,加上宣传媒体的推动作用,消费流行已成为经常性的消费现象,并对消费者的心理与行为产生越来越大的影响。

在消费活动中,没有什么现象比消费流行更能引起消费者的兴趣了。当消费流行盛行于世时,到处都有正在流行的商品出售;众多不同年龄阶段的消费者津津乐道于正流行着的商品;各种各样的宣传媒介大肆渲染、推波助澜;一些企业由于抓住时机,迎合了流行风潮而大获其利,而另一些企业则由于受流行的冲击或没有赶上流行的节奏而蒙受巨大的经济损失。由此,消费流行成为企业必须予以关注的一种重要的群体行为现象。

2. 消费流行的影响因素

一种商品或服务能否流行起来受多种因素的影响和制约,其中主要有以下几方面因素。

(1) 生产力发展水平

首先,消费流行是一种席卷全地区、全国乃至全世界的消费趋势,它必然要求市场上有大量的可供购买的流行商品或服务。在生产力水平低下时,作坊式的生产产量有限,很难满足人们突然爆发的对某种商品的狂热需求。只有生产力高度发达之时,先进的科学技术将生产带入自动化、电子化,甚至信息化的时代,大批量的生产成为普遍,才能够及时向市场提供充足产品,同时四通八达的交通可以将商品传送到世界的每一个角落,这时消费流行才成为可能。

其次,流行信息的传播也需要相应的通信技术为载体。在科学技术高度发达的今天,无线通信、信息高速公路的建立,使信息的触角无所不在。一个地区的流行趋势很快便可成为全球的流行趋势。例如,在美国刚刚上映的新片,国内的影迷们很快就可以从网上得知并下载。刚刚风靡全美的《哈里·波特》很快即在国内掀起了热潮,两地流行的时间近乎趋同。

此外,一种消费时尚的流行也与社会经济形势的发展变代及波动紧密相关。

 导入案例

IT 男士又着西装

T 恤衫加牛仔裤再配上一双运动鞋,这种轻松随意的装束作为工作服,一年前在年轻 IT 新贵族的身上被看成智慧与灵感的象征,引领了男士服饰的新潮流,并迅速影响到社会的许多行业,使得西装和领带销售量大跌。而今,西装卷土重来,重振雄风,在 IT 界又显风采。IT 界的领头人比尔·盖茨着装也讲究起来,一改过去开领衫与休闲裤加休闲便鞋的休闲、随意的作风,穿上了西装,打起了领带。

2000 年 1 月 10 日,在时代华纳与美国在线的合并签约仪式上,敏感的人们注意到:时代华纳主席德拉·莱文先生把领带扔到了一边。美国一家媒体评论说:此举似乎想告诉人们,传统媒体从此进入了网络时代。于是,西服、领带便成了拘谨、呆板、烦琐的同义词,不能适应 IT 男士对速度和便捷的要求,一身轻松随意的休闲服似乎更能激发他们的灵感。还有人认为,IT 行业的人工作繁忙,着装随意可以使他们身心得以放松。在 IT 男士开了"便服上班"的先河后,许多公司也开始流行。

然而,网络经济的下滑使得"便服上班"刚刚流行一年就遭遇了寒流,西服、领带逐渐升温,重新代表了严谨和自律。IT 界内重整队伍,男士们又振作起精神,换上了西装三件套。这个时候,如果与顾客或高层管理人员碰面的人仍然大胆地穿着 T 恤衫和牛仔裤,他就会因衣冠不整而明显的不合群,甚至有被炒鱿鱼的危险。事实说明,人们幻想着穿开领衫工作的时代还没有到来,也许它还需要很长一段时日,也许它永远不会成为现实。

(2) 人们的消费水平

马斯洛在"需求层次论"中提出,人们只有满足了低层次的需求后才能转向较高层次的需求。消费流行是与消费者求新、求变、求美的心理紧密相联的,属于较高层次的需求。在消费水平比较低的情况下,人们还在为满足生存和安全等低层次的需求疲于奔命,即使有拥有流行商品的欲望,但出于囊中羞涩,往往无法构成有效需求。只有当人们不再担心"房子和面包",消费水平达到一定层次时,人们才开始关注流行趋势,购买流行商品。

此外,从群体的角度而言,消费流行形成的基础是存在大量竞相购买的消费者,所以商品只有处于大部分消费者的购买能力之内,才可能大范围地蔓延,成为流行商品。由此可见,全社会整体消费水平的提高是消费流行存在的必要条件。

自 20 世纪 90 年代以来,市场上流行的风潮越来越多,这与人们消费水平的提高不无关系。90 年代中期出现的电子宠物风潮,2000 年全国掀起的跳舞毯热,这些在贫困时期是无法想象的。

(3) 消费者需求

在一定生产力发展水平和消费水平下,为什么有些产品遵循正常的产品生命周期,而有些产品却经历大起大伏成为流行商品呢?首先,消费流行同时是一种社会心理现象,它反映了消费者渴望变化、求新、求实和表现自我的心理需要。如果某种商品不能给众多的消费者以新的

刺激,不能达到消费者标新立异、赢得威望、自我显示的目的,那么这种商品就很难得到他们的积极响应和购买。

有些流行现象是由于消费者的某种共同心理造成的。大部分消费者在这一共同心理的影响下,主动追求某种新款商品或新的消费风格,从而自发推动了流行的形成。例如,20世纪90年代初,我国许多地区流行玩手持电子游戏机的风潮,这是在成年消费者追求既方便又有新意的娱乐活动的共同需求推动下形成的。

(4) 销售者宣传

某些消费流行的发生是出于商品生产者和销售者的利益。他们为扩大商品销售,努力营造出某种消费气氛,引导消费者进入流行的潮流之中。法国巴黎是世界时装的窗口,这里发布的时装款式,经常代表了下一季度世界时装流行的趋势。而这些流行趋势,主要是时装生产者和销售者为扩大经营,借助巴黎这一国际时装中心的"权威性"影响,引导和推动众多消费者追随形成的。我国1992年年初在京津地区流行的健身呼啦圈,本是美国消费者的一种娱乐方式,后经天津地区电视、广播等宣传媒介的推动引导,使这种娱乐方式在津、京地区,以至于全国范围内迅速流行开来。

3. 消费流行的特点

(1) 突发性和集中性

消费流行往往骤然发生,没有任何前兆,令人始料不及,随后迅速扩张,表现为大批的消费者集中竞相购买。但随着人们的热情退却,流行产品很快受到冷落,无人问津。消费流行这种突发性和集中性给营销人员进行销售预测带来了困难。来势汹汹的流行风潮往往令企业措手不及,而消费流行去也匆匆却留下了流行商品的库存积压。

偶然性的背后是必然性,看似突然发生的消费流行其实也有其必然性。如前面所分析,消费流行的发生与消费者求新、求奇的心理需要和某种共同的心理需求紧密相连。1992年全国流行呼啦圈,大街小巷中呼啦声不绝于耳,水平很高的玩者往往能够吸引旁人的注目、朋友的赞赏;同时呼啦圈健身能够满足妇女健美腰身的愿望,因此获取了人们极大的热情。

某些事件的发生由导火索引发,消费流行的发生往往也需诱发因素。20世纪80年代初日本电视连续剧《血疑》中大岛幸子清纯脱俗的形象赢得了人们的"芳心",扮演她的山口百惠成为年轻女孩效仿的对象,"幸子服"也成为当年最流行的服饰。总之,销售人员在预测时一方面要仔细分析导致消费流行的必然性所在,研究消费流行的规律;另一方面要注意捕捉诱发消费流行的契机。

(2) 短暂性

一般来说,人们对某种事物的热情难以持久不衰,因此消费流行也只能是暂时的。其实在某种意义上,流行就意味着短暂,意味着比一般产品更短的生命周期。因为在满足物质需求的外壳下,人们购买流行商品更重要的是获取精神上的愉悦,改变旧方式,感受新事物,获得新体验,表现个性。这注定了当流行商品不再是新事物时,它对人们的吸引力就会消失,从而不得不退出市场。从另一角度看,由于人们对于流行商品的集中性购买,尤其当流行商品为一次性购买商品时,也会导致它的短暂性。

(3) 回返性

曾经流行过的商品,束之高阁几十年后,在人们怀旧思古的情怀下,也许会重返历史舞台,成为新的流行趋势。有一位研究服装问题的英国学者曾经这样描述过产品的流行风潮:"在产品流行的 5 年前,人们视该产品为新事物;3 年前,如果有人使用,人们会认为是招摇过市,精神不太正常;1 年前使用,视之为大胆;流行当年,购买该产品是得体的表现;而 1 年后则略显土气;5 年后仍使用就会被认为是老古董;10 年后还继续使用则会招人耻笑;而到了 30 年后该产品则会被看成是新奇、具有独创精神。"真是三十年河东,三十年河西。新世纪伊始,销声匿迹几十年的旗袍又重登上舞台,成为女装的主流,即是一个明显例证。消费流行的这种回返性可以帮助营销人员预测流行趋势。

4. 消费流行的周期

消费流行的形成大多有一个完整的过程。这一过程通常呈周期性发展,如图 3-3 所示,其中包括酝酿期、发展期、流行高潮期、流行衰退期等四个阶段。酝酿期的时间一般较长,要进行一系列的意识、观念以及舆论上的准备;发展期时消费者中的一些权威人物或创新者开始做出流行行为的示范;进入流行的高潮期,大部分消费者在模仿、从众心理的作用下,自觉或不自觉地卷入到流行当中,把消费流行推向高潮;高潮期过去以后,人们的消费兴趣发生转移,流行进入衰退期。

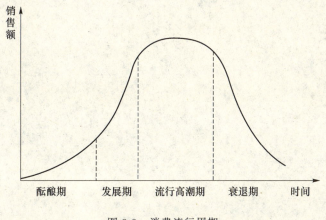

图 3-3 消费流行周期

消费流行的这一周期性现象,对企业有重要意义。生产经营企业可以根据消费流行的不同阶段,采取相应的策略:酝酿期阶段,通过预测洞察消费者需求信息,做好宣传引导工作;发展期阶段则大量提供与消费流行相符的上市商品;高潮期阶段,购买流行商品的消费者数量会大大增加,商品销售量急剧上升,此时企业应大力加强销售力量;进入衰退期则应迅速转移生产能力,抛售库存,以防遭受损失。

随着科学技术的发展和产品更新换代的加速,消费流行的周期会越来越短。这一现象可以借助心理学家荣格的研究来说明。荣格认为群体的意识和行为可以通过"心理能量"来解释。心理能量不会随发生作用而消耗或丧失,而是从一种作用形式转换为另一种作用形式,或从一个位置转移到另一个位置。就消费者而言,当人们对于一种新产品的兴趣增加时,其对于另一种产品的兴趣便会等量地减少。消费流行也是如此,当一种消费流行开始时,必然伴随着另一种消费流行的衰落。所以新产品开发速度的加快,往往会导致消费流行周期的缩短。为此,企业应及时调整营销策略,以适应流行变化节奏越来越快的要求。

复习思考题

1. 何谓消费者群体?消费者群体的类型有哪些?
2. 试比较男性消费者群体与女性消费者群体心理与行为特征。针对不同的消费群体,营销人员应该采取什么样的营销策略?
3. 阐述暗示、模仿、从众的概念。
4. 试述从众行为的特点。
5. 什么是消费习俗?消费习俗对消费者心理与行为产生哪些影响?
6. 什么是消费流行?消费流行有哪些特点?
7. 阐述消费流行的周期性现象对企业的意义。

第四章

社会环境与消费者心理和行为

 教程目标

1. 掌握社会文化的概念与特征;
2. 了解社会文化的内容;
3. 掌握社会文化对消费行为的影响;
4. 了解社会阶层的含义与划分方法;
5. 掌握社会阶层与消费者行为的相关关系;
6. 掌握参照群体的概念及类型;
7. 了解参照群体的影响作用;
8. 掌握参照群体对消费者行为的影响;
9. 掌握家庭构成及家庭成员角色结构;
10. 了解影响家庭消费行为的因素。

 本章精要

1. 社会文化的共同特征及对消费行为的影响;
2. 社会阶层与消费者行为的相关关系;
3. 参照群体对消费者行为的影响;
4. 影响家庭消费行为的因素。

 导入案例

圣　诞

每年圣诞期间,热心的购物者都会创造购物高峰。例如,美国从10月到新年的这3个月的销售额会达到4 500亿美元。大多数百货商店的年销售额会在这3个月达到年收入的1/3。伦敦、马德里、洛杉矶的玩具贩子在这3个月的销售额会达到年收入的50%。

在圣诞节购买和分发礼物已成为全世界的风俗。即使在基督徒只占全国人口1%的日本,圣诞节也是狂欢的。德国人家门口的圣诞市场会卖腊肠、糖果和节日礼物。在椭圆形的意大利比萨广场,购物者们会购买书、玩具、糖果、录像带,街上有优美的音乐和精彩的杂技表演。即使在商品数量不足、库存较少的东欧也会在圣诞节时狂欢。

世界各地的人们都重视节日期间的装饰。例如,美国广场(包括75%的家庭)装满了圣诞树。在斯堪的那维亚,窗户里透出的烛光照亮了整个夜空,步行街装饰了成千上万的彩灯。

北半球寒冷的气候反而增加了节日的气氛。但寒冷的天气并不是圣诞节所必需的。在南半球,有的节日就在仲夏。当澳大利亚的购物者觉得太热时,他们就到湖边去乘凉。

节日购买和互赠礼物是相当普遍的。查尔斯·狄更斯在《圣诞颂歌》一书中写道:"据我所知,圣诞节是人们在一年中最自由地打开心扉的时候。"与此同时,人们的口袋也敞开了。

思考:圣诞节对消费者的购买行为有影响吗?为什么?

第一节 社会文化与消费者行为

一个人在社会中成长,受到家庭、环境及社会潜移默化的影响,学到一套基本的价值观、风俗习惯和审美观,形成一定的偏好和行为模式;再根据自己的生活内容、生活方式和自然环境,在一定的社会物质生产条件下长期形成,世代相传,成为约束人们思想、行为的规范;所有这些对于人们在饮食、服饰、居住、婚丧等各个方面的购买行为有着最广泛和最深远的影响,人们都会表现出独特的心理特征,这就是所谓的文化因素。

一、社会文化的含义和特征

1. 含义

文化是用来表述人类生存以来所积累的一切成果的名词。从考古遗址中发现的古代文明的各种人工制品,直到为描述新出现的各种事物、事件及相互关系而创造的新词汇,都包括在文化之中。此外,文化还包括人类所创造的作为人类与其环境相互关系之成果的一切东西,即物质的、社会的、知识的和美学的一切创造。

物质的创作物包括这样的一切东西,即从金字塔(以及更早的建筑)直到今天的宇航飞船,从针灸用的小银针直到庞大的核动力发电厂。因而,也包括一切建筑物、耕地、市镇和公路。

社会的创作物包括过去和现在的所有大大小小的社会机构、学校、宗教团体、俱乐部、合作社、政府、团体、迷信组织、企业组织、基金组织和各种政党。同时,也包括城市联盟、选举委员会和妇女改革组织(还有已故的外来移民的后裔们所组成的各种少数民族的社会组织)。

知识的创作物包括通过口头语言、书面记录、由应用技术所创造与保留下来的所有一切知识,还有体现于口头个别传授下来的以及写成书本的"技术诀窍"。例如,包括科学知识、神话、荒诞故事、乐谱、凭记忆流传下来的无语音乐以及绘画艺术。

美学的创作物包括较明显的各种艺术形式,如绘画、图案与建筑风格、音乐作曲与演奏、舞蹈,还有书面的和口头个别流传下来的小说、故事、诗歌等文学作品。美学的创造还包括制备食品、香水、香气的配方(包括实物形式或书写公式,如可口可乐的秘方)。

构成生活的各个不同侧面汇合起来,以致形成某种形式的、一种共同的语言、一种经济和交换制度、各种信仰、各种处事方式和知识,这时就产生一种文化。由于不同地区的人群在不同的关系中总是使用或强调不同的要素,所以会有多种多样的文化。

我国学者对文化的定义也是种类繁多。现在一般认为,文化应有狭义和广义之分。狭义文化指人类精神活动所创造的成果,如哲学、宗教、科学、艺术、道德等;广义文化指人类创造的一切物质财富和精神财富的总和。在消费者行为研究中,由于抽象的精神层面是形成和影响消费者偏好的主要力量,所以,下面侧重从狭义意义上讨论文化及其影响。

2. 特征

(1) 文化的习得性

一种文化,不是存在于人体的基因之中遗传下来的,而是通过人们学习而得到的。学习有文化继承和文化移入两种类型。所谓"文化继承",即学习自己民族(或群体)的文化。正是这种学习,保持了民族(或群体)文化的延续,并且形成了独特的民族(或群体)个性。中华民族由于受几千年传统的儒家文化的影响,形成了强烈的民族风格与个性,即使今天在西方文化的不断冲击下,中庸、忍让、谦恭的文化内涵仍是一种重要甚至主要的民族文化心态。这种文化心态表现在人们的消费行为中就是随大流,重规范,讲传统,重形式,这同西方人重视个人价值,追求个性形成了强烈的反差。"文化移入"即学习外来的文化。在一个民族(或群体)文化的演变和发展过程中,很大程度上要学习、引进其他民族(或群体)的文化内容,甚至使其成为本民族(或群体)文化的典型特征。例如,中国人现在的礼服西装,就是学习借鉴西方服装文化的结果;日本人喜爱喝酱汤的习俗则是从中国文化中汲取的。当外来文化为本民族或群体成员普遍接受时,就自然而然地变成了本民族或群体世代相传的本质特征。

(2) 文化的适应性

文化不是静止不变,而是不断变化的。尽管文化变化通常十分缓慢,然而文化确实会随着环境变化而变化。当一个社会或群体面临新的问题和机会时,人们的价值观念、行为方式、生活习惯、兴趣等就可能发生适应性改变,形成新的文化。文化变化过程中,新文化模式的形成和引入会受到人们感兴趣的程度和原有价值观念、行为准则的影响。有关研究表明,那些社会成员感兴趣而又与现有价值观念、行为准则决裂程度最小的新事物最容易为人们所接受。如在20世纪初期的几十年中,在西方人的文化意识中,节省时间的观念并不重要,追求悠闲、享乐、安逸、舒适是许多人的信念。但近几十年来,随着商品经济的高度发展和工业化程度的不断提高,人们越来越关心如何节省时间和如何使生活过得更有成效。在节省时间和提高工作效率的新观念支配下,更多的人开始接受方便、省时的产品或服务(如速溶饮料、快餐食品、快速加热设备、邮政快递等),也更愿意到时间效率高的商店去购物。

(3) 文化的群体性

文化是特定社会群体的成员所共同具有的。每个民族或国家,每个城市,每个企业乃至部落和家庭,都会形成各自的文化,从而相应地有民族文化、城市文化、企业文化、部落文化、家庭文化等。就民族文化而言,每个民族在其繁衍和发展中都会形成自己民族独特的语言、文字、仪式、风俗、习惯、民族性格、民族传统与生活方式。例如,英国文化的典型特征是经验的、现实主义的,由此导致英国人重视经验,保持传统,讲求实际。法国文化则是崇尚理性的,法国人更喜欢能够象征人的个性、性格,反映人精神意念的东西。在服装风格上,英国人的时装往往给人以庄重、大方、实用、简练的鲜明印象;法国人的时装则潇洒、飘逸、抽象,具有更高的艺术性。文化差异不仅体现在国别上和不同民族之间,同时也表现在不同种族、地域、宗教、机构以及家庭等不同群体之间。实际上文化确定了不同群体之间的界限。

(4) 文化的社会性

由上一代传到下一代的习惯和模式,包含着促进同一文化中成员间的相互交往、相互作用的社会实践,社交"规律"本身就是文化的重要组成部分。文化的社会性还在于它满足并适应社会需要。文化通过提供行为准则和规范而维持社会的秩序。某一社会或群体越是坚持某种价值准则,集体对违反这种价值准则的成员进行惩罚的可能性就越大。文化还通过提供基本价值观念,告诉人们什么是对的、好的和重要的;人们也需要知道什么是对的和错的,什么是被期望的,以及在各种不同情势下应该做什么、不应该做什么。因此,文化是满足社会存在和发展需要的重要因素。

"韩流"改变咖啡文化

当咖啡淹没在茶饮、冰沙、蛋糕、三明治、果昔、汽水、谷物拿铁、松饼吐司等产品中时,星巴克和Costa都开始要哭了。在短短的两年时间里,来自韩国的"咖啡陪你",已经动摇了前辈们苦心经营的咖啡文化,尽管不强调口感、烘焙、研磨和品质,但是任谁都阻挡不了"咖啡陪你"在中国遍地开花。

"咖啡陪你"走红要诀是定位准确,主打女性市场。如果一家咖啡馆有着大大的落地窗,装修风格偏向田园、森林,在主售花式甜美饮料的同时,又配以各式华夫饼干等甜点,那么这多半就是一家韩系咖啡馆。欧美咖啡店通常都偏重商务,装修风格偏男性化,客户也以男性为主。在韩国,"咖啡陪你"发现这个市场是冷落了女性的,所以有意识地往女性市场靠拢,咖啡馆设计既有韩国风,又有田园风,还有点后现代感,在韩国一炮而红。

在"韩流"的影响下,韩系咖啡馆也将主要消费群体锁定在年轻女性白领。幸运的是,这种定位与中国咖啡消费的主力军不谋而合。于是,也像韩剧一样,韩系咖啡馆在中国火了。

正如韩国偶像剧一样,韩系咖啡馆更多的是在销售一种感觉和生活态度,至于咖啡,则只是咖啡店里的配角而已。

二、社会文化的内容

理解文化的常用方法是理解它的主要性质或内容。文化的内容包括信仰、态度、目标、社会中大多数人的价值观,也包括行为的方式、规则、大多数人遵循的习俗。

1. 文化内容的衡量

营销人员用很多方法来衡量文化的内容,如内容分析、人种领域研究、价值观的衡量等。有些方法与传统的消费者研究不同,尽管这些方法指出了人们享有的文化涵义,但它们并没有指出产品是怎样与文化结合在一起的。

(1) 内容分析

文化的内容通常可以从由社会群体所生产的物质产品中得到反映。例如,研究人员从滑稽书中寻找文化的主要价值观,也有的营销人员从以前的印刷广告中寻找过去美国的价值观和妇女地位是如何改变的。

(2) 人种研究

研究人员开始运用人种学的方法来研究文化。这些方法包括对消费者日常生活的情感、行为和认知进行长期的细致的观察。运用大量翔实的资料,研究人员对价值观和文化方式做出了解释。人类学家通常要住在所研究的社会群体里几个月甚至几年,而对消费者的研究时间则短得多。通过直接地观察、访问、电话采访,研究人员在跳蚤市场和物物交换市场对消费者的行为进行了研究。在夏季横跨美国的探险中,研究人员试图从一系列的行为中找出广义的消费者的文化涵义。

(3) 价值观的衡量

与人种学的研究方法相比较,营销人员运用程序来衡量一个社会中的主要价值观。一种常用的方法是价值调查,将消费者的价值观按照重要性分成36种。价值观调查表要求消费者列出9个与自己有关的价值观。营销人员根据这些数据来区分消费者的价值取向。还可以运用各种商用技术来调查大量的消费者,例如,用跟踪方法,可以了解50多种社会趋势(和价值变化),并报道它们在消费者营销中的重要地位;还可以运用不同价值观对消费者作区分,广告商通过此方法可以更好地理解其目标顾客。

拥抱消费者——华为的"亲民"之旅

随着社交网络的普及,越来越多的智能手机厂商开始重视用户需求,也被称之为"粉丝文化"。从用户转化为粉丝,首先需要对产品本身有高度的认可。国产手机领导品牌华为坚持"以旗舰机型树立品牌,以精品机型支持规模"的精品战略。华为充分了解消费者的需求,能做出一系列让消费者喜爱的产品,从而在这波智能手机发展浪潮中站稳脚跟。目前,华为智能终端业务共划分了4条产品路线:第一是针对年轻人群,打造"麦芒"年轻手机品牌,在2 000元档形成系列化产品布局;第二块拼图是发力中高端,以旗舰智能机进入高端智能机领域,以机制性能和机制时尚赢得消费者青睐;第三是夯实在"千元大拼智能机"市场的领先优势和品牌力;第四是全系列的4G精品终端,促进4G重大产业链健康快速发展。

为做好品牌与用户的融合,以"麦芒"品牌为例,将"青春是一种刺,穿透虚伪,挑破陈规,用棱角,改变世界的圆滑"作为麦芒手机的广告标语,迅速在年轻群体中产生了共鸣,所倡导的一种文化理念为:年轻,就要勇敢前行,也备受用户青睐。

2. 产品中的文化涵义

产品、商店和品牌都表达了文化涵义。例如,某种品牌的文化涵义是与性别和年龄相联系的,如 Virginia Slims 雪茄是为妇女准备的;Camels 香烟是为男人准备的;T恤衫是给年轻人穿的;园艺工具和泻药是为老人准备的。一些产品体现出了某些文化意义,如 Cooperstown 总汇收集了许多棒球队球衣、夹克和球帽的高质量复制品,其中包括一些已经不存在的球队,如 Washington's Senators 队。购买并使用这些产品,可以使得它们的文化涵义得以体现,并可以传达给别人。

不同国家产品的文化涵义是不一样的。例如,大多数国家都有自己喜欢的食品,它们代表了重要的文化涵义。丹麦人喜欢吃鳝鱼;墨西哥人喜欢吃辣椒;爱尔兰人喜欢喝黑啤酒;法国人喜欢吃乳酪;美国人喜欢吃汉堡包。

当然,并不是一个国家里所有的人认为一种产品、品牌或行为所代表的文化涵义都是一样的。例如,一些少年抽烟是为了证明他们会抽烟,而且强调品牌;另外一些少年不抽烟,则表示他们不喜欢卷入抽烟的行列里。

许多公司并不真正知道其产品的文化涵义。例如,1985年可口可乐公司改变了可口可乐的口味,使得其变得更甜。新产品刚一投入市场,立即遭到消费者的强烈抗议,成千上万的消费者觉得自己受到了欺骗,他们认为原来的产品具有重要的文化涵义。他们反对口味的改变,有些人甚至将可口可乐公司告上了法庭。可口可乐很快以名为"古典的可口可乐"的形式出现,恢复了原来的口味。

而且,许多产品除了文化涵义外,还有独特的涵义。独特的涵义是由消费者的行为移植入该产品中的。尽管这些涵义对每个消费者来说都是特殊的,但产品的内在价值对于影响消费者的取向却是重要的。

3. 将产品的文化涵义传播给消费者

如何将产品的文化涵义传播给消费者,需要借助一些特定的方式。如仪式,就是消费者对某些文化意义进行创造、肯定、唤起或修改等一系列象征性的活动。例如,美国家庭在感恩节要大吃火鸡,这种方式是要表达他们有足够的能力获得自己所需要的物质财富。

但是,并非所有的表达方式都要像节日餐、毕业典礼或者婚礼那样正式。与之相反,许多表达方式是日常生活中最常见的行为,虽然大多数的消费者没有认识到这一点。消费者研究人员已经开始着手研究消费者日常行为中文化涵义的表达方式,但是我们对这方面的知识仍是十分有限的。

下面讨论几种将产品中的文化涵义传达给消费者的行为方式:获得、拥有、交换。以后的研究还会发现更多的消费者从产品中获取文化涵义的行为方式。

(1) 获得

产品中的某些文化涵义可以通过简单的购买和消费方式传达给消费者。例如,对于得到冰激凌中所包含的愉快、精神放松、劳累工作的回报等文化涵义,购买并食用冰激凌就是必需的。其他的获得方式也是非常重要的。例如,喜欢收藏稀有或者珍贵物品(如古董、邮票、钱币、啤酒罐等)的人会有自己特殊的收集方式,他们外出时会像猎人寻找猎物一样,包括穿着特殊的幸运服装。在购买汽车、音响设备或其他商品时所进行的砍价行为,也可以向购买者传达重要的文化涵义。对收藏家来说,有些收藏品的美丽和工艺令人叫绝,没有什么比自己拥有它们更令人兴奋的了。

总之,获得方式包括购买、寻找、砍价、收藏等有利于将产品的文化涵义传播给购买者的全部行为。

(2) 拥有

消费者拥有产品有利于其更好地理解产品的文化涵义。例如,新房子的主人也许会邀请亲朋好友来新房子参加庆祝会,看看他的新住处,这个新房子就有了它的文化涵义。许多消费者购买了新东西,如汽车、衣服、音响设备,就会向其亲朋好友展示,来确认他们购买的东西很好。

拥有方式还包括将消费者个人的情感传达给产品。例如,养育物品的过程就将个人的情感传达给了物品(每周六都洗车、收藏CD盘、摆弄自行车、花园里锄草)。到后来,这些情感将会传达给消费者,他们会觉得满足、兴奋、骄傲。这种拥有会形成消费者与产品间的亲密关系。

个性也会有类似的作用。买了旧车和旧房子的人会除去旧主人留下的文化方式,而将自己的文化涵义渗透进去。例如,消费者会为他的车子买与众不同的配件以使得其个性得到展现;重新油漆,更换新壁画、新地毯等也都是使房子个性化的行为。

(3) 交换

通过交换可以将某种文化涵义传达给消费者。例如,参加宴会时给主人送去鲜花和美酒就是将文化涵义作了传达(感谢、感激、慷慨)。人们经常在周年纪念日、生日、特殊的节日(如圣诞节)给别人送礼物,就是要将文化涵义传达给接受者。例如,给大学毕业生送一块好手表、一只皮箱或一辆小汽车,就是表达了对其成就的认可,表明了对方的成熟与独立。

导入案例

美国快乐文化的传播者——麦当劳

麦当劳的企业文化由三个部分组成。
(1) "Q、S、C、V"精神:即"质量、周到的服务、清洁的环境、为顾客提供更有价值的食品"。
(2) 麦当劳的作风:顾客第一;高效、快速;"苛刻"的管理。
(3) 麦当劳的营销策略:麦当劳叔叔;以情感人;连锁经营;知人善任。

麦当劳的企业文化是一种家庭式的快乐文化。有人评论麦当劳在中国上演新文化帝国主义,强调其快乐文化的影响,甚至说有麦当劳的国家不会进入战争。麦当劳的同事之间不论管理级别彼此称呼对方名字,大家在一起感觉很轻松,像一家人。员工在工作上犯错误没关系,只要不是严重违反公司的有关政策和规定,便不会被开除。人在于用,每个人都有长处,麦当劳一直提倡对人应表扬于众,提倡分享经验而不是高压。麦当劳不是靠人员流动而是主要靠培训来解决员工的发展和提高问题,公司每年仅培训费用就达1 000多万元。员工进入麦当劳,家人都说他们变了,做事更有条理、更随和了。

麦当劳是世界上最大的餐饮集团,开设有麦当劳的国家和地区超过了联合国的席位。从1955年创办者雷•克罗克在美国伊利诺斯普兰开设第一家麦当劳至今,它在全世界已拥有25 000多家餐厅。其中最南的位于新西兰茵薇卡其尔,最北的位于芬兰的旅游胜地罗凡尼米。在中国,麦当劳的大黄金拱门已经深入人心,成为人们最熟知的世界品牌之一。

从1963年起,"麦当劳叔叔"的形象风靡了全美国。在英国、日本、中国香港等地,"麦当劳叔叔"也成了家喻户晓的人物。当他们想起"麦当劳叔叔"的时候,自然地就会想起麦当劳汉堡包、鸡翅、炸薯条等美味可口的菜肴。

当顾客光顾麦当劳快餐店的时候,会遇到穿着整洁、彬彬有礼的脸孔笑面相迎。"麦当劳叔叔"向你招手微笑,逗你发笑,使顾客享受到一种温暖的家庭欢乐气氛。儿童们甚至把餐厅当作乐园,当作是属于自己的世界。

4. 消费者中的文化涵义

消费者通过购买方式来获得产品中文化涵义的使用权,从而取得自我认同。比如说运动爱好者会购买自己所喜欢球队的队帽和夹克衫。一家特许营销组织会向球迷们销售纽约 Yankees 队和 1919 年芝加哥 Black Sox 球队的正品运动衫(售价分别为 175 美元和 245 美元)。一些消费者可能购买 Ben 品牌的冰激凌(这种冰激凌由亚马逊河热带雨林中生长的坚果制成)或者用可再生材料包装的汰渍洗衣粉来获得这些产品中的环保涵义。人们通过购买方式使产品中的文化涵义进入自己的生活,并与他人沟通这些文化涵义。

美国人有充分的自由通过选择自己的生活方式、环境和产品的方式来创造属于自己的风格。在少年和青年时代,这种自我创造意识尤为突出。青年人会尝试不同的社会角色,创造不同的自我认同,常常通过购买产品的方式来获得其中的文化涵义。因此,青少年对父辈价值观和生活方式的叛逆意识常常表现为购买和消费某些特定产品。随着年龄的增长,他们会逐渐成熟起来,自我意识也会稳定下来(甚至会一成不变)。当然,自我意识仍然可能发生变化,有时甚至是重大变化,但是发生这种变化的比率是不断下降的。即便如此,人们仍会利用产品中的文化涵义来维持和调节自己的认同。

尽管产品能够将产品中的文化涵义有效地转移给消费者,但是商品并不能提供消费者构建自我认同所需的所有文化涵义。人们可以从许多其他渠道来获得这些文化涵义,如自己的工作、家庭、宗教信仰和许多社会活动等。一般来说,通过这些活动获取的文化涵义自我针对性更强,更能满足消费者的需求。

然而,在高度发达的消费社会里,人们常常以消费产品的方式来实现自己重要的人生价值。有些消费者甚至达到了病态的程度,疯狂地购买商品以构建自己满意的自我认同。这样的消费者最终的结局是负债累累,并且永远没有满足感。

大多数消费者都拥有自己喜爱的带有鲜明个体意义的物品。人们会对这些物品投入巨大的热情。研究人员已经开始着手研究人们所宠爱的这些物品,以了解顾客—消费品之间的关系。例如,老年人更喜欢那些能引起他们美好回忆的照片和家具,而年轻人则更喜欢那些能突出他们活跃个性的物品(如运动器械、与工作相关的书籍或计算机等)。营销人员需要了解顾客和消费品之间的关系以制定更为有效的营销战略。

5. 文化差异的影响

为了在文化不同的市场上实施有效的营销战略,营销人员必须了解不同社会的文化差异。即使在一个国家内部,文化差异也是存在的。例如,比利时存在着佛兰芒文化和法语文化;加拿大分为法语文化和英语文化;瑞士分为德语区、法语区、意大利语区。

与之相类似,不同国家之间也未必就存在着显著的文化差异。例如,加拿大-美国边境地区的居民文化特征极其相似(说法语的魁北克地区除外);奥地利南部和意大利北部,或者法国北部和比利时南部地区,在文化特征上的相似点也是相当多的。

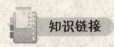

亚洲市场的巨大发展

亚洲市场的文化正在发生显著的变化,这些文化上的变化为工商业创造了许多市场机会。下面是导致这些国家文化变化的主要因素。

1. 人口

亚洲环太平洋地区的总人口达 17 亿。尽管人口增长速度正在逐步下降,但是今后 20 年中该地区的总人口仍将增加 4 亿。而 30% 的人年龄在 30~45 岁,正是收入高、消费也最大的年龄段。

2. 收入

该地区近10年里经济的高速增长使居民的收入大幅度提高。据估计,该地区(不包括日本)有7 200万居民的年家庭总收入超过了1万美元。这样的收入水平比现在西班牙和爱尔兰还要略微高一些。

3. 城市化

像其他地区一样,亚洲人也正在从农村涌入城市。例如,30年前韩国的农业人口占72%,而现在城市人口所占比例达到了73.5%。在其他发展相对缓慢的国家里,城市也在迅速扩大。正如一位亚洲专家所说:"当你从农村搬进城市,不再是每天花12～16个小时在田里忙碌,而是每天在工厂中工作8～10小时的时候,对于你来说,一切都在瞬间改变了。你的价值观和情感都变了。"

4. 妇女

在大多数的亚洲国家里,妇女就读的时间长了,结婚晚了,并且大量地进入劳动者队伍。

5. 家庭

亚洲国家的家庭也在发生着巨大的变化。妇女生的孩子少了,生育年龄也推迟了,这和西方国家的情况是相似的。每个家庭中的人数在急剧减少,但是家庭数却在迅速增加,这为许多消费品(如家电、家具等)创造了一个巨大的市场。

6. 通信

全世界范围内通信正变得出乎意料的方便、快捷、廉价,这大大加速了亚洲国家的文化变化步伐。流行时尚会迅速地在各地区风行起来。例如,美国电影在本土上映后不到一个月,就可以在中国香港的电影院里欣赏到它,并可以买到相关的T恤衫和玩具。而前不久,这种滞后时间会长达两年。

总之,文化上的相似性为许多公司创造了大量的商业机会。

处于不同文化氛围的人对自我的认同是绝然不同的,对自己与他人之间关系的看法也各不相同。例如,美国和西欧各国的消费者的自我认同和对周围人群的看法与亚洲的日本、印度,非洲,南美洲甚至是某些南欧国家的差异是相当巨大的。美国人崇尚个人主义,自我意识特别强,倾向于从自我能力的角度思考问题,他们追求自由,追求个人成就感。与之相反,日本人崇尚集体主义,努力使自己适合于他人需要,崇尚团体中的合作精神。这些自我概念上的文化差异会影响消费者对产品文化涵义的选择,影响到他们利用产品来获得文化涵义的方式。

送礼的文化差异分析

考察送礼方式是研究文化差异的一个好方法。几乎所有的文化都对送礼这种行为赋予了深刻的文化涵义。例如,如果你接受邀请去一个丹麦家庭赴宴的话,送一束鲜花给女主人是再好不过的了,在美国,送葡萄酒和鲜花是最好的。

日本人特别喜欢送礼物,特别是当他们从国外旅行归来时,日本人一定要给自己的朋友、父母、孩子和亲属带些纪念品。由于这种文化的存在,日本的环境也是鼓励慷慨大方地送礼的。日本人可以从国外带回价值1 600美元的免税商品,而美国人只能带400美元的免税品入境。

在洛杉矶机场的调查发现,83%的日本人为亲朋好友带了礼物,人均花费566美元,而为自己买的商品平均价值为581美元。按照美国标准,接受这些礼物的人数是相当多的,45%的日本人要给15个以上的人送礼物。向亲朋好友送礼的动机是以前曾经接受过旁人的礼物。约80%的日本人认为送礼物是一种社会习俗,仅有7%的人说自己可以在买礼物中获得快乐。绝大多数的日本人认为送礼物是一种必需的行为。

在设计营销战略时,营销人员必须要了解礼品包装的重要性,因为这些礼品具有鲜明的文化内涵,还有一个原因就是礼物很少能在送礼的时候当面打开。因而日本人特别看重礼品的包装。

知识链接

中国文化的特点

文化的重要属性之一就是它的民族性、国别性或群体性。世界各民族都在自己特殊的自然环境和社会历史条件下创造的风格各异的民族文化。中国文化是中华民族在东亚这片广袤的土地上创造的一种独特文化。

1. 中国文化的强大生命力和凝聚力

英国历史学家汤因比认为,在近6 000年的人类历史上,出现过26个文明形态,但在全世界,只有中国的文化体系是长期延续发展而从未中断过的。这种强大的生命力表现在它的同化力、融合力、延续力和凝聚力等方面。以中国文化的同化力为例,佛教并不是中国的本土文化,在公元1世纪传入中国之后,经过魏晋、隋唐的几百年,都未能使佛教文化完全征服中国的士大夫,而是一部分变为中国式佛教(如禅宗),一部分反而消融于宋明理学之中。中国文化的凝聚力则具体表现为文化心理的自我认同感和超越地域、超越国界的文化群体归属感。今天,数以千万计浪迹海外的华侨华裔,有的虽已在异国定居繁衍,但在他们的意识与潜意识中,一刻也不曾忘记自己是中华儿女、炎黄子孙。

2. 安土乐天的农业文化心态

中国黄河、长江的特殊自然地理环境养育了中华民族,并形成和发展了中华民族的农耕经济和农耕文明。中国文化作为一种农业文化,正是伴随着数千年农耕经济的延续而源远流长。中华民族在长期的农业生产活动中培育和发展了独特的中国农业文化,形成了独具一格的重农、尚农的经济思想,重实际的务实精神,安土乐天的生活情趣,以我为中心的自给自足观念,包含循环与恒久的变异观念等。作为一个农业民族,中国人采用劳动力与土地相结合的生产方式,从而形成了一种自然经济的封闭状态。人们固守在土地上,日出而作,日落而息,安土乐天也就成为了他们的固有观念。安土乐天的观念至今仍然强烈地影响着大多数的中国人,尤其是中国的农民。

3. 多样性与异质性

中国幅员辽阔,各地的自然条件和地理环境差异很大。这种差异使中国不同地理区域的人们,形成了不同的生活方式、思想观念和风俗习惯。中国文化的多样性和异质性不仅表现在农业区与周围地区之间,也表现在不同农业区之间以及同一农业区内部。例如,中原农业民族对土地的依赖发展成为重农轻商、安土乐天的观念。生活在海滨的人们从海洋中谋求生存,不但把渔业、盐业作为主要产业,同时致力于海上交通和海上联系。北方游牧民族由于生存条件比农业民族更为严酷而只能以迁徙和战斗来对付异族的压力。因此,尽管他们很早就接触到汉族文化,但并没有全盘加以接受。即使只有一水相隔的湖北人与湖南人之间,虽有不少文化共同之处(如爱吃辣椒),但也存在许多的差异。湖北人被认为有商业头脑,很精明;湖南人则被认为具有革命精神,有以天下为己任的豪情和务实作风。中国文化的多样性和异质性还集中表现在儒学的地域化方面。中国儒学大致经历了三个比较重要的发展阶段:原生形态、官学化形态和地域化过程。儒学的地域化过程大约发端于北宋年间,它使中国哲学(中国哲学是中国传统文化的核心)出现了几个大的派别,中国知识分子形成了数个地域群体,如江浙型、齐鲁型等。这种群体性格又通过学堂、书院、宗族的影响而加以传播,从而深刻地影响到各自区域里人们的性格和行为模式。总之,强烈的地域特点使中国文化的多样性和差异性十分明显。

4. 人本主义

在中国文化中,神道主义始终不占主导地位,而人本主义是中国文化的基本信调,以人为本的人本主义或人文主义向来就被认为是中国文化的一大特色。所谓人本主义,就是以人为考虑一切问题的根本,在天人之间、人神之间、人与自然之间,始终坚持以人为中心。中国古代儒家思想就一贯反对以神鬼为本,坚持人本主义的价值取向。从总体上看,由于以儒、道两家思想为主干的中国传统文化是一种伦理本位的文化,因此中国传统文化中的人本主义又被称为道德的人本主义。此外,中国传统文化中的人本主义思想还具有明显的重人伦,轻自然,重群体,轻个体,只强调个人的义务和道德人格的独立性,而不重视个人权利和自由的倾向。

5. 尊老崇古

中国文化具有明显的崇古重老特征。这一倾向的形成既与中国传统宗法社会有关,又受传统农业社会的影响。在宗法社会,人与人、人与社会组织以及社会组织之间是以血缘关系为纽带联系起来的,社会组织主要是在父子、君臣、夫妇之间的宗法原则下建立起来的。因此,"孝"被视为"德"之根本,以孝立身、以孝治天下的原则成为一种普遍的、不可动摇的人生准则和社会心理,并由此生发出尊祖敬宗、崇古重老的伦理观念。我国封建社会中"为尊者讳,为长者讳"的政治道德,则视尊长为最高,由此便足见长者在社会中的地位和重要性。同时,在一个封闭的农业社会中,农业生产主要依靠经验,而经验是随年岁的增长而增长的,因此老人在农业社会中也就具有特别重要的地位和价值。人们常说的"姜是老的辣","不听老人言,吃亏在眼前"等,都从不同侧面肯定了老人的价值。总之,重视老人、敬效古法是中国文化的又一重要特点。

6. 重整体,倡协同

中国文化具有重视整体,提倡协同,通过协同达至和谐的文化特点。中国文化的整体观念是把天、地、人视为统一的整体,以"人与天地万物为一体"、"天人合一"为最高境界。在政治领域,整体观念表现为"春秋大一统"的观念;在社会领域,表现为个人、家庭、宗族和国家不可分割的情感;在文化领域,表现为兼收并蓄、和而不同的宽容精神;在伦理领域,表现为顾全大局,必要时不惜牺牲个人或局部利益以维护整体利益的价值取向等。这些观念构成了中华民族集体至上的思维趋向和共同心理,对于维护民族团结和国家统一起了重大促进作用。这种强调整体利益的价值取向与中国传统社会中的宗法关系以及由此产生的宗法观念是分不开的。在宗法观念下,个人被重重包围在群体之中,个人首先要考虑的,是自己对他人和集体(包括家庭、家族、宗族、国家)的责任和义务,而个人在社会中的地位则显得不那么重要。从某种意义上说,正是因为如此,中国文化才被认为是以家族为本位的宗法集体主义文化。中国文化在重视整体的同时也强调群体及其成员间的协同。协同是传统社会保持和谐、稳定、统一的手段和外在行为的表现,它以约束个体身心、压抑个体利益来维护整体利益,这也是宗法农业社会的必然要求和逻辑结果。

三、亚文化

1. 亚文化的内涵

亚文化是社会文化的细分和组成部分。通常,一个国家或社会内部并不是整齐划一的。其中,若干个社会成员因种族、职业、地域等方面,具有某些共同特性而组成一定的社会群体或集团,同属一个群体或集团的社会成员往往具有共同的价值观念、生活习俗和态度倾向,从而构成该社会群体特有的亚文化。亚文化既有与社会文化一致或共同之处,又有自身的特殊性。由于每个社会成员都生存和归属于不同的群体或集团中,因此,亚文化对人们的心理和行为的影响更为具体直接。这一影响在消费行为中体现得尤为明显。通常可以按种族、民族、阶层、宗教信仰、地域、年龄、性别、职业、收入、受教育程度等因素将消费者划分为不同的亚文化群。

亚文化消费者群有如下基本特点。

(1) 他们以一个社会子群体出现,每个子群体都有各自独特的文化准则和行为规范;

(2) 子群体与子群体之间在消费行为上有明显的差异;

(3) 每个亚文化群都会影响制约本群体内的各个消费者的个体消费行为;

(4) 每个亚文化群还可以细分为若干个子亚文化群。

以性别亚文化为例,不同性别的亚文化群往往有着不同的价值观念和消费习惯,对商品的选择、购买的方式、习惯等都有很大的不同。例如,女性消费者对时尚的敏感程度要大大高于男性,女性消费者往往更加重视商品的外观,而不是男性所认为的性能与实用;女性消费者对价格的敏感程度也远远高于男性消费者;在购买方式以及购买过程上,女性消费者往往有足够的耐心与细致,但同时又缺乏意志或立场的坚定性。

在市场营销领域中,研究亚文化的意义在于,消费者行为不仅带有某一社会文化的基本特性,而且还带有所属亚文化的特有特征。与前者相比,亚文化往往更易识别、界定和描述。因此,研究亚文化的差异可以为企业营销人员提供市场细分的有效依据,促使企业正确区分和选择亚文化消费群体,从而更好地满足目标消费者的需求。

2. 亚文化的分析

和文化分析一样,亚文化也可以在不同层次上加以分析。亚文化的分析通常是分步骤进行的。首先,根据某些广义的人口特征来得到一个范围较大的亚文化群(如美国黑人、年长的日本人、意大利中产阶级等)。其次,根据营销目标的不同,按照其他人口特征将这个范围较大的亚文化群划分为较小的亚文化群(如富有的、中产阶级的和贫穷的美国人;健康的日本老人和生病的日本老人;大城市中居住的中产阶级和小城市中居住的中产阶级)。如果必要的话,还可以进一步细分下去,得到范围更小、更为精确的亚文化群。

为了更深入地了解亚文化群,有必要对其进行更为细致、更为深刻的分析。例如,人们常会对美国雅皮士的概念感到困惑。起初,雅皮士的概念非常狭窄,渐渐地,由于吸引了20世纪80年代媒体的注意力,这个概念的内涵不断扩大,最后成为所谓生育高峰一代的代名词。但是,雅皮士阶层至多只有约400万人,仅占生育高峰的美国一代总人数的5%。

一般来讲,营销人员要通过描述该亚文化群中人们共同具有的文化涵义(尤其是价值观和生活方式)来考察亚文化的内容。在亚文化分析中,市场营销人员要力求辨别出该群体中人们共同具有的典型的文化特征和行为特点。但是,绝大多数的亚文化群是多元化的。媒体经常会用同样的方式来描述一个亚文化人群的共有特征(年轻人活泼开放,老年人思想保守)。但是在制定市场营销战略时,这样看待亚文化群就犯了一个极大的错误。如老年人这样的亚文化群中的不同成员之间很可能存在着非常显著的差别。例如,营销人员已经定义了"年轻的老年人"这样一个亚文化群,称之为"玻璃"。这个亚文化群中的老年人在思维方式和行为习惯上比实际的年龄要年轻,他们富有,并且身体健康。总之,很难把一个人完全地归纳到某一个亚文化群之中。

对于营销人员来说,最困难的就是在解决实际问题时决定在什么层次上来分析亚文化。或者说,亚文化群的划分要达到什么精度,之后才能在该层次上制定相应的营销战略。

3. 亚文化的分类

亚文化有许多不同的分类方法:一种比较有代表性的分类方法是由美国学者T·S·罗伯逊提出的按人种、年龄、生态学、宗教划分亚文化的分类法。目前,国内外营销学者普遍接受的是按民族、宗教、种族和地理等因素划分亚文化的分类法。

(1) 民族亚文化

几乎每个国家都由不同民族所构成。不同的民族都各有其独特的风俗习惯和文化传统。尤其是我国,共有五十多个民族。与有些多民族国家不同的是,我国各民族人口数量十分悬殊,少数民族人口少,居住分散,而汉族占总人口90%以上。人口超过百万的只有蒙古族、回族、藏族、朝鲜族、满族等十几个民族。我国各民族虽然由于受社会文化的直接影响而带有明显的中华民族烙印,如排斥外域文化的入侵,内聚力强等,但各民族也都还保持着自己传统的宗教信仰、传统习俗、审美意识和生活方式。例如,朝鲜族人喜食狗肉、辣椒,喜欢穿色彩鲜艳的衣服,群体感强,男子的地位比较突出;蒙古族人的习惯则是穿蒙袍,住帐篷,吃牛、羊肉,喝烈性酒。在汉族人看来口味重、难以入口的奶茶,对蒙古人而言却是生活中不可缺少的美味饮品。由此可见,民族亚文化对消费行为的影响是巨大的、深远的,也是营销者不容忽视的。

(2) 宗教亚文化

不同的宗教群体具有不同的文化倾向、习俗和禁忌。如我国有佛教、道教、伊斯兰教、天主教、基督教等,这些宗教的信仰者都有各自的信仰、生活方式和消费习惯。宗教能影响人们的行为,也能影响人们的价值观。这并不是说每个人都一定是宗教信徒,但对一个社会或群体有着深远影响的宗教,却会给其成员的态度和行为留下深刻的印迹。例如,日本、韩国、新加坡被称为后儒教社会。虽然这些社会的大多数人并不信儒教,但人们认为遗传下来的儒教关于成就和工作、家庭和国家的态度,是这些国家和地区经济迅速发展的主要原因。

宗教因素对于企业营销有着重要意义。例如,宗教可能意味着禁用一些产品,虽然这种禁忌限制了一部分产品的需求,但往往又会促进替代产品的需求。伊斯兰教徒对含酒精饮料的禁忌,使碳酸饮料和水果饮料成了畅销品;牛奶制品在印度教徒、佛教徒中很受欢迎,因为他们当中很多人是素食主义者。又如,宗教也可能意味着与一定宗教节假日相联系的高消费期(如基督教的圣诞节)。对企业来说,宗教节假日是销售商品的良好时机,伴随一个重要节假日的,往往是一个销售旺季。

(3) 种族亚文化

白种人、黄种人、黑种人都各有其独特的文化传统、文化风格和态度。他们即使生活在同一国家甚至同一城市,也会有自己特殊的需求、爱好和购买习惯。例如,在美国,黑人文化和黑人市场对企业营销者来说就是绝不容忽视的。黑人消费者在美国是增长最快的细分市场之一,总人口超过3 000万。其中,在美国中心城市人口中占20%以上,在美国南部人口中也占近20%,在华盛顿特区、底特律、新奥尔良、洛杉矶、亚特兰大等城市人口中更占40%以上。黑种人具有与白种人不同的人口统计特征,他们在购买的产品和品牌、购买行为、支付的价格、选择的媒体等方面都有显著的差异。就购买的产品来看,美国黑种人在衣服、个人服务和家具上的支出比例比美国白人要均匀得多。白种人在医疗服务、食物和交通上的花费更多。黑种人购买的相册数量是白种人的两倍,对桔子汁、大米、软饮料和速食土豆的消费量也要高得多。

(4) 地理亚文化

由于自然状况和社会经济历史发展的结果,地理上的差异,往往导致人们消费习俗和消费特点的不同。例如,中国闻名的川菜、鲁菜、京菜等八大菜系,皆风格各异,自成一派,就是由地域不同而形成的。长期形成的地域习惯,一般比较稳定。我国北方人由于气候寒冷,有冬天吃酸菜和火锅的习惯,几乎家家都备有火锅、砂锅,而南方人由于气候炎热,养成了吃泡菜、腊肉、腊肠的习惯。同是面食,北方人喜欢吃饺子,南方人喜欢吃包子,西北部人却喜欢吃饼和面条。再比如,中东地区由于气候干燥,容易出汗,那里的消费者便喜欢气味浓烈、易挥发的香水,含油脂多的化妆品无人问津。

自然地理环境不但直接决定一个地区的产业和贸易发展格局,而且间接影响一个地区消费者的生活方式、生活水平、购买力大小和消费结构。

第二节　社会阶层与消费者行为

社会结构中,由于人们所处社会地位、等级的差异,会形成不同的社会阶层。各个社会阶层之间,在经济地位、价值观念、生活态度和消费习惯等方面均存在明显差异,由此导致不同的消费行为。为使企业营销策略的制定更具有针对性,有必要探讨社会阶层对消费者行为的影响。

一、社会阶层的含义

1. 社会阶层的定义

社会阶层是依据经济、政治、教育、文化等多种社会因素所划分的社会集团。这里应当指出的是,社会阶层不同于社会阶级,其划分衡量的标准不仅仅是经济因素,还有其他各种社会因素。例如,社会分工、知识水平、职务、权力、声望等。

社会阶层有两种类型:一种类型是阶级内部的阶层。同一阶级的人在他们与特定的生产资料的关系上是共同的,其根本利益和社会地位是一致的;另一种类型是阶级之外的阶层。它们与阶级形成交叉并列关系,划分这一类阶层的客观依据是阶级因素之外的知识水平、劳动方式等社会因素的差异。一个社会可以对这一类型的阶层进行多种划分。

从消费者心理与行为研究角度而言,无论何种类型的阶层,其内部成员都具有相近的经济利益、社会地位、价值观念、态度体系,从而有着相同或相近的消费需求和消费行为。

2. 社会阶层的特征

社会阶层一般具有以下六个特征。

(1) 封闭性,即各个不同社会阶层之间具有比较明显的界限。就某一社会阶层而言,它必须有自己明确的标志以区别于其他阶层。

(2) 顺序性,即各阶层可以按某些要素进行高低排列的性质。

(3) 排他性,即某一社会成员在一个阶层系列中只纯属于某个阶层而不能同时属于两个阶层。

(4) 穷尽性,即任何社会成员都必然归属于某一阶层。

(5) 独特性,即不同社会阶层的成员具有不同的行为,但这些不同的行为是相互联系的。

(6) 变化性,即一个人能够在一生中改变自己所处的阶层,既可以向高阶层迈进,也可以跌至低阶层。

每一个社会阶层都会有一种被本阶层广大成员接受和认可的价值观和行为规范。处于同一阶层的人为了使自己的角色、地位与所属阶层相符,他们往往都会有意无意地遵循一种共同的规范行事。处于不同阶层的人,生活方式和消费习惯有相当大的差别。例如,一名大学教授和一名出租车司机,在衣着打扮、娱乐消遣的方式、对价格和广告的反应等多方面都可能存在差异。这一事实要求企业营销人员应根据不同阶层的购买行为特点制定出相应的产品、价格、分销和促销策略。

3. 社会阶层划分的方法

关于社会阶层的具体划分,目前常用的主要有两种方法:一种是综合指标法,即同时使用几种尺度的综合衡量方法;另一种是单一指标法,即只使用单一尺度衡量的方法。个人在社会中所处的地位或阶层受多种因素影响,所以一般来说使用综合指标划分社会阶层比单一指标精确度要高些。

(1) 综合指标法

目前,西方学者在划分社会阶层时较为常用的有两因素、三因素、四因素,甚至更多因素的综合划分方法。比如,美国霍林舍的两因素指数法选取的是职业和教育两个因素。具体划分时,首先确定等级差别,即职业等级和教育等级;然后确定它们的权数,职业等级权数7,教育等级权数为4;最后进行等级评分,得分越高,则社会阶层越高。

具体方法如下:

$$社会阶层得分 = 职业等级 \times 7 + 教育等级 \times 4$$

另外还有一些其他的划分方法,如霍林斯海德的综合住房、职业、收入三个主要因素来划分主要阶层。划分时确定的权数分别为:住房为6,职业为9,收入为5。沃纳(W. L. Warner)综合四个主要因素——职业、收入来源、住房条件、居住地区——或者五个主要因素(另加收入数额),或者六个主要因素(再加教育)来划分社会阶层。实践证明,六个、五个或四个主要因素划分的结果往往差别不大。

(2) 单一指标法

利用单一指标划分社会阶层,虽然不如综合指标精确,但在研究消费者行为时,采用单一指标容易确定社会阶层与消费行为的相关关系,实际应用中也更为简便易行。通常较常用的单一指标主要有收入、职业、教育程度等。

收入是划分社会阶层和地位的最常用的传统指标。这是由于收入是维持一定生活方式的必要前提条件,收入的高低直接影响人们的消费态度、消费能力和消费水平。高阶层必然依附于高收入,但收入作为衡量社会阶层的基本指标也有其局限性,即收入并不能完全解释人们的生活态度和消费方式。一个大学教授与一个只受过初等教育的小商贩或许收入相同,但他们的观念、意识、情趣、爱好会有很大差别,而这种差别直接影响他们对商品的选择标准、欣赏品位,以及消费观念和态度。

教育作为单项指标,在划分社会阶层中有其特殊意义。一个人受教育的水平决定他的知识结构、文化层次、职业选择乃至收入水平。从营销角度看,教育水平对消费者的影响在于,受教育程度不同的消费者会有不同的价值观念、审美标准、欣赏水平、兴趣爱好,从而在消费活动中表现出不同的风格和特点。一般来说,受教育程度高的消费者比较偏爱知识性较强的商品,且在选择商品的过程中喜欢并善于利用各种外界消息;而受教育水平较低的消费者则表现出相反的倾向。

职业也是经常被用作划分社会阶层的重要指标。职业是研究一个人所属的社会阶层的最基本、最重要的线索。由于职业在一定程度上反映出一个人的知识层次、专业特长、收入水平,因此根据所从事的职业可以大体确定人们的生活方式和消费倾向。将职业作为划分依据的困难在于,对社会上的成千上万种职业进行分类并确定出等级并非易事。

美国社会阶层的划分

美国的沃纳按照个人的职业、收入的来源、居住地区以及住房类型四个因素将美国社会划分为六个社会阶层。

(1) 上上层

这个阶层是当初移居美国的贵族。他们一般都有显赫的家族背景,主要靠继承财产为生,其人数不到美国总人口的1%。他们是名贵珠宝饰物和古董名画等贵重商品的主要购买者。

(2) 上下层

这个阶层主要由在职业上获得巨大成功的人组成,人数约占总人口的2%。他们一般聚敛了巨额的财富,收入很高。他们对于能够象征其名声、地位和财产的商品很感兴趣。他们是豪华别墅、汽车、游艇、私人游泳池以及名贵商品的主要消费者。

(3) 中上层

这个阶层的主要成员是律师、教授,人数占总人口的30%以上。他们酷爱高级文化生活,是服装、木器家具、家用电器的主要购买者。

(4) 中下层

这一阶层主要由白领、灰领(如警察、邮递员)和蓝领贵族(如工头)等集团组成,人数约占总人口的30%。这些人的生活方式和价值观念被视为美国社会的标准。他们的生活中心是家庭,希望自己的家庭整洁、漂亮。这个阶层是常规家庭饰品、各种中低档商品和某些高档商品的主要消费者。

（5）下上层

这个阶层主要是蓝领工人，人数约占总人口的35％。他们多数人从事体力劳动，文化程度不高，往往住在沉闷、单调的城市住宅区。他们成年累月购买相同的商品，很少进行一时冲动的购买。他们是中低档商品的主要购买者。

（6）下下层

这个阶层主要由非熟练工人、半熟练工人、较"低贱"职业的人和失业者组成，人数约占总人口的20％。他们生活在社会的底层，被视为"下等人"。这些人的收入和文化程度都较低，是一般大众化商品的主要消费者。

美国的无家可归者是最低的社会阶层吗？

由于多种原因，20世纪80年代和平年代初期，美国许多城市中可以看到大批无家可归者。估计1987年美国的无家可归者总人数在300万人以上，并且很有可能会超过600万人。他们大多没有工作，处于社会员底层的。但是，虽然这些无家可归者社会地位低下，但他们仍是消费者。他们会尽力寻求多种消费行为——找地方睡觉，寻找食物，要寻求简单的个人财产（如一件能保暖的衣服），并且要保证他那点少得可怜的财产的安全。从实际情况看，这些消费活动几乎是一项全职工作了。

经过对这些无家可归者的深入研究，发现了该亚文化群的许多特征。例如，绝大多数无家可归者确实拥有一些自己的财产——购物车是他们最想要的东西。有些人的财产是从垃圾堆、废汽车、废建筑中捡来的，有些人的财产则是买来的（特别是热饭菜）。这些人经常会用物物交换的方式来获得自己需要的东西。有些人会做点工作赚点小钱，常做的是捡破烂卖（卖空的易拉罐、空瓶子等）。有些人还会做点零工，或者在十字路口擦汽车玻璃。

马斯洛的需求层次理论确认了贫困者的基本需求——食物、水、住所和安全。从概念上看，所有的无家可归者都是没有房屋可住的。一些人拥有自己的房子，但这些房子包括闲置房、废汽车、窝棚和可藏身的隧道等。他们中的一些人利用废料自己建房，食物是这些无家可归者最常买的商品。但是，食品也可以从慈善组织那里得到，也可以从垃圾车里找到。一些无家可归者对寻找食物非常在行，比如他们会在快餐店刚刚关门时去翻店里的垃圾车。

在冬天，服装是个特别重要的事情。这些无家可归者会穿上许多衣服来御寒。尽管可以从慈善机关那里得到施舍，但是他们还是要想方设法搞衣服。

他们的另一个需求是卫生和健康保健。但是对于这些人来说达到这一点是非常困难的，其中的一个原因是他们能使用水的机会很少。无家可归者洗澡和洗衣服都很困难，有了避身之所之后，洗澡和洗衣服会变得方便一些。当然，无家可归者都没有买健康保险。因此，他们可能要到急诊室和其他免费的诊所去寻求医疗帮助。当一个无家可归者生病的时候，他会故意犯罪，以求被逮捕到监狱中寻求医疗。

最后，许多无家可归者都希望拥有各种各样的工具，他们需要购物车来装自己的财产，并且能防止自己的东西被盗。他们还非常需要能帮助他们从废汽车和废房子里拆取东西的工具，如螺丝刀、老虎钳等。

二、社会阶层与消费者行为的相关关系

1. 不同社会阶层的消费行为差别

不同社会阶层的成员有着不同的购买行为。这种差异在有的消费领域里表现明显,在有的消费领域表现得则不那么突出。

总的来说,低阶层的消费者,一般都存在一种立即获得感和立即满足感的消费心理,注重安全和保险因素;中层消费者一般讲究体面感,怀有强烈的社会同调性,同一阶层内消费者彼此之间影响较大;上层消费者注重成熟感与成就感,所以对具有象征性的商品比较重视,对属于精神享受的艺术品比较青睐。

另外,就感觉而言,高阶层的消费者喜欢较温和的产品,低阶层的消费者则喜欢比较刺激的产品;就审美观而言,高阶层成员的审美观较一致,而低阶层的成员,由于受教育水平低,对于美感的刺激,多依赖于主观经验,因此差异性很大。具体来说,社会阶层对消费者的影响主要体现在以下几个方面。

(1) 对商店选择的影响

在一般人看来,人们总是愿意到高级豪华的商店里去购物。但研究表明,大部分人,尤其是妇女在选购商品时,喜欢选择符合自己社会地位的商店。因为,一些社会阶层较低的人到高级商店去购买东西,反而会有一种压抑和紧张的不适感。当然,这里也不排除一部分低阶层的消费者想通过在高级商店购物来享受一下高阶层的消费品位和意识。

(2) 对消费和储蓄倾向的影响

研究认为,社会阶层的层次高低与消费倾向成反比,与储蓄倾向成正比。社会阶层越高,储蓄倾向越大,消费倾向越小;反之,社会阶层越低,则消费倾向越高,储蓄倾向越低。

(3) 对消费产品的影响

高阶层的消费者常把购买活动看成是身份地位的象征和标志。他们买衣服更多关心的是式样是否入时,购买家具、电器多以豪华气派为主,在食品的消费上多考虑档次,同时也非常重视营养。而低阶层的消费者更多注重实用,他们要求穿着舒适,家具要求质量好,易于维修保养,对于食品则要味道好、份量足,但有时营养则不一定能达到卫生学上那么高的要求。

(4) 对娱乐、休闲方式的影响

高阶层的消费者从事较多的户外活动,这一点在西方表现尤为明显。他们多进行如网球、高尔夫球、保龄球、滑雪、海滨游泳等活动。而低阶层的消费者,一方面,由于经济条件所限,无法从事那些高级的娱乐活动;另一方面,由于他们当中大部分人本来就是从事体力工作的,所以也较少有开展户外活动的需要。此外,高阶层的消费者较少看电视,他们喜欢各种时尚活动和戏剧,而低阶层的消费者则更乐于收看家庭系列轻喜剧和猜谜游戏等。

(5) 对媒介和广告的影响

高阶层的消费者比低阶层的消费者更喜欢读报纸、杂志。而现在,在西方国家,不同的报刊杂志都倾向于把自己定位于不同阶层的消费群中。由于阶层不同,对于信息符号系统的反应也不相同。以广告而言,具有比较深刻含义而富有幽默性的广告,对高阶层的消费者可能产生较好效果,而对于低阶层的消费者,可能由于文化水平所限而无法理解广告的含义。此外,有研究表明,高阶层的消费者,特别是女性消费者,在购物时比低阶层的消费者更多地依赖于

广告。

(6) 对消费者价格心态的影响

低阶层的消费者总倾向于把价格和质量联系在一起,他们认为一定的价格反应一定的商品质量。对于中层和中下层的消费者而言,他们对价格过低的产品总会产生怀疑,认为这必然意味着商品质量的低劣,他们更多的是追求适中的价格,但这并不排斥他们对打折的商品感兴趣,特别是对他们熟知的商品,或对质量要求不高的产品。而对于上层的消费者,价格和质量有时是可以脱离的,他们评价商品多以自己的喜好为依据,注重商品的象征性,很多时候,价格也是一种身份地位的象征,他们可以以很高的价格买下某件商品以表明自己的社会阶层,哪怕他们自己心里也清楚这其实不值得。

2. 同一社会阶层的消费行为差别

同一个社会阶层的消费者,在价值观念、生活方式以及消费习惯等方面都表现出基本的相似性。但由于各个消费者在经济收入、兴趣偏好和文化水准上存在着具体差别,因而在消费活动中也会表现出不同程度的差异。

美国学者考尔曼通过对汽车与彩色电视机市场的分析发现,同一阶层的消费者由于经济收入水平不同而在消费方面存在一些差异。他认为在同一阶层中,人们的收入水平存在三种情况。一是"特权过剩"类,即他们的收入在达到本阶层特有的居住、食品、家具、服装等方面的消费水平之后,还有很多过剩部分;二是"特权过少"类,即他们的收入很难维持本阶层在住房、食品、家具、服装等方面的消费水准,几乎没有剩余部分;三是他们的收入仅能够达到本阶层平均消费水平。

根据考尔曼的研究,在"特权过剩"类的消费者中,既有关心音乐会或田园俱乐部的中上阶层的人,也有不关心这些的中上阶层的经营者和推销员。且后两类消费者都自我感觉是本阶层的贫困族。考尔曼用"特权过剩"与"特权过少"概念来解释某些消费现象。例如,在美国曾有一段时期,各阶层消费者都等量购买彩色电视机,从表面看对彩电的购买与社会阶层无关,但经认真分析后发现,购买彩电的消费者大多是各阶层的"特权"家庭,同样,购买小型汽车的人大多是各阶层的贫困族。由此,可以看出,即使在同一阶层内,人们的消费行为也存在一定差异。

对同一阶层消费者行为的认识,可以使企业的市场细分更加细致有效。企业在选择某一社会阶层的消费者作为目标市场后,还可以根据同一阶层内消费者行为的差异,对这一目标市场进行再细分,从而使营销策略更有针对性。

第三节 参照群体与消费者行为

计算机市场的需求

在个人计算机市场中,消费者的需求存在很大的差异性,其目标市场,如果按照是否用于商业用途,可分为商业用户、家庭用户和学生用户;再将用户按对服务产出水平的需求分为三个等级,即高、中、低三个级别(高、中、低三个级别,是针对三个目标市场用户需求水平相比较而言的,是相对概念,而非绝对概念)。这三类不同目标市场的用户的需求水平存在显著差异,见表 4-1。

表 4-1 个人计算机三个目标市场对服务产出的需求程度比较

服务产出 目标市场	批量规模	空间的便利性	配送-等待时间	品种花色的多样性	服务支持
商业用户	低	高	购买阶段:高 售后服务阶段:低	软件:高 品牌:低	高
家庭用户	高	高	购买阶段:低 售后服务阶段:低	软件:低 品牌:高	高
学生用户	高	高	购买阶段:高 售后服务阶段:高	软件:中 品牌:中	高

1. 批量规模

批量是营销渠道在购买过程中,允许每次交易购买数量单位的大小,它会影响目标市场不同类型消费者的利益。允许购买的数量单位下降,可使购买者直接将产品转入消费过程,减少储存和维护费用,渠道的服务产出水平也就越高。

在个人计算机市场,一般而言,商业用户多为集团采购,采购量比较大;然而,家庭用户和学生用户却不同,一般情况下每次只需购买一台。因此,与家庭用户和学生用户相比较而言,商业用户对批量规模的要求比较低,而家庭用户和学生用户对批量规模的要求较高。

2. 空间的便利性

空间的便利性,是营销渠道为消费者购买产品所提供的方便程度。营销渠道不但要能让消费者"买得到",而且还要求便利,即方便购买。通过销售网点的分散布局,减少消费者运输和寻找产品的成本,可以增加消费者的满意度。为满足消费者的便利性而设计渠道的例子俯首皆是,如社区购物中心、邻近超市、便利店、自动售货机和加油站等。

在个人计算机市场,空间的便利性对于三个目标市场来说都很重要,但原因各异。众所周知,个人计算机在销售完之后,交易并没有完结,售后服务也许是影响最初购买决定的关键因素之一,当然也是影响用户最终满意度的关键因素之一。就家庭用户和学生用户而言,在最初的购买阶段,对于空间的便利性的要求可以相对不那么高,但在售后服务阶段其对空间的便利性,即售后服务的可获得性,肯定是高的。因为,他们对计算机的故障维修与技术支持的要求很高。然而,对于商业用户来说,恰好相反,在购买的最初阶段,他们对空间的便利性的要求相对较高(如他们也许需要销售人员上门推销,而不是自己主动去各商场购买),但在售后服务阶段,其对空间的便利性的要求相对而言就较低,这是因为,一般而言,商业用户都会有自己的计算机技术与维修人员以及维修设备等,因此,对制造商提供的故障维修和技术支持的依赖性较低,而不像家庭用户和学生用户那样高度依赖制造商提供的故障维修与技术支持。

3. 配送-等待时间

配送-等待时间指消费者定货到收货之间需要等待的平均时间,这个时间越短,就越方便消费者购买,购买费用也越低,渠道服务产出水平也就越高。对于冲动型用户来说,无论是何种产品,无论身处何种细分市场,他们都不愿意在送货与等待上花费时间,即他们对配送-等待时间的需求是高的。

就个人计算机市场而言,在最初的购买阶段,家庭用户可能是最肯花时间等待的一个细分市场,因为,他们对于计算机的需求不是那么急迫。而对于商业用户和学生用户则不同,他们需要快速的送货以及最短的等待时间。对于学生用户,尤其是在新学期开学,这种需求程度就更高。至于商业用户,配送-等待时间直接影响到他们的工作效率。

在售后服务阶段,家庭用户对于配送-等待时间的需求同样也是最低的,因为对他们来说,需要计算机处理的事情往往不那么火急,因此他们可以忍受技术与维修可获得性的时间延后。对于学生用户则不然,如果计算机处于瘫痪状态,会直接影响他们的许多事务的处理(如功课的完成),尤其是在多媒体教学普及的今天更是如此。至于商业用户,对于配送-等待时间的需求也是相对较低的,这主要缘于:一方面,这类用户有他们自己内部的维修技术人员和维修设备;另一方面,这类用户也许会有多余的库存,可以在机器出了故障时备用,因此,他们对制造商的技术支持与维修服务的依赖性不大,所以,其对售后服务阶段的配送-等待时间的要求并不是很高。

4. 品种花色的多样化

产品品种是营销渠道提供的产品花色品种的宽度。营销渠道为客户选购提供的品种花色越多,其产出就越高,但要求存货相应多,渠道成员的分销成本也就越高。

不同的用户对计算机软件的需求也是各不相同的。先来看对软件品种花色的需求。用户的性质即计算机的用途决定了其对于软件种类的需求,商业用户计算机用途往往具有一定的复杂性,使用的范围也较广泛,这就决定了其是三类用户中对软件的品种需求最高的;而家庭用户使用的计算机往往是最简单的,他们也许只需要一些文字处理系统和游戏程序即可,因此是三类用户中对软件品种需求最低的。至于在个人计算机品牌上的需求,商业用户则是三类目标市场中最低的一类,而家庭用户则是最高的。无论是对软件还是对品牌的种类需求,学生用户都是处于商业用户和家庭用户之间,即都是中度要求。

5. 服务支持

服务支持是营销渠道提供的附加服务(如信贷、交货、安装、保修等)。服务支持贯穿于售前、售中和售后,消费者需求的服务支持越高,则提供服务的成本就越高,消费者支付的价格就相应增加;消费者参与自助服务的程度越高,提供服务的成本就越低,消费者支付的价格就相应减少。

家庭用户和学生用户对服务支持的需求都高,机器出故障时,他们对制造商的技术支持和维修服务具有一定的依赖性。而商业用户由于其自身拥有这方面的专业技术人员与维修设备,故对技术支持和维修服务的需求相对来说要低得多,但其可能需要信贷、延期付款、商业折扣等方面的支持。

因此,在个人计算机市场上,对家庭和学生两类用户提供服务的成本,高于向商业用户提供服务的成本。

6. 小结

由表4-1可知,三个目标市场用户对于服务产出水平的需求存在差异,不但三个目标市场对服务需求的程度不一样,即使是同一目标市场,其在不同的阶段对于服务需求的程度也存在差异(如商业用户在个人计算机的购买阶段对配送-等待时间的需求程度较高,要求快速送货,而在售后服务阶段对配送-等待时间的需求程度相对而言较低)。因此,在向目标市场消费者提供服务产出时,要针对其需求的差异性,区别对待,而不是一视同仁,不加区别。

一、参照群体的含义和类型

1. 参照群体的含义

在社会心理学研究中,群体被定义为:人们在追求共同目标和兴趣的活动过程中,按照一定的社会关系结合而成的集体。根据这个定义,一个群体要经常接触,有一种稳定的社会关系,如一个家庭就构成一个群体。而电影院或商店里挤一起看电影或购买商品的消费者就不是一个群体,因为他们之间的关系并不稳定,只是一种偶然的接触,而且也不存在彼此之间的社会影响。

消费者行为学中的相关群体,是指个人可以用来评价其意见与信念的社会、经济或专业群体。这个群体内部的价值观和行为规范可以对该群体成员的态度和行为产生重大影响。心理学研究表明,一个人的习惯、爱好以及思想行为准则,不是天生就有的,而是在后天的社会活动中,受外界影响逐渐形成的。在各种外界影响中,参照群体的消费者心理与行为有着至关重要的影响。

参照群体又称相关群体、榜样群体,最初由西方学者海曼提出,是指一种实际存在的或想象存在的,可作为个体判断事物的依据或楷模的群体。它通常在个体形成观念、态度和信仰时给人以重要影响。现实生活中,对消费者影响较大的参照群体可以是亲朋好友、单位同事,也可以是联系密切的某些社会团体或较少接触但羡慕并愿意模仿的社会群体。

参照群体对个人的影响在于,个人会以参照群体的标准、目标和规范作为行动指南,将自身的行为与群体进行对照。如果与群体标准不符或相悖,个人就会改变自己的行为。由此,参照群体的标准、目标和规范会成为个人的"内在中心"。

2. 参照群体的类型

参照群体按不同的标准可以分为不同的种类。

按照群体内部关系是否规范,参照群体可分为正式群体与非正式群体。正式群体是指为了实现某种目标而建立起来的有着正式组织结构和明确纪律的群体。非正式群体是人们为了满足某个共同的心理需求而结合在一起的,在群体中没有具体的机构和制度来规范人们之间的交往。非正式群体对消费者行为的影响往往较正式群体的影响更明显。

按照对成员影响的大小,参照群体可分为主要群体和次要群体。主要群体指那些规模相对较小,但与消费者存在密切联系的群体。群体内的每个成员都可以进行面对面的充分交流,并不断相互影响。主要群体多是非正式的,如家庭、朋友、邻居等。次要群体多指社会组织,它多是正式的,成员之间当面交流较少,相互影响较小,如各种宗教组织、各类专业协会和工会等。

按照个体与群体所属关系,以及个体对群体的态度可分为二种:一种为成员式的,即人们只有成为组织的成员,才能加入这一群体;另一种是背叛性的,即人们希望回避或者拒绝加入这种集团。

按照是否渴望加入该集团的行为,通常分为准则群体、比较群体和否定群体。准则群体是指人们所希望或愿意参加的一种群体。这种群体的价值观念、行为准则、生活方式、消费特征等是人们赞赏、推崇并愿意效仿的,通常这种群体对消费者的影响最大。比较群体是人们并不希望或并不愿意加入的一种群体,而仅把它作为评价自己身份与行为的参考依据。比较群体对消费者行为的影响带有较大局限性。否定群体是人们对其持否定态度、加以反对的一种群体。对于这种群体的某些方面,人们是不赞同或厌恶的。消费者通常不会购买那些与否定群体典型表征有关的产品,以此表明与这类群体划清界限,不愿与其为伍。

3. 决定参照群体影响强度的因素

一个群体对其成员的影响有大有小。具体来说,群体对成员的影响强度主要取决于以下几个因素。

(1) 产品使用时的可见性

一般来说,对于消费者要在公开场合使用的产品,他们会迫于舆论压力及群体其他成员的示范效应,而与群体趋向一致,如服装、家具、汽车等。而对于私下使用的诸如油、盐、酱、醋之类的日常生活品,群体对其成员的影响则较小。

(2) 产品与群体的相关性

对于一个消费者来说,他所处的群体与某种商品的关联性越大,对商品的知识越专业化,则他在这种商品的消费上越重视群体的意见,从而服从群体的倾向越大。

(3) 个体的购买信心

如果一个消费者对其所要购买的商品不了解,购买时拿不定主意或对自己的决定没把握,则此时他更倾向于参考群体其他成员的购买行为。

(4) 群体对个体的吸引力

如果个体在其所属的群体中得到很多方面的满足,诸如归属感、成就感的满足,则这个群体对该成员的吸引力就大。因而,他也会出于想要继续留在该群体的愿望,而与群体其他成员的行为保持一致。

(5) 产品是否为必需品

一般来说,对于消费者日常使用的必需品,如食品、日杂用品等,会由于长期的使用而养成一种习惯,因而群体的影响也相对较小。而对那些非必需品,如金银首饰、高档电器等,消费者则更愿意接受群体其他消费者的建议。

(6) 产品的寿命周期

当产品处于引入期时,消费者的产品购买决策受群体影响很大,但品牌决策则受群体影响较小。在产品成长期,相关群体对产品及品牌选择的影响都很大。

4. 影响消费者的主要参照群体

(1) 家庭成员

家庭成员是消费者最重要的参照群体,它包括了消费者的血缘家庭和婚姻家庭的成员。家庭成员的个性、价值观以及成员之间的相互影响,形成了一个家庭的整体风格、家风和生活方式,从而对消费者行为起着直接的影响作用。

(2) 同学、同事

由于长时间共同学习或组织机构中合作共事,消费者常常受到来自同学或同事的影响。

(3) 社区邻居

我国劳动群众受传统习俗影响,比较注重邻里关系,尤其居住条件比较拥挤的居民,邻里往来更为密切。在消费活动中,左邻右舍的消费倾向、价值评价、选择标准等往往成为人们重要的参照依据。

(4) 亲戚朋友

在某些情况下,由于具有共同的价值取向,朋友的看法往往更具有说服力。这也是影响消费者行为的主要参照群体。

(5) 社会团体

各种正式和非正式的社会团体,如党派、教会、书法协会、健身俱乐部等,也在一定程度上影响着消费者的购买行为。

(6) 名人专家

如政界要人、专家学者、影视明星、优秀运动员、歌唱家、著名作家,以及那些受到人们推崇的名人。

二、参照群体的影响作用

这些参照群体是如何影响消费者的情感、认知和行为的呢?简单地讲,消费者选择并利用某些特定的参照群体的原因有三个:获得有益的知识;获得回报或者避免惩罚;构建、调整和维持自我认同。这些表述反映了参照群体的三种影响——信息的影响、功利的影响和价值表达的影响。

1. 信息的影响

参照群体对信息的影响是将关于消费者本人、他人或者物质环境方面(如产品、服务、商店等)的有用信息传达给消费者。信息可以是直接获得的,可以是口头的,也可以是直接的展示。例如,一位想要购买跑鞋或者录音机的消费者可能要向了解这方面信息的朋友寻求建议;一位想学打网球的人可能会让朋友给自己演示一下如何打反手球。信息也可以通过间接的观察来获得。例如,垂钓爱好者会细心观看钓鱼比赛或者电视中的选手们使用什么设备;许多高尔夫球迷、滑雪爱好者、登山爱好者和其他运动的爱好者们会留意参照群体所使用的设备,这正是耐克公司请篮球明星迈克尔·乔丹(理所当然的专家)穿用气垫运动鞋的原因所在。有时候,信息的传达是偶然进行的。一个人可能会偶然地听到参照群体谈论某个产品或者偶尔看到参照群体使用某个产品。

2. 功利的影响

当参照群体可以给予消费者某些重要的奖赏或者惩罚的时候,参照群体就对消费者行为或者情感、认知有了功利方面的影响。在下列情况下,消费者通常会屈从于参照群体的要求:他们认为参照群体确实能够控制奖赏和惩罚;参照群体的行为是可见的,或者是已知的;他们有获得奖赏或逃避惩罚的愿望。

在一些工作集团(一种正式的、成员制的参照群体)里,员工必须穿正式的职业装,而一些工作集团则鼓励员工穿着非常随便的服装(硅谷的一些公司职员一般穿牛仔裤、T恤衫)。奖赏和惩罚可以是有形的(夸奖、奖金、解雇等),也可以是心理上的和社会上的结果(羡慕的目光、在自己背后的讽刺)。在同等人这一参照群体中,那些遵守和违反集团准则的人常会得到这些心理上的奖赏和惩罚。可以想一想自己的大学同学是怎样影响自己着装的。市场营销人员在电视广告中使用这种影响来促销产品。例如,在广告中显示人们会不喜欢别人身上的异味,不喜欢某人肩头上的头皮屑等。

3. 价值表达的影响

参照群体对价值表达的影响表现在它能影响人的自我认同感。作为一个文化要素,参照群体不仅包含着而且还在创造着文化涵义(信仰、价值观、生活目标、行为准则、生活方式等)。人们在不停地追寻着文化涵义,并以此来构建、强化或者维持自我认同。通过效仿这种能体现自己所需文化涵义的参照群体的方式,消费者能从中获得自己想要得到的文化涵义,实现自我认同的目标。

总之,这三种影响可以通过一个参照群体来实现。

Harley-Davidson 摩托车的价值表达

在美国,购买 Harley-Davidson 摩托车和相关产品的人由中层和中上层的职业技术人员组成。这个集团包括医生、牙科医生、律师和大学教授等。这些人自嘲地称自己为富有的都市摩托一族或周末骑士。许多消费者渴望成为这些激进的摩托车族中的一员。这些摩托骑士表达了许多富有的都市摩托一族所需要的文化涵义和价值观(对于其他人可能是一种负面影响)。因为在一定程度上,该参照群体是其他消费者所渴望加入的,所以这个集团内的成员就会感受到许多重要的文化涵义,如情感的自由(不受工作和家庭约束),精神的自由,极端的独立,爱国热情(Harley 只在美国生产),归属于特别的、独特的集团等。也许这个集团中的成员还能够感觉到一点点他们所崇尚的可怕和恐惧。

这些参照群体的文化涵义会影响其他消费者的情感、认知和行为,包括购买摩托服装和一些附件等。Harley-Davidson 公司认识到了人们对这些价值表达的需求,开始通过特许经营的方式,销售一系列产品以满足消费者。这些产品包括黑色皮夹克、印有口号的服装、许多附件,甚至还包括一种 Harley-Davidson 牌的啤酒。

三、参照群体对消费者行为的影响

现实生活中,每个消费者的行为都不可避免地受到参照群体的直接或间接的影响。消费者会把所在群体的消费特征作为参照标准,以此调整自己的购买投向、所购商品的品质特征,以及购买行为所具有的社会评价性。

1. 对消费者购买投向的影响

参照群体的消费特征会直接影响消费者的购买投向。例如,我国现阶段拥有手机等移动通信工具的人越来越多。这一现象的出现,一方面,反映了现代人追求高效率、重视信息沟通和对高科技产品的渴望;另一方面,也有相当部分消费者是因为受到环境影响或艳羡他人而加入购买行列。

2. 对消费者所购商品品质特征的影响

参照群体的消费标准会影响消费者对商品品质的选择。例如,近年来随着 IT 等新兴产业的发展,在中国社会形成一个特殊的消费者群——白领阶层。位于富豪与工薪阶层之间的白领阶层在消费上形成了独特的风格和特点。他们选择商品时讲究品质,喜欢高档、名牌进口商品。他们往往是新型高档消费品的早期购买者,经常成为社会上某种商品流行的先导。其他消费者则追随其后,仿效他们的消费行为。

3. 使购买行为具有某种社会评价意义

现实生活中,商品往往具有社会评价意义,即可以成为社会地位、身份的象征。同一群体的人们通过特定商品的消费,能够显示出他们共有的观念和行为特征。在参照群体的影响下,消费者通常通过对不同风格、品牌商品的选择,使自己的消费行为带有某一群体的特征。这一表现实际上是人们自觉接受群体诱导的结果。例如,一个希望人们把他看做"成功人士"的消费者,在日常消费中经常会通过购买高档、名牌商品来显示其优越的经济地位;一个希望别人把他看作"个性鲜明,气质独特,具有较高艺术修养"的消费者,常爱选择那些新颖别致、与众不同、质量精良、品位不凡的商品,以显示其独特的审美情趣和高雅的欣赏品位。

总之,消费者可以通过对不同商品的选择来塑造自己的消费形象,表现所倾慕的参照群体的消费特征。

第四节　家庭对消费行为的影响

旅店和度假村:迎合家庭消费者

多年以来,旅店业的服务常常不能使儿童感到满意,孩子们对许多高档的旅店和度假村感到失望。但是,最近一些大型旅游产业,包括美国一些著名的大旅店和度假胜地,开始将儿童作为一个重要市场来对待了。

美国家庭人口组成的重要变化是这些旅店和度假村改变营销战略的根本原因。从20世纪80年代开始,生育高峰一代陆续开始生儿育女。一位旅游产业专家说:"这些生育高峰一代是最喜欢旅游的一代人。现在他们有了孩子,但是仍希望能带孩子一起去度假,希望能有时间参加属于成年人的娱乐活动。"因为生育高峰一代人生育孩子的时间较晚,并且大多数是双收入家庭,因此,许多家庭在旅游和度假上的支出相当高。1993年,这些家庭有20%的夜晚是在旅店里度过的,而1989年的比例为15.6%。1994年有5 000万人和自己的孩子在外面度假,为旅店业带来了127亿美元的营业额,而旅店业的总营业额为690亿美元。

为了迎合这个市场的消费者,许多旅店和度假村想办法来满足小朋友的需求,即使是豪华酒店也增加了白天照顾孩子的项目,其中包括每晚房价20美元。管理者已经意识到他们必须要让和父母一起来的这些小朋友们感到满意。"许多人喜欢住高档豪华酒店,并且要把孩子带在身边",酒店的一位管理人员说。

为了适应这种趋势,保住自己的生意,这家大酒店推出了新的项目。现在,酒店成了一家人的安乐窝。酒店要询问孩子的姓名和年龄,当一家人出现在酒店里的时候,服务台的人也会向孩子表示欢迎,并赠送一份适合他们年龄的玩具或者图书。在住店的第一天婴儿会得到免费的尿布和婴儿食品。孩子们会有属于自己的房间,并且这种房间可以享受打折优惠。

大酒店会让人照顾孩子,带他们参观博物馆或者动物园,收费标准是每小时5美元。酒店提供夜宵,全天24小时都可提供食品。酒店还欢迎小朋友到豪华的餐厅就餐,那里身穿燕尾服的侍者也已接受过如何接待这些小朋友的培训了。

其他的酒店和度假村也为迎合这些孩子而推出了自己的项目。夏威夷所有酒店都增加了为4~12周岁儿童服务的项目。只要每天交纳10美元的费用,酒店就可以给儿童安排一系列活动,包括学打网球和学魔术等。华盛顿的度假村为周末晚会提供方便,孩子们可以钻进睡袋里在起居室过夜,而他们的父母则可以住在旁边的卧室里。曾经被冠以"美国商业胜地"的希尔顿大酒店也为商务旅行的家庭推出了周末促销活动。芝加哥的希尔顿大酒店将婴儿床位增加了3倍,在小房间里放了玩具熊,并且想出办法使父母们可以通过收费电视系统观看成人电影。

旅行社和度假的组织者们对市场的变化也做出了反应。以家庭为目标市场的旅行让生意非常火爆。现在甚至有了一份月刊——《和您的孩子一起旅游》——介绍家庭旅游市场的最新发展动态,并介绍为孩子增加的服务项目。

家庭作为社会结构的基本细胞单位,与消费活动有着极为密切的关系。据统计,大约80%的消费行为是由家庭控制和实施的。家庭不仅对其成员的消费观念、生活方式、消费习惯有重要影响,而且直接制约着消费支出的投向、购买决策的制订及实施。为此,有必要深入研究家庭对消费者行为的影响作用。

一、家庭的含义与特征

1. 家庭的含义

家庭是指以婚姻、血缘或收养关系为纽带而组成的一种社会生活组织或群体。常见的家庭类型可分为核心家庭、扩展家庭和其他类型家庭三类。核心家庭是指由父母双方或者其中的一方与未婚子女组成的家庭,或者没有子女夫妇构成的家庭。扩展家庭是由核心家庭成员和祖父母等其他亲属组成的家庭,如中国的三代或四代同堂的家庭。上述两种类型之外的其他家庭,如未婚兄弟姐妹组成的家庭等,则归入其他类型家庭。

从现代家庭类型的发展趋势看,核心家庭在各种类型家庭中的比重逐渐上升,而且由于核心家庭成员之间存在大量频繁的、亲密的接触和交流,对家庭消费行为和购买决策的影响也最大,因此,通常以核心家庭作为研究重点。

随着时间的推移,大多数的家庭从单身期开始,依次经历婚姻、成员增加、成员减少和家庭解体等阶段。在家庭生命周期的不同阶段,家庭成员的数量、需求以及家庭的消费结构和购买模式表现出不同的特点。

2. 家庭的特征

家庭与其他群体最大的区别就在于前者是建立在婚姻和血缘关系基础上的。正是家庭的这种特性,使它形成了不同于其他群体的特征。

(1) 家庭的权力、角色和地位是固定的,天然形成的

在家庭中,父母具有较大的权力,占据着最高的地位,而兄弟姐妹之间,则是长者对幼者行使权力,且地位较高。这种"等级"划分是天然的,不可更改的。

(2) 家庭能全面满足人的需要

无论是生理需要、心理需要,还是精神需要和物质需要,在家庭中都可以得到满足。家庭可以使人精神愉快,享受天伦之乐,进行全面的感情交流。家庭成员可以互相依托,这一点是其他群体所不能替代的。

(3) 交往的永久性

没有任何一个群体能像家庭那样长久地伴随着人度过一生,家庭成员之间的交往是长期的和不设防的。个人的心理状态,个人的想法、情感、评价,在家庭交往中都毫无保留地表现出来。

(4) 情感交流的深刻性和人际关系的密切性

由于夫妻之间有着情爱关系,父母和子女以及兄弟姐妹之间有着血缘关系,所以就使家庭充满着骨肉之情。这种情感,是在任何其他群体中体会不到的。

(5) 对家庭归属感的强烈性

由于婚姻和血缘关系,使家庭对其成员产生强大的吸引力,家庭往往是人们认知、评价、行为的出发点和最后归宿。在家庭和其他群体发生冲突时,个人一般倾向归属于家庭,站在家庭的立场上,解决其冲突。

(6) 对个人影响的重要性

人的社会性首先从家庭中获得,人的自我首先在家庭中形成。在家庭中,首先是父母对子女的影响,这主要可归结成两个方面:即生活习惯上和价值观上的影响。子女由于长期和父母生活在一起,起居饮食习惯都与父母相似;价值观上,父母对子女的宗教观、个人抱负、感情以至消费观念都有直接或间接的影响。反过来,子女对父母也有一定影响。他们把社会中的新思潮、新事物引入家庭,并向他们的父母推荐和灌输。另外,夫妻之间的影响也很大,表现在消费领域,一方在购买商品时,总要考虑到另一方的爱好和需求,夫妻一方提出的消费意见,也总会得到另一方的高度重视。

二、家庭成员角色结构与购买决策

在消费者市场上,消费者的购买活动通常是以家庭为单位的。但是购买的决策者,可能是家庭的某一个成员或几个成员,在这方面存在一种分工的倾向。

1. 家庭成员购买过程中的角色分工

家庭中一般的角色分工是:丈夫主要负责家庭以外的事务,妻子主要负责家庭以内的事务。这是我国"男主外,女主内"传统思想的表现。但随着现代消费活动的日趋复杂,这种分工便显得过于简单和理想化。实际上,家庭成员对购买决策的影响力是微妙的,有时候购买一件商品的决定者似乎是丈夫,但也许他的妻子和孩子在背后起着实质性的作用。家庭购买活动比个人购买活动要复杂,因为它要由不同的角色来完成整个活动,而家庭成员会以不同的角色身份出现。

在一个稳定的家庭内部,在购买某些具体商品的决策方面,每个家庭成员所起的作用会有所不同。家庭成员在购买决策中的作用与个人在家庭内所处地位及担任角色有很大关系,同时又要受到家庭类型和所购商品类型、特点、价值高低及购买风险大小等因素的影响。一般情况下,家庭成员在购买商品过程中扮演的角色不外乎以下五种。

(1) 提议者:首先想到或提议购买某一商品的人。

(2) 影响者:直接或间接影响购买决定或挑选商品的人。

(3) 决策者:有权单独或与家庭中其他成员共同做出决策的人。

(4) 购买者:亲自到商店从事购买活动的人。

(5) 使用者:使用所购商品或服务的人。

了解不同家庭成员在购买决策中的角色,可以帮助企业把握以下几个对制定营销策略较为关键的问题,即:

谁最容易对企业的产品发生兴趣?

谁将是产品的最终使用者?

谁最可能成为产品购买的最终决策者?

不同类型的商品通常由谁承担购买任务?

2. 夫妻角色与家庭购买决策

在商品的购买过程中,家庭成员所起的作用是不同的。不同的家庭,其在购买决策中的影响作用是有很大差别的。研究不同家庭夫妻在决策中的影响力,对于企业制定相应的经营策略是非常有益的。

总体来讲,夫妻决策类型无外乎有四种。

(1) 丈夫决策型:一切由丈夫支配和决定。

(2) 妻子决策型:一切由妻子决策。

(3) 夫妻共同决策型:夫妻双方共同做出大部分的购买决定。

(4) 夫妻自主决策型:夫妻双方各自做出购买决定。

对具体的购买活动中,夫妻所处的角色与地位以及夫妻购买决策的形式,因所购商品的类型不同而有所不同。一般来说,妻子对于食品、化妆品、服装、生活日用品、室内装饰用品等商品的购买有较大决策权;而在购买家电、家具、汽车、住房等大件商品时,丈夫所起的作用要大一些。此外,夫妻在商品特性选择方面的影响作用也存在差异。美国的戴维斯发现"何时购买一辆汽车"的决策,有68%主要受丈夫的影响,只有3%主要受妻子影响,而有29%的情形是大约双方的影响力相当。而"购买什么颜色"的汽车这个决定,有25%是受丈夫的影响,有25%是受妻子的影响,但却有50%是双人共同决定的。

总之,丈夫和妻子对购买决策的影响作用是随所购商品的不同特性而发生变化的。由此,企业在研究家庭购买决策时,有必要根据商品的具体特性来调查夫妻在决策中的作用。

3. 子女对家庭购买决策的影响

子女在家庭购买活动中也占有相当重要的地位,尤其是我国自1979年实行计划生育政策以来,独生子女家庭迅速增长,将成为我国城市家庭的主体,在我国目前的核心家庭中,独生子女家庭占大部分比例。这类家庭,子女在消费活动中居于重要地位,并对购买决策会有重大影响。其影响程度由四种因素决定:子女在家庭中的地位;子女所在家庭类型;子女的年龄;所购买商品与子女的关系。

通过对城市家庭的调查,结果显示,城市家长的文化程度越低,越注重孩子的吃、穿,初等文化程度的家长,用于孩子食品方面的投资占儿童消费总支出的60.5%;家长的文化程度越高,越注重孩子的教育和娱乐,用于孩子的教育投资占儿童消费总支出的21.8%,用于娱乐方面的支出占到8.1%。

由上述分析可见,家庭对消费者的购买决策和购买行为有极为重要的影响。把握二者之间的内在联系,是企业制定营销策略的重要依据。

导入案例

儿童一个月要花多少钱?

"六一"儿童节过后,国家统计局下属的一家信息公司在北京、上海、广州、成都、西安等消费先导城市进行了一次儿童消费市场调研,结果表明,五个城市6~12岁的儿童平均每人每月花费高达897元。据武汉市统计局有关人士表示,武汉市的情况基本上与这一平均值相当。

调查显示,尽管食品与服装消费仍是城市儿童消费的主要部分,占儿童消费总支出的64.1%,但教育支出已占到相当比例,成为儿童消费的新热点。儿童教育支出占据儿童消费的1/5强,达到21.4%,全年消费额已超过94亿元。

本次调查表明,儿童的零用钱每人每年平均245元。低收入家庭(人均收入低于500元)家长给孩子的零用钱反而更高;中等收入家庭(人均月收入在1 000~3 000元)对孩子食品和服装方面的支出比例较高;而高等收入家庭(人均月收入高于3 000元)则更注重孩子的教育,用于孩子教育方面的支出占儿童消费总支出的27.4%,比例最高。

三、家庭生命周期不同阶段的购买特点

在家庭生命周期的不同阶段,家庭对商品的需求有明显的差异。这一方面是由于家庭收入和经济实力的变化而引起了需求的变化,另一方面也是由于家庭成员随着年龄和阅历的增长而在消费兴趣和爱好上发生了改变。同时,家庭结构的变化也会导致家庭消费的重大变革。例如,一对年轻并且没有孩子的夫妇,他们可能会把大部分闲暇时间和金钱花费在娱乐和旅游上。但这一生活方式会随着孩子的出世而有所改变,原有的消费格局被打破,他们开始对儿童食品、童装、玩具、文化用品有较大的需求。当儿女独立之后,则对高档商品、非必需品有较多的购买要求,并且增加储蓄的倾向更加明显。

为了进一步考察家庭生命周期与消费需求的关系,可将我国的家庭生命周期分为五个阶段。

1. 单身未婚阶段

年轻的单身男女,他们有固定收入,其中的一部分已独立生活。他们几乎没有任何经济负

担,是新观念的带头人。他们过着积极的生活,他们去电影院、舞厅,购买体育用品、休闲服装、度假用品和一般的厨房用具等。

2. 新婚阶段

年轻夫妇,尚无子女。双份的收入使他们的经济状况更好,对耐用品的购买力最强。他们作长程的度假,买高档的衣服、家具和家用电器。

3. 育儿阶段

年轻或中年夫妇,抚养未成年子女(指子女在 13 岁以下)。孩子的出现使夫妻外出旅游和娱乐的机会减少,他们要花更多时间来照顾孩子。这一阶段是家庭用品的采购高峰,因而相对来说储蓄减少,多购买儿童服装、玩具、手推车、电子琴和儿童食品等。

为孩子花钱

20 世纪 90 年代中期,在美国以 5 岁以下的儿童(包括婴幼儿、初学走路均幼儿和学龄前儿童)为目标市场的营销业务量是相当大的。1995 年美国共有 5 岁以下儿童 2 400 万,而 1980 年的数字为 2 000 万。这些学龄前儿童人数的增加是生育高峰一代开始生儿育女的必然结果。

在美国经济中儿童消费是增长速度最快的部分。当然,并不是所有的家庭都有能力在孩子身上大把花钱,但是许多家庭还是有能力的,并且正在将大把钞票用在孩子身上。许多孩子出生在双收入家庭,他们的父母必然会在子女身上不惜金钱。许多家庭生育孩子时年纪已经较大了(1970 年后,30 岁以后生孩子的妇女人数增长了 4 倍),而此时他们的收入也相当高了。另外,家庭正在向小型化发展,许多父母都不想多要孩子。祖父、祖母也是因素之一,65 岁以上的老年人比其他年龄段的人可自由支配的收入都要高,而自己的孙子、孙女并不多,他们有能力为孙子孙女购买奢侈消费品。一家零售商店估计在儿童产品市场上,25%的钱是由祖父、祖母支付的。

4. 子女成年阶段

中年或老年夫妇,他们的孩子逐渐长大,有的已经开始独立。这一阶段父母考虑更多的是子女的教育和婚姻问题,这两者都需要较大的投入,所以这一阶段的家庭储蓄倾向明显,添置耐用品的频率放慢。当然,子女参加工作后,经济状况会改善。

5. 老年阶段

老年夫妇成丧偶独居的老年男女,他们无子女在身边,大部分均已退休,因此收入也大幅度下降。在我国,处于这一阶段的老年男女,大多仍同一个子女居住。所以,许多日常用品都由子女来代替。健康长寿是这一阶段消费者最关心的问题,所以他们也是医疗用品、保健食品、老年健身器材的主要消费者。

复习思考题

1. 简述社会文化对消费者心理的影响。
2. 选择圣诞节以外的一个节日(感恩节、国庆节等),并讨论这个节日的庆祝活动所反映出的主要价值观。你的家庭在该节日采取什么样的仪式,其中的文化涵义是如何传达的?
3. 假设你接触了一种不同的亚文化,描述一下这一文化融合的过程。
4. 不同社会阶层的消费者心理与行为有哪些不同?
5. 请定义一下社会阶层的涵义。你所居住的社区周围有哪些社会阶层?你是怎样划分这些阶层的?
6. 举例说明什么是参照群体?参照群体对消费者行为有何影响?
7. 简述参照群体是如何对公众奢侈品和公众必需品的产品、品牌选择造成影响的?
8. 处于不同生命阶段的家庭的消费特征如何?
9. 阐述我国城市的"丁克"家庭、单身贵族和其他特殊群体的规模及消费特点。
10. 细致地分析一个家庭的决策结构与其消费行为的关系。

第五章

消费者的品牌心理与行为

1. 掌握品牌的含义与表达；
2. 掌握品牌定位的含义；
3. 掌握消费者的品牌心理；
4. 掌握消费者的品牌购买行为；
5. 掌握品牌忠诚的含义；
6. 了解品牌忠诚形成与建立。

1. 品牌的含义与表达；
2. 品牌的心理作用；
3. 消费者的品牌购买行为；
4. 品牌忠诚的含义。

产品和品牌的文化涵义——高兴的绿色巨人

即使人们知道每件物体的基本涵义，但人们还是经常不知道每件物体所处环境的文化起源。我们来看看明尼苏达州的蔬菜罐头制造商——巨人公司——它的标志物是"高兴的绿色巨人"。在印刷品或电视广告上，巨人站着，全身都是绿的，手放在臀部，高兴地向下望着工人们欢快地收割蔬菜。在每个广告的结尾，巨人除了象征性地叫几声"嘿，嘿，嘿"外，它既不动也不多说话。

"高兴的绿色巨人"的文化涵义是什么呢？它仅仅是容易记住的品牌象征，还是有别的意思呢？从文化来看，它是20世纪欧洲蔬菜丰收的象征。

叶子的形状有几百年的文化涵义。在早期的欧洲文化里，人们用神圣的树或植物来庆祝春天。到19世纪，这种仪式变得个性化，因为来自乡村的每个人都戴着叶子或鲜花。200多年前，蔬菜丰收的象征就可以在东欧、德国和英国找到。尽管各地的服饰和仪式不同，但总体的性质是一样的，都是一个年轻人戴着绿叶和其他的蔬菜。有时这个年轻人会象征性地醉倒在池塘或小溪边。这是丰收之神在为水做封赏，人们相信这样上天就可以保佑他们有充足的水源，取得农业上的丰收。

很显然,这些丰收的标志都与"高兴的绿色巨人"相似。这是一种偶然的巧合,还是这个形象的象征意义对现代社会中形形色色的都市人仍具有毫不逊色的感召力呢?是广告创意人故意设计出这个丰收标志,还是人们无意识的行为?除了这些回答外,"高兴的绿色巨人"与产品的成功具有同样的文化涵义。

第一节 品牌概述

一、品牌的含义与特征

1. 品牌的概念

所谓品牌就是消费者、顾客及所有跟企业有利益关系的人对这个牌子的产品的一种认同,这种观念叫做品牌。就如卖计算机,在国外,只要一提到IBM或戴尔,买的人大概就接受了一半;在国内,一提到联想,生意大概就成功了一半;想吃快餐时见到麦当劳的标志,就认定进去准没错,这种观念就叫品牌。

美国市场营销协会对"品牌"所下的定义是:"品牌是一种名称、术语、标记、符号或设计,或者它们的组合运用,其目的是藉以辨认一个销售商或一群销售商的产品或服务,并使之同竞争对手的产品和服务区别开来。"用比较通俗的语言来解释,"品牌"最直接的涵义就是"商品的牌子"。

2. 品牌的表达

从本质上讲,品牌是销售商向消费者长期提供的一组特定的特点、利益和服务。最好的品牌传达了企业对商品质量的保证。然而,品牌还是一个更为复杂的符号,一个品牌能表达出如下六层意思。

一是属性。一个品牌首先给消费者带来了特定的属性。例如,"奔驰"表现出昂贵、优良制造、工艺精良、耐用、高声誉、高的再出售价格(即高的二手车价格)和快捷等属性。企业可以利用品牌的这些属性中的一个或几个作广告宣传。许多年来,"奔驰"的广告语是"工程质量全世界其他许多汽车无可比拟。"这就是为了显示奔驰轿车的优良品质而精心设计的定位纲领。

二是利益。一个品牌不仅仅限于一组属性,还传递着利益。顾客不是购买属性,而是购买利益。因此,品牌的属性需要转换成功能和情感利益。对于奔驰轿车,属性"耐用"可以转化为功能利益,如"我可以好几年不买新车了"。属性"昂贵"可以转化为情感利益,如"该车帮助我体现了重要性和令人羡慕的成就感"。属性"精良制造"可以同时转化为功能和情感利益,如"万一出了交通事故,我也是安全的"。

三是价值。品牌还体现了制造商的某些价值观。"奔驰"体现了高性能、安全、威信等价值观。奔驰品牌的营销商必须推测出正在或将要寻找这些价值的特定的汽车购买群体。

四是文化。品牌还可能附加和象征着一定的文化。"奔驰"意味着有组织、有效率和高品质的德国文化特征。"可口可乐"则不仅是一种享誉全球的碳酸饮料,更是一种美国文化的象征,正如美国一位报纸的编辑所说:"'可口可乐'代表着美国精神,喝一瓶可口可乐就等于把美国精神灌入体内。"

五是个性。品牌还代表了一定的个性。"奔驰"可以使人想起一位有所作为的企业老板

(人),一头有权势的狮子(动物)或一座质朴的宫殿(标的物)。有时候,品牌还可以表示一位名人或代言人的个性。

六是使用者。品牌还体现了购买或使用这种产品的是哪一种消费者。如果我们看到一位20岁的女秘书驾驶一辆奔驰车通常会大吃一惊,我们更愿意看到的是一位55岁的高级经理坐在车后。使用者代表着一个产品的价值、文化和个性。

品牌的力量

美国波音公司以前从来看不起品牌,认为波音公司这么大,没必要做品牌。后来其他的航空公司越来越多,随着这些竞争对手的增多,波音公司的业务大不如前了,尤其是空中客车给他们带来很大的压力,于是波音公司不得不痛改前非,于1999年设下品牌经理,开创他们的品牌发展,从而又取得了更大的业绩。他们终于承认品牌还是非常重要的。

品牌做成功以后,会辐射到企业的其他衍生产品上去,像YSL和圣罗兰,本来是做时装和香水的,它们的品牌出售给一位做手表的人,YSL三个字一打到手表上,同样起到了轰动效应,这就是品牌效应的威力。

《商业周刊》选出的100个品牌中,大部分是欧美的。全亚洲只有7个,日本竟独占了6个,另外一个是韩国三星,占世界品牌第34名。而商品市场如此庞大、顾客数量如此众多的中国却一个都没有。这从一个侧面充分表明国内的企业在努力地开展经营时,还没有注意到树立品牌效应的重要性。也许有一天,中国的海尔、联想、长虹、希望集团或者其他公司的产品将变成国际品牌,那将是一件很值得高兴的事。

《商业周刊》评选的世界十大品牌

	可口可乐	微软	IBM	通用电气	英特尔	诺基亚	迪士尼	麦当劳	万宝路	奔驰
国别	美国	美国	美国	美国	美国	芬兰	美国	美国	美国	德国
名次	1	2	3	4	5	6	7	8	9	10
品牌价值(美元)	690亿	641亿	512亿	413亿	309亿	300亿	293亿	264亿	242亿	210亿

世界知名的十大品牌中有8个是美国的,1个是德国的,1个是芬兰的。位列第一的可口可乐,其品牌价值是690亿美元。微软的品牌价值是641亿美元。IBM的品牌价值是512亿美元。通用电气(GE)的品牌价值是413亿美元。

经营品牌的目的就是为了在广大客户和顾客的心中牢固地树立企业的高大形象。在市场中品牌本身是一种条件、优势、资源,换句话说,一听到这个名字就几乎可以做决策了。

二、企业的品牌定位

品牌策略家赖利·莱特认为,"品牌信息应该主要集中在与众不同之处。"企业如何培育自己的品牌？企业如何通过精心地打造使其品牌"与众不同"？企业如何使消费者对自己的品牌"一见钟情"？企业如何让一个品牌具有持久生命力？成功的"品牌定位"能够很好地回答这些问题。

1. 品牌定位的作用与意义

品牌可以是自发形成的,但是处于现代经营环境中的企业需要以积极主动的姿态加速品牌的成长,精心打造具有持久影响力的知名品牌。从通俗的意义上讲,所谓"品牌定位"实质上就是进行市场细分、确定品牌形象、树立品牌个性和进行品牌传播的过程。对企业的市场营销而言,品牌定位有着不可低估的作用和意义。

(1) 品牌定位是联系品牌形象与目标消费者的无形纽带

品牌定位是力求品牌形象与目标消费者实现最佳结合的过程。因此,品牌定位是一个动态的、需要权变管理的过程,即便是同一个商品,企业也可以结合其不同细分市场上的目标消费者的不同,展示相适应的品牌形象或风格。

"万宝路"香烟在不同市场的定位

著名的"万宝路"香烟在美国被塑造成自由自在、粗犷豪放、浑身是劲、纵横驰骋的西部牛仔形象,迎合了美国男性烟民对那种不屈不挠、四海为家的男子汉精神的渴求,从而取得了成功;在中国香港,万宝路的牛仔形象为了适应香港的文化特征,摇身一变为年轻洒脱、事业有成的农场主;而在日本,其又变成了依靠自己的智慧和勇气征服自然,过着诗歌般田园生活的日本牧人。正是由于品牌定位不断为适应新的市场而改变形象,"万宝路"香烟才能在具有不同文化背景的细分市场中屡创佳绩。

(2) 品牌定位是市场细分的必然结果

根据市场营销理论,"市场细分"是指根据不同消费者的需求偏好、购买习惯、价值观念和生活方式等特征把市场分割为若干个消费群体的过程。企业只有将总体市场细分出适合自己产品特色、自己能提供有效服务的目标市场,并依据目标消费群体的特征进行合理的品牌定位,才能使品牌营销"有的放矢",从而集中有限的资源将企业最具竞争力的"市场蛋糕"做大。由于不同企业的规模和能力有很大差距,其产品线的广度与深度也有许多不同,因而品牌定位不会是一个千篇一律的东西,有些企业可能针对其丰富的产品线,在品牌定位中全面出击,力图赢得尽可能大的市场蛋糕。目前,在我国汽车行业,某些企业就同时推出了分别适应不同消费者群体的多个品牌的汽车,从而覆盖了多个细分市场。

(3) 品牌定位是确立品牌"个性"的必要条件

如果企业的品牌定位不明朗,则其品牌个性就会模糊不清,通常很难给消费者留下清晰而深刻的印象。许多人有这样的体会,我国的不少商品广告做得非常花哨,也非常有"特色",但给广大受众(潜在消费者)的感觉是莫名其妙,不知所云。这类商品的品牌定位就缺乏"个性",品牌营销的效果就不可能突出。企业品牌的竞争本质上就是商品的竞争,它不可能脱离企业的具体产品而孤立的存在。因此,不同品牌之间的竞争说到底就是具有一定同质性和替代性的产品之间的竞争,完全异质和不可替代的产品所对应的品牌之间不会存在实质性的竞争关系。然而,由于产品之间同质性的存在,使得某个特定产品的功能性益处已无法跟上和满足消费者在情感性益处和自我表达性益处上的需求,消费者渴望从产品的品牌定位中找到满足自己情感需求的归宿,品牌个性则是品牌情感诉求的集中表现。

(4) 品牌定位是品牌传播的基础

品牌传播是指通过广告、公关、包装等宣传手段将商品的品牌形象传递给目标消费群体的过程。品牌定位依赖积极的传播活动,强化在消费者心中的品牌形象,并依靠品牌传播达到定位的目的,凸显其相对于其他竞争性品牌的优越性。这种相对的优越性也确立了品牌传播的方向。例如,麦当劳若以"干净与清洁"和"方便与快捷"与肯德基相比,并无相对的优越性,因此,麦当劳在品牌传播上就必须另辟蹊径,突出与肯德基的显著不同之处。

2. 品牌定位的主要策略

从国内外知名品牌的成长经历看,企业进行品牌定位的模式可能是千差万别的,但定位的主要策略有以下五种。

(1) 逆向定位

逆向定位这一策略,来自"逆向思维"的启发,即在定位时,要有反其道而行的能力。如果每个人都往东走,想一想,往西走能否找到自己想要的东西。逆向定位策略可基于产品的外观、功用、价位、服务和情感等方面而展开。

"甲壳虫"轿车在美国市场的定位

德国大众汽车公司的"甲壳虫"轿车在进军美国市场时采取的定位策略是"Think Small(想想还是小的好)"。在世界性石油危机发生之前,汽车在很大程度上是身份、财富和地位的象征。为此,美国底特律的汽车制造商们多年来都强调生产"更长、更大、更富流线型和更豪华美观"的汽车。针对这一情况,"甲壳虫"轿车将美国的工薪阶层作为自己的目标市场,迎合普通工薪阶层的购车欲望,推出自己小的、更好、更实惠的市场定位宣传,消除了消费者的疑虑,坚定了消费者购买实惠车的决心。"甲壳虫"轿车定位实在,正好嵌入消费者对经济、实惠、小巧车型的需求心理,成功地打入了美国这个汽车王国的市场。

(2) 以文化特质为核心的定位

品牌与文化的结合能够提升品牌的竞争力。以品牌传递文化有两种层次:一是品牌与企业文化的结合;二是品牌与民族文化或地域文化的结合。我国的"张裕"葡萄酒就向消费者传递着"传奇品质,百年张裕"的文化特质,而"麦当劳"则蕴涵着工作标准化、高效率、快节奏的美国文化特征。

(3) 比衬定位

所谓比衬定位,就是以消费者所熟知的品牌作为比照对象,以便反衬出企业自身品牌的做法,就实质而言,是一种借势定位。一般来说,比衬定位所选择的比照对象主要是有较好市场业绩和良好声誉且知名度高的品牌。由于这些比照对象的市场地位根基深厚,难以撼动,因此,可将自己的品牌依附在这些大品牌的陪衬地位,突出自己品牌局部的相对优势和个性特色。"我们第二,所以更努力"就是艾维斯租车公司在承认自己不如竞争对手的基础上推出的品牌新形象,消费者对这种"第二"定位感到新颖好奇的同时,也被艾维斯公司谦虚诚恳的态度所感动,很快信任并接纳了"新"的艾维斯租车公司,从而促使艾维斯租车公司取得了成功。

(4) 创新定位

创新是一个品牌的生命力得以延续的基础,创新也是适应竞争需要、提高品牌的市场竞争力最根本和最有效的手段。将创新作为品牌定位的重要策略,是因为创新能给品牌带来在同类产品中领导者地位的机会。"做别人没有做过的事"是日本索尼公司创始人井深大的座右铭。在这种经营理念指导下,索尼公司成为世界闻名的"创新先锋"。索尼公司以不断的创新为自己的品牌定位,在消费者心目中树立了追求卓越、不断创新的品牌形象,其全球市场份额令竞争对手自叹不如。

(5) 再定位

再定位是对过去定位的调整和修正。企业在进行品牌定位时往往不可能都做到一举成功,在这种情况下,及时根据消费者的反馈或市场竞争的态势进行品牌的再定位就显得非常关键。"百事可乐"刚进入市场时,使用"Me Too(我也是)"的品牌营销战略,可口可乐公司借机推出"只有'可口可乐'才是真正的可乐"的品牌营销策略,提醒消费者只有"可口可乐"才是原创,其他皆为冒牌货,给了百事可乐当头一击。百事可乐公司以此事件为契机,进行了品牌再定位,终于赢得了在碳酸饮料市场与可口可乐争雄的局面。

打造品牌的七个黄金法则

根据全球著名管理咨询公司麦肯锡公司的分析报告,《财富》杂志排名前 250 位的大公司有近 50% 的市场价值来自于无形资产,而对于某些世界最著名的公司而言,这个比例甚至更高。

品牌价值无疑是企业无形资产当中的重要组成部分,越来越多的企业老总认识到,一个有实力的品牌可以使企业获得更多的超额利润,也可以使股东手里的股票不停地升值,而如何提升品牌价值则更是老总们关注的重要议题。现对国内外成功企业在品牌拓展、品牌价值提升方面的七个黄金法则进行如下总结。

黄金法则之一:提炼个性鲜明并对消费者有很强感染力的核心价值,以水滴石穿的定力维护品牌核心价值。

黄金法则之二:完成品牌核心价值提炼后,作为品牌战略管理者的一项最重要的工作就是规划品牌识别,使核心价值统帅营销传播活动具有可操作性。

黄金法则之三:用以核心价值为中心的品牌识别系统去统帅企业的一切营销传播活动,让每一分营销传播费用都为品牌做加法,从而大大降低营销成本。

黄金法则之四:深度沟通——把核心价值刻在消费者的心灵深处。

黄金法则之五:优选品牌化战略与品牌架构。

黄金法则之六:进行理性的品牌延伸扩张,充分利用品牌资源获取更大的利润。

第五章　消费者的品牌心理与行为

黄金法则之七：科学地管理各项品牌资产，累积丰厚的品牌资产。

从上面七条创建百年强势大品牌的法则可以发现，品牌战略管理的职责与内容就是制定以品牌核心价值为中心的品牌识别系统，然后以品牌识别系统统帅和整合企业的一切价值活动（展现在消费者面前的是营销传播活动），同时优选高效的品牌化战略与品牌架构，不断地推进品牌资产的增值并且最大限度地合理利用品牌资产。这就像一个国家要制定宪法，然后个人和组织（政府、企事业单位、社会团体等）在宪法的制约和宪法精神的指引下展开日常的政治、经济、社会活动，在此基础上推动国家走向民主、文明、繁荣、富强。品牌识别系统、品牌化战略与品牌架构就好像宪法，企业的营销传播活动就像组织与个人日常的政治、经济与社会活动，把营销策略、广告创意、终端陈列与促销当作品牌战略管理的工作，就等于把公民日常的社会活动如升学、就医、谈恋爱、婚嫁当作宪法的制定与实施了。像全国人大的工作职责一样，企业品牌战略管理部门的职责首先是品牌宪法的制定，然后是执法检查即对品牌的营销策略、广告公关促销等传播活动的每一个环节是否有效地体现品牌宪法进行检查。可见，要打造出一个百年金字招牌，光做好日常的营销传播是不够的，必须学会品牌战略管理。

第二节　消费者的品牌心理

导入案例

古越龙山黄酒的品牌心理策略

古越龙山是黄酒中的"国酒"，黄酒市场没有古越龙山就像白酒市场中没有茅台。黄酒的产品属性（营养价值）几乎人所共知，同时是其他酒品所不具备的，具有支持其市场壮大的物质条件。

黄酒业虽然巨大的历史机遇已经到来，但其发展同样面对巨大的"瓶颈"障碍，表现在以下几个方面。

（1）黄酒本身存在强烈的区域性特点，集中于江南（江、浙、沪），在客观上限制了其市场区域的扩张。

（2）黄酒消费层次过于狭窄，束缚了消费群，特别是喝黄酒给人以"老土"、"思想陈旧，观念落伍"、"跟不上朝代发展潮流"的印象。黄酒成了土气、落伍的象征，更是黄酒发展的心头大患。若干年以后，现在的黄酒的主要消费群（中老年人）都老去，黄酒出现消费群的断层，一旦达到临界点，销量将急剧下滑。

（3）黄酒消费行为有明显的季节性，从而导致强烈的不规则需求存在。

（4）黄酒固有过于浓重的传统内涵，无法迎合时尚化的消费心理。

为了改变上述不利，需要在品牌上下工夫。

1. 确定古越龙山黄酒品牌的核心价值定位

睿智、厚积薄发的高层次文化营销可以改变黄酒"土气、老气"的感觉。喝黄酒被视为"土气、老气"，那是天大的冤枉。酒本身无所谓土洋，问题出在企业的品牌战略与宣传策略上。就像中国的白酒也是冤大头，因为度数高被人认为是"野蛮、粗暴"的代名词，但更烈性的法国威士忌、朗姆酒却成了"高雅、有生活情趣"的化身,问题同样在于中国白酒的宣传策略。

古越龙山黄酒品牌需要改变消费者心目中"黄酒=老土"的形象,赋予其"年轻、激情、活力、高雅、有品位"的气息,让年轻人像喝红酒、啤酒一样地喝黄酒。

古越龙山的核心价值可以锁定在"进取的人生、优雅的人生——品味生活真情趣"。因为,培养年轻人喝黄酒是关系黄酒千秋万代的大计,同时古越龙山定位于高档黄酒,目标消费群有很大一部分为都市白领一族。都市白领一族有知识、有文化、积极进取、流着汗水默默辛苦地工作去获得一份高收入的同时也懂得享受生活的乐趣,"进取的人生、优雅的人生——品味生活真情趣"这一核心价值正是他们的人生与内心世界的写照,能感动他们的心灵。

2. 古越龙山黄酒品牌的传播策略

在极具竞争力的品牌核心价值确定之后,持续不断、恒久不变的传播与全方维护品牌,这就是创造百年金字招牌的秘诀。这已经被无数成功品牌印证并实践着,而失败的品牌则多因为品牌定位有误或不能坚持到底。

在品牌核心价值统帅下的传播领域里,其表现策略与主广告语是直插人心、立竿见影的,但并不表明表现策略与主广告语一成不变,变化的是与环境相适应的表现形式,不变的是品牌的精髓。

表现策略与主广告语的变化应服从古越龙山黄酒品牌的规划进程。也许,首先为了提高品牌的档次,古越龙山选择了民意代表为传播目标对象,然后进行品牌延伸选择商务人士、白领阶层、股民等,此时古越龙山黄酒的品牌传播表现策略也就要随之调整。

在商品流通过程中,商品的品牌是消费者识别商品的标志,也是使商品流通渠道顺畅的保证。因此,企业要充分了解消费者对商品的品牌心理,这对企业制定营销策略、促进商品销售、增强消费者满意度和忠诚度都有着十分重要的现实意义。

一、品牌的心理效应

成功的品牌的一个重要特征,就是始终如一地将品牌的功能与消费者心理上的欲求联结起来,通过特定的联系方式,将品牌信息传递给消费者,从而产生一系列心理影响和效应。

商品品牌包括商品名称和标识。商品品牌本身可以对消费者产生一种特殊的心理作用。

1. 商品名称与消费心理

商品名称具有认知、记忆、情感及联想等心理功能。

为更好地发挥名称的心理功能,在为商品命名时还应注意以下几点要求:名副其实、简洁明了、通俗易懂、寓意深刻、避免禁忌及独具匠心。

商品命名有以下心理策略:依商品的主要效用命名;依商品的主要成分命名;依商品外形命名;依商品的制作工艺命名;依产品产地命名;依人名命名;用褒义词命名;用译言命名。

2. 标识与消费心理

据心理学家分析,人们接收的信息85%是从视觉中获得的,因此建立良好的品牌视觉形象是建立品牌心理的首要要求。

标识设计一般遵循以下规则:品牌标志能突出商品的形象;品牌标志要具有与众不同的新颖别致的艺术形象,以促进销售;品牌标志能加深消费者对商品的印象的作用。

知识链接

品牌与商标

品牌所表征的是商品的市场含义,它代表的是商品的质量、性能、市场定位、文化内涵、消费者的认知程度等。

商标是依法经有关政府部门登记注册的商品品牌的全部或部分内容,通常由文字、数字、标记、符号、图案或这些项目的组合体构成。商标是一个法律概念。

商标注册后便受到法律保护,他人不得仿造或假冒。商标的保护功能具有两个方面的作用:一方面可以维护企业的信誉与利益;另一方面也可以保护消费者的利益。对于注册商标的商品的购买,会使消费者有一定的安全感,对商品质量感到放心。商标的保护功能对于引导消费者认牌购货具有重要作用。

3. 商标运用的心理策略

设计成功的商标还应当巧妙应用才能充分发挥其功能。商标运用的策略有多种,从心理学角度看商标策略主要有六种。

(1) 使用统一商标策略

这种策略是指企业生产的全部产品都使用同一商标,实现同牌产品系列化的做法。采用这种策略的心理学意义有以下三点。

① 可以集中企业力量于单一商标的设计与宣传,提高设计质量,扩大宣传效果,有利于加速知名商标的发展过程;

② 可以大大降低商标设计、宣传、使用、保护等各方面的费用支出,相应提高经济效益;

③ 有助于消费者对同商标新产品惠顾心理的产生,因而有助于企业新产品的市场扩散。

(2) 同类产品单一商标策略

针对统一商标策略与产品类别多样化的矛盾,企业可以为不同类产品设计和使用不同的商标,实现企业多种商标并存的局面。这种策略介于统一商标策略与个别商标策略之间,既克服了统一商标策略中的困难性与使用中的风险性,又克服了个别商标策略的工作量过大、费用过高的缺点,具有适应性更强的优点。从心理学角度看,采用这种策略既不会使消费者的注意力过于分散,又能够使商标保持与商品特色的适宜性,从而启发联想。这种策略的优点就在于统一与分散的有效结合,有利于商标效用的发挥。

(3) 使用个别商标策略

这种策略是指企业生产的各种产品都使用各自不同商标的做法。采用这种策略的最大优点是使商标设计充分显示各产品的特色,因此可以对不同的消费者群体都产生较好的吸引作用,扩大企业产品的总销售量。缺点是商标设计、宣传、使用方面花费较大,使成本过高,从而制约产品在价格方面的竞争力。

(4) 使用多重商标策略

多重商标策略是指企业在同一种商品上使用两种以上商标的做法。采用这种策略的主要目的是扩大产品与消费者的接触面,更多地吸引消费者的注意,同时也可以相应扩大宣传面,增强宣传效果,扩大企业产品销售。很多企业实践表明,凡是采用多重商标策略的产品,其销

售量都能超过采用单一商标策略的产品。

（5）产品等级不同使用不同的商标策略

这种策略是指对于企业生产的质量、档次不同的产品而使用不同商标的做法。其主要特点是便于消费者根据自己的消费水平、购买动机选购商品，可以较好地适应处于不同消费水平的消费者的心理，充分满足各自的需要。

（6）企业名称商标化策略

把企业名称简化后或变形后用作商标的做法即为企业名称商标化策略。采用这种策略，可以在宣传商标的同时也宣传了企业，适应了消费者记忆简单化的要求，同时有利于提高企业知名度。对于知名度较高的企业来说，采用这种策略可以充分利用消费者对企业的信赖，扩大产品销售。

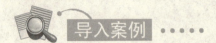

宝洁的多品牌策略

品牌延伸曾一度被认为是充满风险的事情，有的学者甚至不惜用"陷阱"二字去形容其风险之大。然而，纵观世界一流企业的经营业绩，我们不难发现，其中，既有像索尼公司那样一贯奉行"多品一牌"这种"独生子女"策略的辉煌，也有如宝洁公司这样大胆贯彻"一品多牌"策略，在国际市场竞争中纵横捭阖尽显"多子多福"的风流。

宝洁公司是一家美国的企业。它的经营特点：一是种类多，从香皂、牙膏、漱口水、洗发精、护发素、柔软剂、洗涤剂，到咖啡、橙汁、烘焙油、蛋糕粉、土豆片，到卫生纸、化妆纸、卫生棉、感冒药、胃药，横跨了清洁用品、食品、纸制品、药品等多种行业；二是许多产品大都是一种产品多个牌子，以洗衣粉为例，他们推出的牌子就有"汰渍"、"格尼"、"达诗"等9种品牌。在中国市场上，香皂用的是"舒肤佳"，牙膏用的是"佳洁士"，卫生巾用的是"护舒宝"，洗发精就有"飘柔"、"潘婷"、"海飞丝"3种品牌。要问世界上哪个公司的牌子最多，恐怕是非宝洁公司莫属。

1. 寻找差异

如果把多品牌策略理解为企业多到工商局注册几个商标，那就大错而特错了。宝洁公司经营的多种品牌策略不是把一种产品简单地贴上几种商标，而是追求同类产品不同品牌之间的差异，包括功能、包装、宣传等诸方面，从而形成每个品牌的鲜明个性。这样，每个品牌有自己的发展空间，市场就不会重叠。以洗衣粉为例，宝洁公司设计了9种品牌的洗衣粉，汰渍（TIDE）、奇尔（CHEER）、格尼（GAIN）、达诗（DASH）、波德（BOLD）、卓夫特（DREFT）、象牙雪（LVORYSNOW）、奥克多（OXYDOL）和时代（EEA）。他们认为，不同的顾客希望从产品中获得不同的利益组合。有些人认为洗涤和漂洗能力最重要，有些人认为使织物柔软最重要，还有人希望洗涤和漂洗能力最重要，有人希望洗衣粉具有气味芬芳、碱性温和的特征。于是就利用洗衣粉的9个细分市场，设计了9种不同的品牌。

宝洁公司就像一个技艺高超的厨师，把洗衣粉这一看似简单的产品，加以不同的佐料，烹调出多种可口的大菜。不但从功能、价格上加以区别，还从心理上加以划分，赋予不同的品牌个性。通过这种多品牌策略，宝洁公司已占领了美国更多的洗涤剂市场，目前市场份额已达到55%，这是单个品牌无法达到的。

2. 制造"卖点"

宝洁公司的多品牌策略如果从市场细分上讲是寻找差异的话,那么从营销组合的另一个角度看是找准了"卖点"。卖点也称"独特的销售主张",英文缩写为 USP。这是美国广告大师罗瑟·瑞夫斯提出的一个具有广泛影响的营销理论,其核心内容是:广告要根据产品的特点向消费者提出独一无二的说辞,并让消费者相信这一特点是别人没有的,或是别人没有说过的,且这些特点能为消费者带来实实在在的利益。在这一点上,宝洁公司更是发挥得淋漓尽致。以宝洁在中国推出的洗发精为例,"海飞丝"的个性在于去头屑,"潘婷"的个性在于对头发的营养保健,而"飘柔"的个性则是使头发光滑柔顺。在中国市场上推出的产品广告更是出手不凡。"海飞丝"洗发精,海蓝色的包装,首先让人联想到蔚蓝色的大海,带来清新凉爽的视觉效果,"头屑去无踪,秀发更出众"的广告语,更进一步在消费者心目中树立起"海飞丝去头屑"的信念;"飘柔"从品牌名上就让人明白了该产品使头发柔顺的特性,包装也给人以青春美的感受,"含丝质润发素,洗发护发一次完成,令头发飘逸柔顺"的广告语,再配以少女甩动如丝般头发的画面,更深化了消费者对"飘柔"飘逸柔顺效果的印象;"潘婷"用了杏黄色的包装,首先给人以营养丰富的视觉效果。

二、品牌个性

品牌个性是品牌形象的一部分,它是指产品或品牌特性的传播以及在此基础上消费者对这些特性的感知。

对品牌可以从三个方面考察:一是品牌的物理或实体属性如颜色、价格、构成成分等;二是品牌的功能属性,如"活力28"洗衣粉具有去污渍、少泡沫等特点;三是品牌的个性,即消费者对品牌是新潮还是老气、是沉闷还是富有活力、是激进还是保守等方面的评价和感受。品牌的个性无疑具有一定的主观性。然而,它一旦形成就会与其他刺激共同作用于信息处理过程,使消费者得出这一品牌适合于自己或不适合于自己的判断。品牌个性不仅使此品牌与其他品牌相区别,而且还具有激发情绪和情感、为消费者提供无形利益之功效。

1. 品牌设计风格在整合传播中表现

在企业的品牌形象管理过程中,品牌的设计风格发挥着重要作用。所谓品牌的设计风格,实质上是指品牌的一种特有的品质或特色形式,是品牌持久不变的要素和表现。它能帮助消费者建立品牌意识,产生品牌认知和品牌联想,帮助消费者区分产品并将品牌内涵和外在设计风格联系起来。从整体上来说,设计风格主要体现在时代风格、民族风格和产品风格等方面;从个体上来说,主要体现在视觉、听觉、触觉和味觉四大部分。

(1) 整体性设计风格的运用

品牌的设计风格是共性与个性的统一,它有鲜明的个性特征,也拥有整体性的共性内容,这主要体现在品牌设计的时代风格、民族风格和产品风格等方面。

① 时代风格

一个时代的科学水平和文化观念、审美意识和价值取向通过设计体现出来就形成了设计的时代风格。手工业时期,设计的时代风格表现为共同的手工业生产方式条件下的产品特征,如追求装饰,讲究技巧等;大工业机器生产的出现,人们更追求设计的功能,它追求简洁造型、功能结构和几何形式等,都充分表明了基于大工业生产条件下人们新的美学观念和文化意识。

② 民族风格

设计的民族风格是一个民族的文化传统、审美心理、审美习惯等在设计上的体现,人类的一切设计无不深深打上民族的烙印。民族风格是民族气质和精神的表现,它的形成,往往取决于由来已久的历史沉淀和观念的凝练;从这个角度来说,它是相对稳定的。但同时,时代风格的影响也为其形成融入了更新和调整的因素,要求它必须以适应时代发展的形象来表现。所以,民族风格也是不断变化的。

③ 产品风格

产品风格形成了产品特有的精神功能,体现了产品的内在品质与外在质量的相一致、相统一的完美结合。作为最基本也是最直接的表现形式,人们正是通过产品风格来认知民族风格和时代风格的,它的形成、变化和发展受到时代风格和民族风格的影响,同时,也对它们的形成具有一定的作用。

从设计风格的构成内容中已不难看出,设计风格的更替和变化实际上是时代风格、民族风格和产品风格互为作用的结果。在设计实践中,追求树立起完美的风格特征,必须充分考虑到三者的综合影响,有机地转换和调整它们之间的比例关系,从而达到既有特色又不失整体的境界。

(2) 个体性设计风格的运用

设计风格的表现,是消费者与品牌接触点的关键因素之一。就个体而言,是由视觉部分、听觉部分、触觉部分和味觉四大部分组成的。

① 视觉部分——产品造型提升品牌联想度

产品和包装造型的作用是非常大的。可口可乐的瓶子造型也成为品牌资产的一部分,不但使消费者产生品牌识别,同时对品牌联想提升很快,产生了巨大的营销效果。一个瓶子竟然变成了一个商标、独有的一种识别。可口可乐公司认为,在全世界只要有人的地方,就有人知道这是可口可乐,其原因就是可口可乐瓶子造型特别容易辨认。辨认的途径是通过风格要素的造型,而不仅仅是可口可乐商标。可口可乐的瓶子造型也被称为"世界上最有名的瓶子"。万宝路香烟品牌的最初成功不仅是因为它以牛仔为品牌定位,还有因为它重新设计包装,改变包装形状,开发了一种外形粗犷的、带有翻盖的烟盒,从而品牌重新定位为男子汉气概的象征。

作为一种视觉符号,造型同样也是全球化品牌识别的重要来源。造型与品牌名称不同,相对地说,它更容易跨越文化差异,引起某方面特定的品牌联想。如中国万里长城,从某种意义上讲,长城也是中国的某种品牌符号。

知识链接

造型应考虑的因素

造型有各种各样的种类,但我们在制定品牌策略时,必须要考虑以下四个方面。

1. 角形

角形是指那些包含一定角度的物体,而图形则没有尖锐的角。这种类型会产生不同品牌联想。如圆形通常与和谐、温柔、女性联系在一起,而方形通常与强大、坚强、冲突和男性联系起来。

2. 对称

对称能够产生平衡,它是人们评价一个物体视觉吸引力的主要因素。对称会带来秩序,消除紧张。

3. 比例

长方形能拓展视野,因此能抓住更多的场景,产生支配性美感。所以,比例也是另一种影响人们对造型认识的主要因素。

4. 尺寸

个性通常融于特定的形状之中,尺寸大的形状就认为强有力,尺寸小就被认为纤细和虚弱。许多企业通过尺寸大小来表现其品牌力度、活力、效果。

此外,用颜色、字体进行品牌统一识别是视觉部分的重要组成。进行整合品牌传播,颜色是其品牌形象的重点之一。公司制服、公司墙体、广告、包装无一不是通过颜色来吸引消费者对品牌注意。字体是我们在整合品牌传播中随处可见的视觉元素之一。宣传品、卡片、包装与终端展示等有形有颜色的各种符号。字体也有数不清的种类,也能表示无穷无尽的想象,也能表达各种设计风格。字体是一种独特的风格形式,它们能将具有代表性的感情附加到文字或字母上,当然他们自己也表达出一定的含义。字体本身具有一定形状,从而能产生某种认知。高而窄的字体显得非常优雅;大而圆的字体显得非常热情;手写字体能表达出公司以人为本的价值观;大写字母能体现权威性和进取心;小写字母则会给人以勇敢、朴素的印象。

② 用听觉来加强品牌联想

声音和音乐从两方面影响公司形象和品牌识别。作为背景也能在终端展示或其他市场推广中增强品牌识别和消费者对品牌联想。在广告传播中,它是创建品牌识别和品牌联想的主要因素。大家都知道,声音如果是高度构成化,我们就听音乐,每个企业在加强品牌识别和品牌联想中都有自己的主旋律。背景声音能给这个世界带来完美、和谐、统一,它能够使人压抑、使人快乐、使人悲伤、使人焦虑。

许多服务都是需要声音的,特别是饭店、宾馆、美发厅、茶楼、机场等。因此,每个公司如何谨慎地选择广告音乐,创造不同的音色和音调,也是整合品牌传播的重要内容之一。

在广告中音乐和声音,也能创造品牌识别和品牌联想。如美的微波炉电视广告,采用了新鲜蔬菜抖动的视觉冲击和清脆的音乐配合来表现其新鲜程度,是非常好的一个案例。背景声音和音乐能增强消费者对公司品牌识别。因为声音是一种强大的感情和行为暗示,视觉产生非常生动的美,但视觉要素变化难度大,而声音很容易改变,它在本质上也是不断变化。所以,由于声音本质上的可变性以及它容易改变,它成为一种灵活、低成本的创建增强品牌识别的工具。

③ 用触觉来触动消费者对品牌的联想度

材料可以对产品产生某种感觉。在整合品牌传播运用中,印刷品、办公室内外装修、公司制服、终端展物等所采用的材料中都是重要的品牌识别资源。

材料能产生与温暖、力量和自然有关的联想,产品选用什么品种的材料都会产生不同的品牌联想。大理石、玻璃或金属等无机物通常被认为冷而硬,而木、皮革等有机物则被认为温暖和柔软。通常认为粗质材料多用于室外物体,而光滑材料则适合室内物体,但是通过设计方向改变,也会产生不同视觉享受。如"美的"微波炉门面采用钢化玻璃,差异于竞争品的塑料门体。钢化玻璃给消费者以安全、耐用的感觉,而塑料门体则让人感觉脆弱、不耐用。仅仅是材料改变就使消费者对品牌进行转移,为"美的"微波炉抢占市场立了一功。

④ 用味觉来抓住消费者的品牌感觉

味觉主要来源于嗅觉,嗅觉是最强烈的感觉。在我们生存环境中,气味无所不在,味觉虽然不能创造品牌识别,但能增强品牌识别和品牌联想。"美的"电饭煲在打开市场之初,就是用嗅觉来进行营销。他们直接在各大商场用电饭煲煮饭,饭的香味吸引消费者对美的电饭煲的注意,便于"美的"人向顾客推荐"美的"电饭煲的各种优点,使"美的"成为全球最大的电饭煲生产基地。

气味的差异,对气味很强的记忆力以及能产生独特联想的能力,这些都使嗅觉成为一种增强公司或品牌识别工具。我们不是从气味本身,而是将它同其他事物进行比较,以此来说明气味能唤起记忆。春天的气息是花香;夏天的气息是水果香;秋天的气息是稻谷香味;冬天的气息则可能是松树的。营销人员在建立或加强某种识别时,就能很容易地通过气味来建立所希望的品牌感觉。

总之,设计风格是整合品牌传播的一种表现,品牌策划者和品牌管理者,应根据品牌策略来建立风格,它能理性地反映品牌个性与共性,从而建立品牌知名度、美誉度、忠诚度和品牌联想度。我们在整合品牌传播策划中,要综合运用设计风格的整体和个体手段。

2. 自我价值的实现

自我价值的实现是指消费者通过购买和使用商品,向外界表达自我,证明自我的价值。抽烟的人相信能够通过香烟品牌来传达自己的一些想法。万宝路采用了一个目光深沉、皮肤粗糙、浑身散发着粗犷豪放的英雄气概的牛仔形象后,销售量增加,吸引了很多男士购买万宝路,就是想表现自己野性的、粗犷的男子汉魅力。

品牌象征是指在消费者心目中,品牌所代表的与特定的形象、身份、品位相联系的意义和内涵。在这里品牌不再是一种符号、图形,而是一种精神、意义的载体。品牌则以体现消费者的文化、知识水平、生活方式、消费习惯、社会地位、名气荣誉等,一定意义的品牌象征是商品品牌赋予消费者表达自我的手段。

品牌的情感意义是指在消费者心目中,与品牌相联系的审美性、情感性文化层蕴,它巧妙地构建了一种生活的格调、一种文化氛围、一种精神世界,引导人们通过移情作用在商品的消费中找到自我,得到慰藉,获得情感上的寄托和心理共鸣。品牌的情感意义来源于消费者的情感需要。情感是与人的社会性需要和意识紧密联系的内心体验,具有较强的稳定性和深刻性。情感对消费者的影响是长久和深远的,一辆"永久"牌的自行车就能够激起老年消费者许多美好的回忆;"永久"牌就像一首老歌,被人们当作一种怀旧的载体。

正因为如此,品牌还具有文化价值。品牌文化是凝结在品牌中的经营观、价值观、审美观等审美形态以及经营行为。品牌的文化价值,使品牌具有了人格化的魅力。在这方面,可口可乐的品牌堪称经典,可口可乐公司经过长期的研究得出结论:"名牌的背后是文化",因而刻意锻造品牌的文化内涵,使可口可乐成为美国精神的象征。

三、品牌的心理作用过程

品牌的认知过程是指品牌为消费者注意和接受的过程。品牌的认知过程是品牌发挥作用的心理基础。消费者一旦形成对某个品牌的认知,就能从品牌中实现自我形象、社会象征、情感等方面的需要。这些需要获得充分满足,品牌就有可能对消费者形成一种长期的依存关系。

1. 品牌的心理定位

消费者的品牌认知是通过企业的品牌定位和品牌个性化实现的,后者是消费者形成品牌认知的基础。一段时间以来,品牌定位被认为是企业主导的行为,消费者只是被动地接受品牌。其实这种看法是不正确的,在品牌定位中,真正起主导作用的是消费者。企业进行品牌定位的最终目的,是使消费者形成品牌认同。为此,品牌定位必须符合特定目标消费者的自我定位,品牌个性选择必须符合目标消费者的特征。个人、企业还要通过各种宣传手段传递品牌信息,来帮助消费者理解产品的品牌定位。而企业的品牌定位能否取得成功,最终取决于消费者的接受与否以及对品牌的认知。因此,品牌定位最主要的是定位点是否与消费者的心理需求相一致。具体地说,品牌的心理定位可以从以下几个方面进行。

(1) 了解目标消费者的特征

首先,要通过目标消费者所在的社会环境和所属消费群体来分析消费者的个性心理和消费行为习惯,了解目标消费者的需要、愿景和利益要求。例如,在美国市场上,本田汽车定位于美国中低收入的消费者和家庭用车。因而就不能像奔驰一样处处体现华贵的气派和做工的精细,而要适合中低收入消费者希望满足实用型经济的需要。

(2) 通过信息沟通传达品牌信息

企业应利用广告宣传、面对面促销等多种信息沟通渠道和方式,将品牌的定位传达给自己的目标消费者。这种定位不仅要保证信息表达的准确无误,更要确保消费者在对信息进行理解时,不发生曲解和歧义。

(3) 利用情感的因素

在经济人假设中消费者被假设为理性的个体,但现实中情感因素对消费者心理具有重要的影响。20世纪30年代,DeBeers公司通过一次稳妥的、细致的公关活动和广告宣传,重新教给人一种对钻石的新看法——钻石不再是贵族的舶来珠宝,而是普通的美国人爱情和责任的象征。瑞典富豪公司则暗示消费者只有一种安全驾车的方法,就是驾驶公司制造的富豪轿车。该公司不断地在广告中展示车祸后安然无恙的人们。这些人相信他们的生命保障来自于富豪车的坚固。

2. 品牌个性的来源

品牌个性化是方便消费者认知品牌的又一个重要手段,个性化的品牌使一个没有生命的物体人性化了。商品品牌也有其独特的个性,消费者通过品牌的个性来形成对商品的认知。相应地,消费者也借助于品牌的个性来表现自我,寄托情感。如麦氏品牌咖啡广告中有一对小鼓手托尼和莎拉,他们的浪漫情调,始终萦绕着广告中的品牌。通过"我们为您投递"的宣传,美国邮政局传递了一种热情洋溢和负责的情感。

总之,品牌的个性化可以解除消费者的心理阻碍,使消费者从品牌的独特个性中感受到丰富的个性内涵,产生高度的契合感,从而获得个性心理的满足。为此,企业应高度重视和建立品牌的个性。品牌个性的来源有多个方面。

(1) 来自于商品自身的个性

比如,Swat小手表的特点是紧跟时尚,所以,品牌具有潮流先锋的个性。又如,强生公司的商品主要是针对婴幼儿设计的,所以,强生的品牌具有温和、柔软、无刺激的个性。

(2) 来自于传递品牌信息的广告

1994年,当美国联合航空公司的雇员们买下这家航空公司后,公司便对品牌的个性进行了重新塑造。公司交接的24小时内,巨大的四色户外广告就在所有的机场竖立起来。从纽约到旧金山,到处都展示联合航空公司既当顾主又当雇员的人们的微笑。广告标识语是:"欢迎来到友谊的蓝天。"公司推出更具人性化的品牌,迅速获得乘客的同感。

(3) 来自于品牌的使用者

品牌的使用者也是建立品牌个性的基础。American ExpM公司的"会员资格就是特权"的印刷广告标识语,就是通过著名的摄影家安妮·雷波维茨的艺术展现的。

知识链接

品牌创意思考

品牌之战,就是创意之战,当今市场一个品牌诞生,它不是活在购物商场的展台或货架上,而是要让其活在消费者心里,这才是品牌的关键所在之处。

1. 产品特性

(1) 企业在研发一个产品或推出新品牌时,一定要从产品本身找到一些特质,如果一个产品没有特质是很难打入市场并成为赢家的。

(2) 不要迷信"即使是普通产品,经过广告公司的创意,一样能扶摇直上,成为一个强势品牌",这是一个不太正确的观点。

(3) 品牌是有序经营,不是在市场只活三五年,而需要活50年甚至100年。

2. 从产品到品牌过程都与创意有关

(1) 创意的界定不是狭义地界定为广告创意。创意的界定应包括广告创意、包装的想法、命名的想法、促销的想法、对色彩的想法(产品、包装、广告等)。

(2) 把一个很有特色的产品导入到市场上和把它变成很有特色的品牌,这两方面都要非常努力,才有机会造就一个成功品牌。

(3) 消费者去认定一个品牌,不论是广告、包装、促销、公关等任何媒介,包括户外广告看到的都是品牌形象。

(4) 包装很重要,它在形成品牌之前就界定了你是谁。

3. 针对已在市场上的品牌要从两方面去思考创意

(1) 产品本身有没有好的特质。

(2) 产品留给消费者什么印象,是在展台或货架上,还是在消费者心里。

4. 创意一定要在消费者心里达到"移情别恋"和"情有独钟"两方面效果

(1) 广告一定要在跟消费者接触时产生震撼,掀起思想里的一场风暴。

(2) 如果消费者看过产品的广告没有任何感觉,那就是浪费,那么企业将资源、资金投到销售上,就是浪费。

(3) 归结到一点,有很多好的创意,威力就是比其他竞争者多想到一步,或早想到一步做出来,而让竞争者看到后就觉得为什么我们当初怎么没想到。

(4) 找到一个别人没想到的角度切入,创造品牌在市场上生存,占据一个山头的机会。

(5) 任何一个品牌都要有决心和企图心进入市场就要永占山头,不管第一名,第二名,都要占住,然后有序经营。

5. 创意的指导原则

(1) 创意的最高指导原则是"策略",策略才是界定品牌往哪里去,待多久或是再换什么另外的战场的原则。

(2) 通过指引方向要在一条路上很快达到效益,这就是创意的力量。

(3) 创意是所有跟品牌行销有关的思维的创意,创意谈的是精准,才会有引爆威力,否则就不能在短时间内达到好的效果。

(4) 一个产品进入市场,要进到哪一块市场,变成什么品牌,还是跟策略有关。

(5) 策略和创意是很难分割的整体,两者之间不存在区分的高墙,是一体的两面,两者都是非常重要的。

6. 广告、品牌、产品所有的行销都是跟时间、时机在竞争

(1) 一个产品的研发,一个品牌的推出跟时机有很大的关系。好的创意就是在最短的时间内,用最少的金钱创造有效的成功品牌。

(2) 评断一个有效的电视广告,要注意三个特点:回忆,即消费者看完广告的一段时间后,还记得这个品牌;有没有唯一性及说服力;有没有独特的销售主张。

以上三点要求企业及市场上代理商必须达到上述三个效应,如果通过市场调研,消费者在这三点方面达到非常高的分数,那么它是一个很有效的广告片。

7. 创意诉求要点原则

(1) 创意要求产生购买力或独特性,除了产品和品牌要有特质或独特性之外,最重要的是界定广告的信息时,一定要找到一个诉求要点。

(2) 诉求要点,就是要达成企业产品在广告里的行销目标,每次广告活动都要清楚它的目标。

(3) 只要界定一个诉求重点,其他都不要说就足以影响消费者去试用。

(4) 如果不确定的时候一定要进行调研,调研可以发现不足之处,是很好的参考指标。

(5) 一个品牌要想成功地领导市场,诉求重点、策略的界定是非常重要的。

第三节　消费者的品牌购买行为

一、品牌的消费行为

消费者的购买决策过程要依次经过认识需求、寻找解决方案、评价比较方案、择优决定和购后评价等阶段,而品牌在这一过程起着举足轻重的作用。

1. 品牌在寻找解决方策中的作用

消费者在寻找解决方案时,首先要广泛搜集商品信息。这种搜集工作可以通过很多渠道来进行。例如,个人的记忆和经验,从他人或群体的行为方式中得到的暗示,各种媒体的宣传等。品牌的象征意义以及品牌独具的个性,使人们更容易记住品牌所代表的商品的特点。而群体中人们惯常使用的和喜爱的品牌,也会不断将商品的信息提示给购买者。此外,人们对特

定品牌的情感也会使该品牌从大量的信息中脱颖而出,赢得消费者的注意。

伊莱克斯亲情化营销策略剖析

20世纪90年代初期的中国家电市场竞争已是白热化,仅就电冰箱而言,1985年我国电冰箱制造企业是116家,而到了90年代初已剩50多家,甚至一些合资企业亦难逃被淘汰的命运。如声名显赫的"阿里斯顿"家族,鼎盛时期共有9个兄弟,但后来除美菱、长岭和华意外,其余的兄弟都不见了踪影。然而这一切都无法阻挡伊莱克斯匆匆的脚步。它成为中国是世界上最大的家电市场。中国家电业经过十几年的发展虽然卓有成效,但是产品科技含量、技术功能等方面与世界先进水平相比尚有一定差距,尽管某些产品知名度很高,但是品牌忠诚度却较低,所以对新旧品牌来讲,市场机会是相等的。

1. 明确市场定位以静音冰箱为切入点

外国品牌进入中国市场不仅面临着产品本土化的问题,也面临着营销策略本土化的问题。伊莱克斯很好地把握住了这两点。

20世纪90年代后期我国电冰箱生产能力已达2 300万台,实际产量已达1 000万台以上,而市场需求仅为800万台。而且,由于冰箱市场已基本成熟,消费者对品牌的认知度很高。海尔、容声、美菱、新飞四大品牌的市场占有率已高达71.9%。在产品功能方面,海尔正在大力推介其抗菌冰箱,容声和新飞在节能、环保、除臭方面已取得领先地位,美菱则独树一帜,大力开发保鲜冰箱。

在这种难以撼动的强大对手面前,伊莱克斯针对自己的目标消费群特征和产品风格精心设计了一条充满亲情色彩的营销策略,并以"静音冰箱"作为进入中国千家万户的切入点。伊莱克斯提出,"冰箱的噪声你要忍受不是一天两天,而是十年,十五年……","好得让您一生都能相依相靠,静得让您日日夜夜察觉不到。"这种极具亲情色彩的营销语言,除了使中国消费者感受到温馨和真诚外,品牌形象和产品形象也随之得到了认可——"静音"就是伊莱克斯的个性和风格。

其实,伊莱克斯推崇的"静音"冰箱并非是针对中国市场特别设计制造的产品,它只不过是采用扎努西高效低噪声压缩机而已,这和它在世界其他市场提供的产品是一样的,唯一的区别就在于成功地为其产品塑造了亲情化形象。

伊莱克斯集团总裁麦克·特莱科斯在做中国市场调查时说过的一句话很值得人们细心品味,他说:"在开拓任何一个国家的市场时,我们都必须重视当地的民俗风情,生活习惯,消费方式等社会文化差异,只有尊重这些差异,充分地了解、分析消费者对我们产品的认识,我们才可能赢得他们的信赖和推崇。"

2. 以谦恭形象为品牌经营包装

20世纪90年代后期的中国电冰箱市场份额继续向知名品牌商品集中,非名牌商品市场进一步萎缩,海尔作为电冰箱行业的龙头老大,市场占有率已达30%以上,构成了伊莱克斯拓展中国冰箱市场主要的竞争对手之一。但同时,海尔在激烈的市场搏击过程中积累的丰富营销经验、售后服务经验、品牌形象扩展策略以及销售网络营建经验对伊莱克斯在中国实施本土化营销无疑是最有效、最便捷也最具影响力的启示。

伊莱克斯认为外国企业尽管有自己的品牌优势和产品优势,但是要想在中国市场参与竞争,就必须要注意营销手段的适地性,要建立在对中国市场消费文化了解的基础上。为此,伊莱克斯在市场导入初期以低姿态虚心向海尔学习营销经验,不但可使自己的营销工作少走弯路,避免惠而普、阿里斯顿与中国企业合作失败的教训,更可以在中国公众中树立谦恭务实的企业形象。而在中国商界历来就有"同行是冤家"的说法,视同行为大敌。当时一些冰箱生产企业浮夸风气日盛,为扩大品牌知名度,不惜倾尽全力在各种媒体上标榜自己的业绩。在这种情况下,伊莱克斯于1998年2月在海口召开的全国经销商大会上郑重提出向海尔学习的口号,立即在工商界掀起轩然大波,一个年销售额在147亿美元的国际家电巨人向销售额仅仅是它5%的中国品牌学习本身就造成了强烈的轰动效应。

3. 营销宣传始终体现品牌亲情化形象

伊莱克斯集团在市场推广方面,与当时国内一些企业投入巨资在媒体上大做广告的做法形成强烈反差。

伊莱克斯历来遵循广告宣传低姿态、科研开发高投入的经营宗旨。所以伊莱克斯在产品导入期的广告投放很有节制,并且不忘赋予广告以强烈的说服性和亲情性。据北京中企市场研究中心统计,在1998年电冰箱品牌的平面广告投放上,伊莱克斯的广告费用仅及海尔、容声的1/3。在广告投放地域分布上,海尔的特点是全国遍地开花,表明它雄心勃勃,以天下为己任;而伊莱克斯则主攻北京、上海以及东北、华东、华南地区的大城市。在西北地区伊莱克斯投放仅为0.8万元,海尔则为27.7万元。伊莱克斯在甘肃、青海、云南、内蒙古等地区投入也很少甚至没有投入。而在北京的投入量却高达10.06万元,海尔则为9.22万元,反不及它。由此可见,两个品牌广告投放策略不同,重点城市的高收入家庭是伊莱克斯既定的目标消费群体。

在中企调研监测网所监测的586家平面媒体上,伊莱克斯主要选择市级媒体,尤以晨报、晚报为主,目的是体现它的贴近性。为强化自己品牌的认可度,伊莱克斯在隐性广告宣传方面,认真借鉴海尔发动舆论攻势的成功经验,在众多宣传媒体上突出其产品优异性和与消费者建立的亲情化形象,其声势轰轰烈烈,所产生影响之大难以估量。

伊莱克斯在宣传内容上常有惊人之举。结合自己的售后服务营销策略,伊莱克斯曾在媒体上推出"一年包换,十年包修"的承诺,这与海尔在空调行业承诺"六年包修"异曲同工,如出一辙,这也是伊莱克斯提出向海尔学习之后再次在消费者中掀起的波澜。

4. 促销手段多样体现亲情仍是主旨

伊莱克斯除了在电视及平面媒体发布广告外,其主要的促销活动是在销售店内直接面对消费者进行,使顾客对公司的规范运作、产品的技术水平和服务水准留下良好印象。例如针对我国城市冰箱进入更新换代时期,伊莱克斯推出超值弃旧,以旧换新行动。凡是购买伊莱克斯的用户,可用其旧冰箱折换一台伊莱克斯生产的吸尘器或电水壶,并负责送货上门。在有的地方则推行"零售价优惠300元,再送一辆自行车",甚至还推出"先用两个星期,感到满意再付款"的促销招数。

伊莱克斯另一营销群体是城市新婚家庭。每逢"国庆"、"春节"期间,伊莱克斯都适时推出极富针对性的"有情人蜜月有礼"促销活动,在有的地区也称"送贴心嫁妆"活动,对购买伊莱克斯冰箱的新婚夫妇赠送食品搅拌机、蒸汽熨斗、面包炉等小家电物品。伊莱克斯促销形式对普通消费者也适用,馈赠内容更广泛,甚至送饮料、送一年电费、送购物优惠卡等。伊莱克斯仅仅围绕冰箱换代和新婚家庭作营销文章,不但扩大了市场占有份额,更重要的是在消费者中的亲情形象得到了淋漓尽致的发挥,这种亲情化形象反过来又强化了品牌优势,形成新的良性循环。

俗话说"谁拥有了消费者的心,谁就占有了市场"。伊莱克斯可谓深谙此道,营销策略采用攻"心"为上,既不称"王",亦不称"霸",更没有自吹自擂,广告投入也是低姿态,然而其品牌形象和产品形象却在消费者中产生了影响。

2. 品牌在评价比较方案中的作用

在评价比较各种备选方案时,人们总是根据自身的价值观和偏好来进行决策,品牌的个性就是最强有力的决策标准。有的人可能喜欢物美价廉的商品;有的人则喜欢最新科技的创新成果;有的人更加关注有哪些类型的消费者曾经购买过这些商品。品牌的个性特征将商品的上述特色凸显出来,有助于消费者对各个竞争者加以评价比较,做出正确选择。比如,在选择酒品的过程中,有的人偏爱既尊贵又独具中国特色的茅台酒;有的人更喜爱一样华贵却充满异国风情的人头马 XO;有的人则钟情于纯正而实惠的二锅头,所以品牌在评价方案中起到了指引的作用。

3. 品牌在购后评价中的作用

为了证实自己的方案最优,所得效用最大,消费者往往在购买结束后进行购后评价。这种评价可以由消费者自己进行,也可以征求亲友和同事的意见或是观察社会反映。品牌文化所带来的社会影响和消费者对品牌的情感,将会给商品带来更多的附加价值,从而使消费者得到更多的效用。品牌在购后评价中起到了强化的作用。

二、品牌的习惯性购买

许多产品是在消费者低度参与,品牌没有什么差异的情况下被购买的。这类商品主要是一些单位价值较低的生活必需品,例如食盐、火柴、白糖等。消费者很少参与这类产品,他们走进商店随手拿起一种品牌就买下,即使某人在寻找某一品牌,比如说红灯牌火柴,那是受老奶奶的习惯的影响,并没有强烈的品牌忠诚感。

在这种情况下,消费者的品牌购买行为并不经过信念→态度→行为的正常顺序。消费者并未深入地寻找与该品牌有关的信息,并评价其特征以及对应该买哪一种品牌作最后的决定,反而他们只是被动地接受广告所传递的信息。结果,广告的重复只能造成他们对品牌的熟悉而并非被品牌所说服。也就是说,消费者选择某品牌的商品,并非是由于对它持有什么态度,而只是熟悉它罢了。在消费者购买之后,甚至不会去评估它。因为他们并不介意这些产品。因此,购买过程是由被动的熟悉形成了品牌的信念,然后是购买行为,接着就可能没有评估过。

第四节　建立和保持消费者的品牌忠诚

一、品牌忠诚

1. 品牌忠诚的含义

品牌忠诚是消费者对某一品牌形成偏好、试图重复购买该品牌产品的趋向。它包括两层含义：一是消费者在以往的购买中，选择某一特定品牌的频率很高；二是消费者对该品牌形成偏好，显示一种明显的购买意图。

理解品牌忠诚这一购买现象必须注意以下几点。

（1）品牌忠诚是消费者的一种购买行为反应

这就是说，只有已经存在的购买行为或已经做出的购买尝试，而不是单纯口头上的偏好表示，才能作为确定品牌忠诚的依据。这也同时意味着，确定消费者的品牌忠诚光凭通常采用的问卷调查法是不够的，历史数据才是衡量它的基础。

（2）品牌忠诚具有时效性

即某个消费者在生活的某一阶段可能具有强烈的品牌忠诚，而在生活的另一阶段，这种忠诚可以随着环境的改变、社会生活条件的变化而减弱甚至完全消失。

（3）品牌忠诚可以是产生于一个品牌，也可以是多个品牌

即具有品牌忠诚的消费者并不只是集中于某一特定品牌，他可以在两个或两个以上的品牌间作出选择。当然，供选择的品牌越多，该消费者的品牌忠诚程度就越低。

培养消费者的品牌忠诚，对企业市场营销具有特殊的重要意义。首先，消费者一旦对某企业产品形成偏好与忠诚，就很难为其他企业的产品所动，甚至对其他企业的产品采取漠视和抵制态度，无形中可以减轻企业的竞争压力。其次，当消费者品牌忠诚度很高时，会削弱新产品特色和竞争企业所采用的诸如奖券销售、折价销售等销售方式的吸引力，有时甚至在市场形成一道壁垒，阻止新的竞争产品的进入。最后，消费者对某一品牌形成偏好以后，制造该品牌产品的企业可以在稍高于同类竞争产品的价格下销售自己的产品，从而可在产品价格竞争中处于有利地位。

2. 品牌的情感——品牌忠诚

消费者形成品牌认知后，会进一步对品牌产生情感。当前，建立和维护消费者的品牌忠诚度成为企业关注的重点，而忠诚度的形成在很大程度上依赖于消费者对品牌的情感忠诚。美国一家专门为企业进行营销策划的咨询公司，对某一品牌的4 000多名忠诚者进行调查。调查将忠诚者分为低情感低行为忠诚者、高情感低行为忠诚者、低情感高行为忠诚者、高情感高行为忠诚者。显然，企业所追求的是高情感高行为忠诚者。研究还表明，3％的低情感低行为忠诚者在第二年转化成为高情感高行为忠诚者，18％的高情感低行为忠诚者转变成为了高情感高行为忠诚者。可见，情感对消费者的品牌忠诚度具有重要影响。

由品牌情感转化为品牌忠诚的关键，是激发消费者的情感意识。为此，企业应该增加品牌的文化含量，还要经过长期的情感沟通与培养，而不要期待一蹴而就。

二、品牌忠诚度的测定

1. 比较法

即根据某一消费者对某类产品购买的历史资料,比较 A 品牌与该消费者选择的其他品牌(B、C、D、…)的购买联系,确定该消费者的品牌忠诚度。如果消费者自始至终地选择 A 品牌,或只偶然地选择其他品牌,则说明该消费者对 A 具有很高的品牌忠诚度。品牌选择如果出现 AAEEE 这样的图形,则说明消费者发生了品牌忠诚转移,即由 A 转向了 E。如果显示的是 AABAA 这样的图形,则说明消费者对 A 还是显示出极高的品牌忠诚,偶尔选择 B,可能是由于 B 品牌是一种新产品,或是在价格优惠等的吸引下,作了一次选择 B 的尝试。如果顾客的品牌选择图毫无规律可循,则说明该顾客没有固定的品牌偏好,属于品牌变换型顾客。

2. 频率测定法

这种方法是根据顾客对某类商品购买的品牌选择的历史资料,测定某段时间内顾客购买这类商品的总次数 T 和选择某特定商品的发生频率 B,然后以 B 除以 T 的比值即 B/T 来表示顾客对这一品牌的忠诚程度。B/T 的值越大,则表示消费者对该商标的忠诚程度越强,反之则越弱。

3. 货币测定法

通过销售试验,观察消费者对某特定品牌所愿意支付的额外费用,即较之于同类其他的品牌产品多的支出,来确定品牌忠实程度。上述额外功用既包括购买产品的多余的现金支出,也包括为购买到该产品所多付出的时间费用和搜寻费用。

值得指出的是,测定品牌忠诚程度时,一定要首先明确基本决策单位是单个的家庭、单个的消费者,抑或是企业和其他社团组织。因为通过市场调查所获得的数据,来源是各种各样的,对这些数据进行处理,只有统一基本决策单位才便于对调查结果的分析、比较和利用,否则,就会得出错误的结论。考察一个四口之家,家庭每一成员都是购买自己所使用的牙膏的决策者,假设每人各自忠诚于某一特定品牌,从整个家庭看,对每一种品牌的忠诚程度是 25%。因此,进行上述品牌的忠诚性测定时,上述家庭就不能作为一个基本决策单位,而只能作为 0.25 个基本决策单位。当家庭成员的决策参与程度和购买数量不同时,问题将变得更为复杂。由此可见,合适的基本决策单位的确定,在品牌忠诚度的测定中是非常重要的。

三、品牌忠诚形成原因的传统解释

传统上,对品牌忠诚是从产品方面寻求解释的。这种解释的基础是刺激-反应(S-R)动机理论。根据上述理论,消费者总是受到某种刺激,激发了潜在购买欲望之后,才做出购买决定的。这里所指的刺激物通常是产品的功能、特性、价格等。消费者形成品牌忠诚,正是由于产品特性这种刺激物的吸引所致。

随着动机理论研究的深入,人们逐渐发现原来的消费决策过程过于简单,不足以解释人的购买行为这一复杂现象。许多动机理论的研究者提出在 S 与 R 之间存在着一系列的中间环节,如理解、学习、遗忘、思考与判断等。购买动机理论的变化,虽然使刺激因素在现代购买动机研究中的重要性面临一些新的挑战,但产品特性对消费者的吸引以及它对消费者的产品和商标选择的影响与作用,并没有随之受到责难,相反,强调产品吸引的观念似乎还有所加强。

如在现代购买动机研究中,越来越多的人发现"学习"在消费过程中具有特殊重要的地位。现代消费者,并不完全听信于广告的劝说,也不会听凭生产者的摆布,他们从个人经验中学习。同时,消费者还从广告中学习,从别人的购买经验中学习。消费者对个人经验的信任更甚于对广告的信任。这样,消费者只有在对市场出售的商品性能、使用和销售情况有所了解,自己具备消费知识和技能后,才能做出反应。此外,人们无论是进行商品选择还是进行商标选择,都是根据行为结果或报酬来考虑的。过去的行为如果导致好的结果,人们就有反复进行这种行为的趋势,如果过去的行为导致不好的结果,人们就有回避这种行为的趋向。既然如此,产品特性、品质对消费者的商品购买和商标选择就会具有决定性的影响。企业只有提供有特色,质量稳定可靠,服务优良,使消费者购买后产生满意感的产品,才会导致消费者对该产品的偏爱和重复购买该品牌产品。

对大多数营销者来讲,消费者对其品牌的忠诚是其梦寐以求的目标。尽管在过去的二十年中由于品牌之间激烈的竞争和广泛的促销活动(优惠券和价格折减),消费者对品牌的忠诚度与日俱减,但是并没有丧失。一项对2 000名顾客的调查发现,对品牌的忠诚度因产品消费集团(那些声称主要购买同一品牌的人们)的不同而有很大差别。

全聚德的品牌忠诚战略

中华著名老字号"全聚德",始建于1864年(清同治三年),含义为"全而无缺、聚而不散、仁德至上"。140多年来,历经几次重大的历史变革,全聚德获得了长足的发展。1993年,中国北京全聚德烤鸭集团公司成立,为全聚德在改革开放时期的大发展奠定了坚实的基础。1997年,中国北京全聚德烤鸭集团公司按现代企业制度转制为中国北京全聚德集团有限责任公司。全聚德集团成立十几年来,发挥老字号品牌优势,在发展过程中确立了详细的品牌发展战略:积极注册商标、完善特许经营、注重品牌合作、强化内部管理。现已形成拥有50余家成员企业,年营业额9亿多元,销售烤鸭300余万只,接待宾客500多万人次,品牌价值106.34亿元的餐饮集团。

2003年11月,全聚德与华天饮食集团强强联合,成立聚德华天控股有限公司;2004年4月,全聚德集团与首都旅游集团、新燕莎集团实现战略重组。2005年年初,在北京全聚德烤鸭股份有限公司的基础上,组建中国全聚德(集团)股份有限公司,标志着全聚德不再仅仅是一个烤鸭品牌,而是拥有丰泽园、仿膳、四川饭店等优秀老字号餐饮品牌企业的首都餐饮联合舰队,全聚德进入了一个新的发展阶段。

那么相对于那么多已经沉沦的老字号企业而言,全聚德的秘诀是什么呢?

1. **积极注册商标**

1993年,在全聚德集团成立之初,委托国家专业资产评估机构对"全聚德"品牌进行无形资产评估,确认"全聚德"品牌以1994年1月1日为基准日的社会公允价值为2.694 9亿元;1999年年初,全聚德集团又委托了北京新生代资产评估事务所对"全聚德"无形资产进行了第二次评估,最后确认以1998年12月31日为基准日的"全聚德"品牌价值为7.085 8亿元。比起1994年的数据提高了2.62倍,充分显示出"全聚德"无形资产的迅速增值。2005年8月6

日,世界品牌实验室联合《世界经理人周刊》,在人民大会堂召开世界品牌大会,发布了2005年《中国500最具价值品牌》排行榜,全聚德品牌从去年排名第56位,提升到2005年的第49位,全聚德品牌价值评估也从2004年的84.58亿元,提升至2005年的106.34亿元。

2. 完善特许经营

全聚德自组建集团以来,打破传统餐饮业单店经营模式,率先在国内引进连锁经营理念,通过十多年不断地探索和实践,已在国内外拥有50余家连锁企业,全聚德品牌的影响力广及五洲四海。为进一步加快全聚德连锁经营事业的发展,全聚德集团成立了全聚德连锁经营公司,作为全聚德连锁经营总部,专责全聚德连锁经营事业。在推进特许连锁过程中,全聚德制定了"不重数量重质量"的原则,着重发展经济发达地区,市场布局以各省会、大中城市、沿海地带为主,开发A级、B级店,建立了从立项、签约到培训、配送、开业、督导等一整套特许经营管理体系和程序。集团所有成员企业无论资产所有权归谁,凡使用"全聚德"无形资产,一律与"全聚德"——中国北京全聚德集团有限责任公司——签订《特许经营合同》、《商标许可合同》、《全聚德主要原料、用品配送合同》、《鸭炉租赁合同》、《外派人员协议》等一系列相关合同和文件,形成了健全的连锁经营制度与法律保障体系。同时,在全国各连锁企业中积极推行形象识别系统,实行商标标识、工服、餐具、专用设备的标准、规范和统一,提升对全聚德品牌的管理水平。为建立强有力的连锁经营配送系统,集团公司建立的全聚德配送中心,积极按国际标准规范企业管理,于2000年通过ISO9001质量体系认证,提高了统一配送的质量。目前,配送中心已对全国连锁企业实行鸭坯、荷叶饼、酱等主要原材料的统一配送。实行统一配送后,已初步改变了"全聚德"百余年来手工操作的生产方式,推动老字号"全聚德"走上了产业化、规模化经营的道路,对连锁事业的发展起到了促进和保障作用。

3. 重视品牌合作

全聚德的品牌合作,坚持两条原则:一是纵向一体化,即品牌的延伸要能够形成上下游的产业关联;二是紧紧围绕餐饮主业,形成服务于主业的横向关联。德国费迪南德·碧洛德葡萄酿酒有限公司是一家拥有三百多年悠久历史的专业葡萄酒酿造公司,公司总部坐落于世界著名葡萄种植地——德国莱恩堡。公司旗下汇集了众多世界著名酿酒艺术大师,在世界各地拥有最现代化的葡萄酒酿造企业,并在全球20多个国家和地区设有40多个分支机构。全聚德集团利用品牌延伸,与德国碧洛德酒业公司合作,采用"全聚德·碧洛德"双商标生产纯正的德国白葡萄酒和法国红葡萄酒,引进国内市场,新闻界称为"中国人出品牌,洋人造佳酿",国内外两家老字号企业的跨国"联姻",产生了复合的放大效应。"全聚德·碧洛德"红、白葡萄酒上市销售以来,经营业绩直线上升,并且在消费者心目中逐步树立起了"吃全聚德烤鸭,品全聚德·碧洛德酒"的消费观念。为了迎接2008年北京奥运会,两家企业又结伴在全聚德集团面向奥运市场的亚运村店推出美食配美酒的中西合璧皇家宫廷特色和奥运主题创新菜。全聚德在中国餐饮业的品牌效应及其亚运村店在未来奥运餐饮市场的主导地位,都给碧洛德提供了一个开拓中国高端市场的优势营销平台。碧洛德葡萄酒目前已获准以全聚德商标在全聚德各店销售,此举开创了国际名牌为中国餐饮业定牌生产的先河。另外,全聚德集团还与九龙山矿泉水公司合作,定制营销全聚德·九龙山矿泉水;与北京红星股份公司合作,定制营销全聚德·红星二锅头;与北京龙徽葡萄酿酒公司合作,定制营销全聚德·龙徽葡萄酒等,都推动着品牌的延伸与发展。通过品牌合作,全聚德继续扩大自己的品牌知名度,丰富了消费者的选择,对于双方企业来讲往往起到双赢的效果。

复习思考题

1. 结合实例,说明品牌的含义与表达。
2. 什么是品牌定位?
3. 品牌定位的主要策略有哪些?
4. 品牌对消费者心理的作用机理是什么?
5. 商标运用的心理策略有哪些?
6. 消费者的品牌购买行为与其他商品有什么不同?
7. 商品命名的心理要求是什么?
8. 什么是品牌忠诚?
9. 品牌忠诚测定方法有哪些?
10. 如何使消费者对品牌产生忠诚?

第六章

消费者的价格认知心理与行为

 教程目标

1. 了解价格的心理机制；
2. 掌握消费者的价格心理表现；
3. 掌握消费者的价格感知；
4. 了解价格制定的心理依据；
5. 掌握定价的基本策略；
6. 了解定价的一般方法。

 本章精要

1. 价格的心理机制；
2. 消费者的价格心理表现；
3. 价格制定的心理依据；
4. 定价的基本策略。

 导入案例

玩具小店假提价真促销

泰国的首都曼谷有一家专门经营玩具的小店，店主差采是一位很精明的生意人。有一次，他购进了两种造型相似的玩具小鹿，一种来自日本，另一种来自中国台湾。开始时，他将这两种玩具小鹿以每只3角9分的相同价格上柜销售，结果，两种玩具小鹿的销售都很不景气。按理说，这两种玩具小鹿的价格定得比较合理，可为什么却销不动呢？精明的差采盘算了几天，决定将日本的玩具小鹿定价为3角9分，而将中国台湾玩具小鹿每只提价为5角6分，摆在同一柜台出售。顾客看到这两种质量、造型相差无几的玩具小鹿，价钱竟然悬殊这么大，买日本产的小鹿玩具太划算了，于是购买的人陡然多了起来，不出半个月，日本产的小鹿玩具便全部卖光了。日本产的小鹿玩具一卖完，差采便把中国台湾产的小鹿玩具标上"减价出售"的牌子：原价5角6分，现价3角9分。顾客看到这种小鹿玩具降价如此之多，感到很划算，买的人也多了起来。不久，这些"削价商品"也卖完了。

第一节　商品价格与消费心理

一、商品价格的心理功能

1. 衡量尺度的功能

消费者不可能具体了解每种商品的定价工作情况,而是习惯于根据经验把价格与价值及商品质量联系在一起,视价格为价值大小的标志,为商品质量的尺度。消费者普遍认为"一分钱,一分货","好货不便宜,便宜没好货"。尽管有些消费者具备一定的营销学知识,会对价格的合理性进行分析,但是以价格水平来衡量商品价值的大小与质量的高低,仍然是大多数消费者奉行的价格心理准则。

2. 自我比拟的功能

主要表现在三个方面:其一是社会地位的比拟;其二是文化修养的比拟;其三是气质、性格、能力等方面的比拟。

3. 调节需求的功能

价格变动可以调节消费需求,或者刺激需求,或者抑制需求。价格对需求的调节作用还会受到需求弹性、消费者的心理需求强度和价格心理预期的制约。

二、消费者的价格心理特征

1. 习惯性心理特征

消费者在长期消费实践中往往形成对商品价格的一种习惯性心理。基于这种习惯性的价格心理,会在消费者心中形成对某种商品价格水平的大致规定,一般会有上、下限标准。如果价格超过上限,消费者会认为价格太高而拒绝购买;如果价格超过下限,消费者会认为商品质量太低而拒绝购买。

2. 敏感性心理特征

消费者对商品价格变动具有敏感性。由于消费者对各种商品价格的合理性都有一个既定的范围标准,而且价格又与消费者密切相关,因此,一旦商品价格发生变动,消费者会立即察觉并对心理活动产生重要影响。这种敏感性心理实际上是习惯性价格心理的反映。当然,消费者对不同商品价格变动的敏感程度是不一样的。

3. 倾向性心理特征

倾向性心理特征是指消费者对商品价格比较、判断时的一种倾向性心理特征。对于不同类别的商品,消费者的价格倾向性是不同的。

三、制定商品价格的心理策略

1. 新产品定价的心理策略

(1) 撇脂定价策略

这种策略是企业在新产品进入市场的初期,利用消费者"求新"、"猎奇"的心理,将这类刚投放市场的新产品价格定得高一些,以便获取较高的利润。以后,再根据该商品的市场销售变化,逐步地降低价格,也叫"撇脂定价法"。

撇脂定价策略适合于这样的新产品:新产品比老产品有明显的、突出的优点,市场上需求者较多;生产方面拥有专利技术,没有竞争者;人们在消费中,认为高价代表高档、高品质的产品,虽然价格高,但市场需求不会大量减少;该商品是需求弹性较小的商品。

(2) 渗透定价策略

这种定价策略与撇脂定价策略正好相反,它是利用新产品进入市场初期,消费者有求实惠的心理,将新产品价格确定在低于预期价格的水平下进行销售,以利于迅速打开此种产品的销路,待销路打开后,再逐步提高价格。

渗透定价策略适合生活日用品,人们消费量大,购买频繁的商品,特别是食品类新产品、家庭日常用品等。

(3) 满意定价策略

这种定价策略介于撇脂定价策略与渗透定价策略之间。它既不像撇脂定价策略那样,一开始就把新产品价格定得那样高,也不像渗透定价策略那样一开始就把新产品价格定得那样低,而是根据消费者对该种新产品所期望的支付价格来确定。

这种定价策略适用于那些生活日用品和技术要求不高的新产品。

2. 市场销售过程中的定价心理策略

(1) 奇零定价策略

奇零定价策略多用于一般日用消费品。商业心理学认为,一般人们在发生购买行为时,往往心理上会出现一种错觉,误认为奇数比偶数小,带有小数点的比整数小。以奇数或带有小数点的数定价似乎更好。如5元以下的商品,末位数是97或99(4.97,3.97)定价最畅销。消费者会有一种经过认真计算、最低价格的心理感受。

(2) 习惯价格与方便价格心理策略

习惯价格策略是根据消费者的价格习惯心理而制定出符合消费者习惯的一种定价策略。

(3) 折让价格心理策略

折让价格心理策略包括商品销售过程中的折价和让价,这是商品销售者在一定条件下,用低于原定价格的优惠价格来争取消费者的一种定价策略。

(4) 声望定价心理策略

声望定价心理策略通过制定较高的商品价格来满足消费者崇尚名牌商品、名牌商店的心理而采用的一种定价策略。

四、商品调整定价的心理策略

在一些情况下,企业会发现既可以发动降价也可以发动提价。在这两种情况下,企业必须预测购买者的可能反应。

当一些商品调低价格后,本来应该刺激消费者的购买动机,促使他们大量购买和重复购买,结果却发现相当一部分消费者做出了相反的反应,购买不但没有增加,反而减少。这种心理行为主要有这样一些原因:认为商品降价是由于这些商品自身品质下降而造成的;认为凡是降价的商品都是销售过程中的冷背商品,是过时货,是人们不愿要的商品;认为一些商品降价,是因为企业即将推出替代这些老产品的新产品,才使这些老产品降价抛售;认为这类商品降价的幅度还不够,还将继续降价,期望等这类商品的价格更为低廉时再买。

当一些商品的价格调高时,本来应该抑制一些消费者的购买欲望,减少购买这些商品的数量,结果却发现一些消费者反而积极购买。他们的心理行为有这样一些原因:认为这类商品提价,说明销售状况好,一定是受人欢迎,我也应该尽早购买;认为提价的商品还将会继续提价,要尽早买,以防需要买时再买要付更多的钱;认为商品提价是因为商品本身品质和功能的提高,或者是具有了特殊的使用价值,买后肯定不会吃亏。

1. 商品降价的心理策略

(1) 降价的幅度一定要适宜;

(2) 要准确地选择降价时机。

2. 商品提价的心理策略

(1) 对那些因外部原因而造成的商品提价,企业要努力改善经营管理,降低费用开支,在此基础上降低提价的幅度;

(2) 对由于国家为合理配置资源、保护环境而造成原材料价格提高致使商品提价,要做适当的宣传解释;

(3) 企业在提高商品销售价格时,也可以采用这样的心理策略,即不改变销售价格,减少商品容量或数量,或采用新设计包装而适当提价,而原有商品价格不变;

(4) 在提高某种商品销售价格的同时,适当降低其他商品的价格,使社会公众感觉到价格变动的相关性,从而理解价格变动的总趋势;

(5) 在价格变动的同时,努力搞好多方位的服务,如改善销售环境、提高服务质量、增加服务项目,热情周到地为消费者服务,以取得消费者的理解。

消费者的价格感知

日本东京银座美佳西服店为了销售商品采用了一种折扣销售方法,颇获成功。具体方法是这样:先发一公告,介绍某商品的品质等一般情况,再宣布打折扣的销售天数及具体日期,最后说明打折方法:第一天打九折,第二天打八折,第三天和第四天打七折,第五天和第六天打六折,以此类推,到第十五天和第十六天一折,这个销售方法的实践结果是,第一天和第二天顾客不多,来者多半是来探听虚实和看热闹的。第三天和第四天人渐渐多起来,第五天和第六天打六折时,顾客像洪水般地拥向柜台争购。以后连日爆满,没到一折售货日期,商品早已售缺。这是一则成功的折扣定价策略。妙在准确地抓住了顾客购买心理,有效地运用折扣售货方法销售。人们当然希望买质量好又便宜的货,最好能买到二折、一折价格出售的货,但是有谁能保证到自己想买时还有货呢?于是出现了头几天顾客犹豫,中间几天抢购,最后几天买不着的惋惜情景。

第二节　消费者的价格心理表现与价格判断

一、定价的含义

1. 定价的概念性问题

从消费者角度讲,价格一般被定义为:为购买产品或服务,消费者所必须放弃的价值。研究人员一般认为,价格是某一商品或服务索要或支付的货币数量形式的价值。价格是交换过程中的一个关键要素,价格概念不仅仅包含货币数量,而且也指消费者的资金成本。

消费者成本分为四种基本类型,即货币、时间、认知活动和行为努力。这些成本与产品所提供的价值或效用一起成为认识从消费者角度所讲的价格涵义的一条捷径。消费者在购买一些产品时会经常考虑这些因素。

营销成本也分为四类,即生产、促销、分销和营销调研。大多数商业成本和投资,都可以与这四类成本中的某一项内容对号入座。产品的价格通常必须至少涵盖产品的可变成本,并且对向市场供应产品所必需的经费或利润也应有一些贡献。

市场交易得以进行的前提条件是,消费者愿意支付的价格必须大于或等于营销者愿意出售的价格。

2. 价格感知效应和认知

不为人们注意的一些琐碎的感官经验事件影响到人们对价格变量的理解。

经常为人们所关注和全面掌握的价格信息和由此形成的意念,可以影响消费者的行为。对于某些购买活动,消费者往往要做大量的品牌间的比较,而且在多种成本和价值之间估算权衡。至少消费者必须掌握、理解影响标价的诸多因素和发展货币价格的一些不同术语。

关于价格对消费者感知、认知和行为的影响的研究结论,并没有完美理论的支持,而大多数研究在方法上都有瑕疵。这样,我们就不必为在价格怎样影响消费者选择过程和行为这一基本问题上几乎没有一致的看法而感到惊奇。例如,长期以来一直主张的消费者认为价格与产品或劳务的质量有密切联系的说法,实验表明,当消费者仅被告知价格信息时,这一联系确实存在,但是当消费者获悉有关该商品的其他信息(如该商品所在商场的长期信誉状况)时,这种价格—质量的密切联系就消失了。

二、价格感知

价格感知是指信息如何被消费者理解,并且产生对他们有意义的影响。理解价格感知的一种方法是了解信息处理过程,有些学者倡导这一方法。这一模型阐明了在消费者参与程度较深的产品和购买活动中,价格对消费者行为产生影响的过程。从根本上讲,价格信息是通过视觉和听觉等感官接收到的。接下来,信息被理解,即信息被解释并赋予涵义。

在价格信息的认知过程中,消费者会把某一商品的标价与他们在头脑中已形成的这一商品的价格或价格范围做一个比较。他们在头脑中为进行这些比较而形成的价格被称为内部参照价格。这一内部参照价格在消费者看来或许是一个公平的价格,它可能是曾经的历史价格,也可能是消费者认为的一个较低市场价格或一个较高市场价格。从根本上讲,内部参照价格起到一个向导的作用。帮助消费者估算该标价是否可以接受。例如,某一消费者可能认为 50

美分是一个糖果罐头的合适价格。当自动售货机出售的糖果罐头为75美分时,这一内部参照价格可能会阻止消费者购买,因为要价太高了。

某一特定品牌的标价或许被当作一个产品特质。接下来,消费者会把这一信息与这一产品集团内其他品牌的货币价格进行比较,也与这一品牌和其他品牌的特质以及其他的消费者成本进行比较。最终,形成关于不同品牌选择的一个态度。

对于消费者参与程度较低的商品和购买过程来讲,货币价格可能对消费者感知、认知和行为影响很小或没有影响。消费者对许多商品可能仅有一个不明确的价格范围,只要价格落在这一范围内,消费者甚至可能不把价格估算作为购买参照标准。与此类似,有些产品在没有任何价格质疑的情况下,就被轻率地购买下来,在购买时无论被索要多少,都会毫不犹豫地进行支付。在超市结款区和药店中的冲动性购买商品,可能经常就是以这种方式进行的,就像消费者购买其他自己忠诚的品牌一样。在后一种情况,消费者可能仅依据品牌标识进行购买,而无须再比较货币价格及其他消费成本。

有时消费者会对他们经常进行购物的商场的价格信誉形成依赖,故而不用仔细地分析比较价格信息。比如像沃尔玛这样的折扣商场,在消费者心目中一般被当作了廉价经销店。故而也就无须再把这些商场的商品价格与其他商场进行比较。消费者并不经常在记忆中仔细地储存那些琐碎的价格信息,即使对于他们曾买过的商品也不例外。比方说,研究人员通过对杂货商店的调研,得出了如下结论:令人吃惊的是消费者即使对刚刚进行完的购买活动的价格信息的关心和记忆也是如此残缺不全。

事实表明,仅有不到一半的顾客能够回想起他们刚刚放在购物篮中的商品的价格;同样,也仅有不到一半的顾客还记得他们曾在减价商品中挑过一件。这些人中只有极少数是在既知道商品价格,又清楚减价幅度的情况下进行购买。

为什么消费者不在记忆中仔细地储存单个商品的价格呢,这里有一些可能的原因。消费者可能不想费很大力气去收集、储存和复查他们所购的大量商品的价格。除了通过订货单方式或经过讨价还价进行的购买外,在其他的大量购买活动中,消费者要么必须按标价支付,要么就干脆放弃购买。这样如果他们选择了购买,则价格就不为他们所控了。如果仔细地储存价格信息对节省货币没有太大帮助时,储存价格信息几乎就没有意义了。

总之,消费者经常不值得花费认知活动成本、行为努力成本和时间成本进行价格信息的处理、储藏,以便节省一点货币。

不二价

在中国台湾,制鞋业较发达,因而竞争也激烈。台北市的金华皮鞋公司在经营上出别人不敢轻易尝试的新招,并常取得意想不到的成绩。

一天,地处延平北路的金华皮鞋公司门口,挂出了"不二价"的特大招牌。所谓"不二价"即不还价。这在当时的延平北路可谓风险冒得太大。因为人们到延平北路买东西,即使打心眼里喜欢某物,也还要还点价,否则就觉得吃了亏。人们已形成概念:买东西照标价付钱是最傻不过的。久而久之,厂商们索性把售价提高两倍左右,以便还价时折扣也好让买卖双方满意。

金华公司实施"不二价"。不久,很多顾客对某双皮鞋非常中意,可就是由于根深蒂固的"怕吃亏"心理,总觉得照标价付钱亏了,使许多眼见成交的生意吹了。

金华遇到了历史上最冷清的时期。许多职工抱怨:"创什么新,干脆恢复原先的做法,制定虚泛价格,来满足顾客捡便宜的心理。"公司老板叫杨金彬,主意是他出的。听到职工们的抱怨,杨金彬考虑:"以自己多年经营皮鞋的经验来看,此次打出'不二价'新招,是有点令人发寒;但从价格上看,本公司售价是依据皮鞋质料、做工、市场状况而确定的,且比别人的标价低一倍,自己没有亏待顾客。"经再三权衡,他认为顾客会货比数家,再来金华的。便决定挺一阵子。

果然不出杨老板所料,时隔不久,金华公司门庭若市,许多顾客到可以讨价的商店购买,打折后,皮鞋价格往往仍比"金华"的高。因此,顾客们纷纷回头光顾金华。不二价的真正用意,总算被顾客了解并接受了。职员们愁眉锁眼的脸上也露出笑颜。

许多厂商看到"金华"的成功,纷纷效法,渐渐地搞起了不二价和公开标价。现在到延平北路,再也不见以往那种漫天要价和顾客大杀价的现象了。

第三节 制定价格策略

休布雷公司:巧妙定价

休布雷公司是美国生产和经营伏特加酒的专业公司,其生产的史密诺夫酒在伏特加酒市场享有较高的声誉,市场占有率达23%。20世纪60年代,另一家公司推出一种新型伏特加酒,其质量不比休布雷公司的史密诺夫酒差,每瓶价格却比它低1美元。

面临对手的价格竞争,按照惯常的做法,休布雷公司有三种对策可以选择:

(1) 降价1美元,以保住市场占有率;

(2) 维持原价,通过增加广告费用和推销支出与竞争对手相对抗;

(3) 维持原价,听任其市场占有率降低。

由此看出,不论休布雷公司采取其中哪种策略,它都似乎输定了。然而,该公司的市场营销人员经过深思熟虑之后,却策划了对方意想不到的第四种策略,即将史密诺夫酒的价格再提高1美元,同时推出一种与竞争对手新伏特加酒一样的瑞色加酒和另一种价格低一些的波波酒。其实这三种酒的品质和成本几乎相同。但实施这一策略却使该公司扭转了不利局面:一方面提高了史密诺夫酒的地位,使竞争对手的新产品沦为一种普通的品牌;另一方面不影响该公司的销售收入,而且由于销量大增,使得利润大增。

价格策划是一个以消费者需求的经济价值为基础,综合考虑各种影响因素,确定价格目标、方法和策略,制定和调整产品价格的过程。由于策略的结果涉及企业、消费者、竞争者和社会等各方面利益,因此是一个难度很高的策划项目。为保证策划的质量,企业营销策划人员首先要把握制定价格的原则、程序、方法与策略。

一、定价应考虑的因素

企业为产品定价应主要考虑以下因素。

1. 环境因素

毫无疑问,公司在制定价格战略时必须考虑环境因素——经济趋势、政治倾向、社会变革和法律约束。营销战略部分的制定都应优先考虑这些环境要素,并且持续地对这些要素进行监督管理。当公司开始做出定价决策时,许多环境总是应该已经得到了充分地考虑。在环境问题上的考虑对于制定价格战略是至关重要的。

2. 竞争因素

在制定或调整价格时,厂商必须考虑到所面临的竞争,并且弄清楚竞争对手是如何对价格变化做出反应的。厂商对以下要素应严格考察:竞争者数目、竞争者市场份额、竞争者区位分布、该产业进入条件、竞争对手垂直一体化程度、竞争对手财务状况、每一个竞争者的产品数量和品牌、竞争者的成本结构、竞争者对曾经发生的价格变化的反应。

对这些因素的分析,有助于确定自己的产品价格是否应该同竞争者的产品价格持平、低于或高于其价格。但是,这一分析也应该考虑到与竞争性供给相关的其他消费者成本。消费者经常支付更高的货币价格来节省时间和确定价格在营销战略中的地位。

3. 成本因素

成本是企业为其产品设定的底价。企业设定的价格,要能补偿所有生产、分销和直销产品的成本,又能为企业带来可观的收益。成本费用主要包括生产成本和销售成本两部分。

(1) 生产成本

生产成本有两种形式,它们对定价起着不同的影响作用。一为固定成本,指不随生产或销售水平变化的成本,如租金、利息、管理人员薪金等;二为变动成本,指随生产或销售水平变化的成本,如原材料、零配件、运输、燃料、包装等成本。

总成本是指在任何生产水平下固定成本和变动成本之和。当产品为零时,总成本等于未开工时发生的固定成本费用。

(2) 销售成本

销售成本主要包括产品销售所需的广告、公关、促销和销售管理费用。

企业制定的价格至少要能补偿在既定生产水平下的生产和销售成本。如企业生产和销售产品的成本大于竞争对手,则企业将不得不设定较高的价格或减少利润,从而使自己处于竞争劣势。

二、价格策划的原则与程序

1. 价格策划的基本原则

企业定价和调价受很多变数的影响,需要营销人员根据企业当时的实际情况进行综合判断作出决策。搞好价格策划应当把握以下基本原则。

(1) 价格策划的出奇制胜。价格策划应当出奇制胜,在实施时才能先发制人,达到目的。

(2) 价格策略的适时变动性。价格相对稳定是企业经营的基本原则,变化频率过快易失去消费者的信任。但是,相对稳定并不是说不能变化,只要时机合适,仍然能利用价格因素达成直接获利或排斥竞争者的目的。

(3) 价格策划的区间适应性。企业定价有上限和下限的限制,价格的变动应当在这个上下限规定的区间里变动,突破这个区间有可能带来副作用。

(4) 价格变动的时间区间。通常,战术价格调整多数控制在 1～3 个月之间,或者是价格调整的营销目的已经达到,就应当研究新的价格战术,采用新的价格策划方案。

2. 价格策划的程序

(1) 选择定价目标

企业选择的价格目标通常有:①利润目标,包括当期利润最大化目标、适度利润目标等;②销量目标,包括最大销量目标、保持或扩大市场占有率目标等;③竞争目标,包括应付和避免竞争目标、维持企业生存目标等。

其目标是寻求企业为消费者所创造的价值与成本之差的最大化,即从企业所创造的价值中获取应得的利润。

(2) 核算产品成本

产品成本是定价的主要依据和最低经济界限。因此,定价离不开对产品成本的核算。这一阶段的策划应重点掌握产品本身价值量的大小和产品的供求关系,尤其是产品的需求价格弹性、国家政策对价格的规定、货币的价值、货币流通规律的影响、消费者心理对定价的影响等。

(3) 调查和预测竞争者的反应

在商品经济条件下,竞争是无处不在的。尤其是产品的营销价格,是市场上最为敏感的竞争因素之一,因此,企业价格策划时,必须充分考虑到竞争者的可能反应,尽可能多掌握竞争者的可能反应,尽可能多掌握竞争者的定价情况,并预测其对本企业定价的影响,以调整和制定有利的价格策略和其他营销策略。

(4) 选择定价方法

可供企业选择的定价方法很多,企业在分析测定以上各种因素的影响之后,就应该运用价格决策理论,选择出一定的方法来计算产品的基本价格,即根据产品成本、市场需求和竞争状况三要素来选择定价方法。

(5) 确定定价策略

① 定价与产品的关系。产品的质量、性能是制定价格的重要依据。如果产品质量好、功能多、信誉高、包装美,就能把价格定得比一般产品高;相反,价格就要定得低一些。

② 定价与销售渠道的关系。企业产品的直接销售对象和定价也有一定的关系。如果把产品大量批发给中间商,则价格应当定得低一些;如果直接销售给消费者,价格就要定得高一些。

③ 定价与促销的关系。产品花费的促销费用高,价格理应定得高一些;否则,价格就可以定得低些。

(6) 确定最后价格

根据定价目标,选择某种定价方法所制定的价格常常并不就是该产品的最终价格,而只是该产品的基本价格。为了提高产品的竞争力及对顾客的吸引力,还应考虑一些其他的因素,对基本价格进行适当调整。

价格调整的方向有升有降,调整的时间有长有短,调整的幅度有大有小,调整的方法灵活多样,一切都要以市场为转移。调整也不可能一次就完成,市场环境再变化,价格就要再调整,直至产品生命周期结束,产品离开市场。

三、可供选择的定价方法与策略

1. 定价方法

企业在制定价格的策划时,一般来说,主要是考虑产品的成本、市场需求和竞争状况三大因素,并结合产品情况做出相应的决策。因此定价可分为需求导向定价、成本导向定价和竞争导向定价。

(1) 以成本为中心的定价方法

其公式是:价格＝成本＋税金＋利润。以成本为中心的定价方法有单位成本加成定价法、总量成本加成定价法、变动成本加成定价法、总量成本利润率定价法和边际成本定价法。这些定价方法的优点在于简易易行。因为确定成本比确定需求容易,将价格盯住成本,可极大地简化企业的定价程序,也不必经常根据需求的变化调整价格。这种定价方法的不足之处在于,它是以卖方的利益为出发点,不利于企业降低成本。其定价的基本原则是"保本求利"和"水涨船高",没有考虑市场需求及竞争因素;另外加成率是个估计值,缺乏科学性。

这种定价方法,其策划的一般流程是:生产产品→核算成本→制定价格→宣传价值→销售产品。

(2) 以需求为中心的定价方法

其公式是:价格＝需求价格。以需求为中心的定价方法,依据顾客对产品价值的理解和需求强度来制定价格,而不是依据产品的成本来定价。其特点是灵活有效地运用价格差异,对平均成本相同的同一产品,价格随市场需求的变化而变化,不与成本因素发生直接关系。其基本原则是,市场需求强度大时,制定高价;市场需求强度小时,可适度调低价格。这种定价方法综合考虑了成本、产品的生命周期、市场购买能力、顾客心理等因素。需求导向定价方法主要包括理解价值定价法、需求差异定价法和逆向定价法。

这种定价方法,其策划的一般流程是:测定认知价值→确定需求价格→估计销售量→核算产品成本→生产产品。

(3) 以竞争为中心的定价方法

在竞争激烈的市场上,企业通过研究竞争对手的生产条件、服务状况、价格水平等因素,依据自身的竞争势力,参考成本和供求状况来制定有利于在市场竞争中获胜的产品价格。这种定价方法就是通常所说的以竞争为中心的定价法。其特点是产品的价格不与产品成本或需求发生直接关系。产品成本或市场需求变化了,但竞争对手的价格未变,就应维持原价;反之,虽然成本或需求都没有变动,但竞争对手的价格变动了,则相应地调整其产品价格。当然,为实现企业的定价目标和总体经营战略目标,谋求企业的生存和发展,企业可以在其他营销手段的配合下,将价格定得高于或低于竞争对手的价格,并不一定要求和竞争对手的产品价格完全保持一致。竞争导向定价法主要包括随行就市定价法、竞争价格定价法、投标定价法和拍卖定价法等。

以竞争为中心的定价方法,其策划的一般流程是:生产产品→参照竞争产品价格→制定价格→宣传价值→销售产品。

2. 定价策略

定价既是科学,又是艺术。如果说定价方法是从量的方面对产品的基础价格做出科学的计算,那么定价策略则是从艺术角度,根据市场具体情况制定出灵活机动的价格。常见的定价策略如下。

(1) 高价攻入策略

企业在进入市场过程中,以产品为基础,采用高价攻入市场,获取一定的市场份额,进而建立长期的市场统治地位。这种策略的基础是高质量创新产品,可以为有名的大企业所采用,也适于中小企业。

施乐公司的高价策略

施乐公司以高价推出新型复印机。美国施乐公司1946年研制了干式复印机——施乐914型复印机。当时市场上所有的复印机均为湿式。湿式复印机在使用时,必须用专门涂过感光剂的复印纸,而印出来的是湿漉漉的文件,十分麻烦。相比之下,干式复印机就要便利多了,不仅可以直接印出干燥的文件,而且成本也不高。该公司老板威尔逊决定把价格定为29 500美元,这个价格比成本高十多倍。他认为,只有高价才能体现其独特性。到了1960年,干式复印机畅销起来,公司拼命生产,仍然供不应求。仅1960年一年,公司出售干式复印机的营业额就高达3 300万美元,市场占有率为15%;5年后,营业额高达39 263万美元,市场占有率为66%。

(2) 低价攻入策略

企业在进入市场过程中,以低成本产品为基础,采用低价攻入市场,获取一定的市场份额,进而建立长期的市场统治地位。这种策略是以长期的市场占有率为目标,有时甚至以初期的市场损失为代价,并视之为开发长期市场的投资。

船王的低价秘方

1955年,包玉刚成立了环球航运公司,花了377万美元买了一艘已经使用了27年的旧货船,开始了航运的经营事业。那时世界经济兴旺,单程运费很高,但包玉刚不为暂时的高利润所动摇,从经营一开始就坚持采取低租金、长期合同的定价方法和经营方针。他不仅希望用低价策略吸引顾客,增强竞争能力,而且还希望用这种方式避免投机性业务,最大限度地减少风险。包玉刚正是在这种经营思想的指导下获得成功的。他将刚买到的第一艘船以比同行低得多的价格长期租给一家信誉好、财务可靠的租船户,然后再凭这长期租船合同向银行申请长期低息贷款。这样,包玉刚利用诚实低价不仅获得了顾客和银行的青睐,而且依靠这种经营艺术使得他在短短的30年内一跃成为世界的著名船王之一。

(3) 优价攻入策略

企业在进入市场过程中,以优质产品为基础,采用中等价格攻入市场,使顾客以中等价格买到优质产品,获取一定的市场份额,进而建立长期的市场统治地位。这种优价攻入策略的基础是产品质量高于其价格,这种策略可为所有参与竞争的企业利用。

在举世瞩目的可乐战中,百事可乐成功利用优价攻入策略打入了为可口可乐独霸的可乐市场。关键在于同样花 5 美分,顾客能够买到一瓶 12 盎司的百事可乐,而买可口可乐只能买 6.5 盎司。百事可乐在利用优价策略攻入市场的同时,还充分利用广告以树立品牌形象。

别克凯越 Excelle 轿车的价格策略

上海通用汽车先后推出了经济型轿车赛欧(8.98 万~12.98 万元)和中高档轿车别克君威(22.38 万~36.9 万元)。赛欧针对的是事业上刚刚起步、生活上刚刚独立的年轻白领;而别克君威则针对的是已经取得成功的领导者。中级轿车市场是中国轿车市场的主流,这一汽车板块为中国汽车业带来了巨大的利益,同时也是竞争最激烈的市场。中级轿车市场多以公务商务使用为主,兼顾私用,目前中级轿车月销售量在 2.4 万台左右,而且仍在迅速增长。上海通用汽车由此推出"别克凯越",从而正式进军极具潜力的中级车市场。别克凯越的市场主要竞争对手包括:爱丽舍、日产阳光、宝来、威驰、福美来、捷达、桑塔纳 2000 等。

在 2003 年 8 月上市的别克凯越 LE-MT 豪华版(1.6 升手动挡)售价为 14.98 万元,别克凯越 LS-AT 顶级版(1.8 升自动挡)售价为 17.98 万元。

目前,中国国内的中档车的市场竞争相当的激烈,多种因素影响了别克凯越的上市价格。别克凯越要面对一个逐渐成熟的市场,爱丽舍、日产阳光、宝来、威驰、福美来、捷达、桑塔纳 2000 等车型已经占据了相当大的市场份额,同时,这些车型又具有很高的性价比。

中档车市场面对的是中国社会中最具有经济实力的一个阶层,一般来讲,这样的家庭都具有以下特征:男性,已婚,30~45 岁,家庭月收入超过一万元,大专以上文化教育程度,在国企或私企担任中级经理或是中小型私营企业主,他们购买凯越的用途是以公务商务为主,兼顾私用。因此,别克凯越是专为中层经理人、小型私企业主打造的中档公务商务兼私用座驾,它以现代动感的外观、高效的人性化空间、卓越先进的科技配备,满足了潜在车主实用、可靠、时尚、符合身份档次的用车需求,成为其事业和生活的可靠伴侣。

另外,在市场已经被占领的情况下,别克凯越只有拥有更好的性价比才可以在市场中占有一席之地。在性能上,别克凯越配置了许多高档车的设备,而在价格上,别克凯越在同档次的车型中价格居中上。

在分析以上影响因素之后,别克凯越的市场定价不高,采用了满意定价的方法,制定不高不低的价格,可以同时兼顾厂商、中间商及消费者利益,使各方面满意。相对于同一类的车而言,例如,宝来 1.6 手动基本型的售价是 15.5 万元,而宝来 1.8 舒适型的售价是 18.5 万元。在性能详尽的情况下,别克凯越的售价比同档次的宝来低。因此,对中级车主力的宝来构成了巨大的冲击。

上海通用是世界最大的汽车制造厂商,别克是世界名牌。但是,别克凯越采用了一种跟随的定价方式,在同类车中,价格低于宝来和配置更好的威驰,并没有定高价。可见,上海通用汽车进入中级车市场的决心。

同时，我们可以看到它采用了尾数定价的技巧。这无疑又为别克凯越占领市场建立了一个好的口碑。别克凯越1.6的定价虽然离15万元只是差了200元，但是消费者在心理上没有突破15万元的心理防线，给顾客价廉的感觉。而同一档次、性能相近的宝来的售价是15.5万元，使消费者感到价格昂贵的感觉。同时别克凯越采取了以数字8为结尾，很符合中国人的习惯，这与大多数轿车生产厂商的定价方法是相同的。

目前，我们还没有看到别克凯越降价的迹象，同时我们看到的都是在加价购车，虽然加价，但比起同性能的车型，价格还是相对便宜。因此，我们可以看到在近期内面对同类中级车的不断降价声，别克凯越很难降价。但是，加价买车的现象会随着产量的增加而消失。面对众多竞争者相继降价，或者提高性能变相降价，别克凯越无疑将面对更大的压力。直接降价无疑会对品牌的声誉产生很大的影响，一个顾客很难接受一个汽车品牌不断的降价，不仅损害了顾客的利益，而且还损害了厂商自身的利益。因此，面对宝来、威驰等主力中级车型的降价，以上海通用一贯的价格策略，别克凯越将会采用提高性能或者实行优惠的政策来变相降价。

别克凯越进入市场3个月内，销量突破了2万辆大关，创造了中国轿车业的奇迹，这和上海通用稳定的价格策略是分不开的。上海通用一般采取一种具有刚性的价格，很少采用降价销售的竞争手段，虽然赛欧一度降价，但总保持了一定的稳定性。对于别克凯越，上海通用同时又采用一种满意定价，其价格低于同类车车型。

第四节　修订价格策略

在价格策略中，最重要的是审时度势，随着时间、空间的推移，变化修订产品价格，更好地适合市场营销环境和机会，达到企业所期望的效果。

一、地区性价格策略

企业的产品不仅要销售给本地的顾客，还要销售给外地的顾客。产品运达地点不同，需要支付的费用不同。费用由谁承担，如何承担，对于不同地区的顾客是制定相同的价格还是不同的价格，这是企业需要面对的问题。地区性定价的形式主要有以下几种。

1. 原地交货定价

企业可要求每一个购买者支付从工厂到目的地运输成本。原地交货是将商品放到一个运输载体上（船、火车、汽车等），表明所有权和责任已转移到顾客手中，顾客就要支付从工厂到目的地的运费。采用此方法能公平合理地分派运输费用，但对偏远地区的顾客来讲，购买产品的价格则会上升。

2. 统一运费定价

统一运费定价俗称邮标定价，不管地理位置的远近，向所有顾客收取同样价格加上运费，这个运费是按平均运输成本来定的。采用此方法，对企业营销者来说容易管理，利于巩固和发展企业的远距离目标市场占有率，但容易失去较近位置的部分市场。

3. 区域定价

区域定价介于原地交货和统一运费两个定价方法之间。企业将销售市场划为若干区域，同一区域内的用户所付价格相同，较远区域的用户的价格略高一些。不同价格区域的两个相邻用户,对价格差异的存在具有较强的敏感性,所以在划定区域界线时,要注意价格差异程度,否则会引起消费者的不满。

4. 基点定价

基点定价就是以某个城市为基点,向所有用户收取该城市到用户所在地的运费,无论货物实际运输的长短。倘若所有的卖主使用同样的基点城市,对所有顾客来讲交货价格就会相同,也就消除了价格竞争。

二、价格折扣与折让策略

为了鼓励顾客及早付清货款及大量购买、淡季购买,还可以酌情降低其基本价格。价格折扣和折让主要有以下几种形式。

1. 现金折扣

现金折扣是企业给那些当场付清货款的一种减价。例如,顾客在 30 天必须付清货款,如果 10 天内付清货款,则给予 2% 的折扣。

2. 数量折扣

数量折扣是企业给那些大量购买某种产品的顾客的一种减价,以鼓励顾客购买更多的货物。因为大量购买能使企业降低生产、销售、储运、记账等环节的成本费用。例如,顾客购买某种商品 100 单位以下,每单位 10 元;购买 100 单位以上,每单位 9.9 元。这就是数量折扣。

3. 功能折扣

功能折扣又叫贸易折扣。功能折扣是制造商给某些批发商或零售商的一种额外折扣,促使他们愿意执行某种市场营销功能(如推销、储存、服务)。

4. 季节折扣

季节价格折扣是企业给那些购买过季商品或服务的顾客的一种减价,使企业的生产和销售在一年四季保持相对稳定。例如,滑雪橇制造商在春夏季给零售商以季节折扣,以鼓励零售商提前订货;旅馆、航空公司等在营业下降时给顾客以季节折扣。

5. 折让

折让即"以旧换新"。折让也是一种降低产品价格的方法。在购买企业新产品时,如同时交回旧货即给予降低售价的优惠待遇。如电视机、洗衣机的折让法,目的是树立一种处处为用户着想的企业形象。

三、促销价格策略

为了促进销售,有时将其销售价格修订得低于目标价格,甚至低于成本费用,这就是促销价格。主要有以下几种形式。

1. 削价促销

商店暂时大大削减几种产品价格,作为招徕顾客而亏本出售的商品,以吸引顾客购买,并带动其他正常定价产品的销售。

采用这种做法一般要注意以下几点。

(1) 所用产品要质量好、知名度高。若是质量低劣的处理品,就没有吸引力。

(2) 削价的产品种类太少,对多数顾客没有吸引力;范围太广,对企业又不一定合算。一般以顾客多少能有一些满足为宜。

(3) 削价幅度要足以引起顾客的注意和兴趣,刺激购买动机,才有促销作用。

(4) 数量要有一个合理的限度。美国有一家商店名叫"九十九仙",所有商品都以 0.99 美元的价格出售,价值较高的商品也不例外,但它每天只供应少量高价值商品。

2. 心理折扣

企业对某种产品定价很高,然后大肆宣传大减价。比如原价 359 元,现价 259 元。

3. 回扣

企业从其销售收入中,提取部分返还买主,多用于滞销产品及新产品。例如,在产品包装上说明,从何时到何时,凡购买该产品的消费者,把购货发票及包装上的某种特殊标记寄回厂家,将可收到多少数额的回扣。

四、差别定价策略

通过制定两种或两种以上不反映成本比例差异的价格来推销一种产品,或者提供一项服务,这就是差别定价。它有以下几种形式。

1. 顾客差别定价

对同样的产品或服务,不同顾客支付不同的数额。如公交公司对成年人和 120 cm 以下的儿童收取不同的费用。

2. 产品差别定价

产品的品种、规格、牌誉和样式不同,制定的价格也不同。如自行车、服装款式吸引人的话,价格会比同类产品高。

3. 地点差别定价

不同地点、区域、场所、位置、方位等可制定不同价格。如戏院的包厢收取的费用就高。剧场中间和前面座位票价高,边座和后座票价低。飞机前舱票价高于后舱票价。

4. 时间差别定价

不同日期、不同钟点,都可以季节性地变动价格。如长途电话在晚间及节假日比平常便宜一半,旅游区在淡季和旺季也收费不同。

五、产品组合定价策略

大多数企业生产或营销的是多种产品,这些产品构成了该企业的产品组合。各种产品需求和成本之间存在着内在的相互联系。企业在修订价格时,要考虑到各种产品之间的关系,以提高全部产品的总收入。产品组合定价是从企业整体利益出发,对有关产品所做的价格修订。

1. 产品线定价

产品线是一组相互关联的产品,企业必须适当安排产品线内各个产品之间的价格梯级。若产品线中两个前后连接的产品之间价格差额小,顾客就会购买先进的产品。此时,若两个产品的成本差额小于价格差额,企业的利润就会增加;若价格差额大,顾客就会更多地购买较差的产品。

2. 任选品定价

任选品是指那些与主要产品密切相关的可任意选择的产品。许多企业不仅提供主要产品,还提供某些与主要产品密切关联的任选产品。最常见的例子是,顾客去饭店吃饭,除了要饭菜以外,还会要酒水等,在此酒水为任选品。

企业为任选品定价常用的有两种策略：第一，把任选品价格定得较高，靠它赢利多赚钱；第二，把任选品的价格定得低一些，以此招徕顾客。例如，有些饭店饭菜的价格定得较低，而酒水的价位则较高；另一些饭店则正好相反，饭菜的价格定得较高，而酒水的价位则较低。

3. 连带品定价

连带品是指必须与主要产品一同使用的产品。例如，胶卷是照相机的连带品，刀片是剃须刀架的连带品。

许多大企业往往是主要产品定价较低，连带品定价较高。以高价的连带品获取利润，补偿主要产品低价所造成的损失。例如，柯达公司给它的照相机制定较低的价格，而胶卷定价较高，增强了柯达照相机的市场竞争能力，公司则靠销售柯达胶卷赚钱，保持原有的利润水平。而不生产胶卷的中小企业，为了获取相同的利润，就只好把照相机的价格定低，其市场竞争能力自然要受影响。

4. 产品束定价

销售者常组合数种他们的产品并制定较低的价格。如戏院销售一种价格比单张票的成本低的季节票；旅馆销售包括房间费、餐费和娱乐费在内的特别价。

产品束定价能促销消费者本来不可能买的产品，但是产品束价格必须低得足以吸引他们来购买此产品束。

导入案例

削价竞争还是服务竞争？

我国南方某省一城市，近年来旅游业发展迅速。1990年，这里规划重点发展旅游业时，只有几家普通旅馆和招待所，仅有的两家宾馆也够不上星级。1999年情况大不一样，由于航线畅通，景点建设有吸引力，国内外游客每年超过200万人次，以接待国外和国内较高层次的游客为主。无奈宾馆、酒店发展速度更快，不仅房间数超过1万，床位数超过2.5万，1~3星级宾馆、酒店也达9家。在开房率下降、竞争激烈的情况下，刚投入运营的三星级南翔大酒店面临着严峻的选择：是卷入新一轮的价格战，还是办出特色。

南翔大酒店的张经理曾经在省城管理过两家星级酒店，有丰富的实战经验。他的主张是：削价竞争绝非良策，要良性发展，必须突出自身的特色，以分外整洁的环境，周到的服务，让中外游客都承认，这家三星级酒店是名副其实的。

张经理在办公会议上强调，当地酒店业竞争过度，平均开房率不到40%，靠削价竞争是难以消除这种环境威胁的。但是，在全部客源中，国外游客约占15%，年达30万人次；国内游客要求住三星级饭店者（包括会议），也不低于此数。这样，星级饭店经营得好，客源不向低档店分流，开房率可达50%左右。而且三星级酒店全城仅有三家，威胁与机会并存，关键在于如何把握住机会。

在张经理的主持下，又一次办公会议批准了营销部的计划书，要点如下。

(1) 优化客源结构。重点是发展团队市场，争取新签一批订房协议。

(2) 加强横向联合。主要是密切与省内外声誉好的旅行社和省内两个客源量大的城市的主要宾馆、饭店的协作。

(3) 加强内部管理。在激励员工、提高士气的基础上,彻底整治所有服务场所和客房的清洁卫生,并建立健全各项规章制度,要求格外整洁并经常化,全体服务人员必须热情周到地为顾客提供各项服务。

(4) 严控价格折扣。在批准的客房定价基础上,除每年有4个月的淡季折扣和大型会议适当折扣外,严格控制任意降价的做法。

第五节　变动价格策略

企业给产品定价以后,由于情况变化,经常还要变动价格。变动价格主要有两种情况:一种是市场供求环境发生了变化,企业认为有必要调整自己的价格;另一种是竞争者价格有所变动而不得不做出相应反应。

一、主动调整价格策略

1. 主动调整价格的原因

主动调整产品价格的策略,不外乎从两方面着手:或是降价,或是涨价。

(1) 降价常见的原因

① 企业生产能力过剩,市场供大于求,需要扩大销售,但又无法通过改进产品和增加销售努力来达到目的,只好考虑降价。

② 下降中的市场份额。当日本小汽车以明显优势大量进入美国市场后,美国通用汽车公司在美国市场份额明显减少,最后不得不将其超小型汽车在美国西海岸地区降价10%。

③ 为争取在市场上居支配地位。公司用较低的价格,增加产品的竞争能力,扩大市场份额,而销售的增加也降低了成本。

(2) 涨价常见的原因

涨价虽然给公司带来了利润,但是也会引起消费者、经销商和推销人员的不满,甚至会丧失竞争优势。在下列两种情况下,企业会考虑涨价。

① 成本膨胀。这是一个全球性的问题。材料、燃料、人工费、运费、科研开发费、广告费等不断上涨,导致企业压低了利润的幅度,因而也引起了公司要定期地提价,提高的价格往往比成本增加的要多。

② 供不应求。当公司的产品在市场上处于不能满足所有消费者的需要时,可能会涨价,减少或限制需求量。

公司在涨价时,应通过一定的渠道让消费者知道涨价的原因,并听取他们的反映,公司的推销人员应帮助顾客找到经济实用的方法。

2. 主动调价的方法

调低价格对企业来说具有相当的风险。出于"一分钱一分货"的心理,消费者认为降低价格意味着产品的质量低于竞争产品质量。同时,降价也有可能引发价格战,造成不必要的过度竞争。所以调低价格策略应该与开发更有效、成本较低的产品相结合,同时掌握好降价的时机与幅度。不同的商品的降价时机不同,日用品选择节日前后,季节性商品选择节令相交之时。降价幅度一般不宜过大,尽量一次降到位,切不可出现价格不断下降的情况,以免引起消费者产生持币待购的心理错觉。降价的方式有明降和暗降。暗降的方式有增加商品的附加服务、给予折扣和津贴、实行优待券制度、予以实物馈赠和退还部分货款等。

消费者一般都不欢迎产品提价。因此策划人员应当合理掌握提价的时机、幅度及方式。为避免顾客和中间商的不满,可以限时提价,在供货合同中写明调价的条款。涨价的幅度不宜过大,国外一般是5%,也可参照竞争者的价格变化。涨价有明调与暗调两种方式。明调是直线提高价格,而其他条件不发生任何变化。暗调的方式有减少产品包装数量、更换商品型号种类、取消优惠条件等手段。一般的做法是避免明调,采用暗调。

二、被动调整价格策略

被动调价是指企业对率先进行价格调整的竞争者的价格行为所做出的调价反应。在市场经济的条件下,价格竞争随时都可能爆发,企业必须随时做好准备,建立自己的价格反应机制,始终关注市场价格动向和竞争者的价格策略。

1. 一般市场者的对策

(1) 探析问题

在采取行动之前,企业应当先比较不同反应的可能结果。一般要分析研究以下问题。

① 竞争者为什么要变动价格?是想扩大市场,以充分发挥它的生产能力,还是为了适应成本的变化?或者是希望引起全行业的一致行动,以获得有利的需求?

② 竞争者的价格变动是暂时的,还是长期的?

③ 对竞争者的价格变动置之不理,企业的市场占有率和利润等会受到什么影响?其他企业又会怎么办?

④ 对企业每一个可能的反应,竞争者和其他企业又会有什么举动?

(2) 应对措施

面对竞争者率先调整价格,被动跟随竞争者调整的情况,对于不同的产品市场,其应对措施可以如下。

① 对于同质产品,如果竞争者降价,企业也要随之降价,否则,顾客就会购买竞争者的产品。如果竞争者提价,企业可以灵活面对,或者提价,或者不变。

② 对异质产品,企业有较大的余地对竞争者调整价格做出反应,比如可不改变原有价格水平,采取提高产品质量和服务水平、增加产品服务项目、扩大产品差异等来争夺市场竞争的主动权。

2. 市场领导者的对策

市场领导者有如下对策可供选择。

(1) 价格不变

市场领导者认为,削价会减少太多利润,保持价格不变,市场占有率也不会下降太多,必要时也很容易夺回来。借此机会,正好甩脱一些所不希望的买主,自己也有把握掌握住较好的顾客。

(2) 运用非价格手段

比如企业改进产品、服务和市场传播,使顾客能买到比竞争者那儿更多的东西。很多企业都发现,价格不动,但把钱花在增加给顾客提供的利益上,往往比削价和低利经营更合算。

(3) 降价

市场领导之所以这么做,是因为降价可以增加销量和产量,因而降低成本费用,同时,市对价格非常敏感,不削价会丢失太多的市场占有率,而市场占有率一旦下降,就很难恢复。

(4) 涨价

有的市场领导者不是维持原价或削价,而是提高原来产品的价格,并推出新的品牌,围攻竞争者品牌。

复习思考题

1. 阐述价格的定义,并解释价格战略和其他营销组合战略要素的不同。
2. 市场销售过程中的定价心理策略有哪些?
3. 在什么情况下,消费者愿意支付更高的价格,以便节省时间,认知活动和行为努力?
4. 价格是如何用来定位某一产品(如篮球)的?
5. 解释消费者是怎样确定某一特定价格定得太高?
6. 企业可供选择的定价方法有几种?
7. 某一营销部经理是否可以通过资金使用和交易程序战略来改善消费者的价格感知程度?解释并给出例证。
8. 请自行进行一些价格环境领域的研究。
9. 分析与汽车保险或飞机票购买相关的消费者成本。根据你的分析能得出哪些战略运用建议?
10. 环境要素的改变是如何影响你所在社区的价格设定或价格调整的?

第七章

广告与消费者心理和行为

1. 掌握广告的特点；
2. 掌握广告的心理功能与心理过程；
3. 了解广告的媒体类型；
4. 掌握广告媒体选择心理；
5. 了解广告版面、栏目和时间选择对受众心理的影响；
6. 掌握广告定位的心理要求；
7. 了解情感诉求广告与理性诉求广告；
8. 了解广告的文化策略。

1. 广告概念与特点；
2. 广告的心理功能与心理过程；
3. 广告媒体选择心理；
4. 广告定位的心理要求。

步森男装广告

2013年5月24日，浙江卫视《中国梦想秀》和湖南卫视《中国最强音》同步上映步森男装最新春夏广告大片。广告主角为身着步森"型"装的明星黄晓明，伴随着刚劲的音乐和浑厚的男声独白，主题渐渐凸显：男人重要的是金钱的包装，还是内心的力量？男人需要的是权势的名望，还是道德的威望？男人只是热血的代名词，还是责任的践行者？男人证明你的是追随者的崇拜，还是同路人的分享？男人风度是你的装饰，还是行为规范？男人只是一个性别符号，还是一枚人生勋章？——活出男人范！步森男装！

这则广告巧妙采用情感诉求广告策略，在向广告受众传达步森男装特征的同时，又很好地将步森男装内涵的情感精神融合在一起，使受众满足感官刺激的同时，还能真切感受到步森男装区别于其他男装的独特之处——"活出男人范"。该广告着力表现步森男装能够体现一个男人从内到外的优雅、成熟，从而使品牌形象更具完整的可识别度。无疑，步森男装携手黄晓明以"活出男人范"的这则新广告是成功的，它成功地向广大受众重新诠释了品牌精神和全新品牌战略。

第一节 广告的心理功能与心理过程

广告是促销组合的一项重要内容,是一种很流行的促销方式,对于包装的消费商品和服务更是如此。发达国家的一些知名企业的广告预算资金的数目大得惊人。就美国而言,宝洁公司、通用汽车公司等仅全国广告一项的年投入额都在 20 亿美元以上,即每个公司每天将 600 万美元以上的费用用于广告。

一、广告的概念与特点

1. 广告的概念

广告有商业广告和非商业广告之分,本书所讨论的是商业广告。商业广告是一种面向目标市场消费群体和社会公众的支付费用的传播行为,是广告主有计划地通过媒体传递商品和劳务信息,以促进销售的公开宣传形式。

2. 广告的特点

从广告概念中可以归纳出广告所具有的以下几个特点。

(1) 广告的发起者不仅包括各种营利性组织,而且还包括各种非营利性组织;

(2) 广告是一种付费的信息传播活动;

(3) 广告是一种非人际传播方式——借助于各种传播媒体,这使它有别于一般的人际传播;

(4) 广告所介绍、宣传的不仅仅是商品和服务信息,还包括思想和观念。

现代市场经济条件下,广告已经成为企业从事市场营销活动的基本策略和重要手段。它的目的不仅是将有关商品和劳务的信息通告给广大消费者,激发其购买欲望,促成购买行为,同时还需要在需求衰退的市场上刺激需求,在需求匮乏的市场上创造需求。不仅如此,现代广告还在塑造良好企业形象和与消费者沟通方面起着重要的作用。

由广告的性质和特点决定,现代广告的上述功能主要是通过与消费者的互动来实现的。消费者作为市场活动的主体和广告的接受终端,不仅是广告信息的被动接受者,而且是广告活动的积极参与者乃至决定性因素。一则广告是否能够达到预期的效果,主要取决于消费者对广告信息的接受和内化程度。特别是在媒体手段高度现代化、广告信息量急剧膨胀的现代市场中,消费者对广告信息的心理选择不断加强,并且由于信息包围或过量而导致了部分消费者对广告的抵触、抗拒或逃避等现象。因此,消费者的心理选择指向和心理认同与否,更成为决定广告效果优劣成败的关键因素。正是在这一意义上,研究消费者的广告心理及广告行为反应,被视为企业选择和运用广告策略的基础。

二、广告的心理功能

广告的心理功能是指广告的基本作用和效能,也就是广告对消费者所产生的作用和影响。国际商界流传着这样一句名言:"推销商品而不做广告,犹如在黑暗中送秋波。"这足以体现广告在促销组合中的重要作用。作为促成企业与消费者之间联系的重要媒介,广告除了具有传播信息、促进生产、加速流通、引导消费、丰富社会文化生活等一般功能以外,从消费者心理与行为的角度看,广告还具有以下心理功能。

1. 认知功能

广告向消费者公开传递有关商品的商标、品牌、性能、质量、用途、使用和维护方法、价格、购买的时间、地点,以及服务的内容等信息,使消费者对其有所认识,并在头脑中形成记忆。由于广告媒体采用了多种传播渠道和传播形式,能够打破时间、空间的局限,及时、准确地将商品及劳务的信息传输给不同地区和不同层次的消费者,广泛影响消费群体。

2. 诱导功能

广告的诱导功能有两层含义:一是优秀的广告能够唤起消费者美好的联想,给消费者以某种美的享受,从而改变其对商品的原有偏见或消极态度,激发其购买的动机;二是制作精良的新产品广告,能够迅速引起消费者的注意,进而激发其对新产品的兴趣和向往,从而形成新的消费需要,促进购买。

3. 教育功能

质量上乘的广告以其科学、文明、健康、真实的内容与表现形式,一方面可使消费者增加相关商品知识,掌握正确的选购和使用知识,引导消费者树立合理的消费观念。另一方面,设计巧妙的广告还通过各种各样的艺术表现形式,使消费者在获得信息的同时丰富精神文化生活,得到美的享受。在现代生活中,广告已经成为人们经济文化生活的一部分,可以说是一种雅俗共赏、一举多得的美育方式。

4. 便利功能

现代的商品社会中,商品的种类和数量不计其数,新产品日新月异,完全替代和半替代产品荟萃云集。如果没有广告,消费者面对众多的商品将手足无措。而广告通过各种广告媒体,及时、反复地传播商品或服务的信息,便于消费者搜集有关资料;对各种商品进行较为充分和有效地比较,为购买决策提供充分依据,从而替消费者节约购买时间,减少购买风险。

5. 促销功能

在市场营销学中,广告是作为促销组合的一个重要不可缺少的因素而存在的。广告通过对商品或服务的宣传,达到诱导消费者注意和产生购买动机的目地,从而导致购买行为的实现,进而实现促销目标。

总之,广告的心理功能存在于多个方面,只有全面认识并充分发挥其各种功能,才能使广告达到其预期的心理效果。

三、广告的心理过程

广告的心理过程可概括为以下环节,如图 7-1 所示。

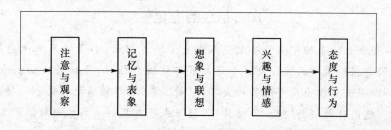

图 7-1　广告心理过程

（1）通过广告引起顾客的注意，使顾客的意识转向广告商品，并对有关信息加以注意；

（2）广告中传递给受众的信息，使人们对广告商品增进了解；

（3）进一步产生记忆、表象与想象、联想交互作用的心理过程；

（4）当以上过程产生积极的感受以后，会引起兴趣，诱发情感，增强购买商品的欲望和做出购买决策的动力；

（5）形成一个良好的商品形象，产生对该商品积极的态度评价，形成购买意向，最终诉诸购买行为。采取购买行为以后，感到使用满意或获得他人的赞美，会进一步加强对该商品的记忆、联想、情感，进而形成品牌忠诚度。

1．引起注意

注意是人们对一定事物的指向和集中，是广告心理过程的起点。广告能否引起人们的注意，是能否取得预期效果的基础。注意是产生购买行为的先决条件。广告所提供的信息应具备以下特性。

（1）信息的刺激性

人们每天通过各种媒体可接触到成百上千的广告信息，这些信息中的大部分都被忽略了，据研究只有其中约5％的信息才能引起人们的注意。这些引起注意的信息首先是对人们的感官有较强的刺激，从而引起人们无意或有意的注意。刺激性强的广告信息的特征是具有变化性。表演展示中活动模特身上穿的服装就比橱窗中挂着的服装更容易引起人们的注意。

某内衣广告

如果这样设计某内衣广告：一位身着紧身内衣裤的女性出现，旁白"穿某牌紧身内衣，尽显您理想身材"。这样的广告设计合理，但有几个人会注意它呢？显然，这是无法吸引眼球的广告。

美国一家广告公司设计了这样一则内衣广告：一位漂亮女人穿着紧身内衣，在人来人往的大城市街头旁若无人地行走，旁白："我梦想，身上只穿着某紧身内衣穿过纽约闹市。"无疑，这则广告更吸引眼球。

广告信息的变化性

一天，欧洲一个大城市的中心广场上突然飘来了一片彩云，彩云还不断地变换着颜色，这可是全城的人们都闻所未闻的怪现象。于是大家都被吸引住了，开始兴致勃勃地谈论这片奇怪的彩云。忽然，彩云上映出几个醒目的大字："'精工表'世界销售总值第一"；接着，彩云又变为另外几个字："德国特效新药'雅之止咳片'"；接下来还有几种商品的一句话广告。几乎全城的人都看到了这一切，因此，这些广告的覆盖面和影响力极大。

(2) 信息的趣味性

人们对有趣味的信息会表现出兴趣,更加注意。

据统计,美国某刊物的广告阅读者中,男性读者阅读汽车广告的比例比阅读女士服装广告的要高出四倍,而女性读者阅读女装和电影广告的比例比阅读旅游广告和男士服装的广告的要多出一倍。这是由于男性、女性读者对不同种类物品的兴趣具有明显差异的缘故。

脑白金的趣味广告

脑白金送礼广告那两个老年卡通套圈的广告画面就非常具有趣味性,令人过目不忘。而近期广告表示的是可爱的老头和老太太拿着健身棒边舞边唱,不仅出乎人的意料,又着实可爱的令人发笑!脑白金畅销十年,在广告宣传上做足了文章,不能不使人想到其在广告上所下的工夫。

(3) 信息的有用性

凡是能够帮助人们做出满意购买决策的信息,就是有用的信息。尤其是当商品的价格比较高,人们对它又不熟悉的时候,这一点就显得更为关键。

乡谣牛奶的广告宣传

乡谣牛奶是河北沧州的一个地方品牌,但它面临的却是全国性的竞争,因为它的对手已不仅仅是沧州当地的产品与品牌,更有实力强大的娃哈哈、伊利、蒙牛。怎么和大品牌竞争?

某广告公司对沧州市场进行调查发现,沧州是我国最严重的高氟区之一,其水源中含有过量的氟,严重危害了该地区人民的身体健康,沧州人对此都心知肚明。于是广告公司建议乡谣推出针对高氟危害的"乡谣降氟牛奶",独一无二的定位,令乡谣一举成名。同样关键的是,乡谣牛奶找到的这个差异化市场足够小,小到伊利、蒙牛、娃哈哈这一类的强手根本没兴趣跟你争抢。乡谣牛奶成功地做了一条小池塘里的大鱼。

2. 增强记忆

记忆是以往经历过的事物在人头脑中的反映。记忆有助于人们加深对广告商品的认同。广告能否在受众心目中留下深刻的记忆,受到以下一些因素的影响。

(1) 重复程度

心理学家研究证明,人的感觉记忆时间很短,只能保持 $0.25 \sim 2$ s,受到注意的感觉记忆可转化为短时记忆。短时记忆的时间略长于感觉记忆,但最长也不超过 1 min,容量只不过有 7 ± 2 个记忆单位。重复可以使短时记忆转化为储存时间超过 1 min 的长时记忆。多次的重复可以使人对所接触到的信息在头脑中留下深刻的印象,直至保持终生的记忆。

脑白金的无缝广告覆盖

大众对于脑白金的广告褒贬不一,业内的广告人评价:没有创意、恶俗、画面缺乏美感,产品销售不错。媒介人评价:影视太俗气,没品位,平面广告虚夸性质严重。许多老百姓评价:有点搞笑,王婆卖瓜,自卖自夸,效果一般。

这些评价也很正常,因为众口难调,而如果某个产品达到众口一词的效果,那这具产品不就成"神"了吗?可不论你愿不愿意,其铺天盖地的广告阵势,是许多医药保健品企业或厂商无与伦比的。

脑白金广告实施的是"多方控制,遍地开花,及时同步"的媒体宣传策略。报纸:以理性诉求为主,强调产品权威,科技含量高、效果好。电视:以感性诉求为主,强调送脑白金有面子,体现孝道,大家都喜欢买它送礼。网络:以产品起源、功效为主,配以"销售火爆"等新闻,制造供不应求的热销产品景象。其他形势还有如宣传手册、墙体广告、车身广告、POP 广告、DM 以及传单等。

脑白金广告采用密集式广告投放运作模式,有力地宣传了脑白金产品,使消费者记住了该品牌。

(2) 形象化程度

一般来说,直观的、形象的、具体的事物比抽象的事物容易给人留下印象,加深记忆。直观形象是人们认识事物的起点,它有助于掌握事物的概貌,使人一目了然,增强知觉度,提高记忆效果。如果说图文并茂、色彩绚丽的画面能比光有文字的页面给人以更深的印象,那么,原因就在于它的具体视觉形象所起到的独特作用。

电话号码的形象化

枯燥无味的电话号码人们很难记得住,而旧上海强生出租 40 000 叫车电话以"四万万同胞拨四号电话"的广告语曾使得其号码妇孺皆知,现在它的 62580000 叫车电话以谐音"侬让我拨四个零"作顺口溜,可帮助人们容易地进行形象化记忆。

3. 产生联想

广告在人们心理活动过程中的作用还表现在联想上。联想是由一事物的经验想起另一事物的经验,它包括四种类型。

(1) 接近联想

在空间或时间上相接近的事物形成接近联想。比如由磁带可以联想到录音机、录像机,由火柴可以联想到香烟、煤气灶。

（2）相似联想

对一事物的感知或回忆引起的和它在形状上或性质上类似的事物的回忆，形成相似联想。例如，看到乒乓球，可联想到排球、足球。

（3）对比联想

由某一事物的感知或回忆引起和它具有不同特点、相反特点或某些性质的事物的回忆，叫做对比联想。比如由我国乒乓球运动的长盛不衰可以进一步联想到足球运动发展的困惑迷茫。

（4）关系联想

由事物之间的各种联系而产生的联想即关系联想。比如由太阳可以想到温暖，由茶叶、咖啡联想到提神、醒脑。

广告使受众引起何种联想，主要受两个方面的影响：一是联系的强弱，二是人们的定向兴趣。人们的社会背景、风俗习惯、文化特征、经济地位各不相同，由此形成的欣赏水平和审美要求也不尽一致，因此要针对不同的受众，采用为他们所喜闻乐见的、能产生积极联想效果的广告表现手法。

4．诱发情感

顾客在购买活动中，情感因素对最终购买决策起着至关重要的作用。情感是客观对象与主体需要之间关系的一种反映，是与人类历史进程所产生的社会性需要相联系的体验。广告在引起注意、增强记忆、引发联想的过程中，注重艺术感染力，讲究人情味，能诱发人们积极的情感，抑制消极的情感。一般来说，积极的情感有利于强化购买欲望，坚定购买信心。符合自己需要，顾客会感到喜欢；不能满足自己愿望，顾客会感到失望。只有那些与顾客需求有关、能满足顾客需要的商品，才能引起人们积极的情感体验，然后成为产生购买行为的动力。因此，绝对不能认为，仅仅增加广告的频度就可激发顾客的购买欲望。

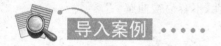

雕牌洗衣粉广告

雕牌洗衣粉是中国洗衣粉行业的老大，雕牌的广告擅长打亲情牌：7 岁的小女儿在家，虽然不明白妈妈发生了什么事，但是能看出来妈妈的焦急和不安。于是，乖巧的女儿决定趁妈妈不在家的时候帮妈妈洗衣服来帮她分忧。广告镜头拉近，看到小女孩搬出一大盆的衣服，但是放洗衣粉时只舀了一小勺，不仅如此，她还非常小心地用手将量勺抹平来减少用量。"只用一点点就能洗很多衣服"，广告词不时地强调雕牌的高效和价廉。

当妈妈回到家，看到女儿晾起来的衣服，看到因为劳累而熟睡的女儿，再配上感人的画外音："妈妈，我能帮你干活了"，妈妈的眼眶湿了。大多数看电视广告的妈妈们眼眶也湿了。

虽然雕牌换了很多不同的广告，但都把"用量少"作为主要广告诉求来强调其质优价廉的本质。雕牌广告以功能来支撑情感诉求，不能脱离功能单纯追求情感诉求。

第二节　广告媒体的心理特征

一、广告媒体类型

广告要达到其向消费者传递信息的目的,必须借助各种广告媒体。所谓广告媒体是指传递广告信息的媒介物,即所有使广告接收者产生反应的物质手段和方法。

在众多的广告媒体中最为重要的广告媒体有报纸、杂志、广播、电视、直接函件和网络。除了网络媒体,其他媒体作为广告的载体都已有相当长的历史了。此外,户外广告、交通广告、包装物广告、POP 广告(销售现场广告)等近年来也发展迅速,成为广告媒体的新宠。

1. 报纸广告

报纸是最为古老的广告媒体,然而它的影响力和普及性却是其他广告媒体难以达到的。目前,报纸是使用最普遍的广告媒体。据统计,我国报纸有 1 700 多家,几乎份份刊有广告。报纸广告是一种印刷广告,它以简明、精炼的文字和图案传递商品的信息,具有其独特的心理特征。

(1) 消息性

报纸的基本功能即刊登消息,报纸广告也是如此。尤其是新产品研制成功和面市的消息,通过报纸的介绍与宣传往往可以大大促进其销售。从介绍新产品的全面性、时效性来看,报纸广告是推出新产品的捷径,同时由于报纸具有特殊的新闻性,从而使广告在无形之中也增加了可信度。新闻与广告的混排可以增加广告的阅读率,对广告功效的发挥也有直接的影响。

(2) 准确性

报纸广告向来以传播及时、准确著称。它能用相对较快的速度把广告信息准确地传递给消费者,并且可以反复地、连续地传播,给消费者留下深刻的印象。由于报纸广告以文字或图案清晰表达,明确无误,相对于电视和广播广告,更具确定性,不容易被曲解。

(3) 广泛性

随着物质文化水平的提高,人们对精神文化的需求越来越多,我国的报纸业正进入一个新的繁荣期,看报的人数也越来越多。因此,报纸广告的影响也日益广泛和深入。

(4) 信赖性

由于报纸的历史及其特殊的性质,大多数报纸在人们心中具有较高的权威性和信誉度。因此一些严肃而公正的报纸传递的广告信息往往为消费者所重视。

(5) 保存性

报纸有保存原形的特性,便于消费者反复阅读,且不受时间的限制。所以报纸广告对商品的描述可以较为详尽细致,利于商品在消费者心中整体形象的树立。

(6) 经济性

报纸本身售价低,有利于广告的传播。同时,由于报纸发行量大,广告制作成本较低,因此其广告费用相对较为低廉。另外,费用根据版面大小和刊登日期长短不同而不同,广告主可以灵活采用。

但是,由于纸质和印刷工艺方面的原因,报纸广告不能充分反映商品的色彩和款式,因此影响了消费者对商品信息的充分接纳。另外,因为报纸的内容较为庞杂,普通广告在报纸上并不显眼,消费者的注意力也易被分散,从而影响广告的效果。

2. 杂志广告

杂志广告也是一种印刷广告,同样是通过视觉作用于消费者。我国杂志种类繁多,发行量相当大,且大多数杂志都将兼营广告业务作为重要收入来源,因此,杂志也是我国主要广告媒体之一。它的心理特征如下。

(1) 针对性强

杂志类别众多,综合性杂志的阅读面宽,而专业性杂志的针对性强。相对于报纸媒体来说,杂志的读者面虽然不如报纸的读者面广泛,但是定向性强,是各类专用商品广告的主要媒体。它可以针对特定消费者的兴趣爱好、性格气质、教育水平等进行有效的广告宣传。例如,体育用品广告很多都刊登在专业体育杂志上,而一些相对大众化的商品则选择综合性杂志刊登广告。

(2) 保存期相对较长

杂志的时效性较强,且内容丰富,能够吸引消费者的长期注意,被反复阅读或传阅。优秀的杂志往往具有收藏价值,因此杂志广告的稳定性强,影响作用时间长,有利于深化和扩大广告宣传的效果。

(3) 宣传效率高

杂志广告一般来说印刷精致、色彩艳丽、形象生动、制作别致,可采用多种广告表现手法展示商品的品牌、特点,在吸引消费者注意方面具有一定优势。此外,杂志广告往往采用专页刊登广告,因此既可以详尽地介绍商品或服务的性能特征,又显眼夺目。据日本杂志广告协会进行的杂志广告对读者影响情况的调查发现:杂志容易适应广告目标,可针对不同消费需要做广告宣传;能够利用杂志信誉增强广告信誉;容易接触高学历阶层和舆论家;从杂志的周转阅读率看,每一册杂志与消费者接触率高;另外,杂志广告说服力强、视觉表达力强;杂志读者经济收入高等。

但是杂志也有其局限性,它在传播范围和出版时间方面受到的限制较大,成本也较高,因此杂志无法满足消费者快速、及时接受商品信息的要求,使得一些需要迅速传递信息、时间性强的商品难以以杂志为广告媒体。

3. 广播广告

广播是以无线电波为载体的大众传播媒体,它时时处处存在,是传播范围最广、速度最快的媒体之一。由广播特殊性质决定,广播广告具有独特的心理特征。

(1) 传播迅速及时

广播可以在短时间内把广告信息传递到千家万户。

(2) 作用空间大

广播广告的作用空间广阔,几乎无所不及。由于广播电台的传播网络遍及全国城乡各地,使得广播广告几乎可以深入社会的每一个角落,影响到很多消费者。在当前的社会环境下,广播广告作用的广泛性是其他任何广告媒体都无法比拟的。

(3) 具有一定的针对性

广播各个波段的不同专题节目,相对来说都有稳定的听众。因此,广播广告的付费者和策划者可以根据特定听众群体的兴趣、需要、文化程度、年龄等心理特征,有针对性地进行广告宣传,从而达到预期效果。

(4) 灵活性

用声音语言来传递广告信息,无论在时间、空间上都有较大灵活性。可以采用单播、对答、配乐以及情节处理等多种表现形式,有利于增强广告效果。

广播广告的缺点也很突出。由于以声音为载体,广告传递的信息往往转瞬即逝。另外,由于缺少视觉形象,因而留给消费者的印象比较模糊,而且如果消费者事先不加以注意,往往不能在短时间内完全抓住广告的要旨。

4. 电视广告

通过电视播放广告,可以把视觉、听觉刺激结合起来,因而表现力最强,容易引起消费者的注意与兴趣。现代电视广告以其独特的功能,集视、听、色、形、音于一体,具有强大的震撼力和宣传魅力,已成为广告宣传的主要媒体,同时也是最受消费者欢迎的广告传播形式。电视广告具有如下心理特征。

(1) 传播范围广泛

随着电视机的全面普及,各类电视节目制作的不断完善以及电视广告水平的大幅提高,电视广告的收视率越来越高。黄金时段的电视广告收视人次甚至上亿。

(2) 表现力强

电视广告的表现手法灵活多样,丰富多彩。它可以综合运用一切可以利用的艺术手段,生动形象地传递所要展示商品的造型、色彩、功用等,使消费者得到直观形象的认识,从而在其脑海中留下深刻的印象。

(3) 重复性高

电视广告可以反复播放,对消费者起着潜移默化的诱导作用,不断强化着消费者的印象,使消费者主动接受或是被动影响。

(4) 作用力大

精美的电视广告具有极强的感染力。从传播效果来说,电视广告明显优于其他广告媒体。但是电视广告也同样有随电波消失而消逝的弱点,如不重复播放,往往不易给消费者留下印象。然而重复过多的广告则"过犹不及",甚至引起消费者的反感。另外,电视广告要求有特定的时间和地点,还需要有特定的相关设备(例如有线电视网),在使用条件上有一定限制。让很多广告付费者更为敏感的是,电视广告的费用在所有媒体中是最昂贵的。

5. 直接函件广告

直接函件广告又称邮寄广告或 DM。美国直邮及直销协会(DM/MA)对其定义如下:"对广告主所选定的对象,将印刷好的印刷品,用邮寄的方法传达广告主所要传达的信息的一种手段。"在发达国家中,直接函件广告的使用率相当高。例如,美国一般家庭每天打开信箱,至少有两封以上的直接函件。而在日本,据日本邮政统计,在邮递业务中,直接邮寄的广告函件大大多于普通信件,其比例约为 7∶3。在我国,DM 发展迅速,已成为主要的广告媒体之一。直接函件广告具有以下心理特征。

(1) 针对性强

不同消费者群体的需求是千差万别的,直接函件广告可以选择特定的消费者,根据其特点,有针对性地进行函件广告投放,同时避免一天之内相同对象的重复投放。

(2) 选择性强

由于不受时间和地域的限制,直接函件广告具有一定的选择性,可以选择投放邮寄的时间和地区,也可根据商品或服务的具体特点选择某一特定阶层的消费者投寄。

(3) 冲突、排斥性小

通常来说,即使消费者一天收到数封直接函件广告,其受冲突的程度也远远小于电视广告和报纸杂志广告的冲击力。而且由于直接函件广告是相互独立的,即使消费者同时收到几封,函件广告仍然具有单独阅读性,因而可以保持消费者对商品的独立与完整印象。

此外,直接函件广告可以较为详细地介绍商品特点、购买地点和方式、价格,其制作方便灵活,费用较低。但是,直接函件广告的不足之处较为明显,如广泛性差、反应不太敏感、回收反馈时间长等。另外,乏味、缺少新意的函件广告容易被人不经阅读就直接丢弃。

6. 网络广告

信息产业的发展极大地改变着人们的生活,同时也对传统的广告媒体产生深远的影响。随着信息产业的高速发展,以因特网为传播媒介的网络广告(Internet Advertising)已成为当今欧、美发达国家最热门的广告形式。目前我国广告公司和客商也开始涉足网络广告的新空间。这使得无论广告公司与营销厂商都面临着改变营销传播方法及选取广告媒体的压力和机遇。

就目前国内实际应用而言,网络广告一般有以下四种形式。

第一种,在国际互联网上注册独立域名,建立公司主页向公众发布信息。

第二种,在一些访问率高的热门站点(诸如知名搜索引擎、免费电子邮箱、个人主页、综合资讯娱乐服务网站等)上宣传产品信息与公司形象。如果广告主本身有主页,还可以在热门站点上做横幅广告(Banner Advertising)及链接,当然,登录各大搜索引擎方便顾客搜求信息是必不可少的。

第三种,在访客多的 BBS(电子公告板)上发布广告信息,或开设专门的信区研讨解决有关问题,传播新信息等。

第四种,以电子杂志等形式,定期通过电子邮件(E-mail)以极低廉的成本发送信息到目标消费者那里。

导入案例

我国网络广告市场规模达 1 100 亿元

2014 年 4 月 1 日,艾瑞咨询集团对外发布了《2014 年中国网络广告行业年度监测报告》。报告显示,2013 年,我国网络广告市场规模达到 1 100 亿元,同比增长 46.1%。艾瑞分析指出,国内网络广告市场规模在突破千亿元大关之后,随着市场的成熟度不断提高,将在未来几年放缓增速,平稳发展。

《报告》显示,2013 年门户网站广告市场规模达到 129.8 亿元,同比增长 32.2%,增速较 2012 年有所提高。对此,《报告》分析认为,各门户网站已经开始进入不断寻找新的广告增长点的阶段。腾讯在社交广告与视频广告方面不断发力;搜狐在视频方面加大投入;新浪微博带动了新浪整体广告收入上升。各家门户网站正呈现差异化趋势。

《报告》显示,2013 年,中国在线视频市场规模达 128.1 亿元,同比增长 41.9%。未来几年预计仍将保持较快增长态势,2017 年预计将超过 350 亿元。

《报告》分析指出,未来在线视频广告市场规模快速增长的动力主要来自于四个方面,包括优质视频内容的不断扩充,以及单个视频内容广告数量的提高所带来的广告库存的增加;一线以外城市广告售卖率的提升;广告产品效果提升所带来的广告单价的上涨;移动端商业化深入所带来的广告营收的增长。

作为一种新生的广告媒体,网络广告具有以下心理特征。

(1) 传播范围的广泛性

网络广告的传播范围广泛,可以通过国际互联网络把广告信息全天候、24小时不间断地传播到世界各地。

(2) 信息传递的非强迫性

众所周知,报纸广告、杂志广告、电视广告、广播广告等都具有强迫性,都是要千方百计吸引消费者的注意,强行将信息灌输到他们的头脑中。而网络广告则属于按需广告,具有报纸分类广告的性质却不需要消费者彻底浏览,它可让消费者自由查询,将他们要找的资讯集中呈现出来,这样就节省了消费者的时间。

(3) 受众数量可统计性

利用传统媒体做广告,很难准确地知道有多少人接收到广告信息。而在因特网上,可通过权威公正的访客流量统计系统精确地统计出每个客户的广告被多少个用户看过,以及这些用户查阅的时间分布和地域分布,从而有助于客商正确评估广告效果,审定广告投放策略。

(4) 信息传播的交互性与感官性

网络广告的载体基本上是多媒体、超文本格式文件,只要受众对某样产品感兴趣,仅需轻按鼠标就能进一步了解更为详细、生动的信息,从而使消费者能亲身"体验"产品、服务与品牌。网络广告还可利用虚拟技术等,让消费者身临其境般感受商品或服务,并在网上预订、交易与结算,从而大大增强网络广告的实效。

(5) 灵活的实时性

在传统媒体上做广告发版后很难更改,即使可改动往往也须付出很大的经济代价。而在因特网上做广告能按照需要及时变更广告内容,包括改正错误。这样,经营决策的变化也能及时实施和推广。

可以看到,网络的受众广泛虽然是其主要优点,然而却不利于那些有特定消费群体、针对性强的商品信息的有效传递。并且,由于对互联网的广告效果和市场调研缺乏足够的认识,对广告暴露度和定价也缺乏统一的测定标准,因此,网络广告的发展受到了限制。虽然互联网蕴含着巨大的商机,但许多未知因素,例如定向成本昂贵、网络速度的不稳定、点击率的偶然性、创意及表现形式的局限性等,在一定程度上阻碍了广告主向在线广告活动的大量投入。

随着互联网的进一步发展和网络普及率的提高,无疑,传统媒体的广告价值将会在很大程度上朝互联网转移,其中很大一部分将以网络广告的形式表现出来,但这只是一个趋势,目前还有很多障碍拖延这一趋势的发展。只有打破互联网"泡沫经济",使互联网商业价值真正上升到相当程度,在线广告才可能彻底摆脱现有的困境,实现超越传统广告业的起飞。

知识链接

广告新模式——窄告

窄告是指在互联网平台上推出的一套定向传播广告,它是广告联盟以网站联盟的形式,将联盟网站整合到一个平台上,发布网络定向广告。这种方式具有如下特点。

(1) 广告定向投放,精准找寻目标受众

窄告与其他网络广告最大的不同之处在于,窄告有语义匹配技术,它会根据网页的语义匹配相关的广告,同时结合广告目标受众所在的地理位置、访问历史、浏览习惯等,从互联网数量庞大的网站中选择最合适、最精准的广告媒体。例如,福州的一位网民是一个美食爱好者,每天都会浏览很多有关美食类的网站,当其浏览一篇《西藏风土人情》的文章时,旁边出现的广告是具有西藏特色的美食广告。而同在福州的另一位网民是一个旅游爱好者,其看到这篇文章时旁边出现的就是西藏旅游的广告,这样就提高了广告效果,使有效的广告信息定向投放到相关内容周围,精准地找寻目标受众,将广告效果最大化。

(2) 媒体覆盖面广,效果倍增

窄告诞生后,凭借其特有的"窄而告之"模式,让各个行业和领域都认识到了其重要性。窄告的投放媒体覆盖了丰富的行业和地区媒体网站,不仅包括门户网站、行业网站和地方网站,还包括部分个人网站。广阔的媒体覆盖使窄告拥有了庞大的用户和浏览量,给广告的精准投放提供了丰富的媒体资源,使得窄告的目标受众最大化,从而使窄告传递的广告内容符合目标受众的兴趣和需求,减少了窄告的无效点击率,使得窄告效果倍增。

(3) 完善的费用结算体系,实现共赢

窄告拥有完善的费用结算体系,窄告最大的特点就是按点击支付费用,即广告的内容吸引受众并被其点击后才计算费用。对广告主而言,窄告的"不点击不计费"原则让广告主有可能会得到"免费的午餐"。而且每次点击的起付费价格低廉,广告主还可以设置每日最高消费限额,当费用到达了最高消费限额,窄告就会自动停止发布,这样就降低了广告主的广告费用。对媒体而言,广告精准地投放到目标受众面前,广告内容符合目标受众的需求和兴趣,广告的点击率就有保障,从而完美地实现了共赢。

(4) 自主设置与投放,更具可控性

窄告的投放可以由广告主自行操作,其投放方式、时间、地域等都完全由广告主自主决定,这样在很大程度上能满足企业的个性化需求。在窄告投放后,广告主可以通过窄告自主管理平台提供的多种反馈方式了解窄告投放的效果。即对于广告主来说,所投放窄告的消费情况、媒体流量和时间设置等都可以通过窄告自主管理平台进行管理,时时把握窄告的设置、投放、反馈等,因此广告主对广告更具有可控性。

7. 其他媒体广告

(1) 户外广告

户外广告一般包括招贴广告、霓虹灯广告、路牌广告等。其心理特征有:有效时间长、艺术感染力强;将电光、色彩及动感结合起来,广告文字极为简练,易为人们记忆;户外广告特别是一些重要建筑物或高大建筑物上的巨幅霓虹灯广告以及黄金地段的大幅路牌广告,可以提高企业或商品在消费者心目中的地位;户外广告能被消费者反复接触,易对消费者形成潜移默化的影响。

(2) 交通广告

火车、汽车、地铁、轮船等交通工具的车厢内外的广告和车站的招贴广告统称为交通广告。其心理特征为:具有移动性,可以扩大与消费者的接触范围;具有重复性效果,可对一部分固定乘车者造成持续的影响;具有引人注目的效果,尤其是移动中的车厢外广告;价格相对较为低廉。但交通广告缺乏良好的针对性,尤其是无法吸引高需求阶层的注意。

(3) 包装物广告

包装是指商品的包装纸或购物袋,它不仅具有保证商品安全,方便顾客携带的基本功能,同时也是一种重要的广告媒体。由于包装与商品具有内在的一致性,企业可以通过包装物的造型、质地、图案设计、色彩搭配等充分展示商品的外在特点和内在质量。因此,包装对消费者的心理影响直接而具体。例如,包装精美华贵的派克笔明显区别于普通钢笔。此外,包装广告具有一定的流动性,一些设计别致漂亮、经久耐用的包装袋由消费者购买而形成二次使用,从而成为"活动"的广告媒体,影响范围将进一步扩大。

(4) POP 广告

POP 广告(Point of Purchase Advertising)又称现场销售广告,是指在超级市场、百货商场、连锁店等零售店的橱窗里、走道旁、货架、墙面甚至天花板上的,以消费者为对象的彩旗、海报陈列品等广告物。POP 广告使用的原因,通常是为了弥补其他媒体广告的不足,以强化零售终端对消费者的影响力。当消费者进入商店时,现场的 POP 广告会唤起消费者的记忆,进一步激发起购买欲望。特别是在自助商店、超级市场等无人售货的销售现场中,POP 广告可以代替销售人员起到直接诱导说明的作用。

富有创意和亲和力的 POP 广告在吸引消费者、提示其购买、激发其欲望、实现购买行为方面具有特殊的功效,在市场促销活动中占有重要的位置。一定意义上,POP 广告是整体广告宣传过程中最后一个非常关键的环节,直接影响购买行为的实现。为此,POP 广告不可忽视。POP 广告的心理特征如下。

① 直接性。POP 广告在消费者购置货物的时点上对消费者产生影响,从而对消费者的最终决策产生最直接的宣传和诱导作用,并能快速帮助消费者知晓有关商品的价格、促销方法等信息。

② 视觉性强。POP 广告充分利用销售现场的三维空间以及整个色调、光线、照明等环境状况,配合所陈列商品的大小与展示情况,使广告形象突出,视觉效果最佳。

③ 系列性和多种类。POP 广告可以补充报纸、杂志、广播、电视广告的不足,采用多种类型的 POP 广告媒体同时应用,营造热烈的销售或促销气氛,同时可采用多种表现手法,形成系列性的整体广告,塑造商品的整体形象。

二、广告媒体选择心理

广告媒体众多,功能各异。在选择中应综合考虑各种因素,尽可能满足顾客心理需要,取得理想的效果。许多广告主说:"我知道我的广告费有一半都浪费了,但我不知道是哪一半。"这反映出传统广告模式中企业和客户所面临的尴尬境地:一方面,企业花费巨资做了大量广告却找不到客户,不能提高销售额;另一方面,客户心急如焚,却没有最便捷有效的信息途径,找不到自己所需要产品的信息。所以,要深入了解目标市场的媒体选择心理。

广告媒体选择需考虑以下因素。

1. 特定顾客接触频度

广告媒体选择首先要考虑特定的诉求对象,视其对某类媒体的接触程度而定,而对媒体的接触程度主要由文化程度、职业特点、生活习惯等决定。比如,少年儿童用品广告应主要选择电视媒体,这是他们接触最多且最喜欢的一种媒体。

统一润滑油的广告

统一润滑油以前每年的广告投入都很大,但却没有明显的效果。2003年,统一润滑油作为第一家润滑油企业在中央电视台《新闻联播》后的广告时段投放广告,短短几个月就迅速完成了品牌突围,销售成倍增长,一跃成为润滑油行业的领导品牌。当初投放广告时,很多专家质疑"以消费品的方式运作工业品,以大众产品的方式运作分众产品"是否可行。殊不知统一润滑油已经完成了对润滑油的"重新定位"。统一发现随着中国汽车行业的迅猛发展和非职业驾车族的增多,润滑油正在完成从工业品向民用品的转换及从分众产品向大众产品的转换。对于消费者来说,对润滑油的认知已经发生变化,现在的润滑油已经不是过去的润滑油,产品已经更新。

2. 广告商品的固有特征

各类商品在性能、效用、造型、时效等方面有不同特点,适合于选择不同的媒体去展示。比如工艺美术品等观赏价值大的商品应选择能清晰地显现其造型和色彩的电视、休闲类期刊,而不宜用广播、报纸等媒体。时令商品、流行期有限的食品、时装等,比如中秋月饼,宜选传播速度快、传播面广的报纸、广播和电视。

3. 媒体性质

不同媒体特性不同,同一媒体的不同种类在传播范围、传播数量上也不尽相同。对于人们希望尽可能了解其原理、性能、功用等信息的高技术产品、价格比较高昂的新产品,应主要通过专业性杂志或互联网加以宣传;以面向全国、走向世界为战略目标的企业产品,一般应选择传播面广、覆盖面大、影响力强的全国性报刊和央台、央视等媒体。

三、广告版面、栏目和时间选择心理

要分析不同版面、不同栏目、不同时间之间的关系,以及每一个版面、每一个栏目、每一个时间段对受众的影响,以发挥广告最佳的影响力。

1. 版面大小的影响

版面大小不同,对受众注意力的吸引程度不同。显然,在同样的创意设计下,版面越大,对人们的吸引力越大。有一项研究定量描绘了版面大小对人们注意率的影响程度,见表7-1。除了绝对版面大小以外,相对版面的大小也对人们阅读率有影响。

表 7-1　不同大小广告版面引起的注意率

版面大小/cm	大小比率	注意率(%)
19.25	1	9.7
38.50	2	16.5
57.75	3	23.3
77.00	4	30.0
96.22	5	36.7
115.50	6	43.4
134.75	7	50.2
154.00	8	56.9
192.50	10	70.4

研究结果表明,1/3 版面的阅读率为 1%,1/2 版面的阅读率则上升到 10%,1 页、2 页版面的阅读率分别为 20% 和 31%。当然,版面越大,厂商所要支付的费用相对也越高。

2. 版面位置的选择

在同样大小版面上,广告所处的位置会对人形成不同的刺激,产生不同的知觉效果。有研究认为,第一眼所看到的字母或文字,最多集中在左侧,最少在右侧,上方则处于以上两者之间。

3. 栏目内容的选择

人们对不同栏目也会有不同的偏好与兴趣,广告应尽可能刊载在潜在顾客关心的相关栏目内。按照时间顺序进行放送的广播电视媒介,其不同的栏目(节目)对人们的影响力也是不同的,主要的决定因素是收视率。

导入案例

女士内衣广告的媒体选择

某企业做女士内衣,产品投了 3 000 万元的广告,广告片拍的也还可以,可产品就是卖不起来。问题在哪儿呢?

这个企业在哪里投放广告呢?在《笑傲江湖》的电视剧片中投放女士内衣广告,老板说这个电视剧的收视率高。他就没想想,看武打片的人群大多数是男人和小孩。男士看了女士内衣的广告,他会有什么反应?他不好意思跟太太说出来。男人会自己到商场里买吗?绝大多数男人不会到商场为太太买女士内衣。男人既不能说,又不能买,你给他们播广告,会带来好的销售回报吗?

4. 广告时间选择

广告时间选择包括传播时机的选择、播放时间段的选择。传播时机应视产品所在寿命周期阶段来定,在投入期和成熟期以及同行竞争比较激烈的时期,应加强广告的投放。视听媒体的黄金时间段是不一致的。一般来讲,广播以早晨、午间和傍晚为最佳时段,而电视则最好是晚上 7:00~10:00 之间。

5. 广告频度及配合

为加深顾客的印象,广告投放的频度在一定时期需要适当提高,若选择多种媒体投放,需要掌握好各媒体相互之间的配合。

第三节 广告策划与设计心理

一、广告定位心理

1. 广告定位的心理要求

广告定位是在销售环节中使顾客认定这一产品与众多同类商品不同,使产品对目标顾客形成吸引力。广告定位的心理要求包括以下几个方面。

(1) 满足顾客的需要

广告定位首先要考虑顾客的需求是什么,怎样通过商品广告加以满足。如电子词典与函数型计算器同样都是以学生为主要销售对象,但在功能上有明显的不同。前者主要用于英语学习,后者用于代数、三角函数等数学运算。广告定位要充分展现它能满足学生英语学习或数学运算的特殊需要,使他们一目了然。

(2) 面向特定的人群

广告定位的基础是市场细分,它把目标市场按一定要素分成若干个总体需求不同,购买习惯与行为有异的组成部分,有针对性地进行构思,向特定的人群推介适合他们的产品,以占有这部分市场为最终目的。广告定位不仅要把商品本身蕴涵着的市场定位的思想加以展露,而且要把特定人群的特殊愿望加以融合,才有可能实现既定目标。

(3) 强化在顾客心目中的相对优势

在浩如烟海的商品市场中,占有绝对优势的商品毕竟只是少数,广告定位要着眼于相对于竞争者的优势。

中国移动的广告策略

2002 年中国移动在遭遇中国联通 CDMA 的进攻时,召开 24 小时会议讨论怎样应对联通的低价策略,但是没有找到一个更高明的办法。直到中国移动把它的聚焦点从联通身上移到顾客身上,去发现公司是否能比联通提供更高的消费者价值时,才找到了更好的策略。中国移动用写真的手法做广告,说一条海船出事了,幸好有一个乘客带着全球通,使全船的人得救了。"打通一个电话,能够提供的最高价值是生命","关键时刻,信赖全球通","网络好,其实很重要",成为电信行业做得最好的广告之一。

广告定位并没有改变产品,只是要改变产品在顾客心目中的形象。广告定位将商品的复杂特征化为简单的符号,定位在顾客的心中,印入顾客的脑海中,以期当购买欲望产生时,发生反射作用。

2. 广告定位的心理方法

不同厂商根据自己的不同市场地位,可采取不同的广告定位心理方法。

(1) 卓越超群,舍我其谁

这种方法常为市场领先者所采用。这类厂商原有商品已在市场上占据难以动摇的地位,在顾客心目中留有无可挑剔的美好印象。通过广告要在顾客心目中加深印象,保持领先地位;同时要利用在人们心目中已经拥有的地位,以新的产品来取胜,或以更广的产品范围来保持自己的地位。如美国可口可乐公司以"只有可口可乐,才是真正的可口"来暗示顾客,可口可乐是衡量其他可乐的标准,使它在顾客心目中占据了"真正的可乐"这样一个独特心理位置。上海大众公司在桑塔纳取得成功不久,研制推出桑塔纳 2000 型,随后又推出了帕萨特新型轿车,在不同档次轿车市场上占据了稳固的地位。

(2) 攀龙附凤,增强号召力

这种方法常为市场追随者采用。在为尚不为人熟悉或未引起人们足够重视的商品寻找市场的时候,一般采用类比的手法,以已在人们心目中有不可动摇地位的商品或品牌为参照,强调诉求商品的重要性。

(3) 寻找空隙,突出包围圈

这种方法旨在寻找人们心目中(而不是厂商)的空隙,然后加以填补。如美国某公司生产的巧克力具有不容易在手中溶化的特点,该产品的广告语为:"只溶在口,不溶在手",给消费者留下较深的印象。还可以人为地对同类商品进行分类,以在激烈的市场竞争领域转移人们以往对其他商品的注视,转而关心广告商品。

七喜汽水的广告定位

在 20 世纪 60 年代美国竞争异常激烈的可乐市场上,可口可乐、百事可乐和荣冠可乐分割了绝大部分市场份额,七喜汽水公司(Seven up)的处境十分尴尬。1968 年七喜汽水运用广告定位的心理方法,把自己生产的柠檬和莱檬果饮料定为非可乐饮料,并不断强调,可口可乐是可乐型代表,七喜汽水则是非可乐型代表,以此方法把自己产品塑造成与强大竞争对手相并列的另一种类型,巧妙而有力地使自己从硝烟弥漫的可乐战场中摆脱了出来,成为非可乐型饮料中首屈一指的名牌。

(4) 强调特色,求得一席地

这种方法为在市场竞争中地位较弱者采用,把视角集中于人们关注的某一问题,利用自己在潜在顾客心目中所拥有的某一方面地位,努力加以巩固,使之在顾客心目中确立其在同类商品中的独特位置。

农夫山泉的广告语

纯净水市场一度竞争激烈,当时纯净水生产厂家都强调纯净水都是27层过滤,可谓纯之又纯。而纯的特征是无味道。农夫山泉另辟途径,打出广告语——"农夫山泉有点甜"——凭着这一差异,吸引了天然关爱健康的人群,顺利打入市场。

(5) 区别对象,找准切入点

这种方法适用于首次进入人们心目中空白领域的情况。厂商对商品主张的内涵可以是多方面的,但对于受众来说,在他们心目中第一次感知的信息会留下最深的印象。广告定位要区别自己产品的特定对象,以最为他们所关心的、所注重的内容作为切入点。

朵唯手机

朵唯手机通过市场细分发现女性手机这一市场空白,一上市就取得了较好的销售业绩。其实在朵唯女性手机诞生之前,就有TCL、波导、三星、LG等品牌推出过女性手机,为什么朵唯依然能够在竞争中取得快速成长呢?因为TCL、波导、三星、LG等只是将女性手机产品作为短期的战术产品,而非战略性定位。

朵唯品牌以专业女性手机为定位,并紧紧围绕这个定位进行产品开发和品牌传播。产品外形时尚柔美,内置女性专属软件,如手机特设一键求救,自动定位功能,危困时刻仅按一键,即刻自动发送求救讯息至亲友或警方,并告知所在位置,犹如贴身保镖随时陪伴,安全更有保障。使之在消费者心理中形成朵唯即专业女性手机,专业女性手机就是朵唯的认知。

二、广告创意心理

广告创意是指在广告定位的基础上,在一定的广告主题范围内进行广告整体构思的活动。在广告创意的基础框架内,运用艺术性的手法,实施广告的具体制作。

1. 广告创意的心理素材

广告作品的构思建立在众多具体素材的基础上,这些素材包括两类:一类是客观事物中的实物或图片,另一类是创作者头脑中业已存储着的客观事物的形象。这一形象可以是对当前事物直接反映的知觉映像,也可以是对以往感知事物在头脑中再现的记忆表象。在广告构思中,作为创作的心理素材积累起来的,是留在脑海中的记忆表象。

表象来自于知觉,又高于知觉。表象不仅具有直观性的特点,而且具有概括性的特点。比如长城的表象,它是在万山丛中蜿蜒起伏的由砖块砌成的建筑,同时又是雄伟的、壮观的、古老的、带有某种特定含义的建筑。通过表象,人们可以形成丰富的想象。

"奇瑞QQ"的个性化产品形象

微型车"奇瑞QQ"巧借了在网络行业中早已被人熟知的"腾讯QQ"的概念,既朗朗上口,读起来又轻松亲切。奇瑞QQ在广告宣传中提出了"年轻人的第一辆车"、"个性"、"快乐"、"秀我本色"的口号,树立了鲜明的个性化产品形象。"年轻人"明确了主目标群体的年龄范畴;"第一辆车"表明了目标消费者属于较低收入阶层;"快乐"的概念又表明了群体的生活态度。消费者只需对号入座,就可直奔QQ而来。而驾驶QQ招摇过市时,则更体验到了"秀我本色"的真正含义。由此,它在2003年营销推广大战中占据了明显优势。

2. 广告构思中的创造想象

在构思过程中,不仅仅是要回忆和再现相关表象,更主要的是对这些表象进行整理加工、改造更新,形成新的形象。这种创造新形象的过程就叫做想象,是广告构思中最重要的心理活动之一。新形象的创造可以通过以下途径获得。

(1) 创造性综合

创造性综合是将不同形象的有关部分组合成一个完整的新形象,这个新形象具有自己独特的结构,并体现了广告的主题。这里不同形象的组合是经过精心策划的、有机的结合,而不是简单的凑合、机械的搭配。如旧上海"梁新记"牙刷广告描绘了一个用钳子拼命拔一把巨大牙刷上的毛的小孩,小孩费了九牛二虎之力,仍然"一毛不拔"。这一广告中的小孩与牙刷形成了有机的结合,组合成一个"一毛不拔"的新形象。这一成功的创意使"梁新记"以"一毛不拔"的盛名越传越广。

(2) 跳跃性合成

跳跃性合成是把不同物体中的部分形象,通过设计者跳跃性的思维方式进行合成,形成一个以往不曾有过的、全新的形象;或把两件并不相关的物品融合在一个画面里,使人们产生视觉失衡的冲击感。如三星洗衣机广告采用了众所周知的名画《蒙娜丽莎》,只是把蒙娜丽莎的衣服除去,标题是"Gone Washing"(拿去洗了)。摩托罗拉一个新型手机的广告,在画面主体人像的面部约1/3的位置上,嵌入该手机的正面图像,手机的显示屏恰好位于被遮住的人像的另一只眼睛处,给人造成强烈的视觉冲击。

(3) 渲染性突出

渲染性突出是为使人们对广告推介的商品加深印象,利用各种手段进行渲染,以突出其所具有的某种性质,在此基础上塑造出崭新的形象。有时对原有形象中的局部,可以进行带有夸张性的处理。

奥美广告公司的广告设计

被誉为现代广告之王的美国广告大师大卫·奥格威(David Ogilvy)创立的奥美广告公

司,在为劳斯莱斯汽车做的广告中,使用的广告标题是"这辆新的劳斯莱斯汽车以时速60英里行使时,最响的是它的电子钟"。在策划哈撒韦牌衬衫(Hathaway Shirt)的全国性广告活动方案时,大卫·奥格威想了18种方法,其中第18种方法是给模特戴上一只眼罩,表示穿上这种衬衫,可以显示自己与众不同,具有独特个性。后来这一形象应用在不同的场景,引起较大的反响。

(4) 想象性留白

在某些广告中,常使用在画面上一定空间留出空白的手法,即留白。这一空白虽非形象的塑造,但却能给人依据画面的其他部分展开想象的空间,进而感受空白之处所没有直接表现的内容。如李奥贝纳广告公司为喜力啤酒创造的《情人节篇》,整个画面只有中间一个心型的啤酒瓶盖及右下角的广告语"Green Your Heart"和商标,其他部分都是空白,给人留下无穷的想象空间。这则广告获得了第22届时报广告金像奖的银奖。

3. 广告接受中的再造想象

一个富有创意的广告形象设计,融合了设计者丰富的思想和想象。这个设计经媒体传达到受众以后,接受者依据广告作品中的描述,在脑海中能再造出设计者所构思的形象。这种广告接受者对未遇到过的事物,依据广告作品的描述而在头脑中形成相应形象的过程,就是再造想象。丰富的再造想象可以产生丰富的联想。再造想象可能使原有商品在受众心目中变得更加完美,也可能因为某些信息的不明确而使人们增添疑虑,因而失去兴趣。

一则商品房广告

有一房地产商制作的商品房广告称:小区交通便捷,离公交车站15分钟路程,每天有专用车辆接送业主等。有些人看后不禁在脑海中勾勒出这样一幅图画:荒凉的郊区,遥远的路途,专车在尘土飞扬的路面颠簸15分钟到达公交车站,错过一班车以后,等车的人们在焦急地盼望不知何时才能再来的下一班车。这样的广告就很难取得好的效果。

三、广告诉求心理

广告诉求是指在广告的策划和设计中,通过对人的知觉、情感的刺激和调动,对人们观念、生活方式的影响,以及对厂商、商品特点的宣传,来迎合和诱导人们,以最终激发顾客购买动机的过程。

广告诉求的基本目标是唤醒或激发顾客对自身潜在需求的意识和认知。在广告诉求的各项内容中尤以情感的诉求更为重要,更受到人们的重视。情感性广告使用率正在增长,情感性广告的设计主要是为了建立积极的情感反应,而不是为了提供产品信息或购买理由。

1. 顾客对广告的情感反应

顾客对广告的情感反应有两种类型:一类是积极的反应,如愉悦、兴奋、主动、激昂等;另一类是消极的反应,如气愤、懊丧、焦虑、压抑、厌烦等。情感的影响有以下几方面。

(1) 影响认知

当情感同广告的内容相一致时,人们的记忆、认知和回忆均比不一致时要好些。一个亲切感人的广告,可以使人在对其产生好感的同时,愿意重复接受,进一步了解有关的内容,加深对其的印象,从而获得较多的认知。如少年儿童出版社图书《十万个为什么》的广告词是:"十万个为什么,一辈子用得着,几代人忘不了。"简短的用几个数字打头的语言,使看过原作品的中年人产生美好的回忆和认同,未看过作品的年轻人也会感觉亲切和新奇。

(2) 影响态度

由广告引起的情感会影响对该广告的态度,并进而同其商品联系起来,影响到对该商品的态度和商品的选择。如飞利浦广告词"让我们做得更好"含有自豪、鞭策、奋发向上、永不停歇的深刻内涵,使人感觉它虚怀若谷、含而不露,增加了人们对它的好感。

(3) 影响体验

情感还会影响使用中的体验。人们受广告中惹人喜爱的主人公的积极情感影响,并通过重复使用体验,就会产生同感。如杉杉西服的广告词——"杉杉西服,不要太潇洒"——配以穿着优雅飘逸西装的模特,使人感觉自己穿上这种品牌的服装也是那样的潇洒。

2. 感情诉求因素

马斯洛需要层次理论把人的需要分为五个层次,包括生理需要、安全需要、社交需要、尊重需要和自我实现需要。广告情感诉求往往与人类较高层次的需要建立密切联系。广告创意中如能在充分体现广告主题的基础上,利用情感诉求来唤起人们较高层次的心理需要,往往可以提高说服效果。如化纳·莱恩伯特最近放弃了以往强调事实的比较性广告,为它的家用怀孕测试品推出了强烈的情感性广告。这个30秒的广告捕捉住一个丈夫得知妻子怀孕的时刻,妻子快乐地哼起"小宝贝的脸庞"中的歌词,暗示她怀孕的消息,她的丈夫会意地跟着唱起来。

广告创意中常用的积极的、高层次的情感因素主要有以下几种。

(1) 关爱感

关爱感是常用的情感诉求因素,人们希望获得亲人的关爱、朋友的关爱、社会的关爱。如百服宁治感冒药的广告,以妻子给出差的丈夫备好药品并留下温情关爱的纸条这样动人的画面,配以"百服宁,保护您"的广告词,商品广告中融入了亲人深深的关爱,顿使人感受到一片温情。

(2) 美感

爱美之心人皆有之,从某种意义上来讲,美也是人们获得尊重的一个重要因素。以美感进行情感诉求,非常容易为人们所接受。如白丽美容香皂"今年二十,明年十八"的广告词,虽然夸张得没有人相信,但还是深深获得爱美女性的喜爱和对产品的青睐。

(3) 成就感

成就感是人的最高层次需求,广告诉求中常用象征的手法暗示人们,某某成功男士、白领丽人使用这一产品,那么其他购买使用这一产品的人也会像他们一样成功。

3. 广告元素的情感因素

在广告设计中,色彩、图案、方案和音乐都可能与一定的情感体验发生联系。正确合理地使用这些元素,可以诱发特定的情感。

(1) 色彩

色彩是具有情感意义的重要元素。由于习俗的影响和社会文化的长期积淀,许多色彩都具有一定的象征意义,能引发某种情感体验,引起某些联想。

"箭牌"口香糖的包装

箭牌口香糖有四种口味,分别以四种色彩的纸包装:以绿色包裹薄荷香型,称为"清新的箭",其口味清新香醇,令人清爽舒畅;以红色包裹玉桂香型,称为"热情的箭",使人散发持久的热情;以黄色包裹鲜果香型,称为"友谊的箭",让人缩短相互间的距离,打开友谊的心扉;以白色包裹兰花香型,称为"健康的箭",并提醒消费者"运动有益于健康,每天嚼白箭口香糖,运动你的脸"。

颜色的文化差异

不同的文化群体,其历史背景、自然境况、文化习俗、思维方式,甚至审美风格不尽相同,对颜色的喜好及认同感也有着不可忽视的差异。

如红色对中国人和英美人而言,会产生不同的理解和联想。在中国,"红色"表示喜庆、幸福、吉祥,但在英语国家的人眼中,红色则意味着流血、危险或暴力。再如白色在远东是奔丧或祭奠死人的标记,而在美国则比喻幸福、纯洁;蓝色在荷兰有女性化含义,而在瑞典和美国则有男性化和男子气概的意思。

(2) 图案

图案是广告设计中最形象化的元素,它能以其对人们感官的直接刺激,使人受到感染。

中国银行的广告

中国银行的系列电视广告中有一个是以麦田为主要画面的设计:辛勤的农民、金黄的麦田、人与麦田的呼应……随着这些画面的流动,中国银行的商标出现在画面上。这一系列的图案,形象化地向人们展示了"丰饶"、"勤奋"、"富而不骄"的主题和意境。

(3) 文字

任何产品要打开市场,都离不开广告宣传。而选择什么样的广告文字,则对最终的宣传效果起着至关重要的作用。广告中的文字包括标题、广告词和文案。标题、广告词言简意赅,可起到画龙点睛的作用。文案可以有一定的篇幅,以使表述更具有感染力。

导入案例

"和酒"广告的文字设计

和酒广告的标题是:"理解与沟通,餐饮黄酒新概念"。它的广告词为:"相互理解,促进沟通是和酒的品牌观念。抱着不断创新的开拓精神,华光人创造出更营养、醇美的黄酒,让大家在喜庆的一刻,充分享受理解的欢乐,在沟通中,创造个性的自我。品和酒,交真朋友。"文字中充满了感情色彩。

女性伸缩内裤广告的文字设计

主标题为"女人看似浑圆,其实,最难定形!",其文案为"新上市'曲线传奇'内裤系列,采特殊轻柔质料及创新翻新剪裁,可依臀部线条自由舒展伸缩,让每个女人的臀部,都能安定舒适地轻裹在曲线传奇里!"

(4)音乐

在视听媒介中,音乐能以其优美而富有感染力的旋律,深深地打动听众,发挥其他广告元素难以发挥的独特作用。

4. 广告诉求的理性心理方法

广告诉求除了情感的、感性的方法以外,还常使用理性的方法。理性心理方法根据人们的心理,充分说明商品的好处,以促使顾客购买。这类广告方法重视证据,逻辑性强,以理服人,常采用权威机构或专家的鉴定或赞许来使人们信服。理性诉求有时与感性诉求结合在一起使用。

(1)证实的方法

证实的方法是指用事实证明广告所介绍的商品性能可靠、质量优越。证实的方法一定要实事求是,不能夸大其词。如美国一家厂商为打入法国市场的"超级3号胶"强效黏胶剂设计的电视广告画面是:在一个人的鞋底点上四滴"超级3号胶",然后把他倒黏在天花板上,保持10秒。结果广告播出后六个月内,销售量达到50万支。

(2)摆证据的方法

广告诉求若不适宜采用证实的方法,可采用摆证据的方法,即通过提出使用或实验的证据来证明商品的特性。

导入案例

"海飞丝"广告

天真无邪的孩子在大庭广众之下揭了母亲的心病:"妈妈,你的肩膀上有一粒粒白点。"头皮屑使年轻的母亲十分难堪。海飞丝广告模仿母亲的口吻叙述到:"还好,我看到了海飞丝的广告"。然后再用图像进行证实的同时继续介绍:"四个星期以后,用普通洗发水这边还有头皮屑,用海飞丝这边就完全没有了。"告诉你:海飞丝"护发去头皮屑,更胜一筹"。

(3) 主张的方法

主张的方法是一种阐明厂商经营宗旨和经营目的的方法。

芦荟排毒胶囊的广告

芦荟排毒胶囊原有的广告语为"排毒肠动力,美颜新主张",给人大而空的感觉。为击中消费者内心最需要的那个"点",公司围绕"深层排毒"的销售主张,最终从100多条广告语中选出"一天一粒,排出深层毒素"作为广告诉求语。

(4) 论证的方法

论证的方法是用说理向人们诉求的方法。

宝洁公司的广告

宝洁公司在中国市场上取得了辉煌的业绩,其电视广告最常用的方法之一就是论证中的专家法。首先指出你面临的一个问题来吸引你的注意,然后,便有一个权威的专家来告诉你,有个解决的方法,那就是使用宝洁公司的产品,最后,你听从专家的建议以后,问题就得到了解决。

四、广告文化心理

1. 文化对顾客心理的影响

顾客的购买心理不可避免地受到社会文化的影响。在全球化进程加速的今天,了解文化,尤其是了解不同文化的区别和对人们消费心理的影响,是成功营销的前提。

(1) 生活方式

生活方式是一定社会制度下社会群体及个人在物质和文化生活方面各种活动形式和行为特征的总和。人们生活方式不同自然会形成不同的消费心理与购买行为。如现代社会生活节奏加快,人们喜欢到快餐店就餐,即使在家也往往购买成品或半成品菜肴回家加工。生活方式导致人们的行为有很大差异。

五种与户外活动有关的消费者生活方式

追求刺激与竞争型:这类消费者喜欢冒险,喜欢参加一些危险和具有竞争性的活动,另外他们也喜欢社交和健身。平均年龄 32 岁,2/3 是男性单身者。

逃离型:这类消费者喜欢独处或独自体验自然。他们积极参与野营、钓鱼和赏鸟等活动。这些人并非孤身行事者,只不过将其交往圈子局限在家庭或密友当中。平均年龄 35 岁,男女各半。

健身驱动型:这些人参与户外活动严格局限于有益健康的项目,如步行、骑自行车和慢跑。上层经济水平,平均年龄 46 岁,一半以上是女性。

关注健康的社交型:尽管对健康很关注,他们相对来说,不太好动。绝大多数参加观赏活动如观光、开车兜风、参观动物园等。平均年龄为 49 岁,2/3 是女性。

缺乏压力和动力型:除非是为了与家人在一起,这些人提出对户外活动不感兴趣,平均年龄为 49 岁,男女各半。

(2) 价值观念

价值观念是人们对客观事物价值的主观评价,是顾客衡量商品价值的标准。以往中国人习惯于勤俭过日子,认为储蓄是一种美德。西方发达国家的人们则不爱储蓄,喜欢超前消费。

(3) 审美观

审美观是文化的深层次内容,与价值观等有极为密切的关系。非洲的一些民族以纹身为美,中国人喜欢在喜庆的日子穿红色衣服、用红色物品,以象征吉祥如意,而欧美女子结婚则喜欢穿白色的婚妙,以象征纯洁、美丽。

百事可乐的包装色

百事可乐在 1960 年在日本惨遭失败是没有考虑颜色的文化性。其主色——黄色——恰是日本人最不喜欢的颜色,因为在日本黄色是死亡之色。美国人和欧洲人都喜欢黄色,百事可乐在设计品牌时忽视了与众不同的日本的买方文化。

可见,审美情趣影响人们对物品的颜色、样式的偏好,进而影响人们对于涉外公司所提供的产品及服务的评价,并最终影响人们的购买行为。

(4) 宗教

宗教是人们信念中最深层的东西,宗教信仰对国民性的塑造起着重要的作用。基督教倡导节俭和勤奋工作;佛教强调精神修养、贬低物欲;伊斯兰教忌讳妇女抛头露面。

(5) 风俗习惯

风俗习惯是人类在社会生活中世代沿袭与传承的习惯性行为模式,对人们的行为有明显的约束作用。它使消费行为具有普遍性、周期性和无条件性。如中国人办喜事要吃九个菜,表示"长长久久",吃十个菜表示"十全十美",香港人喜欢以发菜送礼,表示恭喜"发财";演员、画家、音乐师等爱留长发,兵士必留短发,和尚都剃光头;春节、圣诞期间积极购物、中秋节吃月饼等,都是风俗习惯对人们消费行为明显影响的结果。

2. 广告的文化策略

根据公众具有较强的文化性消费心态,在广告策划中应该引入文化,利用文化机制来提高广告的品位,进而提高广告宣传的影响力。

(1) 文化适应策略

文化适应是指广告所倡导的观念和生活方式,要适应公众的文化要求,包括:

① 主题内容上的适应,比如公益性主题,要注意满足公众的文化需求,获得理想的宣传效果;

② 人物、动物形象上的适应,避免滥用或使用不当形象而引起公众误解;

③ 宣传用语上的适应,营造美的意境,避开异地、异国的文化忌讳或可能引起歧义的用词,以获得公众的认同。如英国 Leicester 公司在中东有一个鞋店,为了讨好当地穆斯林顾客,打出一条阿拉伯语的广告:"这里没有上帝只有阿拉。"事与愿违,一辆穆斯林的汽车报复性地冲进鞋店,毁坏了整个鞋店。他们认为,把阿拉的名字和踏入尘埃的鞋子联系在一起是一种亵渎。

除此之外,还要注意商标、图形、颜色运用上的适应,充分顾及所在国的文化理念、文化底蕴和文化禁忌。

(2) 文化包装策略

适应是基础,推进更重要。运用文化包装手段,能够形成氛围、提高宣传品位。可以采用"文化搭台、广告唱戏"的方式,举办商品节、开展社会文化性庆典、开展知识营销活动;可以通过赞助艺术节、体育比赛等文化艺术活动,起到良好的宣传效果。

(3) 文化导向策略

倡导科学的文明观念,也具有良好的宣传价值。文化导向有策划公益宣传和倡导新文化两种手段。

导入案例

关心孩子广告系列之一

主标题:教孩子做个快乐的人,而不是完美的人!

副标题:世上没有完美的人,理想越高,失望挫折就越大,真心爱您的孩子,请不要把您的梦想强加在他身上,童年只有一次,请让孩子正常又快乐地成长。

保护环境广告系列之一

主标题:妈妈,月亮停电了?

内容:月亮是黑夜里的一盏明灯!曾几何时,污染的空气,让天空无论白天黑夜都蒙上一层灰,皎洁的明月,隐藏在黑云之后,纯真的孩子,抬头望天,咦!妈妈,月亮停电了?

××企业关心空气污染,致力解决公害问题,并呼吁社会大众,共同维护空气清洁,让我们的下一代能永远看到皎洁的明月!

复习思考题

1. 广告具有哪些特点?
2. 阐述广告的心理功能。
3. 广告的心理过程可概括为哪几个主要环节?
4. 广告媒体选择需考虑哪些因素?
5. 分析广告版面、栏目和时间选择对受众的影响。
6. 广告定位的心理要求包括哪些内容?
7. 广告的情感影响包含哪几方面内容?
8. 阐述在广告设计中,色彩、图案、方案和音乐对受众情感的影响。
9. 广告诉求的理性心理方法有哪些?
10. 阐述广告的文化策略。

第八章

消费者的心理活动过程

1. 掌握知觉概念和知觉的基本特性；
2. 了解知觉在营销活动中的应用；
3. 掌握注意的含义；
4. 了解注意理论在营销中的应用；
5. 掌握记忆的含义及记忆的心理过程；
6. 了解记忆在营销中的作用；
7. 掌握学习和联想的概念；
8. 掌握情绪和意志的含义；
9. 了解情绪对消费者行为的影响。

1. 知觉概念及知觉理论在营销活动中的应用；
2. 注意含义及注意理论在营销中的应用；
3. 记忆含义及记忆理论在营销中的应用；
4. 学习与联想的概念；
5. 情绪与意志的概念；
6. 情绪对消费者行为的影响。

拉斯维加斯的再定位

长期以来，拉斯维加斯以赌场和歌舞女郎闻名于世，现在拉斯维加斯正着手一个为期五年的营销计划，力图使自己以"赌城"变为家庭度假胜地。仅在1999年，拉斯维加斯旅游局就为此花费了2 700多万美元。口号是："这里有你所要的任何东西、所有东西！"然而它并没有忘记博彩这项活动。在所有广告中都有一个氖灯做的赌博筹码标志和24小时营业的语句。此项活动的目的是使游客人数从1997年的3 000万增加到2002年的3 800万。

拉斯维加斯各方面的发展，使得这样一次重新定位成为可能。最近增加的许多主题宾馆提供了大量非赌博类娱乐活动，包括乘坐于摩天大楼顶部的翻转车、去一流的剧院、参与激动人心的水上运动项目等。一些著名的高端商品零售商,如 Neiman Marcus、范思哲和 Armani 都在这个城市设立了零售点。一些豪华宾馆如四季青等为游客提供不与赌博活动相联系的住宿。

内华达州的州长对此活动也给予了大力支持。他最近考察了拉丁美洲和亚洲的一些地方,并强烈敦促这些地方的航空公司开辟直飞拉斯维加斯的定期航班。州长宣称:"新增的 20 000 个旅馆房间,每一个都与一个旅游胜地或值得游览的地方相联系。在国外市场上,人们并不了解我们的主题公园的诱人之处。"现在,去拉斯维加斯的国际游客占总游客的 19%,州长希望在 5 年之内这个数字能够增长到 25%。

尽管拉斯维加斯希望成为家庭度假的胜地,但是目前前往拉斯维加斯的游客中 87% 的人在那里参加赌博。

消费者的心理活动过程,可以从知觉、注意与记忆、学习与联想、情绪与意志等几个方面去分析。这几个方面既是支配消费者行为的重要原因,也是企业制定和实施营销策略的重要基础。

第一节　消费者的知觉

一、知觉的概念

知觉是人对作用于感官的客观事物的整体、全面的反映。感觉和知觉都是当前事物在人脑中的反映,但感觉是对对象和现象个别属性(如颜色、气味、形状)的反映,而知觉则是人脑对直接作用于感觉器官的客观事物的整体形象的反映。事物总是由许多个别属性所组成,没有反映事物个别属性的感觉,就不会有反映事物整体的知觉。因此,感觉是知觉的基础,知觉是在感觉的基础上产生的。对一个事物的感觉越丰富、越精确,对该事物的知觉也就越完整。在实际生活中,人都是以知觉的形式直接反映事物,感觉只是作为知觉的组成部分存在于知觉之中。

二、知觉的分类

1. 根据知觉反映的事物特征划分

(1) 空间知觉

空间知觉是指对占有一定的空间位置的形状、大小、深度、方位、远近等特征的知觉。

(2) 时间知觉

时间知觉是指对客观事物的延续性、顺序性的反映。这种反映通常是借助于某种媒介进行的,如依靠大自然的春、夏、秋、冬周期性的季节,花草鱼虫的规律,人体内部生理节律的变化,以及时钟和日历的参照来判断时间,更重要的是依靠人们自己的活动、经验等来估计时间。

知识链接

人的时间知觉能力

人具有判断时间间隔精确性方面的时间知觉能力。一般来说,在这方面听觉和触觉的时间知觉较强,如视觉辨认间隔性的精度为 1/10～1/20 s,触觉辨认的精度为 1/40 s,而听觉辨认的精度可达 1/100 s。

在时间知觉中,人的个别差异和误差较大。心理学研究表明,用计时器测量的时间和人对时间的主观估计存在着差异。一般情况是对于 1 s 左右的时间间隔,人的主观估计最准确,短于 1 s 的间隔常被高估,而长于 1 s 的时间常被低估。在一项实验中,有的被试者在 13 s 时便认为到了 1 min。时间间隔越大,人对时间的估计错误越大,同时个别差异也十分明显。

人的时间知觉和自身活动的内容、情绪、动机、态度有密切关系。活动内容丰富而有趣的情境,使人觉得时间过得很快,而内容贫乏枯燥的活动,则会使人觉得时间过得很慢;积极的情绪,会使人觉得时间短暂,消极的情绪会使人觉得时间很长;期待会使人觉得时间过得较慢。

(3) 运动知觉

运动知觉是对物体的空间位移和移动速度的知觉。通过运动知觉,我们可以分辨物体的静止和运动及其运动速度的快慢。

2. 根据某个分析器官在反映活动中所引起的优势作用划分

可以将知觉分为视知觉、听知觉、触知觉、嗅知觉等。

(1) 视知觉

视知觉指的是从眼球等接收器官接收到视觉刺激后,一路传导到大脑的接收和辨识过程。例如,通过观看图画、雕塑、景色等所产生的知觉就是视知觉。营销人员利用了大量的视觉上的刺激来沟通和传达其营销讯息,并借以说服消费者,例如广告、产品包装、店面的设计等。视觉上的刺激主要包括颜色、外形、大小等。

(2) 听知觉

听知觉指的是对声音的记忆、识别和过滤。例如,通过听讲话、歌唱、音乐以及其他声音所产生的知觉就是听知觉。很多广告都使用广告音乐和结尾的乐音,来引发消费者对产品品牌的良好联想,或是强化其广告诉求。例如黑人牙膏配上轻快的音乐来强化其"口气清新"的诉求。

(3) 触知觉

触知觉指的是通过触摸来反映对象。对于某些产品类而言,消费者往往会用触感来评价产品的品质。例如皮制品便非常强调这样的感觉。

(4) 嗅知觉

嗅知觉指的是通过嗅觉来反映对象。气味是某些消费者在购买某类产品上的重要抉择因素。例如有些消费者在购买一些化妆品和日用品时,都会试图打开产品来闻一闻它的香味后,才做出购买决策。消费者对于一些不能打开的洗发精或洗面奶,往往在购买上表现出相当的犹豫。

3. 错觉

错觉是指人们对客观事物的不正确的感觉或知觉,凡是知觉的结果与实际情况不相符合便叫错觉。在一定条件下,人的各种感知由于受主客观因素的影响,在感知事物时都会产生各种错觉现象,如大小错觉、图形错觉、空间错觉、时间错觉、方位错觉、视觉错觉等。

在日常生活中,错觉现象随时可见。因为我们每天掌握的信息约 80%~90% 是通过视觉获得的,所以最常见的错觉是视错觉。例如,两个同样大小的彩色电视机,装饰边粗大的荧光屏看起来比没有装饰边的荧光屏要小些;装有宽大玻璃窗户的房间比没有装宽大玻璃窗户的房间要显得宽敞一些;女孩穿竖条纹的衣服比穿横条纹的衣服显得苗条一些等。错觉现象表明,在人的知觉中主观与客观的不一致,这种不一致不能归咎于个体观察的疏忽,而是社会中的每一个个体在一定的环境条件下,都有可能发生的正常反应。合理利用人们的错觉,有时候可以起到出人意料的营销效果。

颜色的错觉

有人做过如下实验:请30多位被试者喝咖啡,每人都喝4杯,各杯浓度一样,只是4个杯子的颜色不同,分别为咖啡色、青色、黄色和红色。喝完咖啡后,要求被试者对咖啡的浓淡做出各自的评判。结果,有2/3的被试者都说红色、咖啡色杯子中的咖啡太浓,青色杯子中的太淡,只有黄色杯子中的咖啡浓度适中。据此,销售商便把咖啡店里的杯子全部都改用黄色,以便更好地发挥颜色视觉的作用,结果使大多数消费者都感到满意。

三、知觉的基本特性

知觉是消费者对消费对象的主观反应过程,这一过程受到消费对象特征和个人主观因素的影响,从而表现出某些独有的活动特性。

1. 知觉的选择性

知觉的选择性是指人对外来信息有选择地进行加工的能力。知觉的能动性主要表现在它的选择性上。

心理学的研究表明,消费者每天都置身于千千万万消费信息的包围之中,在同一个时间内,作用于消费者的各种消费刺激也是极为众多、复杂的。然而,限于消费者各种感觉通道的感受能力的不同,以及主观内在的需求、兴趣等因素的不同,所以,消费者不可能把什么信息都接收下来,而只能有选择地把其中一部分刺激作为信息加以接受、储存、加工和理解,于是就出现了知觉的选择性。

消费者的心理活动是一个整体活动方式,所以知觉的选择性表现形式还包括选择性注意、选择性曲解和选择性保留。

(1) 选择性注意

选择性注意指在外界诸多刺激中仅仅注意到某些刺激或刺激的某些方面,而对其他刺激予以忽略。人的感官每时每刻都可能接受大量的刺激,而知觉并不是对所有刺激都做出反应,而是仅仅把注意力集中到重要的刺激或刺激的重要方面,排除次要刺激的干扰,更有效地感知和适应外界环境。选择性注意的影响因素有客观与主观两个方面。众多的因素都会影响知觉对象的选择、知觉过程和知觉结果。

(2) 选择性曲解

选择性曲解指人们有选择地将某些信息加以扭曲,使之符合自己的意向。在消费品购买中,受选择性曲解的作用,人们会忽视所喜爱品牌的缺点和其他品牌的优点。

(3) 选择性保留

人们倾向于保留那些与其态度和信念相符的信息。

2. 知觉的整体性

飞利浦公司的电咖啡壶广告

飞利浦公司曾经在电视节目中播放一则电咖啡壶的广告,是在电视剧的前后分为两部分播放的。前一部分是一位家庭主妇在用飞利浦公司的电咖啡壶煮咖啡,随后是其他公司的电视广告和电视剧。电视剧结束之后是电咖啡壶广告的第二部分,内容是这位妇女高兴地对家人说:"又香又浓的咖啡煮好了,快趁热喝吧"。这则广告与"书夹广告"异曲同工,前一部分制造悬念,后一部分解开悬念。但是因为人们知觉整体性的作用,受众看到前后分开的广告,自然而然会将不完整的信息补充完整,这种广告同样起到了增强受众注意和记忆的作用。

知觉的整体性也称为知觉组织性,这个特性是知觉与感觉的重要区别。是指人们根据自己的知识经验把直接作用于感官的不完备的刺激整合成完备而统一的整体,以便全面地、整体地把握该事物,如图 8-1 所示的"13"这个图像,若把它放在数字 12、13、14 的序列中,它就是数字"13";若把它组织到英文字母 A、B、C 的序列中,它就是英文字母"B"。由此可见,人们在知觉客观事物时,并不需要非常细致地去重新观察它的每一个部分及其属性,只要抓住了它的主要特征,就可以根据已有的经验对它进行识别,从而把它作为一个整体进行反映。

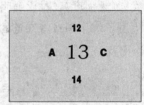

图 8-1 知觉的整体性

3. 知觉的理解性

知觉的理解性是指人们在识别事物的过程中,不仅知觉到对象的某些外部物征,还可以用自己的知识经验对知觉的对象按自己的意图做出解释,并赋予它一定的意义。

知识经验在知觉理解中的作用主要通过概念和词语来实现。言语的指导能唤起过去的经验,从而理解其意义。如图 8-2 所示。

这样一个图形,由于每个观看者自身的知识、经验不同,可以有多种不同的解释。如果说图上是一条公路,人们立刻会理解释其意义;如果说这是一个从窗口看到的长颈鹿的脖子,大家也会领会其意。这就是语言在理解中的作用。理解性有助于解释消费者对同一商品的知觉为什么不同。人对知觉的客观事物理解越深,则知觉越迅速、全面。例如,有丰富购买经验的消费者在挑选商品的时候,要比一般消费者知觉得更快、更细致和全面。

图 8-2 视知觉的理解性

4. 知觉的恒常性

这是指知觉条件在一定范围内发生了变化，被感知对象的映像仍然能够保持相对不变的特性，这就是知觉的恒常性。如当知觉对象距我们远于 10 m 时，或者比 10 m 近一些时，我们也不会因为视角改变而改变对他身长的知觉，依然会觉得他还是保持原来的身高。

知觉的恒常性反映在消费者购买行为上，就是消费者能够避免外部因素的干扰，在复杂多变的市场环境中，仍然可以根据购买商品后的使用经验来辨别眼前的商品。例如，百事可乐在包装上做了一些改变，消费者仍然能进行正确的知觉。但知觉的恒常性也可能阻碍新产品的推广。

四、知觉在营销活动中的应用

1. 知觉的选择性对营销人员的启示

（1）人们选择哪些刺激物作为知觉对象，与知觉过程和结果受到主观与客观两方面因素的影响有关。主观因素称为非刺激因素，非刺激因素越多，所需要的感觉刺激就越少，反之就越多。企业提供同样的营销刺激，不同的消费者会产生截然不同的知觉反应，与企业的预期可能并不一致。企业应当分析消费者特点，使本企业的营销信息被选择成为其知觉对象，形成有利于本企业的知觉过程和知觉结果。

（2）知觉的选择性有助于消费者确定购买目标。现在市场上的商品十分丰富，每天消费者都要接触不同媒体的各种广告，这些都加大了消费者进行购买决策的难度。而知觉的选择性可使消费者在众多的信息和商品中能够快速找到符合自己既定购买目标的信息和商品，同时排除那些与既定购买目标不相符合的信息和商品。另外，具有某些特殊性质和特征的消费对象，如形体高大、刺激强度高、对比鲜明、新奇独特、与背景反差明显等，往往容易引起消费者的知觉选择。营销人员了解了消费者知觉的这个特点，可以采取适当的营销策略。

一则辣酱的广告

有一家规模很小的食品公司，生产资金只有十几万元。辣酱上市之前，老总考虑在热闹街头租一个显眼的广告牌，给辣酱作广告宣传。但与广告公司接触之后，才知道市中心广告牌的价格太高，他这小小的企业承受不起。

可是老总并没有失望，他不停地到处试探，经过反复寻找，终于看好一个十字路口的广告牌。那里车辆川流不息，人流量大但有一点遗憾，就是路人行色匆匆，在这里做广告很难保证有好的效果。打探了价格后得知需要几万元，老总最终决定租下来。

原以为第二天就能看到他们的辣酱广告了。然而，第二天，广告牌上根本就没有他们的辣酱广告，上面赫然写着："好位置，当然只等贵客！此广告招租88万/全年。"天哪，这样的价格可能是这座城市最贵的广告价了。天价招牌的冲击力使得每个从这里路过的人似乎都不自觉地停住脚步看上一眼。口耳相传，很多人都知道了这个十字路口上有个贵得离谱的广告位虚席以待。

一个月后，"爽口"牌辣酱的广告登了上去。辣酱的市场迅速打开，因为那"88万/全年"的广告价格早已家喻户晓。"爽口"牌辣酱成为这座城市的知名品牌。

2. 利用知觉的理解性和整体性提高促销效果

根据知觉的理解性这一特点，企业在促销中要针对购买对象的特征，在向消费者提供商品信息时，其方式、方法、内容、数量必须与信息接收人的文化水准和理解能力相吻合，保证信息被迅速、准确地理解。根据知觉整体性这一特点，在促销设计中，把着眼点放在与商品有关的整体上，使消费者获得充足的信息，形成一个整体的、协调的商品形象。

高脚酒具的销售

有一家百货商店新进了一批刻花玻璃高脚酒具，造型与质量均佳，但摆上柜台后销路一直不畅，平均每天只能卖出3套。后来，一位营业员灵机一动，在一套酒具的每个酒杯中斟满红色的液体，摆在玻璃柜内，望之宛如盛满名贵的葡萄酒，使人感到芬芳四溢、满口生津，购买欲望油然而生，结果每天销售量增长到30套。这里，消费者把酒具与酒的美好口感联想为一体，进而增强了对酒具的购买欲望。

背景引发效果

"背景引发效果"指的是消费者或个体由刺激物周围的一些场景或特定的情景而产生的正面的或负面的想象。广告的背景（即物质环境）会影响人们对广告内容的理解。广告出现的直接背景通常是穿插广告的电视节目、广播节目、杂志、报纸或网站。研究表明，当广告在正面节目中播放时，广告产品会获得更多的正面评价；否则，广告产品会获得更多的负面评价。

可口可乐公司从不在新闻节目之后播放其食品广告，他们认为新闻中的"坏消息"可能会影响受众对所宣传的食品的反应。可口可乐公司的发言人认为：不在新闻节目中做广告是可口可乐一贯的公司政策。因为新闻中会有坏消息，而可口可乐是一种助兴和娱乐饮料。这段话实际上表达了企业对背景效果或"背景引发效果"的关切。

3. 利用知觉的恒常性带动商品销售

由于人们不愿放弃自己使用习惯的商品，所以知觉的恒常性可以成为消费者连续购买某种商品的一个重要因素。企业可以通过名牌商品带动其他商品的销售，或通过畅销的老商品带动新商品的销售。

4. 运用错觉原理制定商品促销策略

由于消费者受主客观因素的影响，因而在感知事物时会产生各种错觉现象。错觉是客观存在的，在商业促销中，可充分利用错觉（尤其是视觉错觉）现象制定销售策略。商业企业在店堂装修、橱窗设计、广告图案、包装装潢、商品陈列等方面，适当地利用消费者的错觉，进行巧妙的艺术处理，往往能产生一定的心理效应，刺激购买。比如，商家在生动化陈列或包装上，宜大量运用红色和金黄色，因为一方面，红色作为一种象征喜庆的颜色，有助于提升品牌的亲和力；另一方面，从心理学的角度来说，红色更容易使人兴奋，也就更能激发消费者的购买欲望。

第二节　消费者的注意与记忆

一、消费者的注意

1. 注意的含义

注意是人的心理活动对外界一定事物的指向与集中。它是伴随着感知觉、记忆、思维等心理过程而产生的一种心理状态。消费者的购买活动一般以注意为开端，在心理过程开始后，注意仍伴随着心理过程，维持心理过程的指向性和集中性。例如，消费者在选择商品时，其心理活动总是集中在购买目标上，全神贯注地将心理活动稳定在所选择的商品上。这时他对商场内的噪声、喧哗、音乐等干扰进行抑制，以获得对所选商品的清晰、准确的反映，继而决定是否购买。

2. 注意的功能

注意是一种复杂的心理活动，它使消费者的心理活动处于一种积极状态并使之具有一定的方向。从这个角度来说，注意有三种功能。

（1）选择功能

注意的基本功能是对信息进行选择，使心理活动选择有意义的、符合需要的和与当前活动任务相一致的各种刺激，避开或抑制其他各种无关的刺激。注意的选择功能表现为对心理活动对象的指向上，表明心理活动对象的内容和范围。

（2）保持功能

外界大量信息输入后，每种信息单元必须经过注意才能得到保持，如果不加注意，就会很快消失。因此，需要将注意对象的映像或内容保持在意识之中，一直到完成任务，达到目的为止。注意的保持功能主要表现为对心理活动对象的集中上。

（3）调节监控功能

注意，特别是有意注意可以控制心理活动向特定的目标或方向进行，使注意适当分配和适时转移。工作和学习中的错误和事故一般都是在注意分配或注意没有及时转移的情况下发生的。前苏联心理学家加里培林把注意称为"智力监督动作"。

"白加黑"广告

东盛制药有一个产品很到位，就是白加黑。如果这么做广告：感冒了，快吃白加黑，白天吃白片，晚上吃黑片。顾客会买吗？不一定！因为它光说了产品的特征——黑片和白片。看东盛制药的广告怎么说的——感冒了，快吃白加黑，白天吃白片不瞌睡，晚上吃黑片睡得香。

可见，顾客买的不是产品的功能和特征，买的是特征和功能给顾客带来的好处和利益。这个营销策划，曾把东盛制药推到中国感冒药龙头老大的地位。

很多广告大家不爱看，是因为它只说一半的话，产品特征功能讲完了就不讲了，好处和利益都没了。

3. 注意的分类

根据注意的产生有没有预定目的，以及保持注意时是否需要意志努力，可以把注意分为无意注意、有意注意和有意后注意。

（1）无意注意

无意注意也叫不随意注意，是指事先没有预定目的的，也不需要做意志努力的注意。这种注意的产生和维持，不是依靠意志努力，而是人们自然而然地对那些强烈的、新颖的和感兴趣的事物所表现的心理活动的指向和集中。

在实际生活中，引起无意注意的原因是经常综合在一起的，为了行文的方便，这里将它们分为两个方面论述，即刺激物的特点和人本身的状态。

① 刺激物的特点

第一，刺激物的强度。无意注意基本上服从于刺激的强度法则。强烈的刺激物，如一道强光、一声巨响、一种浓烈的气味，都会不由自主地引起人们的注意。对人的无意注意起决定作用的往往不是刺激的绝对强度，而是刺激的相对强度与周围物体强度的对比。例如，在喧闹的大街上，大声说话不大引起人们的注意，但在寂静的夜晚，轻微的耳语声也可能引起人们的注意。

第二，刺激物之间的对比关系。刺激物在强度、形状、大小、颜色和持续时间等方面与其他刺激存在显著差别时会引起人们的无意注意。例如，绿草丛中的花，比绿草丛中的青蛙更能引起人们的注意。

第三，刺激物的活动和变化。活动变化的刺激物比不活动、无变化的刺激物更容易引起人们的注意。例如，夜间的霓虹灯一亮一暗，很容易引起人们的注意。活动的玩具很容易引起儿童的注意和兴趣。

第四，刺激物的新异性。千篇一律的、刻板的、多次重复的事物，很难吸引人的注意。新异性可以分为两种：一是绝对新异性，就是人们从未经验过的事物及其特征；二是相对新异性，刺激物特性的异常变化或各种特性的异常结合。研究表明，刺激物的相对新异性更能引起人们的注意。

② 人本身的状态

无意注意不仅可以由外界刺激物的特点引起，也与人的自身状态有关。

第一，需要和兴趣。凡是能满足人的需要，符合人的兴趣的事物，就容易成为无意注意的对象。例如，企业销售人员外出度假时，零售商店举办的户外促销宣传都会自然而然地引起他们的注意。因为职业关系或其他的爱好产生的直接兴趣是无意注意的重要来源。人们常常会被感兴趣的事物所吸引，不自觉地加以注意。

第二，人的情绪和精神状态。人在心情愉快时，即使平时不被他注意的事物，也会引起注意。而心情郁闷时，平时容易引起注意的事物也不易引起注意。

（2）有意注意

有意注意也叫随意注意，是指事先有预定目的的，必要时还需做一定意志努力的注意。有意注意主动地服从于既定的目的和任务，它受人的意识的自觉调节和支配。有意注意的客体不易吸引人的注意，但它又是应当去注意的事物。因此，要使意识集中在这种对象上就必须有一定的意志努力。例如，青年工人在开始学习机床操作时，对于操作过程还没有掌握，操作动作也还不熟练，稍不注意就会出废品或发生事故，掌握动作熟练的过程又是一种单调的学习，所以他必须通过意志努力克服一定的困难把注意集中在当前的操作上,特别是在容易发生差错的地方。

(3) 有意后注意

有意后注意指事前有预定的目的,不需要意志努力的注意。有意后注意是注意的一种特殊形式。它一方面类似于有意注意,因为它和知觉的目的、任务相联系着;另一方面类似于无意注意,因为它不需要人的意志努力。

有意后注意是个人的心理活动对有意义、有价值的事物的指向和集中,它是在有意注意的基础上发展起来的。人们开始从事某项生疏的或不感兴趣的活动时,需要一定的意志努力才能保持注意,经过一段时间对这项活动十分熟悉了,就可以不需意志努力而保持注意。

无意注意、有意注意和有意后注意在实践活动中紧密联系,协同活动。无意注意在一定条件下可以发展为有意注意,有意注意可以发展为有意后注意。

4. 注意在营销活动中的作用

(1) 利用有意注意和无意注意的关系,创造更多销售机会

在实际活动中人的无意注意和有意注意是相互联系、相互转换的。而消费者在商场购物时,因为需要走路,需要长时间处于有意注意状态中,感觉很疲劳。营销人员就可以利用现代大型零售商厦集购物、餐饮、健身和休闲为一体的特点,配上主题营销策略,使消费者在购物活动中时而有意注意、时而无意注意、时而忙于采购、时而消遣娱乐。这种多角化经营显然有利于延长消费者在商场停留的时间,不仅可以创造更多的销售机会,同时也使消费者自然而然地进行心理调节,感到去商场是一件轻松的乐事。

(2) 发挥注意心理功能,引发新的消费需求

正确地运用和发挥注意的心理功能,可以使消费者实现由无意注意到有意注意的转换。例如,大部分消费者在接受广告宣传时都是处于无意注意状态之中,特别是广播广告和电视广告,往往是在无意注意状态中被强烈刺激之后引起消费者注意的转换。当营销人员了解了这个现象之后,就要千方百计增强广告的效果,使消费者的无意注意转换为有意注意。

二、消费者的记忆

1. 记忆的含义

记忆是人脑对经历过的事物的反映。如过去感知过的事物、思考过的问题、体验过的情感等,都能以经验的形式在头脑中保存下来,并在一定条件下重现出来。

人脑具有对于过去经验反映的机能,是因为主体接受了客体的刺激之后,会在大脑皮层上留下兴奋过程的痕迹。这些痕迹一旦被重新"激活",人脑中就会重现已消失的刺激物的印象。所以说记忆是人脑的一种机能,它的生理学基础是大脑神经中枢对某种印迹的建立和巩固。现代研究表明,人脑如同一个指挥中枢那样能向身体的各个器官和部位发号施令,它所记忆的特定信息对人体行为产生极大影响和作用。科学家将记忆之谜称为"生物界最大的自然之谜"。斯伯尔丁说对:"记忆可能是天堂,我们不用担心会被驱逐;记忆也有可能是地狱,我们想逃也逃不掉。"记忆是一个复杂的心理过程,记忆从心理活动上将过去与现在联系起来,并且再现过去经历过的事物,使人的心理活动成为一个连续发展的整体。

2. 记忆的心理过程

记忆是获得信息并把信息储存在头脑中以备将来使用的过程。心理学研究表明,这一过

程包括识记、保持、回忆或再认等几个基本环节,如图 8-3 所示。

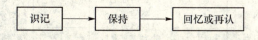

图 8-3　消费者记忆过程

识记是识别和记住事物从而积累知识经验的过程。它是记忆过程的第一个基本环节。保持是巩固已经获得的知识经验的过程,它的对立面是遗忘。实际上,保持就是防止遗忘的心理活动。它是记忆的第二个基本环节。如何知道过去的知识经验已在头脑中保持,其识记后的结果可以通过回忆或再认的方式表现出来。过去经历过的事物在头脑中重新呈现出来的过程称为回忆;过去经历过的事物再次出现时能够把它们辨认出来称为再认。回忆和再认之间的主要区别在于:再认是在感知过程中进行的,而回忆则是在感知之外,通过一定的思维活动进行的。这是记忆过程的第三个基本环节。

记忆过程中的三个基本环节是相互联系、相互制约的。在 20 世纪 50 年代以后,心理学界倾向于用信息论的观点来解释记忆,把记忆看成是信息的输入、编码、储存和在一定条件下提取的过程。

3. 记忆的分类

(1) 根据记忆的内容分类

① 形象记忆

形象记忆是以感知过的事物形象为内容的记忆。这些形象可以是视觉形象,也可以是听觉、嗅觉、味觉等形象。例如,消费者对商品的形状、大小、颜色等方面的记忆就是形象记忆。

② 逻辑记忆

逻辑记忆是以概念、公式、定理、规律等为内容的记忆,是通过语词表现出来的对事物的意义、性质、关系等方面的内容的记忆。例如,消费者对某种商品的制作原理、广告宣传等方面的记忆就是逻辑记忆。

③ 情感记忆

情感记忆是以体验的某种情感为内容的记忆。例如,消费者购买某品牌的商品后,在使用过程中感到满意和愉悦,在满意的心情主导下,记住了这个产品和品牌,就是情感记忆。

④ 运动记忆

运动记忆是以过去做过的运动或动作为内容的记忆。例如,一个人多年前学会的游泳、骑车等动作,间隔了一段时间仍然不会忘记,就是运动记忆。运动记忆对于消费者形成各种熟练选择和购买技巧是非常重要的。

(2) 根据记忆保持时间的长短或记忆阶段分类

根据记忆保持时间的长短或记忆阶段,可以分为感觉记忆(Sensory Memory)、短期记忆(STM,Short-Time Memory)和长期记忆(LTM,Long-Time Memory)。在处理与品牌有关的信息时,这三种记忆系统都会被用到。这三种记忆系统的相互关系如图 8-4 所示。

① 感觉记忆

感觉记忆是指通过感觉得到的信息储存。这种储存很短暂,至多持续几秒钟。例如,一个人走过一家食品店,会迅速看看里面卖的是什么食品。尽管这种感觉只持续几秒钟,但这段时间已足够消费者做出决定是否留下来进一步观察和搜集信息。如果信息保留下来并经初步处

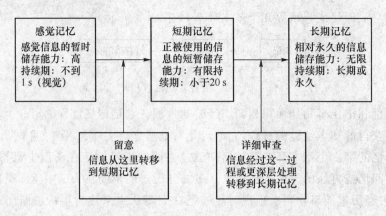

图 8-4 三种记忆系统的相互关系

理,它就会通过留意的关口转化为短期记忆。

② 短期记忆

短期记忆是指在有限的短暂时间里储存信息。与电脑相似,短期记忆系统被认为是工作记忆,它持有我们正在处理的信息。日常输入的口头信息可能以听觉或语义的方式储存为短期记忆。

③ 长期记忆

长期记忆是使信息能被长期保留的系统。为了使信息能从短期记忆进入长期记忆,通常需要进行详细的审查。这一审查过程包括思考刺激的含义,并把它与记忆中已有的其他信息相联。厂商有时会通过设计出消费者能重复的简短而有吸引力的广告用语或小插曲来促进这一过程,使信息进入消费者的长期记忆。

4. 记忆在营销中的作用

记忆是个体经验积累和心理发展的前提,作为一种基本的心理过程,是和其他心理活动密切联系着的。消费者的每次购物活动不仅需要新的信息、新的知识,还需要参照以往对商品或劳务的情感体验、知识和经验。换句话说,记忆帮助消费者积累起大量的商品知识、购买和使用经验,这些就成为以后消费活动的参考依据。在以后的消费活动中,消费者会自觉地利用记忆材料如过去的使用经验、广告宣传、效果印象等对商品进行评价,这有助于消费者全面、准确地认识商品,并做出正确的购买决策。尤其是对一些价格昂贵的消费品,人们大都经过慎重的挑选、比较、权衡之后,才决定购买与否。因此,信息在消费者记忆中如何组织就成为专家和营销人员十分关心的问题。对工商企业来说,在了解消费者记忆的特点的基础上,在营销中可以采取的方法如下。

(1) 心理学研究表明,有意义的材料比无意义的材料容易记忆。工商企业在做广告或给商品命名时,应尽量避免生、冷的词汇,少用专用名词和费解的字句。

(2) 哈佛大学心理学家乔治 A. 米勒博士在研究中发现,人的信息加工能力是有极限的,这就是神秘的"7 ± 2"。这个数目对于我们许多感觉通道来说,大体上是恒定的。普通人的大脑不能同时处理 7 个以上的单位。说白了就是,很少有人能记住同类产品 7 个以上的品牌名称。这就给企业传递了一个信息,即使本企业的产品非常幸运地挤进了七者之一,也不能高兴太早。因为影响消费者购买的往往只是前二三名。有人做过统计,首位的企业和产品比第二位的市场占有率高出一倍;而第二位又比第三位高出一倍。所以说,企业的产品、品牌要想让消费者眷顾，就必须了解消费者记忆的特征，做好市场定位。另外，企业在传递商品信息时，要考虑消费者接受信息的记忆极限问题，尽量把输出的信息限制在记忆的极限范围之内，避免因超出相应范围而造成信息过量，使消费者无法接受。例如，在电视的"5秒标版广告"中播出的信息应尽量安排在7～8个单位内，走出这一范围，就会大大降低广告宣传效果。

（3）把信息编成组块。所谓组块（chunk），指的是把几个小单位组成大单位。通过组块使原来小的、分散的信息集合成大块信息，从而使记忆的容量得以增加。这种组块方式的识记，可以是一个数字、一个汉字、一个词、一个短语，甚至是一个句子。

一般认为，每个组块所含信息量的多少是不等的。以组块方式进行识记，主要是过去的知识经验为基础，也就是说，把信息单位归并成块的能力决定于对组块本身的了解，例如，消费者或客户能够记住七位数以上的手机号码通常采用的是组块式记忆方法。记忆时，把那些没有规则、枯燥的数字，三个或四个一组，形成若干个组块，然后，以组块的形式进行记忆，使记忆的数量大大增加。再如，数字1、9、1、9，熟悉中国历史的人能够形成一个信息块1919，知道这是"五四"运动的年代，不熟悉中国历史的人则不能形成单一的信息块，而是一串无意义的数字。以组块方式进行识记，可以提高记忆的容量和效率。

组块概念在现实生活中应用非常广泛，其内涵已扩充到一切有意义的编码，表现为由各单个信息组成熟悉的或有规律的图形、符号，文字语言及其他。企业在营销中也可以有效利用组块方式，提高消费者对本企业产品、品牌、企业标识，甚至企业形象的记忆。

（4）适度重复可以加深消费者对广告或商品的印象。由于适度重复可以增加信息在短时记忆中停留的机会，不断地重复还有助于将短时记忆转化为长时记忆，所以在传递消费信息时，特别是新产品上市时，应尽可能多次重复有关内容，但应注意表现形式的多样化和重复时间的间隔性与节奏性。

第三节　消费者的学习与联想

一、消费者的学习

学习是描述有意识或无意识的信息处理导致记忆和行为改变的一个过程，学习是消费过程中不可缺少的一个环节。

1. 学习的概念

消费者学习是消费者在购买商品和使用商品过程中，不断获得知识经验与技能，不断完善其购买行为的过程。在这里，购买商品是一种学习，使用商品也是一种学习。学习是一个中间变量，没有消费者学习就没有消费者的购买。消费者的大部分行为是后天习得的，人们通过学习而获得绝大部分的态度、价值观、品位和行为偏好等，这些学习的过程极大地影响了人们对生活方式的追求和消费习惯。

中国有一句俗话叫"吃一堑，长一智"，当消费者购买某一品牌的商品后，发现商品质量很差，下次就会小心回避这种品牌，也就是说，消费者依靠自己的学习，积累了识别劣质商品的方法。

2. 学习理论

（1）经典性条件反射理论

运用刺激与反应之间某种既定的关系，使个体学会对不同的刺激产生相同反应的过程就叫经典性条件反射,由俄国生理学家伊万·巴甫洛夫创立。该理论认为,借助于某种刺激与某一反应之间的已有联系,经由练习可以建立起另一种中性刺激与同样反应之间的联系。这一理论是建立在巴甫洛夫著名的狗与铃声的实验基础上的。试验是这样的,在每次给狗喂食之前都要打铃(称为条件刺激),于是在狗的大脑皮层上引起一个兴奋中心,紧接着给狗吃食物(称为无条件刺激),经过多次反复后,狗听到铃声就会分泌唾液(称为条件反射)。这时,学习或条件联系便产生了。具体说,铃声由原来是一个中性的刺激物变成了食物的信号。

经典条件反射的原理及其所得到的科学事实,可以用于消费者的学习。

导入案例

万宝路香烟的广告背景

万宝路香烟在那些烟草广告合法的国家所做的媒体广告中,品牌名称和包装与漂亮的户外风景同时出现,该广告的部分目的就是想将人们对于户外风景的正面情感与该香烟品牌联系起来,以便增加人们喜爱该品牌的可能性。

幽默广告的情感反应

有的幽默广告本身引起情感的反应,开始消费者的情感仅限于对广告自身,但如果反复给消费者看这些广告,那么,广告所宣传的品牌同样引起消费者愉快的感受,产生所谓的条件反应或者称为"移情"。在这里,消费者有意无意地习得了对特定品牌商品的积极态度和行为。换句话说,一则令人感到亲切的广告,通过经典性条件反射就可能加强消费者积极的品牌态度,而并不需要表明使用该品牌本身会带来的满足。

(2) 操作条件反射理论

经典性条件反射理论只解释了由刺激所引起的行为。但是,在大部分情况下,人的行为不仅仅是被动的行为,人是可以为了适应环境而能动地采取相应行为的。操作性条件反射理论解释的就是人为适应环境而能动地采取的行为。操作性条件反射理论也称工具性条件反射理论,它是由美国著名心理学家斯金纳提出来的。

斯金纳通过对白鼠进行实验发现,将饥饿的白鼠放置箱中,当白鼠乱窜碰到杠杆时,就会掉下食物,这样反复多次,每触动杠杆,必得食物,于是发展到白鼠主动触压杠杆以求得到食物。如此反复,这种行为就会得到强化,形成条件反射。由于触动杠杆是获取食物的一种手段或工具,因此,这一类型的学习被称为操作性或工具性条件反射。

操作性条件反射对理解复杂的消费者心理现象具有重要的意义。这个理论把消费者行为视为原先产品使用后的满意感的函数。按照该理论,消费者对自己的购买行为是可以主动控制的,从产品使用中获得的持续强化(反复满意)将会提高消费者再次购买这一品牌的可能性。

在操作性条件反射理论中还提到一种现象,叫做自然消退。它是指某种条件反射形成后,不再受到强化,那么这种反射就逐渐减少,甚至消失。例如,消费者在有奖销售的影响下,购买了某种商品,当他以后再次购买同类商品时,没有受到奖励,就有可能不再购买该商品。另外,消费者对某一种品牌或服务不再有好感,消退过程——终止刺激和预期回报之间的联系——就会发生,消退过程使消费者再次购买相同品牌的可能性迅速降低。

被水淋湿的猴子

有一个著名的实验是这样的:研究人员把五只猴子关在一个笼子里,笼子一端挂了串香蕉,旁边有个自动装置,若侦测到有猴子要去拿香蕉,立刻会有水喷向笼子。实验开始后,有只猴子去拿香蕉,喷出来的水顿时把猴子们淋成了落汤鸡,每只猴子都去尝试了,发现都是如此。于是,猴子们达成了一个共识——"不要去拿香蕉,因为有水会喷出来"。

后来实验人员把其中的一只猴子拿走了,换进一只新猴子,这只猴子进到笼子里看到香蕉,马上想去拿,结果被其他四只猴子揍了一顿,因为其他四只猴子认为新猴子会害得它们被水淋湿。新猴子尝试了几次,结果被打得头破血流,还是没有拿到香蕉,当然这五只猴子也没有被水喷到。后来实验人员把喷水装置拿走了,再把一只猴子带走,换进另外一只新猴子。这只猴子看到香蕉,当然也是马上要去拿,结果又是被其他四只猴子痛打了一顿。新猴子尝试了几次总是被打得很惨,只好作罢。再后来慢慢地一只一只把所有的猴子都换成新猴子,可大家都不敢去动那串香蕉,但是它们都不知道为什么。

(3) 观察学习理论

观察学习理论主要是由美国心理学家班图纳所倡导的。根据观察学习理论,人的许多行为是通过观察学习而获得的。所谓观察学习是经由对他人行为及其强化性结果的观察,一个人获得某些新的反应,或使现有的行为反应得到矫正,同时在此过程中观察者并没有外显性的操作示范反应。根据这个定义,观察学习有以下特点。

首先,观察学习并不必然具有外显的行为反应。

其次,观察学习并不依赖直接强化,在没用强化作用的情况下,观察学习同样可以发生。

最后,观察学习不同于模仿。模仿是学习者对榜样的简单复制,而观察学习则是从他人的行为及其后果中获得信息,它可能包含模仿,也可能不包含模仿。

利用观察学习理论可以诱导消费者特别是潜在消费者的反应。

首先,通过模特(通常说的榜样)说明产品的肯定的结果,演示产品的使用方法,就可以引起潜在消费者的注意,使他们模仿模特使用该产品。例如,宝洁公司的不同洗发香波用演艺明星做形象代言人,其目的就是通过这些演艺明星使用产品,引起潜在消费者的注意;或者消费者通过对别人行为的观察,熟悉产品的使用方法。这些都会影响消费者的重复购买行为,或扩大口碑效果。

其次,消费者可以通过观察别人体验营销、体验刺激时情感上的表现,决定自己的行为。

(4) 认知学习理论

认知心理学认为,学习是一个解决问题的过程,而不是在刺激与反射之间建立联系的过程。在许多解决问题的情境中,并没有类似建立条件联系时那种可见的强化物,但并不意味没有任何强化。实际上,解决问题本身就是一种很重要的强化因素。

最早研究认知学习现象的是德国心理学家柯勒。在1917年柯勒报告了他对黑猩猩的学习研究。在房间中央的天花板上吊着一串香蕉,但是站在地面够不到,房间里有一些箱子,但又不在香蕉下面。开始时,黑猩猩企图通过跳跃去取得香蕉,但没有成功。于是,它就不再跳了,在房间里走来走去,突然在箱子面前站立不动,然后很快地把箱子挪到香蕉下面,爬上箱子,从箱子上跳,取得了香蕉。有时候站在一个箱子上仍够不到香蕉,黑猩猩还会把两个或几个箱子叠起来,取得香蕉。柯勒认为,这就是对问题情景的一种"顿悟",并且认为黑猩猩解决问题是靠领悟了事物之间的关系,对问题的情景进行改组,才使问题得以解决的,是突然实现的。认知心理学派认为学习不是尝试错误过程,而是知觉经验的重新组织,是突然的顿悟。因此柯勒的学习理论就被称为"顿悟说"。

认知学派对学习的解释是立足于学习者对问题的解决和对所处环境或情境的主动了解。这种主动了解并不像条件联系的学习那样,"盲目地"或机械地重复,而是在不同的情境中使用不同的手段——目的策略。

认知学习理论对理解消费者的购买决策过程有很大的帮助。按照这一理论,消费者的购买行为总是先从认识需要开始,随后再评估满足需求的可选品牌,接着选出他们认为最可能满足他们的产品,最后评估产品满足需求的程度。

3. 学习方法

消费者的学习从根本上不外乎习惯性学习、条件学习、认知学习几种。但是学习的具体方法多种多样。在学习的过程中,最初没有或者很少有自我意识时的习惯化学习。毋庸多言,在达到一定年龄,有了一定的认识水平后,强化因素则是极为重要的,它可能是某种需求对象的获得,或者说是物质、心理上的满足。在这种情况下,下列学习方法比较常见。

(1) 模仿法

模仿法即按照一定的模式进行学习的方法。模仿在行为的学习过程中起着重要作用。人们的各种动作、生活习惯、语言等都是在模仿中学习的。

① 模仿可以是有意的、主动的,也可以是无意的、被动的。

② 模仿可以是重复的,也可以是主动的、有变化的。完全照原样模仿称为重复模仿;有所变化创新的模仿称之为主动的、有变化的模仿。

模仿行为在消费者的购买活动中大量存在。例如,在穿着方面,时装展示、表演在现代社会具有越来越大的影响。名人、明星的衣着打扮常常成为大众效仿的对象,因此,一些厂商、经销商会花大本钱请名人、明星做广告。

模仿对行为的影响

模仿过程是一种强有力的学习方式,人们总想模仿他人行为的心理会产生负面影响。尤其值得关注的是某些电视和电影有教会孩子暴力的倾向。小孩通过他们看到的模型人物懂得了新的进攻方法。在以后的时间里,当孩子生气时,这些行为就会派上实际的用场。一个经典性试验证明了模型对孩子行为的作用。与其他没看到这些行为的孩子相比,看见过大人踢门或者刺破大的充气玩具的行为的孩子更容易重复这些行为。

(2) 试误法

消费者在积累经验的过程中,总要经历一些错误的尝试,以后随着不断地反复,错误逐渐减少,成功逐渐增多。

试误不一定需要亲身经历,从间接经验(别人的经验)中同样可以认识错误。消费中的错误是消费的失败,消费的不满足。导致消费失败的原因是多种多样的。企业的任务是尽量避免自己的产品、服务成为消费者消费失败的原因,相反,企业要尽量使消费者消费的满足与自己的商品、服务相关。

(3) 发现法

所谓发现法,即消费者建立在对消费过程各方面的认识、发现的基础上的和其他主动应用自己头脑获得知识的一切方法。如某消费者在商店里对某种商品发生了兴趣后,主动积极地收集有关的信息,或者当场询问售货员,或者经过一段时间留心,通过比较、判断最后做出决定。一般购买价值较大的商品时,消费者多用这种方法进行学习,而对小商品、日常用品则大多数用试误法完成学习。

(4) 对比法

对比是人们认识事物很常用的一种方法。简单的对比比较直观,即使动物也会进行简单对比,当然与人的水平不一样。消费者在消费中的对比可以是消费的对象、方式、时间、地点,甚至是消费观念等方面的对比。在每个消费者每一次具体的对比选择过程中,决定比较结果的因素孤立地看可能是随机的,但是通过适当的消费需求调查分析,还是可以找到一定的统计规律的。

消费对象的对比在消费者的消费行为活动中具有重要意义。对比的结果直接决定着消费者的消费选择和购买决策。因此,在竞争激烈的市场上,如何使自己的产品、服务在消费者的对比中脱颖而出,成为其首选,是企业经营的一个重点。

4. 学习的效果

消费者通过学习之后可以改变原来的行为方式,这些行为方式的改变与企业经济利益存在直接的关系,所以研究消费者的学习效果具有相当重要的意义。一般来说,消费者的学习效果可以分为下述四种。

(1) 加强型

通过一段时间的学习之后,强化了原来的行为,增加了消费行为的频率。

(2) 稳定型

学习消费某种商品或某一类型的商品之后,这种行为方式逐渐稳定下来,并形成一定的消费习惯。比如消费者嚼口香糖,原来只是好奇地尝一尝,但尝试一段时间之后,已经对这种商品有依赖感,每天必须消费一定数量的口香糖才感觉到舒服,消费行为演变成一种习惯。当消费者达到稳定型消费的程度时,购买口香糖的直接动机就不再是兴趣,而是习惯性的需要。

(3) 无效型

不管怎样学习,即使消费者使用过这种商品,并且接受了大量的该商品信息,都没有改变他原来对待这种商品的行为方式,学习之后没有相应的效果。出现这种情况的原因可能是消费者长期没有消费需要。比如现有市场的保健品品种很多,有些保健品的作用是稳定睡眠,有些则是促进血液循环。对于年轻人来说,这些保健品的诉求可能都没有意义,他们的身体状况处于人生最佳时期,心智能力最强,所以保健品的推销策略对他们来说是无效的。

（4）削弱型

由于接受了相关信息，了解到企业的特点，反而削弱了行为方式，比如对该品牌的购买频率减少，或者干脆中止购买，或购买竞争对手的品牌等。例如，有家餐馆的门面不错，但顾客在用餐时发现店内有不少苍蝇在飞，严重影响食欲，顾客下次就不会再光顾这家餐馆了。

二、消费者的联想

1. 联想概述

联想是由一种事物想到另一种事物的心理活动过程，在消费心理中是比较重要的一种心理活动。联想可以由当时的情境引起，如当时注意、感知到的事物，也可以由内心的回忆等方式引起。在消费心理的研究中，主要着重于注意、感知等因素所激发的联想，因为开展营销活动时，可以控制消费者所处的购物环境，使用各种各样的方法来激发消费者形成有益于营销活动的联想。

2. 联想的一般规律

联想是心理学家研究较早的一种心理现象，迄今为止，已经总结出来的人们的一般性联想规律主要有四种，即接近联想、类似联想、对比联想和因果联想，除此之外，还有一种形式的联想即特殊联想。以下我们介绍这些联想的规律在消费心理学中的一些应用。

（1）接近联想

由于两种事物或在位置上，或在空间距离上，或在时间上比较接近，所以认识到第一种事物的时候，很容易联想到另一种事物。上午12点左右人们一般会想到要吃中午饭；到了北京，人们一般会想到长城、故宫；到了西安，人们一般会想到兵马俑、华清池等，这就是接近联想。

（2）类似联想

两种事物在大小、形状、功能、地理背景、时间背景等方面有类似之处，认识到一种事物的同时会联想到另一种事物。比如一对父母在看到周围的邻居或亲友带自己的孩子出外旅游散心之后，也会想到要带自己的孩子出去走一走等。

（3）对比联想

两种事物在性质、大小、外观等一些方面存在着相反的特点，人们在认识到一种事物的同时也会从反面联想到另一种事物。比如，节假日里到公园游玩的人太多了，就会不由自主地想起平时人少的时候。

（4）因果联想

两种事物之间存在着一定的因果关系，由一种原因会联想到另一种结果，或由事物的结果联想到它的原因等。如在一次对产品售后服务的电视跟踪调查中，电视台选择了海尔作为代表。不禁让人联想到这其中的原因，这就是因果联想。

（5）特殊联想

特殊联想是指由一种事物联想到另一种事物，不一定是按以上的规律进行的，事物之间不存在必然的联系，而是由消费者所经历过的某些特殊事件造成的，消费者见到一种事物时就会自然地联想到另一种事物。例如，一位顾客在购买商品时受到了良好的服务招待，以后他每一次感到对服务十分满意的时候就会想到那位热情的服务员。

3. 联想的主要表现形式

（1）色彩联想

由商品、广告、购物环境或其他各种条件给消费者提供的色彩感知，联想到其他事物的心理活动过程,叫做色彩联想。色彩联想在人们的日常消费行为中表现得十分普遍,尤其是在购买服装、化妆品、手工艺品、装饰品,以及其他一些需要展现产品外观的商品的时候,必然要从商品的色彩上产生相应的联想。

色彩联想有多种形式,如从色彩联想到空间、从色彩联想到事物有的温度、从色彩联想到事物的重量等。

此外,人们在服饰方面的色彩还可以使人联想到这个人的性格特点。例如,穿红色衣服的人给别人的联想是:这个人比较活泼,可爱,也可能爱表现等;而经常穿白色服装或素色服装的人,给人的印象是比较爱清洁,为人比较稳重,不大与人合群等。

(2) 音乐联想

音乐联想虽然比较重要,但是在实际工作中却较少遇到。音乐给人们的联想形式较多,如单纯的音乐给人的联想,音乐的题材和内容给人的联想,音乐的音量和音质等给人的联想。前一种情况主要在实验条件下研究,后两种与实际工作的关系较为密切。

第四节 消费者的情绪与意志

一、消费者的情绪

1. 情绪和情感

情绪或情感是人们对客观事物是否符合自己的需要时所产生的一种主观体验。消费者在从事消费活动时,不仅通过感觉、知觉、注意、记忆等认识了消费对象,而且对它们表现出一定的态度。凡是能满足消费主体需要的,就引起肯定态度,产生喜悦、满意、愉快等内心体验。凡是不能满足消费主体需要的,或违背消费主体意愿的,就引起否定态度,产生悲哀、愤怒、憎恨、回避等内心体验。这些内心体验就是情绪或情感。可见,消费者的情绪与情感也是由客观事物引起的,但它所反映的不是客观事物本身,而是客观事物对主体的意义,是客观事物与人的需要之间的关系。

情绪情感是人对客观事物的一种特殊反映形式,情绪情感反映不具有具体的现象形态,但可以通过消费者的动作、语气、表情等方式表现出来。

在日常生活中,人们对情绪与情感并不做严格的区别。但是,在心理学中,情绪与情感是既有区别又有联系的两个概念。

情绪是一种感受的倾向。从严格意义上讲,情绪一般指与生理的需要和较低级的心理过程(感觉、知觉)相联系的内心体验。例如,消费者选购某品牌的小轿车时,会对它的颜色、造型、性能、价格等可以感知的外部特征产生积极的情绪体验。情绪一般由当时特定的条件所引起,并随着条件的变化而变化。所以情绪表现的形式是比较短暂和不稳定的,具有较大的情境性和冲动性。某种情境一旦消失,与之有关的情绪就立即消失或减弱。

情感是指与人的社会性需要和意识紧密联系的内心体验,包括理智感、荣誉感、道德感、审美感等。它是人们在长期的社会实践中,受到客观事物的反复刺激而形成的内心体验,因而与消费者情绪相比,具有较强的稳定性和深刻性。在消费活动中,情感对消费者心理和行为的影响相对长久和深远。还以上例来说,消费者选购小轿车时,对轿车的造型、颜色的挑选,实际上体现了他个人的审美感,对轿车市场售货员的评价又体现出了他的道德感。

消费者的情绪与情感之间又有着密切的内在联系。情绪的变化一般受到已经形成的情感的制约;而离开具体的情绪过程,情感及其特点则无从表现和存在。因此,从某种意义上可以说,消费者的情绪是情感的外在表现,情感是情绪的本质内容。正由于此,在实际生活中二者经常做同义词使用。

2. 情绪和情感与消费者行为

购买活动中,消费者情绪的产生和变化主要受下列因素的影响。

(1) 消费者的心理状态背景

消费者生活的遭遇、事业的成败、家庭境况等现实状况,对消费者的情绪过程有着重要的影响,从而影响他的购买决策过程。

(2) 消费者不同的个性特征

消费者的个性特征主要包括个人的气质类型、选购能力、性格特征。这些个人的个性特征也会影响消费者购买活动的情绪体验。例如,某消费者选购能力差,在众多的商品中就会感到手足无措,这时候,麻烦的情绪袭上心头,就会产生放弃购买的心理。

(3) 商品特性的影响

人的情绪和情感总是针对一定的事物而产生的。消费者的情绪首先是由于他的消费需要能否被满足而引起和产生的,而消费需要的满足是要借助于商品实现的。所以,影响消费者情绪的重要因素之一,是商品的各方面属性能否满足消费者的需要和要求。具体表现在以下方面。

① 商品命名中的情感效用

厂家在商品命名中给商品取一个具有独特情绪色彩的名称,符合消费者某方面的需要,容易激起他的购买欲望。例如,白玉牌牙膏、乐口福麦乳精等,符合我国消费者图吉利的思想,很容易被消费者所接受。

② 商品包装中的情绪效果

消费者选购商品时,首先看到的是商品的包装,包装对消费者购买商品起到很大的作用,影响他的购买意愿。例如,有一种药品的包装造型像坦克,配以适当的说明,能给人以形象的暗示。

(4) 购物环境的影响

心理学认为,情绪不是自发的,它是由环境中多种刺激引起的,从消费者购买活动来分析,直接刺激消费者感官引起其情绪变化的主要有购物现场的设施、照明、温度、声响以及销售人员的精神风貌等因素。购买现场如果宽敞、明亮、整洁、整体环境优雅、售货员服务周到热情,会引起消费者愉快、舒畅、积极的情绪体验,反之,会引起消费者厌烦、气愤的情绪体验。

① 温度

适宜的温度令人感到舒适,过冷的温度令人情绪低落,购物的兴趣也不高,而过热的温度又令人烦躁,是导致不舒服不愉快情绪的因素。

② 音乐

购物场所的音乐是影响消费者情绪与情感的重要因素,音乐的内容、音量大小、节奏、音响的质量等,都会给顾客带来不同的情绪情感反应。

零售业购物环境之背景音乐

美国营销专家菲利普·科特勒曾把人们的消费行为大体分为三个阶段:第一是量的消费阶段;第二是质的消费阶段;第三是感情的消费阶段。进入 21 世纪,营销可以借助无形的利益,比如顾客与该产品和企业联系在一起的情感联想、信仰、价值观和感情,即情感效应,给产品和企业增加价值,增加心理上的价值。而零售业作为与消费者直接接触的行业,无疑更应该利用情感效应来为消费者提供体验,拉近与消费者的距离。提供体验,增进消费者对企业或产品的情感交流,已经成为各行业的必修课。零售业作为一个特殊的行业,有着独特的创造情感体验的工具。其中一个工具就是听觉工具——背景音乐。

对于零售业而言,像颜色和灯光一样,音乐既可能增加也可能转移零售商的整体氛围。尤其在举办各种大型活动时可以采用各种特殊的主题音乐,增强主题宣传效果。比如,优美的背景音乐可以创造浓厚的购物情调,舒缓紧张的购物心理;慢节奏的音乐可以增加销售量;快节奏的音乐会增加购物者的移动速度。在具体的运用中,可以在购买高峰时,播放一些奔放的音乐以加速消费者的流动;在购买低谷时,则播放一些清逸的轻音乐以留住消费者的脚步。当然,在不同的商品部门播放不同情绪色彩的音乐能更大程度的吸引顾客:在书刊、文化用品部播放高雅音乐;服装部播放轻松音乐;儿童用品部门播放比较活泼的音乐,但是采用这种形式时必须注意各类音乐不能混杂在一起,否则会引起消费者的反感。

声音是最富有侵略性的一种力量。声音直接与我们的情绪对话,影响着情绪状态。终端音乐引起了客户的听觉共鸣,这种共鸣进一步引发情绪共振。而情绪将会决定客户买或不买、买多买少、买好买坏,甚至影响到客户是否还会回来重复购买。

购物场所的音量必须严格控制在一定范围内。我国的营业环境中普遍存在噪声量过大的毛病。心理学的研究表明,噪声音量超过 80 dB,对于人的注意力有严重的干扰。

超市背景音乐对消费行为的影响

心理学家曾经做过一个实验,在两个月的时间里,在一家超级市场里,每天随机地播放两种背景音乐(一种是每分钟 108 拍的快节奏音乐,一种是每分钟 60 拍的慢节奏音乐),或者不播放任何音乐。结果发现,播放快节奏音乐时,顾客的平均行走速度比在慢节奏音乐下快 17%,没有音乐播放时的行走速度介于两者之间。更让商场经理感兴趣的是播放慢音乐的时间内营业额比播放快节奏音乐时的营业额高出 38%,同样不播放音乐的营业额介于二者之间。可见,轻松优美的背景音乐的确让人流连忘返,即便大多数的消费者在被问及他们是否意识到购物时播放的背景音乐时,回答都是否定的。这就是环境在潜移默化中对人的心境的作用。

③ 色彩

一般而言,暖色调的颜色能够使人情绪兴奋,消费者的行为在兴奋的情绪支配下比较容易进行;而冷色调的颜色则能够抑制人情绪的兴奋,不利于消费行为的进行。

④ 空间

购物场所的空间大小与人员的拥挤状况,也容易影响人们的情绪,这与人们心理上存在的空间知觉是相联系的。空间知觉是人们对于上下左右前后方向的知觉,除了物理上的空间知觉外,每个人都会有一个心理上的空间知觉,即知觉到别人离自己的远或近。有些人的心理空间要大一些,有些人的心理空间相对地要小一些。每一个人都要求有适合于自己的严格的个人心理空间,并且不同国家、不同民族的人对于自己的心理空间有完全不同的标准。心理空间与消费者的购物环境、休息娱乐环境、居住环境等有着很密切的关系。

我国的营业场所一般比较拥挤,所以设计营业场所一般是尽量地把营业空间扩大,增加消费者的空间知觉,不至于因为人多而产生拥挤感,影响购物的兴趣。在实际工作中也有相反的做法,为了取得经营效果而缩小营业场所的空间知觉的。

法国"丽思"饭店的大厅构思

法国有一家"丽思"饭店,在设计饭店大厅的时候有过巧妙的构思:"丽思"饭店的老板认为厅堂太大,客人们就会不自觉地到大厅里来聊天,大厅里面的人当然觉得气氛很活泼,但对于外面要来住店的人来说,一看到大厅里面那么多的人,乱哄哄的样子,可能会打消在这里住宿的念头。为了真正地达到"宾至如家"的感觉,他把"丽思"的大厅设计得比较小,客人一到饭店就可以直接去客房,不用在大厅里面停留,大厅里面就总是保持清净与雅致。这种想法给饭店大厅的设计提供了一种新的风格。

(5) 促销的影响

企业在进行促销宣传时,要注意树立良好的形象,把企业、品牌的良好形象印在顾客的心目中,使他们能够长久地对企业抱有良好的情感。

情绪类型测试

在多大程度上受理智的控制,又在多大程度上受"本能"情绪的控制?回答以下问题,将每题分值相加的总和与结果对照,可以确定情绪状态与类型。

1. 如果要你选择,你更愿意:
   A. 和许多人一道工作,亲密接触
   B. 和一些人一起工作
   C. 独自工作

2. 当你为了解闷而读书时,你喜欢:
   A. 选择真实的书,如史记、传记及纪实文学
   B. 纪实加虚构的读物,如历史小说
   C. 最喜欢幻想读物,如浪漫的或荒诞的小说
3. 你对恐怖影片反映如何?
   A. 不能忍受　　　　　B. 害怕　　　　　C. 很喜欢
4. 哪种最适合你?
   A. 对他人的事很少关心
   B. 对熟人的生活关心
   C. 对别人的生活细节很有兴趣,爱听所有的新闻
5. 在你去外地时,你会:
   A. 为亲戚们的平安感到高兴
   B. 陶醉于自然风光
   C. 希望去更多的地方
6. 你看电影时哭或觉得要哭吗?
   A. 经常　　　　　　　B. 有时　　　　　C. 从不
7. 你遇见朋友时,通常是:
   A. 点头问好　　　　　B. 微笑、握手和问候　C. 拥抱他们
8. 如果在车上有个烦人的陌生人要你听他讲自己的经历,你会怎样?
   A. 显示出你颇有同感
   B. 真的很感兴趣
   C. 打断他,看你自己的书
9. 你是否想过给报纸的问题专栏投稿?
   A. 绝对不想　　　　　B. 有可能想　　　　C. 想过
10. 在一次工作会见中,你被问及私人问题。你会怎样?
    A. 感到不快和气愤,拒绝回答
    B. 平静地说出你认为适当的话
    C. 虽然不快,但还是回答
11. 你在咖啡店里要了杯咖啡,这是你发现邻座有一位姑娘在哭泣,你会怎样?
    A. 想说些安慰的话,但却羞于启口
    B. 询问她是否需要帮助
    C. 移开你的座位
12. 你在一对夫妻家参加了聚餐之后,那一对和你很好的夫妻激烈地吵了起来,你会怎样?
    A. 觉得不快但却无能为力
    B. 赶快离开
    C. 尽力为他们排解
13. 你送朋友礼物:
    A. 仅仅在圣诞节和生日
    B. 全凭感情,只要你感到对他们特别亲切就送

C. 在你觉得愧疚时或忽视了他们时

14. 某个你刚认识的人对你说了些恭维话,你会怎样?
    A. 感到窘迫
    B. 谨慎地观察他或她
    C. 非常喜欢听,并开始喜欢他或她

15. 如果你因为在家里不顺心而带着不快的情绪去上班,你会:
    A. 继续不快并显露出来
    B. 工作的时候把烦恼丢在一边
    C. 尽力想理智些,可是却忍不住地发脾气

16. 你生活里的一个重要关系破裂了,你会:
    A. 感到伤心,但尽可能正常地继续你的生活
    B. 至少在短时间内感到痛心
    C. 耸耸肩摆脱忧伤之情

17. 你家里闯进一只迷路的小猫,你会:
    A. 收养并照顾它
    B. 扔出去
    C. 想给它找个主人,找不到时,便把它无痛苦地弄死

18. 你是:
    A. 无情地将信或旧纪念品丢掉,甚至在你刚收到它们时
    B. 将它们保存多年
    C. 每两年清理一次这些东西

19. 你是否因内疚或后悔而痛苦?
    A. 是的,甚至为了很久以前的事
    B. 偶尔是这样
    C. 不,我从来不后悔

20. 当你必须同一个显然很羞怯或紧张的人谈话时,你
    A. 感到不安,多少也受到他的影响
    B. 觉得有意思,并且逗他讲话
    C. 稍微有点生气

21. 你喜欢孩子们:
    A. 在他们小的时候,而且有点可怜巴巴
    B. 在他们长大了的时候
    C. 在他们能与你谈话并且形成了自己的个性时

22. 你的配偶怨你花在工作上的时间太多了,你会怎样?
    A. 解释说这是为了你们两人的共同利益,然后仍像以前那样去做
    B. 试图把时间更多地花在家庭上
    C. 对两方面的要求感到矛盾,试图使两方面都令人满意

23. 在一次特别好的剧场演出看完之后,你会:
    A. 用力鼓掌
    B. 勉强地鼓掌

C. 加入鼓掌,可是觉得很不自在

24. 当你拿到一份母校出的刊物时,你会:

　　A. 扔掉之前通读一遍

　　B. 仔细阅读并保存起来

　　C. 还没看就丢进了垃圾桶

25. 你在马路对面看到一个熟人,你会:.

　　A. 走开

　　B. 穿过马路和他问好

　　C. 招手,如果没反应,便走开

26. 你听人说一个朋友误解了你的行为,并且在生你的气,你会怎样?

　　A. 尽快和他联系,做出解释

　　B. 让他自己清醒过来

　　C. 等待一个比较自然的时机与他联系,但对误解的事不说什么

27. 你怎样处置不喜欢的礼物?

　　A. 马上扔掉

　　B. 热情地保存起来

　　C. 把它们藏起来,仅仅是赠送者来的时候才摆出来

28. 你对示威游行、爱国主义活动、宗教仪式态度如何?

　　A. 冷淡　　　　　　B. 感动得流泪　　　　　C. 使你窘迫

29. 你有没有毫无理由地觉得害怕?

　　A. 经常　　　　　　B. 偶尔　　　　　　　　C. 从不

30. 哪种情况最与你相符?

　　A. 我十分留心自己的感情

　　B. 我总是凭感情办事

　　C. 感情没什么要紧,结局才是重要的

按下表计算总分:

题号	A	B	C	题号	A	B	C	题号	A	B	C
1	3	2	1	11	2	3	1	21	3	1	2
2	1	2	3	12	2	1	3	22	1	3	2
3	1	3	2	13	1	3	2	23	3	1	2
4	1	2	3	14	2	1	3	24	2	3	1
5	1	3	2	15	3	1	2	25	1	3	2
6	3	2	1	16	2	3	1	26	3	1	2
7	1	2	3	17	3	1	2	27	1	3	2
8	2	3	1	18	1	3	2	28	1	3	2
9	1	2	3	19	3	2	1	29	1	2	3
10	3	1	2	20	2	3	1	30	2	3	1

测试结果倾向：

30～50分：理智型情绪。很少为什么事而激动，即使生气，也表现得很有克制力。主要弱点是对他人的情绪缺少反应。爱情生活很有局限，而且可能会听到人们在背后说你"冷血动物"。目前需要松弛自己。

51～69分：平衡型情绪。时而感情用事，时而十分克制。即使在很恶劣的环境下握起了拳头，但仍能从情绪中摆脱出来。因此，很少与人争吵，爱情生活十分愉快、轻松。即使偶尔陷入情感纠纷，也能不自觉地处理得相当妥帖。

70～90分：冲动型情绪。是个非常重感情的人。如果是女人，一定是眼泪的俘虏。如果是男人，则可能非常随和，但好强且喜欢自我炫耀。可能经常陷入那种短暂的风暴式的爱情纠纷，因此麻烦百出。想劝你冷静，简直是不可能的事情。这里有必要提醒你：限制自己。

二、消费者的意志

消费者的心理活动并不只限于对商品和劳务的认识过程和产生一定的情感体验，更主要的是要有计划地实施购买决策。为保证消费者不受干扰地实现预定的购买目标而采取的一系列心理活动，就是消费者的意志心理过程。

1. 意志的含义

消费者在购买活动中有目的、自觉地支配和调节自己的行动，努力克服各种困难，从而实现既定购买目的的心理过程，就是消费者的意志心理过程。

如果说消费者对商品认识活动是由外部刺激向内在意识转化，那么，消费者对商品的意志活动就是内在意识向外部行动的转化。消费者的意志过程同认识过程、情感过程一样，是消费者心理活动不可缺少的组成部分。

2. 意志过程的基本特征

（1）有明确的购买目的

消费者在购买过程中的意志活动是以明确的购买目的为基础的。因此，在有目的的购买行为中，消费者的意志活动体现得最为明显。通常为满足自身的特定需要，消费者经过思考预先确定了购买目标，然后自觉地、有计划地按购买目的去支配和调节购买行动。

（2）与排除干扰和克服困难相联系

现实生活中，消费者为要达到既定目的而需要排除的干扰和克服的困难是多方面的。例如，时尚与个人情趣的差异、支付能力有限与商品价格昂贵的矛盾、售货方轻慢和服务质量差所造成的障碍、申请消费信贷与贷款利息高的矛盾等。这就需要消费者在购买活动中，既要排除思想方面的矛盾、冲突和干扰，又要克服外部社会条件方面的困难。所以，在购买目的确定后，为达到既定目的，消费者还需付出一定的意志努力。

（3）调节购买行动的全过程

意志对行动的调节包括发动行为和制止行为两个方面。前者表现为激发起积极的情绪，推动消费者为达到既定目的而采取一系列行动，后者则抑制消极的情绪，制止与达到既定目的相矛盾的行动。这两方面的统一作用，使消费者得以控制购买行为发生、发展和结束的全过程。

3. 意志过程分析

尽管消费者的意志过程具有明确的购买目的和调节购买行为全过程的特征,但这些特征总是在意志行动的具体过程中表现出来的。通常,消费者意志过程可以分为三个行动阶段。

(1) 做出购买决定阶段

这是消费者购买活动的初始阶段。这一阶段包括购买动机的取舍、购买目的的确定、购买方式的选择和购买计划的制定,实际上是购买前的准备阶段。消费者从自身需求出发,根据自己的支付能力和商品供应情况,分清主次、轻重、缓急,做出各项决定,即是否购买和购买的顺序等。

(2) 执行购买决定阶段

在这一阶段,购买决定转化为实际的购买行动,消费者通过一定的方式和渠道购买到自己所需的商品或劳务。当然,这一转化过程在现实生活中不会是很顺利的,往往会遇到一些障碍需要加以排除。所以,执行购买决定是消费者意志活动的中心环节。

(3) 体验执行效果阶段

完成购买行为后,消费者的意志过程并未结束。通过对商品的使用,消费者还要体验执行购买决定的效果,如商品的性能是否良好、使用是否方便、外观与使用环境是否协调、实际效果与预期是否接近等。在上述体验的基础上,消费者将评价购买这一商品的行动是否明智。这种对购买决策的检验和反省,对今后的购买行为有重要意义,它将决定消费者今后是重复购买还是拒绝购买、是扩大购买还是缩小购买该商品。

在上述阶段的基础上,消费者完成了从认识到情绪再到意志的整个心理活动过程。

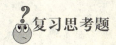

复习思考题

1. 什么是知觉?知觉与感觉有何区别?
2. 试举出自己在实际生活中的例子,说明知觉的特性。
3. 举例说明知觉理论在营销活动中的应用。
4. 什么是注意?
5. 注意有哪些功能?
6. 举例说明注意理论在营销活动中的应用。
7. 什么是记忆?
8. 举例说明记忆理论在营销活动中的应用。
9. 什么是消费者的学习?
10. 有哪些学习方法?
11. 什么是情绪?情绪与情感有何区别?
12. 联系实际谈谈情绪对消费者行为的影响。
13. 什么是意志?
14. 意志过程的基本特征有哪些?

第九章

消费者的个性

1. 掌握个性的概念与特征;
2. 了解个性的内容;
3. 掌握气质的含义和类型;
4. 了解气质对消费者购买行为的影响;
5. 掌握能力的含义和类型;
6. 了解能力对消费者购买行为的影响;
7. 掌握性格的含义和类型;
8. 了解性格对消费者购买行为的影响;
9. 掌握自我概念的含义及构成;
10. 了解自我概念对消费者行为的影响。

1. 个性的概念与特征;
2. 气质的含义和类型;
3. 能力的概念和类型;
4. 性格的含义和类型;
5. 自我概念的含义及构成。

耐克的广告创意

耐克创建于1971年,今天成为全球最著名品牌之一。究其成功的原因,除了它不断开发新的产品之外,更重要的还得益于它的品牌创意策略。综观其品牌成长过程,广告创意策略的制定始终围绕其品牌的核心价值——人类从事运动挑战自我的体育精神。

耐克品牌创意的成功之道,就是在确立了品牌的核心价值和使命之后,无论在世界任何一个地方进行推广,都始终如一地去表现其品牌的核心,传达了品牌准确的市场定位。同时,根据各国不同的文化背景、目标市场、消费特性,形成风格各异的广告创意。

耐克已经是一种被物化了的体育精神或人类征服自然和超越自我的象征。产品的功能已经被品牌所寓意的象征和情感所融化。这就是成功品牌的精髓所在。优秀的创意赋予了产品一种能够满足目标顾客心理的、视觉美感和情感的附加值,结合产品卓越恒久的品质,二者兼容并蓄,共同构筑起了耐克的国际品牌形象。

本章要介绍两个概念:个性及自我概念。它们均会影响消费者的行为。

第一节　消费者的个性概述

一、个性的含义与特征

1. 含义

个性(Personality)也称人格或个性心理特征,指的是决定个体对外在环境反应的本质的、稳定的心理倾向和心理特征的总和。个性是在个体生理的基础上,在一定社会历史条件下,通过参加社会实践活动并受外界环境的作用逐渐形成和发展的。个性的形成既受先天因素如生理和遗传的影响,又与后天因素如社会环境、成长经历有关系。后天因素对个体个性心理特征的形成、发展和转变具有决定性意义。

2. 特征

个性具有如下特征。

(1) 生物性。指个性具有的与遗传有关的先天性,它是个性的生理基础,为个性形成和发展提供可能性。

(2) 整体性。个性是个性倾向性和个性心理特征的有机整体。个性倾向性和个性心理特征是相互联系、相互影响的,如果其中某些部分发生变化,其他部分也随之改变。

(3) 独特性。个性是受人们生理特点影响、经由外在环境的作用形成的,其形成基础极为复杂,因人而异,所以个性是个体的独特风格、独特的心理活动和独特的行为表现。

(4) 社会性。指个性具有与环境有关的后天性。每个人都生活在一定的社会中,个性的形成不可避免地受到周围环境的影响,离开了社会,人就无法形成正常的心理。从这个角度来说,社会性决定个性的形成、发展和转变。

(5) 稳定性。个性是稳定的心理倾向和心理特征,具有持续性和经常性。人的基本个性一旦形成,要改变它是极其困难的。"江山易改,本性难移"就是这个意思。所以,个体有时偶尔表现出来的心理活动和行为模式是不能反映其个性的。

(6) 可塑性。个性并非完全不可改变,其稳定性是相对的。个性是在主客观条件相互作用的过程中形成并发展,也会在此过程中发生变化。一般来说,个体年龄越小,其个性可塑性越强。

(7) 服务自我性。个性推进个人需要和目标的实现,个性存在是为了满足个体自己的需要。

(8) 外在性。即可观察性。个体的外在行为表现受个性的影响,个性通过个体的行为表现出来,因此个性是可以通过行为间接观察的。

二、个性的内容

上面关于个性的定义有两个基本的组成部分:个性倾向性和个性心理特征。

1. 个性倾向性

个性倾向性指人所具有的意识倾向,决定着人对现实的态度以及对认识活动对象的趋向和选择,主要包括需要、动机、兴趣、理想、价值观和世界观。个性倾向性较少受到生理因素的影响,在后天形成并发展和变化,它反映了一个人的生活经历。个性倾向性的各个成分是相互联系和相互影响的。其中,需要是主要成分,是推动个性形成和发展的动力。动机、兴趣和理想都是需要的表现形式。世界观居于最高层次,制约着人的思想倾向和整个心理面貌,是人们言论和行为的总动力和总动机。随着人的成熟与发展阶段的不同,需要、动机、兴趣、理想、价值观和世界观等心理倾向在整个个性倾向中的重要性也不同。比如,在儿童时期,支配心理活动与行为的主要心理倾向是兴趣,在青少年时期是理想,在青年及以后的时期是人生观和世界观。

2. 个性心理特征

个性心理特征指一个人身上经常地、稳定地表现出来的心理特点的组合,主要包括气质、性格和能力。在个性心理发展过程中,这些心理特征较早地形成,并且不同程度地受生理因素的影响。当一个人的个性倾向性成为一种稳定而概括的心理特点时,就构成了个性心理特征。个性倾向性和个性心理特征相互渗透、相互影响。个性倾向性调节个性心理特征,个性心理特征在一定程度上影响个性倾向性。

个性结构中的各个部分不是散乱地堆积或机械地整合在一起,而是彼此间紧密联系,组成一个有机的整体个性结构。其中,个性倾向性,特别是世界观,是个性中的上层结构,位于最高水平,它决定着人对现实的态度、趋向和积极性,并制约着人的个性心理特征的形成和发展。个人的世界观之所以是人的个性与行动的最高调节者,是因为世界观是主体对整个世界的看法和态度。在这里,世界观不仅是个认识问题,而且还有在对世界认识的基础上产生的积极态度和为坚定信念而奋斗的决心与行动。个性心理特征的各个组成部分也是相互联系、相互制约的。个性心理特征向上受制于个性倾向性,向下又制约和影响心理过程的进行。因为心理过程虽然是人所共有的,但心理过程的产生和表现形式要受到个人的能力、气质和性格等特征的影响,从而使人的个性带有个人的特点。就整个心理现象而言,如果把整个心理现象看作是一个多层次多水平的整体结构,那么,其中的个性倾向性(特别是世界观、需要)则位于这个结构的最高层次上。它是人的一切心理活动和行为的最高调节者,也是个性积极性的源泉。它直接制约着个性心理特征,又直接地或通过个性心理特征间接地影响着心理过程的进行,从而使各种心理现象在每一个具体的人身上构成一个统一的整体。

人的个性对于人们的生活方式和消费方式会有很大影响。日本东京的 R&D 调查公司根据他们所作的调查,将人们的个性分为四种不同的类型,并以此来分析人们的生活欲望与生活方式,具有很强的借鉴意义,见表 9-1。

表 9-1　个性与生活方式的关系

个性特征	欲望特征	生活方式
活跃好动	改变现状 获得信息 积极创意	不断追求新的生活方式 渴望了解更多的知识和信息 总想做些事情来充实自己
喜欢分享	和睦相处 有归属感 广泛社交	愿与亲朋好友共度好时光 想同其他人一样生活 不放弃任何与他人交往的机会
追求自由	自我中心 追求个性 甘于寂寞	按自己的意愿生活而不顾及他人 努力与他人有所区别 拥有自己的世界而不愿他人涉足
稳健保守	休闲消遣 注意安全 重视健康	喜欢轻松自在,不求刺激 重视既得利益的保护 注重健康投资

三、与消费者行为有关的几个个性概念

1. 品牌个性

品牌个性是品牌形象的一部分,它是指产品或品牌特性的传播以及在此基础上消费者对这些特性的感知。

对品牌可以从三个方面考察:一是品牌的物理或实体属性,如颜色、价格、构成成分等;二是品牌的功能属性,如"汰渍"洗衣粉具有去污渍、少泡沫等特点;三是品牌的个性,即消费者对品牌是新潮还是老气、是沉闷还是富有活力、是激进还是保守等方面的评价和感受。品牌的个性无疑具有一定的主观性。然而,它一旦形成就会与其他刺激共同作用于信息处理过程,使消费者得出这一品牌适合于自己或不适合于自己的判断。品牌个性不仅使此品牌与其他品牌相区别,而且还具有激发情绪和情感、为消费者提供无形利益之功效。

"啤酒"的个性

有一家啤酒公司,为其四种新产品设计了四种不同的广告,每一种广告代表一种新的品牌,并声称这些啤酒是为了不同的"人"所设计的。该公司请了 250 名啤酒消费者看了这些广告,并请他们品尝了四种啤酒,然后要求他们说出对每一种啤酒的偏好。结果,绝大部分消费者喜欢那些能够反映出他们喝酒人格的品牌。

营销者现在越来越重视产品的品牌个性。如福特公司在 1999 年开始强化其产品的个性。惠而浦公司的研究人员总结出以下几条关于品牌个性的结论:消费者总是赋予品牌某些"个

性"特征,即使品牌本身并没有被特意塑造成这种"个性",或者那些"个性"特征并非营销者所期望的;品牌个性使消费者对品牌的关键特性、表现、功用和相关服务产生预期;品牌个性往往是消费者与该品牌建立长期关系的基础。

无论营销者是否希望或愿意,品牌确实具有"个性"。品牌的个性会影响产品的销售。

万宝路的"变性手术"

在万宝路创业的早期,万宝路的定位是女士烟,其消费者绝大多数是女性。其广告口号是:像五月的天气一样温和。可是,事与愿违,尽管当时美国吸烟人数年年都在上升,但万宝路香烟的销路却始终平平。

抱着一筹莫展而又不甘落后的心情,1954年,莫里斯公司决策层对香烟市场审慎分析之后,做出了几项重大决策,改变了万宝路的品牌方针。公司所进行的一系列的产品及形象改变中,最重要的、起决定作用的就是李奥·贝纳对万宝路所做的"变性手术"——把原来定位为"女士香烟"的万宝路重新定位为"男子汉香烟"。

李奥·贝纳是美国广告界最有名的大师之一,也是世界广告学奠基人之一,当时在美国享有极高的威望。他经过周密的调查和深思熟虑之后,大胆向莫里斯公司提出:将万宝路香烟改变定位为男子汉香烟,并大胆地改造万宝路的形象:包装采用当时首创的平开盒盖技术并以象征力量的红色作为外盒的主要色彩。广告上的重大改变是:万宝路广告不再以妇女为主要诉求对象,广告中一再强调万宝路香烟的男子汉气概,吸引所有喜爱、欣赏和追求这种气概的消费者。按李奥·贝纳的创意,这种理想中的男子汉也就是后来在万宝路中充当主角的美国西部牛仔形象:一个目光深沉、皮肤粗糙、浑身散发着粗犷、豪迈英雄气概的男子汉,袖管高高卷起,露出多毛的手臂,手指间总是夹着一支冉冉冒烟的万宝路香烟,跨着一匹雄壮的高头大马驰骋在辽阔的美国西部大草原。"万宝路男人"来自"万宝路世界"并总是伴有电影"Magnificent Seven"(豪勇七蛟龙)中的打击音乐,这就使万宝路广告成为广告史上最成功的广告之一。难怪有人说:万宝路世界,男子汉气概等只不过是广告商涂抹在万宝路香烟上的人工色彩而已。

在与消费者的沟通中,从标识到形象再到个性,"个性"是沟通的最高层面。品牌个性比品牌形象更深入一层,形象只是造成认同,而个性则可以造成崇拜。一个产品的沟通如果能做到个性层面,那么它在消费者中的形象是极其深刻的,它的沟通也是极其成功的。万宝路正是这样一个极具个性的品牌。

通过各种沟通方式,万宝路树立了自己的形象:自由、野性与冒险。万宝路形象如同美国西部牛仔形象一样植根于人们心中。这种形象是稳固的同时又是无形的,是被万宝路长期传播而逐渐形成的,万宝路的形象像一座桥梁连接了万宝路香烟与万宝路个性。其中最重要、最核心的就是万宝路个性。万宝路是一个怎样的个性呢?力量、不羁。这是万宝路与其他品牌截然不同之处,是万宝路形象最独特之处,也是万宝路沟通达到的最高境界。至此,人们对万宝路不只是一种形象的认识,而是一种对万宝路这一品牌高度地认同和热切地向往。

2. 创新性

消费者采用新产品是有先有后的,有些人是新产品的率先采用者(或叫创新采用者),而另外一些人则是落后采用者。

创新性反映的实际上是消费者对新事物的接受倾向——态度。有些人对新生事物采取排斥和怀疑的态度,另外一些人则采取开放和乐于接受的态度。

3. 社会性

社会性是指从社会学的角度来研究个性特征及行为的反应。它包括从内在指向性到他人指向性的整个维度。内在指向性的消费者在评价新产品时,往往依靠他们自己的"内在"价值或标准,因而更可能成为新产品的购买者。他人指向性的消费者对正确和错误的判断往往依靠外界的参照物——他人——的指导,因此不能成为新产品的率先消费者。产品的新异程度越大,越可能被内在指向性的消费者所购买,而他人指向性的消费者则可能被排斥。内在指向性的消费者偏好一些强调产品特征和产品对个人的益处的广告,这使得他们能运用自己的价值和标准去评价商品;而他人指向性的消费者似乎更喜欢一些表明环境或社会接受性的广告,因为这可以作为他们判断的依据。

第二节　消费者的气质

顾客意见征求函

在中国质量万里行活动中,不少制造、销售伪劣商品的工商企业被曝光,使顾客感到由衷的高兴。3月15日,正值世界消费者权益日,某大型零售企业为了改善服务态度,提高服务质量,向顾客发出意见征询函,调查内容是"如果您去商店退换商品,售货员不予退换怎么办",要求被调查者写出自己遇到这种事是怎么做的。结果有这样几种答案:

1. 耐心诉说。尽自己最大努力,慢慢解释退换商品的原因,直至得到解决。

2. 自认倒霉。向商店申诉也没用,商品质量不好又不是商店生产的,自己吃点亏,下次长经验。缺少退换的勇气和信心。

3. 灵活变通。找好说话的其他售货员申诉,找营业组长或值班经理求情,只要有一个人同意退换就可望解决。

4. 据理力争。绝不求情,脸红脖子粗地与售货员争到底,不行就向报纸投稿曝光,再不解决就向工商局或消费者协会投诉。

以上四种答案反映出了不同顾客的不同气质特征。

一、气质的含义

心理学中所说的气质和日常人们所说的气质的含义并不完全一样。日常人们所说的气质,常常指一个人的风格、风度或某种职业上所具有的非凡特点。而心理学的气质概念是指一个人在心理活动和行为方式上表现出的强度、速度、稳定性和灵活性等动态方面的心理特点。

简单地说,气质是心理活动的动力特征,包括三个方面:一是心理过程的速度和稳定性(兴奋与抑制相互转换速度的快慢及力量对比是否平衡,如知觉快慢、思维是否灵活、对事物注意时间长短);二是心理过程的强度(大脑皮层的兴奋与抑制过程的强弱,如情绪的强弱、意志努力的程度);三是心理活动的指向性(是倾向于外部事物,从外界获得新的印象,还是倾向于内部,经常体验自己的情绪,分析自己的思想和印象),人们的气质不同就表现在这些心理活动的动力特征的差异上。

个人的气质不受个人活动的目的、动机和内容的影响。气质是个人最一般的特征,它影响个人活动的各个方面。

气质受神经系统特性的影响,更多地由个体先天特性所决定。气质给个体行为染上个人独特的色彩,但并没有好坏之分。婴儿出生时,就表现了明显的气质差别,如有的爱哭爱闹,四肢活动较多;有的比较安静,较少啼哭。这些差异说明人的气质特征主要是由神经系统的先天特征造成的。再来看看消费者,有着某种气质类型特征的消费者,常在内容全然不同的活动中显露出同样性质的动力特点。如一个平日工作中情绪易于冲动的人到商店买东西,碰到自己满意的商品时喜形于色,迫不及待想买到手;对购买现场的POP广告陈列和其他消费者的行为敏感,反应强烈;一旦排队等候时间长便焦躁不安;若遇售货员冷遇会大动肝火。而一个平日里沉默寡言的人到商店买东西,一般不爱多说多问,对周围环境的影响和刺激反应淡漠,排队等候或遭冷遇都能默默忍耐。有时候消费者的气质特点不是一进商店就鲜明地反映出来,但在其一系列的购买行为中就会逐步显露出来。

二、气质的类型

气质是一个古老的概念,古今中外的心理学家对气质这一心理特征进行了多方面研究,由此形成了各种不同的学说和流派。最具有代表性的是希波克拉特的体液学说和巴甫洛夫的高级神经活动类型学说。

1. 阴阳五行说

我国古代的思想家孔子从类似气质的角度把人分为"中行"、"狂"、"狷"三类。他认为"狂者进取,狷者有所不为"。意思是说,"狂者"一类的人,对客观事物的态度是积极的、进取的,他们"志大言大",言行比较强烈表现于外;属于"狷者"一类的人比较拘谨,因而就"有所谨畏不为";"中行者"一类的人则介乎两者之间,是所谓"依中庸而行"的人。

我国春秋战国时期的古代医学中,曾根据阴阳五行学说,把人的某些心理上的个别差异与生理解剖特点联系起来。按阴阳的强弱,分为太阴、少阴、太阳、少阳、阴阳五种类型,每种类型各具有不同的体质形态和气质特点。又根据五行法则把人分为"金形"、"木形"、"水形"、"火形"和"土形",每种"形"也各有不同的肤色、体形和气质特点。这两种分法是互相联系的。作为分类基础的阴阳五行说与近代生理学研究的兴奋和抑制有某些类似之处。

2. 体液说

早在公元前5世纪,古希腊著名医生希波克拉特就提出了四种体液的气质学说。他认为人体内有四种体液:血液、黏液、黄胆汁和黑胆汁。人体的状态就由体液的类型和数量决定。四种体液协调,人就健康,四种体液失调,人就会生病。机体的状态决定于四种体液混合的比例,这种体液的混合比例在希腊语中叫作"克拉西斯"。希波克拉特曾根据哪一种体液在人体内占优势把气质分为四种基本类型,即多血质、胆汁质、黏液质和抑郁质。

（1）多血质型

体液混合比例中血液占优势。这种人在付出艰苦努力时热情锐减，但擅长于多变的工作环境及人际交往，能够很快把握新事物。

（2）胆汁质型

体内黄胆汁占优势。这种人直率、热情、冲动、精力旺盛、暴躁、好挑衅、心境变化快，属外倾型。

（3）黏液质型

体内黏液占优势。这种人缄默沉静、反应迟钝、稳重、坚强、自制、忍耐，属内倾型。

（4）抑郁质型

体内黑胆汁占优势。这种人呆板、羞涩、孤僻、敏感、情绪体验丰富、有坚定性。

四种气质类型的不同特点和反应方式

有甲、乙、丙、丁四个人相约去看电影，但他们迟到了，检票小姐不让他们进去。这时甲立即开始寻找其他能够进去的路径："前门不让我进，有没有后门、偏门可以进入呀？"乙的反应是大吵大闹："我有票，你凭什么不让我进去啊？"丙则是好脾气，凡事往好处想："你现在不让我进，待会儿幕间休息时总得放人吧，我等着！"丁的想法是："唉，好不容易下定决心出来一趟看场电影，结果还不让进去，我怎么这么倒霉啊，回家算了，以后再也不来了！"

这四个人的反应截然不同，分别代表四种典型的气质表现：甲为多血质，活泼机敏，反应快，但是粗枝大叶，容易冲动、犯错误；乙为胆汁质，精力充沛，但是脾气暴躁，容易发火；丙为黏液质，安静稳重、慢条斯理，弱点是反应相对慢；丁为抑郁质，敏感多思，感觉敏锐，通常能觉察到别人觉察不到的信息。

3．血型说

日本学者古川竹二等人认为，气质与人的血型有一定关系。他们将气质分为四种类型，分别由四种血型，即O型、A型、B型和AB型决定。O型血的人意志坚强、志向稳定、独立性强、有支配欲、积极进取；A型血的人气质温和、老实顺从、孤独害羞、情绪波动、依赖他人；B型血的人感觉灵敏、大胆好动、多言善语、爱管闲事；至于AB型的人，则兼有A型和B型的特点。这种理论在日本较为流行，但由于这种理论缺乏有力的科学依据，没有广泛被人们所接受。

4．倾向说

倾向说由瑞士著名心理学家容格提出，它以个人倾向性作为标准，将人的气质分为外倾型和内倾型两种。容格认为外倾型的人易以环境为出发点，凡事但求适应环境，心理活动倾向于外部，活泼、开朗、容易流露自己感情，待人接物决断快，但比较轻率，独立性强，缺乏自我分析和自我批评，不拘泥于一般的小事，喜欢同他人交际。内倾型的人以自我作为行为的出发点，凡事但求尽在自我，心理活动倾向于内部，感情比较深沉，待人接物比较小心谨慎，经常反复思考,常因为过分担心而缺乏判断能力;但对事总是锲而不舍,能够自我分析和批评,不喜欢交际。容格的理论在西方心理学界有较大的影响,简明而实用。

5. 高级神经活动类型说

俄国心理学家巴甫洛夫利用条件反射法所揭示的高级神经活动的规律性和神经作用过程的基本特征,对气质作了科学的阐述。他发现在心理的生理机制中占有重要地位的大脑两半球皮层和皮层下部分的高级神经活动可以分为两个过程:兴奋和抑制。这两个过程具有三大基本特性:强度、平衡性、灵活性。所谓强度,是指大脑皮层细胞经受强烈刺激或持久工作的能力;平衡性是指兴奋过程的强度和抑制过程的强度之间是否相当;灵活性则是指对刺激的反应速度和兴奋过程与抑制过程相互替代、转换的速度。巴甫洛夫根据上述三种特性的相互结合提出高级神经活动类型的概念,指出气质就是高级神经活动类型的特点在动物和人的行为中的表现,并据此划分出高级神经活动的四种类型。

(1) 活泼型,即强度大、平衡、灵活型。

一般表现为情绪兴奋性高,活泼好动,富于表现力和感染力;对外界事物较为敏感,容易随环境的变化而转变,精力分散,兴趣广泛,联系面广,反应性和外倾性都较为明显。

(2) 安静型,即强度大、平衡、不灵活型。

一般表现为情绪比较稳定,沉着冷静,善于忍耐;对外界事物反应缓慢,心理状态极少通过外表表现出来,耐性和内倾性都比较明显。

(3) 兴奋型,即强度大、不平衡型。

一般表现为情绪反应快而强烈,抑制能力较差;对外界事物的反应速度快,但不够灵活,脾气倔强,精力旺盛,不易消沉,比较外向。

(4) 抑制型,即强度小、不平衡、非灵活型。

一般表现为主观体验深刻,对外界事物的反应速度慢而不灵活;遇事敏感多心,言行谨小慎微,易于激动和消沉,感受性和内倾性都较明显。

巴甫洛夫的结论是在生理解剖实验的基础上得出的,后来经过他人的实验研究得到了验证,因而具有较强的科学依据。它所描述的四种气质类型与传统的体液说有较高的对应关系,见表9-2。因此,人们通常把二者结合起来,以体液说作为气质类型的基本形式,而以巴氏的高级神经活动类型说作为气质类型的生理学基础。

表 9-2 体液类型和高级神经活动类型对照表

高级神经活动特点和类型				气质类型
强度	平衡性	灵活性	特性组合的类型	
强	不平衡(兴奋占优势)		兴奋型	胆汁质
	平衡	灵活性高	活泼型	多血质
		灵活性低	安静型	黏液质
弱	不平衡(抑制占优势)		抑制型	抑郁质

实际生活中,纯属某种气质类型的人并不多。在判断某个人的气质时,主要是观察、测定构成他的气质类型的各种心理特征,从人的活动的积极性、行为的均衡性和适应环境的灵活性等方面去发现人的基本气质。

知识链接

气质测量问卷

本问卷共 60 题,可大致确定人的气质类型。如果题目的描述与自己情况"很符合"记 2 分;"较符合"记 1 分;"一般"记 1 分;"不符合"记 0 分;"较不符合"记-1 分;"很不符合"记-2 分。

1. 做事力求稳妥,一般不做无把握的事情。
2. 遇到可气的事情就怒不可遏,心里藏不住话。
3. 宁可一个人做事也不愿与很多人一起。
4. 到一个新环境中能很快适应。
5. 厌恶强烈的刺激。
6. 和人争吵时,总是先发制人,喜欢挑衅。
7. 喜欢安静的环境。
8. 善于和人交往。
9. 羡慕那种善于克制自己感情的人。
10. 生活有规律,很少违反作息制度。
11. 在多数情况下情绪很乐观。
12. 碰到陌生人觉得很拘谨。
13. 遇到令人气愤的事情,能很快地自我克制。
14. 做事总是有很旺盛的精力。
15. 举棋不定,优柔寡断。
16. 在人群中很自在。
17. 情绪高昂时,觉得做什么都有趣;情绪低落时,又觉得做什么都没意思。
18. 当注意力集中于某事时,别的事情很难使其分心。
19. 理解问题比别人快。
20. 在危险的情况下有一种极度恐惧感。
21. 对学习、工作怀有很高的热情。
22. 能长时间地做枯燥无味单调的事情。
23. 只有在感兴趣时才会干劲十足。
24. 一点小事就能引起情绪波动。
25. 讨厌做琐碎细致的工作。
26. 与人交往不卑不亢。

27. 喜欢热闹。
28. 喜欢看感情细腻、描述人物内心活动的文艺作品。
29. 工作或学习时间长了,常会感到厌倦。
30. 不喜欢长时间讨论思索,更愿意实际动手尝试。
31. 喜欢侃侃而谈,不愿窃窃私语。
32. 给人闷闷不乐的印象。
33. 理解问题比别人慢。
34. 只需短暂的休息就能恢复精神,重新投入工作学习中。
35. 心里有话不愿说出来。
36. 认准一个目标就希望尽快实现,不达目标誓不罢休。
37. 学习、工作同样一段时间,常比别人更感疲倦。
38. 做事莽撞,不计后果。
39. 在别人讲授知识、技术时,常希望讲得慢一点。
40. 能够很快忘记不愉快的事情。
41. 完成一件事比别人花费更多时间。
42. 喜欢大运动量的体育活动。
43. 不能很快地把注意力从一件事情转移到另一件事情上去。
44. 总希望把问题尽快解决。
45. 倾向于遵守陈规,而不是冒险。
46. 能够同时注意几件事情。
47. 烦恼时别人很难帮得上忙。
48. 爱看情节起伏、激动人心的小说。
49. 对工作认真严谨,始终如一。
50. 和周围人的关系总是不协调。
51. 喜欢做熟悉的工作。
52. 希望做变化大、花样多的工作。
53. 小时候会背的诗歌,现在仍然记得很清楚。
54. 常被认为"出口伤人,不会说话",可自己不这样认为。
55. 在体育活动中,常因反应慢而落后。
56. 反应敏捷,头脑机智。
57. 喜欢有条有理的工作。
58. 兴奋的事情常使我失眠。
59. 接受新概念慢一些,但一旦理解了就很难忘记。
60. 假如工作枯燥无味,马上就会情绪低落。

计分方法及说明:按题号将每题得分填入下表"得分"栏中,计算每种气质类型的总分数。如果某项得分超过20分,则为此类气质典型型,如果得分为10~20分,则为普通型,如果各项得分均在10分上下,则得分最高的就表示你倾向于该气质。

胆汁质		多血质		黏液质		抑郁质	
题号	得分	题号	得分	题号	得分	题号	得分
2		4		1		3	
6		8		7		5	
9		11		10		12	
14		16		13		15	
17		19		18		20	
21		23		22		24	
27		25		26		28	
31		29		30		32	
36		34		33		35	
38		40		39		37	
42		44		43		41	
48		46		45		47	
50		52		49		51	
54		56		55		53	
58		60		57		59	
总分		总分		总分		总分	

三、消费者购买行为中的气质表现

人的气质本身并无好坏之分，也没有评价的意义。各种气质类型都既有积极的一面，也有消极的一面。在现实生活中，纯粹属于某一种气质类型的人是极少见的，由于客观环境及发育的影响，大多数人是以某一气质类型为主，而又兼有其他类型的一些特点的混合型，或介于各种类型间的某种过渡型。

从消费者气质类型上看，由于气质类型不同，他们的消费行为表现出特有的活动方式和表达方式。

1. 胆汁质的消费者

胆汁质的消费者在购物中喜欢标新立异，追求新颖奇特、具有刺激性的流行商品。他们一旦感到需要，就很快产生购买动机并干脆利落地迅速成交，但又往往不善于比较，缺乏深思熟虑。如果遇到营业员怠慢，也会激起他们烦躁的情绪和激烈的反应，体现出冲动型的购物行为特点。这就要求营业人员在提供服务时头脑冷静、充满自信、动作快速准确、语言简洁明了、态度和蔼可亲，使顾客感到营业员急他所急，想他所想，全心全意地为他服务。

2. 多血质的消费者

多血质的消费者善于交际，有较强的灵活性，能以较多的渠道得到商品信息。这类消费者对购物环境及陌生人有较强的适应能力，因而在购物时观察敏锐，反应敏捷，易于与营业员进行沟通。但有时其兴趣与目标往往因为可选择的商品过多而容易转移或一时不能取舍，行为中常带有浓厚的感情色彩，兴趣常发生变化，多体现出情感型、经济型的购物行为特点。这就要求营业人员在提供服务时要热情周到，尽可能为顾客提供多种信息，为顾客当好参谋，取得顾客的信任与好感，从而促进购买行为的顺利完成。

3. 黏液质的消费者

黏液质的消费者在购物中比较谨慎、细致、认真。大都比较冷静,不易受广告宣传、商标、包装等干扰,很少受他人的影响。喜欢通过自己的观察、比较做出购买决定。对自己熟悉的商品会积极购买,并持续一段时间,对新产品往往持审慎态度。体现出理智型的购物行为特点。这就要求营业人员在提供服务时要注意掌握"火候",如不要过早接触顾客,过于热情会影响顾客观察商品的情绪,也不要过早阐述自己的意见,应尽可能让顾客自己了解商品,选择商品,并注意提供心理的服务。

4. 抑郁质的消费者

抑郁质的消费者在购物中往往考虑比较周到,对周围的事物很敏感,能够观察别人不易察觉的细枝末节。其购物行为拘谨,拖泥带水,谋而不断,一方面表现出缺乏购物主动性,另一方面对他人的介绍不感兴趣或多疑不信任,体现出经济型、习惯性的购物行为特点。这就要求营业人员在提供服务时要耐心、细致、体贴、周到,要熟知商品的性能、特点,及时正确地回答各种提问,增强他们购物的信心,从而促使购买行为的实现。

第三节 消费者的能力

一、能力的含义和类型

1. 能力的含义

能力是指人能够顺利地完成某种活动并直接影响活动效率所必须具备的个性心理特征。人们要顺利完成某种活动,需要多种能力共同发挥作用。既需要一般的能力,即在很多活动中表现出来的带共性的基本能力,如观察能力、记忆能力、想象能力、思维能力和注意能力等,也需要一些特殊的能力,即表现在某些专业活动中的能力,如组织能力、鉴赏能力、商品选购能力等。

2. 能力的类型

(1) 根据作用方式的不同分类

根据作用方式的不同,能力可以分为一般能力和特殊能力。

一般能力指人体顺利完成各种活动所具备的基本能力,由认识能力和活动能力组成。认识能力指的是人认识客观事物、运用知识解决实际问题的能力。它包括注意力、观察力、想象力、思维力和记忆力,也有人把这五种能力统称为智力。活动能力是指人们完成各种活动的能力。它也是由一些基本的能力,如组织能力、计划能力、适应能力以及实际操作能力等构成的。具备一般能力,是从事各种活动的前提条件。

特殊能力是顺利完成某些特殊活动所必须具备的能力,如创造力、鉴赏、组织领导能力等,这些能力是从事音乐、绘画、领导等特殊或专业活动所必不可少的。

一般能力与特殊能力相互联系,构成辩证统一的整体。在消费者的购买活动中,两种能力往往共同发挥作用。

(2) 根据在能力结构中所处的地位不同分类

根据在能力结构中所处的地位不同,能力可以分为优势能力和非优势能力。

非优势能力是处于主导地位,表现最为突出的能力。优势与非优势能力在每个人身上相比较而存在,任何人都不可能是全才,但只要具备某一方面的优势能力,同样可以取得成功。

（3）根据创造性程度分类

根据创造性程度划分,能力可以分为再造性能力和创造性能力。

具有再造性能力的人,能迅速掌握所学的知识,并善于按照所提供的模式进行活动；具有创造性能力的人,善于创新,能超出现成式样进行发挥和创造。

二、消费者的能力构成

现代市场经济条件下,随着各种资源要素、物质产品、精神产品、服务的商品化以及人们生活水平的不断提高,消费者从事消费活动的内容和领域迅速扩展,在深度和广度上超过了以往任何时代。消费者只有综合运用和不断提高相应的能力与技能,才能在复杂多变的市场环境中保持高度的自主性与行为自由度,并以较少的支出获得更大的消费效用,通过有限的消费活动最大限度地满足多方面的消费要求。

根据消费者各种能力的层次和作用性质不同,可以将能力构成分为以下几方面。

1. 从事各种消费活动所需要的一般能力

实际生活中,这是消费者购买活动必须具备的基本能力,如对商品的感知、记忆、辨别能力；对信息的综合分析、比较评价能力；购买过程中的选择、决策能力,以及记忆力、想象力等。基本能力的高低强弱会直接导致消费行为方式和效果的差异。

（1）感知能力

感知能力是指消费者对商品的外部特征和外部联系加以直接反映的能力。感知能力是消费行为的先导,通过它,消费者可以了解到商品的外观造型、色彩、气味、轻重以及所呈现的整体风格,从而形成对商品的初步印象,为进一步做出分析判断提供依据。

消费者的感知能力差异主要体现在速度、准确度、敏锐度上。感知能力的强弱会影响消费者对消费刺激的反应程度。能力强的消费者能够对商品的微小变化或同类商品之间的细微差别加以清晰辨认；能力弱的则可能忽略或难以区分细小的变化。

（2）分析评价能力

分析评价能力是指消费者对接收到的各种商品信息进行整理加工、分析综合、比较评价,继而对商品的优劣好坏做出准确判断的能力。分析评价能力的强弱主要取决于消费者的思维能力和思维方式,同时与消费者个人的知识经验有关。但许多实验证明,消费者对商品的知觉是模糊的、不确定的。20世纪70年代的一项实验表明,大多数消费者在蒙眼的味觉实验中不能辨别可口可乐与百事可乐的区别,许多声称爱喝可口可乐的人在实验中却选择了百事可乐。所以,消费者对商品的评价很大程度上是建立在有关厂商提供的商品信息基础之上。

（3）选择决策能力

选择决策能力是消费者在充分选择比较商品的基础上,及时果断地做出购买决定的能力。当消费者运用分析评价能力、感知力等能力对商品进行综合分析后,就进入了购买决策阶段。消费者决策能力的高低直接受其自信心、抱负水平等因素的影响。后面将专门讨论消费者的购买行为决策。

2. 从事特殊消费活动所需要的特殊能力

特殊能力首先是指消费者购买和使用某些专业性商品所应具有的能力。它通常表现为以专业知识为基础的消费技能。例如,对高档照相器材、专用体育器材、古玩字画、钢琴、电脑、轿车以及音响等高档消费品的购买和使用,就需要相应的专业知识以及分辨力、鉴赏力、监测力等特殊的消费技能。倘若不具备特殊能力而购买某些专业性商品,则很难取得满意的消费效果,甚至无法发挥应有的使用效能。

在满足物质需要的基础上,通过商品消费美化生活环境,是现代消费者的共同追求,有些具有较高品位和文化修养的消费者,在商品美学价值评价与选择方面显示出较高的审美情趣与能力。这种能力往往使他们在服饰搭配、居室装饰布置、美容美发、礼品选择等方面获得较大的成功。

3. 消费者对自身权益的保护能力

在市场经济条件下,消费者作为居于支配地位的买方主体,享有多方面的天然权力和利益。这些权力和利益经法律认定,成为消费者的合法权益。然而,这一权益的实现不是一个自然的过程。尤其在我国不尽成熟完备的市场环境中,由于法制不健全,市场秩序不规范,企业自律性较低,侵犯消费者权益的事例屡有发生。这在客观上要求消费者自身不断提高自我保护的能力。

知识链接

我国的《消费者权益保护法》

中华人民共和国消费权益保护法是维护全体公民消费权益的法律规范的总称,是为了保护消费者的合法权益,维护社会经济秩序稳定,促进社会主义市场经济健康发展而制定的一部法律。

经 1993 年 10 月 31 日八届全国人大常委会第 4 次会议通过,自 1994 年 1 月 1 日起施行。根据 2009 年 8 月 27 日第十一届全国人民代表大会常务委员会第十次会议《关于修改部分法律的规定》进行第一次修正。根据 2013 年 10 月 25 日十二届全国人大常委会第 5 次会议《关于修改的决定》第 2 次修正,自 2014 年 3 月 15 日起施行。2014 年 3 月 15 日,由全国人大修订的新版《消费者权益保护法》(简称"新消法")正式实施,这是《消费者权益保护法》实施 20 年来的首次全面修改。《消费者权益保护法》分总则、消费者的权利、经营者的义务、国家对消费者合法权益的保护、消费者组织、争议的解决、法律责任、附则,共 8 章 63 条。

三、消费者购买行为中的能力表现

顾客在购买活动中需要具有相应的能力。如顾客在购买服装或布料时,需要以手的感觉能力摸一摸服装或布料的质地,即所谓手感如何;需要以视觉能力观察服装或布料的颜色;需要以想象能力判断哪种款式、花色穿在自己身上更好看。

顾客能力如何,对能否顺利完成购买活动影响很大。一般来说,顾客能力强,就能很快完成购买过程;反之,顾客本身能力差,做出购买决定时迟疑不决,购买过程就很难尽快结束。营销者对于前一种顾客不必给予过多的帮助,有时干预过多反而容易引起他们的反感;对后者,则需要尽量做好"参谋",使其更好地做出决策。

导入案例

软件产品的设计

有一个设计微型计算机软件的厂家,推出了一种在功能、效用上比较先进的地理信息系统软件(这里称之为 A),发现不好卖;与此同时,另一家的同类产品(这里称之为 B),并没有什么先进性,却相当赚钱。究其原因,A 产品的界面文字(画面文字)是英文,而使用该软件的用户绝大部分不懂英文;B 产品虽然落后一些,但是界面全是中文。在这里,专业的、专家的评价与用户的评价不一致,是用户选择错误吗?不是!根本原因在于,一个产品要用户接受,不但要有先进的功能(效用),更重要的是必须使先进的功能在顾客手中实际发挥出来,而要使其功能充分发挥,其设计必须考虑目标顾客的知识能力、操作能力,还有不属于心理能力的支付能力等。

第四节 消费者的性格

一、性格的含义与特征

1. 性格的含义

性格是指个人对人、对己、对现实的态度和稳定化的行为方式中所表现出来的独特的个性心理特征。它是一个人的心理面貌的本质属性的独特结合,是人与人相互区别的主要方面。

性格在个性中具有核心的含义,人的个性并不主要表现为能力和气质的差异,而是表现为性格的差别。一个人的性格规定了他的能力和气质发展的方向,影响到能力和气质的具体表现。性格主要是在一定的生理基础上,在环境和教育的作用下逐渐发展形成的,因此,性格一旦形成,也具有一定的稳定性和持久性。

性格和气质关系密切,二者既有区别又有联系。一方面,性格可以影响气质的发展和表现,在一定程度上对气质进行掩蔽和改造,指导气质的发展。如一个具有冲动、暴躁气质特点的人,可以通过培养自己坚毅、自制的性格特征来加以改变气质。同时,气质也会对一个人的性格产生一定的影响,它总是使性格带上某种气质色彩或具有某种特殊的表现形式,一种气质特点可能有助于某种性格特征的培养。如黏液质有助于忍耐、自制等性格特点的形成。另一方面,性格和气质又是两个完全不同的概念。气质受遗传的影响比较大,性格受环境和社会因素的影响比较大,在个体心理发展过程中,气质形成要比性格形成得早,而且气质的改变比性格的改变更难、更慢。

2. 性格的特征

性格是十分复杂的心理构成物,包含多方面的特征。消费者的性格正是通过不同方面的性格特征表现出来的,并由各种特征有机结合,形成独具特色的性格统一体。性格的基本特征包括以下四个方面。

(1) 性格的态度特征

性格的态度特征表现个人对现实的态度的倾向性特点,即如何处理社会各方面关系的性格特征。例如,对社会、集体、他人的态度;对劳动、工作、学习的态度;对自己的态度等。

(2) 性格的意志特征

性格的意志特征表现个人自觉控制自己的行为及行为努力程度方面的特征。例如,是否具有明确的行为目标;能否自觉调适和控制自身行为;在意志行动中表现出的是独立性还是依赖性,是主动性还是被动性;是否坚定、顽强、忍耐、持久等。

(3) 性格的情绪特征

性格的情绪特征表现个人受情绪影响或控制情绪程度状态的特点。例如,个人受情绪感染和支配的程度,情绪受意志控制的程度,情绪反应的强弱、快慢,情绪起伏波动的程度,主导心境的性质等。

(4) 性格的认知特征

性格的认知特征表现认知心理过程中的个体差异的性格特征。它一般表现在感知、记忆、思维和想象四个方面。例如,在感知方面,是主动观察型还是被动感知型;在思维方式方面,是具体罗列型还是抽象概括型;在想象力方面,是丰富型还是贫乏型等。

二、性格的类型

性格类型的划分有不同的分类标准,下面介绍其中最有影响力的三种划分方式。

1. 根据人的心理机能

根据人的心理机能哪一种占优势,可以把性格划分为理智型、情绪性和意志型。

这是由英国的心理学家培因(A. Bain)提出来的。理智型的人,通常以理智衡量周围的事物,并以理智支配自己的行为,故其行为冷静,他们的理智心理机能相对于情绪和意志占优势。情绪型的人,行为易受情绪的左右,多冲动行为。意志型的人,往往具有明确的行为目的和较强的自制能力,能够克服不良情绪与外界干扰。这是对性格所做的最简单的划分,不过,这种划分有时难以进行,因为大部分人的性格都是这三种特征的混合体。

2. 根据人类文化生活的形式

根据人类文化生活的形式,可以把性格划分为理论型、经济型、审美型、社会型、权力型和宗教型。

这是由德国心理学家斯普兰格(E. Spranger)提出来的。他认为人类的文化生活形式主要有理论的、经济的、审美的、社会的、权力的和宗教的六种形式,从而区分出相应的六种性格类型。

具有理论型性格特征的人多表现为冷静、客观地观察事物,能够根据自己的知识体系来判断事物的价值,但遇到实际问题时,常无法处理,他们以追求真理为生活目的。

经济型的人以经济的观点看待一切事物,从实际效果来判断事物的价值,以获得财富、追求利润为生活目的。

审美型的人多表现为不太关心实际生活,想象力丰富,易冲动,常常从美的角度来判断事物的价值。

权力型的人则重视权力,并在实际生活中表现为努力追求以获得权力,喜欢指挥和控制他人。

社会型的人重视爱,以爱他人为其最高价值,表现为极力营造和维持良好的社会关系,对慈善和福利感兴趣。

宗教型的人多是信仰某一教派的人,他们相信宗教,对人性和生命抱有美好的看法,易与人相处,性格温和。

3. 根据国际上采用的性格分类

根据国际上采用的性格分类,典型性格类型一般有五种。

A 型:情绪不稳定,社会适应性差,急躁。

B 型:情绪和社会适应性较均衡,主观能动性稍差,交际能力弱,智力平常,体力、精力、能力、毅力中平。

C 型:情绪稳定,社会适应性强,常处于被动状态。

D 型:情绪稳定,社会适应性一般,和周围人关系好,有组织领导能力,积极主动。

E 型:有独立爱好兴趣,情绪不稳定,社会适应性差或一般,善于独立思考、钻研,不善交际。

性格类型直接影响个体的行为表现,使他们在态度和行为方式上表现出不同的倾向性。如经济型的人在购物时,比较重视商品的价格,对价格变化非常敏感,常以价格的是否满意来决定购买行为。审美型的人则对商品的外观、包装、构型、色彩等比较重视,易受情绪的影响,不太注重商品的实用性,冲动购物行为较多。社会型的人在购物时喜欢与销售人员交谈,并倾向于接受他人的意见和建议。而权力型的人则常常听不进他人的意见,不喜欢销售人员的介绍,如果销售人员过于热情地推销某一商品,反而会使他们产生抵触心理。宗教型的人则表现出对某些商品的独特喜好和对另外一些商品的拒绝,如信仰伊斯兰教的人绝对不会去消费与猪有关的商品等。

导入案例

机械天才影响世人生活,极端性格造成父子裂痕

T 型车的发明者亨利·福特从小就表现出了对机械的迷恋。上小学时,他曾在学校院墙边搞了个"涡轮机",结果发生爆炸把院墙都烧了。十几岁时,亨利开始帮同学们修表。1891 年,他加入了爱迪生照明公司,这使他有幸结识伟大的发明家爱迪生。在他的汽车研制之路上,爱迪生始终给他以激励,后来,他们俩成为至交。

1903 年 6 月 16 日,福特汽车公司正式成立了。1908 年,福特公司生产出世界上第一辆属于普通老百姓的汽车——T 型车,这也标志着世界汽车工业革命的开始。T 型车没有一点为舒适和美观附加的装置,被当时的媒体评论为像个"农民",只有骨头和肌肉,没有一点赘肉。T 型车最初售价为每辆 850 美元,而当时其他的汽车要卖到 4 000 多美元。

T 型车在市场大获全胜,但亨利并未裹足不前。1913 年福特公司开发出世界上第一条流水线,每分钟生产一辆 T 型车。1914 年 T 型车已占领美国汽车市场半壁江山。福特对美国社会的影响也从汽车业扩展到商业、服务业和基础设施建设方面。他建立了汽车经销商体系;在他的努力下,加油站也如雨后春笋般冒出来;他还大力游说政府修公路,使美国有了全球第一的州际高速公路。

同时,福特宣布向工人支付 8 小时 5 美元的最低工资。而当时工人一般工作 9 小时,工资只有 2.34 美元。亨利坚持提高工人福利,后来甚至把日工资涨到 10 美元,这使得美国工人的生活发生了很大的变化。

但是,后来情况发生了变化。福特公司建立之初有十几个投资者,后来亨利用收购等办法逐步将公司的大权控制在自己手中。大权独揽的机制让亨利走向了独裁的家族统治。他坚持只生产T型车,颜色也只有黑色。他拒绝任何改变,甚至将手下工程师改进的汽车砸烂。而此时,通用汽车公司却依靠精心设计的多种车型蚕食了福特公司的市场。亨利只得一次次以降价应对,直到毫无利润可言。这时候的亨利也变得很难相处,他的表现欲越来越强——公司对外发布的新闻稿中只能提到他的名字,他顽固地反对工会,把机关枪架到工厂里,甚至在仓库里囤积催泪弹,随时准备对付罢工的工人。

亨利原本有个美满的家庭,但他说一不二的性格,让幸福离他越来越远。福特夫妇俩只有艾德塞尔一个孩子,福特夫妇对儿子疼爱有加。艾德塞尔聪明、安静、善良。上学时,他每天都给父亲写信。放学的路上,也总要在父亲的公司停一下,帮父亲干点什么。然而,父子俩的亲密关系随着亨利·福特越来越保守固执和艾德塞尔的结婚开始恶化。婚后,艾德塞尔违背了"要跟父母住一辈子"的承诺,跟妻子搬出去单过,从此,亨利对儿子的爱好总是嗤之以鼻或设法阻拦。艾德塞尔费尽心思开发出的新车型,也被亨利放上了销毁废品的传送带。

1943年,艾德塞尔因患胃癌离开了人世。他的妻子把艾德塞尔的遗体安葬在底特律,而不是迪尔伯恩老家,以此作为对福特的无声抗议。葬礼上,80岁的亨利站着一动不动,只有眼泪不停地往下流。

三、性格与消费者的购买行为

我们知道,性格是个性最鲜明的表现,是个性心理特征中的核心特征。因此,消费者的性格,也就是在购买行为中起核心作用的个性心理特征。而消费者之间不同的性格特点,同样会体现在各自的消费活动中,从而形成千差万别的消费行为。性格在消费行为中的具体表现可从不同角度做多种划分。

1. 以消费态度分类

从消费态度角度,可以分为节俭型、保守型、随意型。

(1) 节俭型

节俭型的消费者在消费观念和态度上崇尚节俭,讲究实用。在选购商品过程中较为注重商品的质量、性能、实用性,以物美价廉作为选择标准,而不在意商品的外观造型、色彩、包装装潢、品牌及消费时尚,不喜欢过分奢华、高档昂贵、无实用价值的商品。

(2) 保守型

保守型的消费者在消费态度上较为严谨,生活方式刻板,性格内向,怀旧心理较重,习惯于传统的消费方式,对新产品、新观念持怀疑、抵制态度,选购商品时,喜欢购买传统的和有过多次使用经验的商品,而不愿冒险尝试新产品。

(3) 随意型

随意型的消费者在消费态度上比较随意,没有长久稳定的看法,生活方式自由而无固定的模式。在选购商品方面表现出很大的随意性,他们选择商品的标准往往多样而不稳定,经常会根据自身的需要和商品种类不同,采取不同的选择标准和要求,同时受外界环境及广告宣传的影响也较大。

2. 以购买行为方式分类

从购买行为方式角度，可以分为习惯型、慎重型、挑剔型、被动型。

(1) 习惯型

习惯型的消费者在购买商品时习惯参照以往的购买和使用经验。当他们对某种品牌的商品熟悉并产生偏爱后，就会经常重复购买，从而形成惠顾性购买行为，这一类的消费者受社会时尚、潮流影响较小，不轻易改变自己的观念和行为。

(2) 慎重型

慎重型的消费者在性格上一般沉稳、持重，做事冷静、客观、情绪不外露。选购商品时，通常会根据自己的实际需要并参照以往购买经验来进行仔细慎重的比较权衡，然后做出购买决定。他们在购买过程中受外界影响小，不易冲动，具有较强的自我抑制力。

(3) 挑剔型

挑剔型的消费者在性格上一般意志坚定，独立性强，不依赖他人。在选购商品时强调主观意愿，自信果断，很少征询或听从他人意见，对商场销售人员的解释说明常常持怀疑和戒备心理，观察商品细致深入，某些时候甚至过于挑剔。

(4) 被动型

被动型的消费者在性格上一般比较消极、被动、内向。由于缺乏商品知识和购买经验，在选购过程中往往犹豫不决，缺乏自信和主见。他们对商品的品牌、款式等没有固定的偏好，正因为如此，也希望得到别人的意见和建议。这类消费者的购买行为常处于消极被动状态，这是由其性格决定的。

应该指出的是，上述几种按消费态度和购买方式所作的分类，只是为了便于人们了解性格与人们的消费行为之间的内在联系，以及不同消费性格的具体表现。在现实生活的购买活动中，受到周围环境的影响，消费者的性格经常不会或难以按照原有面貌表现出来，在观察和判断消费者的性格特征时，应特别注意其稳定性，切忌以他们一时的购买行为表现来判断其性格类型。

第五节 消费者的自我概念

一、自我概念的含义

自我概念也称自我形象，是指个人对自己的能力、气质、性格等个性特征的知觉、了解和感受的总和。换言之，即自己如何看待自己。自我概念回答的是"我是谁"和"我是什么样的人"一类问题，它是个体自身体验和外部环境综合作用的结果。一般认为，消费者将选择那些与其自我概念相一致的产品、品牌或服务，避免选择与其自我概念相抵触的产品、品牌和服务。正是在这个意义上，研究消费者的自我概念对企业营销特别重要。

二、自我概念形成的影响因素

自我概念是个人在社会化过程中，通过与他人交往以及与环境发生联系，对自己的行为进行反观自照而形成的。其中主要受到四个方面因素的影响。

(1) 通过自我评价来判断自己的行为是否符合社会所接受的标准，并以此形成自我概念。

例如,把有的行为归入社会可接受的范畴,把有的行为归入社会不可接受的范畴。人们对自己的行为进行反复不断地观察、归类和验证,就形成了有关的自我概念。

(2) 通过他人对自己的评价来进行自我反应评价,从而形成自我概念。他人评价对自我评价的影响程度取决于评价者自身特点和评价的内容。通常评价者的权威性越大,与自我表现评价的一致性越高,对自我概念形成的影响程度也就越大。

(3) 通过与他人的比较观察而形成和改变自我概念。人们对自己的自我评价还受到与他人比较的影响,比较的结果相同或不同,超过或逊于他人,都会在一定程度上改变人们的自我评价,并驱动他们采取措施修正自我形象。

(4) 通过从外界环境获取有利信息来促进和发展自我概念。人们受趋利避害的心理驱使,往往希望从外界环境中寻找符合自己意愿的信息,而不顾及与自己意愿相反的信息,以此证明自己的自我评价是合理的,是正确的,这一现象证明了人们经常从自己喜欢的方面来看待评价自己。

三、自我概念的构成

从上述影响因素可以看出,自我概念实际上是在综合自己、他人或社会评价的基础上形成和发展起来的。一个重要的发现是人们拥有不止一个自我概念。关于这个问题这里介绍两种观点。

1. 威廉·詹姆士的观点

心理学家威廉·詹姆士认为,自我概念包括三个构成要素,即物质自我、社会自我和精神自我。这三种构成要素各伴有自我评价的感情(即对自己满意与否)以及自我追求的行为,如表9-3所示。

表9-3 自我概念的构成要素

	自我评价	自我追求
物质自我	对自己身体、衣着、家庭所有物的自豪或自卑	追求身体外表、欲望的满足,如装饰、爱护家庭等
社会自我	对自己在社会上名誉、地位、亲戚、财产的估计	引人注目、讨好别人、追求情爱、名誉及竞争、野心等
精神自我	对自己智慧能力、道德水平的优越感或自卑感	在宗教、道德、良心、智慧上求上进

2. C·格伦·沃特的观点

美国《消费者行为研究》一书的作者C·格伦·沃特认为,自我概念有四个组成部分。

(1) 真实自我。真实自我是一个人实实在在的、完全可观的真实本质。消费者的购买行为往往不是在透彻地、客观地、全面地认识了自己之后才发生的,很多是不知不觉、自己没有意识到的,即受潜意识所支配的。

(2) 理想自我。理想自我是消费者希望自己成为什么样的人,而不是他实际上是一个什么样的人。这种自我和一个人所崇拜、所信仰对象,以及所追求、所渴望的目标有很大关系。理想自我很难完全实现,因为人的追求与期望是无止境的。国外有些研究表明,消费者力求实现理想自我可以在他购买"威望类"产品时表现出来,如高档服装、珠宝首饰、豪华轿车、私家游艇等。

(3) 自我形象。自我形象是消费者对自己的看法与认识,也是真实自我与理想自我的混合物。表达自我形象的重要途径之一就是通过消费。有人说:"自我形象控制着消费者当前生活方式的全部正常开销。"而"消费者就是他所购买的东西的形象。"的确,消费者购买某种商品,要么是想保持自己的某种形象或完善自己的形象,要么就是想改变自己的形象。

为保持自我形象,消费者十分喜欢购买能够塑造或反映良好的自我形象以及能进一步改善、提高自我形象的商品或是顺应某些群体规范的商品,而不买可能破坏、损害良好的自我形象的商品以及那些违背群体规范、不被群体接受的商品。

当一个人不喜欢现在的自我形象,希望更接近理想的自我,认为其他人对自己印象不好或是希望与某些人进行社会交往时,就有可能采取改变自我形象的工程。

(4) 镜中自我。镜中自我是消费者自己认为别人对自己的看法。这种自我同一个人对别人的看法有关,如别人的学识、年龄、社会地位等,因此是一个互动关系。

这四项要素之间存在着明确的内在联系。通常情况下,人们都具有从实际的自我概念向理想的自我概念转化的意愿和内在冲动,这种冲动成为人们不断修正自己行为,以求自我完善的基本动力。不仅如此,人们还力求使自己的形象符合他人或社会的理想要求,并为此而努力按照社会的理想标准从事行为活动。正是在上述意愿和动机的推动下,自我概念在更深层次上对人们的行为发生影响,制约和调节着行为的方式、方向和程度。

自我概念也常常通过购买商品和消费活动表现出来。消费者一旦形成了某种自我概念,就会在这种自我概念的支配下产生一定的购买行为。例如,美国进行的一项对336名大学生的调查中发现,凡是饮用啤酒的学生都把自己看得比不饮用啤酒的人喜欢社交、有信心、性格外倾、有上进心和善于待人接物。当前,20世纪80年代后在我国出生的大学生,在消费过程中十分突出"我的事情,我做主"的自我概念。

四、自我概念与消费者行为

自我概念作为影响个人行为的深层个性因素,同样存在于消费者的心理活动中,对消费者的消费行为有着深刻的影响作用。

1. 自我概念与商品的象征性

个体形象的自我概念是消费者在长期的消费实践中,通过与他人及社会的交往逐步形成的。这一概念涉及个人的理想追求和社会存在价值,因而每个消费者都力求不断促进和增强它。而商品和劳务作为人类物质文明的产物,除了具有使用价值外,还具有某些社会象征意义。购买劳斯莱斯、宝马,对购买者来说,显然不是购买一种单纯的交通工具。一些学者认为,某些产品对拥有者而言具有特别丰富的含义,他们能够向别人传递关于自我的很重要的信息。贝尔克用"延伸自我"这一概念来说明这类产品与自我概念之间的关系。贝尔克认为,延伸自我由自我和拥有物两部分构成。换句话说,人们倾向于根据自己的拥有物来界定自己的身份。某些拥有物不仅是自我概念的外在显示,它们同时也是自我身份的有机组成部分。从某种意义上讲,消费者是什么样的人是由其使用的产品来界定的。如果丧失了某些关键拥有物,那么,他就成为了不同于现在的个体。可见,不同档次、质地、品牌的商品往往蕴含了特定的社会意义,代表着不同的文化、品位和风格。

纹身和延伸的自我

大多数与延伸自我相联系的产品或服务与自然自我是分离的。至今，例外的情况也仅限于发型、染色和化妆品。人们也可以通过体育锻炼、节食、控制体重和外科整容手术来改变自然自我。最近几年，纹身成为改变延伸自我和自然自我的一种独特方式。除了外科整容手术，纹身之所以独特，是因为相对而言它对自然自我的改变具有不可逆转的性质。一般来说，纹身是出于装饰和美化目的，有时它也可能主要作为公开的或私下的符号或象征。

在20世纪大多数时间里，纹身并不被美国社会的大多数群体所接受。然而，最近这些年情况发生了很大的改变。为什么纹身能被社会所接受？它对那些纹身者的自我概念来说意味着什么呢？

目前对于纹身的研究集中于四个主题——纹身的复兴、纹身对延伸自我的影响、与纹身相联系的风险、纹身的结果是否令人满意。

纹身的复兴始于20世纪60年代，它与嬉皮运动的发展和旧金山地区一大批技艺娴熟的纹身艺术家的出现具有密切关系。对纹身的研究首先在历史学和人类史学中受到关注，随后，广告艺术界和艺术史学界也开始把纹身作为一种艺术形式加以研究，这些反过来又吸引了更优秀的纹身艺术家。到了20世纪90年代早期，一些公众人物，尤其是运动员，开始在身上露出醒目的纹身图案，由此增加了纹身在主流社会，尤其是在其中较有冒险精神的成员中的接受度。

纹身至少有三个层次的意义。首先，它具有与"有纹身"相联系的意义。尽管纹身越来越普遍，但是，它与通常的社会规范还是有点格格不入。因此，纹身本身就是对某人的一种说明。有纹身的人仍然被多少看作是有危险和不合群的。纹身的位置也包含一定的含义。纹身越明显，说明个体越具有反叛性和越具有桀骜不驯的个性。纹身本身就是私人的或者象征意义的主要来源，它可能象征着成员资格、兴趣、活动、关系、生活变化、成就和价值。纹身可能是独特的、充满个人含义，纹身的含义也可能深深地植根于某种文化或者神化故事中。

其次，纹身是有风险的。改变或者剔除它会非常昂贵。如果你不再喜欢你的纹身了，或者你的口味改变了，你要承担财务上的损失。纹身也有一定的社会风险，如你现在或未来的朋友、同事、雇主可能对你的纹身有负面的看法。此外，纹身还存在一定的身体方面的危险。

最后，是关于纹身的评价和对纹身是否满意。正如前面所指出的，如果不满意的话，要纠正它是很难和很昂贵的。当然，通常的结果是在一个较高层次上获得满意感。一些研究表明，此时还可能导致自我沉湎。

那么，哪些商品最有可能成为传递自我概念的符号或象征品呢？一般来说，成为象征品的商品应具有三个方面的特征。第一，应具有使用可见性。也就是说，它们的购买、使用和处置能够很容易被人看到；第二，应具有禀赋差异性。换句话说，由于资源禀赋的差异，某些消费者有能力购买，而另一些消费者则无力购买。如果每人都可以拥有一辆"奔驰"车，那么这一商品的象征价值就丧失殆尽了；第三，应具有拟人化性质，能在某种程度上体现一般使用者的典型形象。像汽车、珠宝等商品均具有上述特征,因此,它们很自然地被人们作为传递自我概念的象征品。

香水·男人

现今已有越来越多的男士开始注重服装以外的形象包装。洒香水正被更多的男士接受和喜爱。男士选用香水往往比女性更注重品牌和内涵,他们一方面担心廉价品种太脂粉气惹人笑话,另一方面坚信高雅的名牌香水乃是一种身份和品位的标志。以下是几种国际市场上经久不衰的男用香水品牌。

切维浓:即城市猎人,是来自法国的前卫男用香水系列。特有的芳香,弥漫着不可思议的男性魅力。它浪漫,潇洒不拘,传达出20世纪五六十年代美国式的梦想和精神。

哈利:它不仅是好莱坞明星、流行歌手们最喜欢的香水,亦是企业家、社会名流、上层社会男士常备的香水。这种香水象征着他们的成就与权力。

兰堡No.6:火辣辣、鲜美、冷静的香水是男用香水生气勃勃的标志,其配方多采用柠檬、橙花油及迷迭香。1752年出品的兰堡No.6是其代表,它是美国第一任总统乔治·华盛顿最喜爱的香水。

兰德尔:随着男用香水渐渐普及,其香型也由清新提神作用转为表现性感魅力。这种香水除了有熏衣草油外,还有一定比例的橙花油和檀香。

凯热No.10:这种香水推出时,打着为知识男性服务的口号。它的征服者包括指挥大师赫伯特·冯·卡拉扬。

第凡内:优雅的欧洲绅士风格,以玫瑰香型为主,混合森林环保基调,由第凡内公司出品。

2. 自我概念与物质主义

如前所述,自我概念从某种意义上是由个体所拥有的某些物品如汽车、住宅、收藏品等所界定。然而,不同的个体对这些世俗的拥有物的注重程度是存在差别的。有的人特别关注这些物质类产品,并将其视为追逐的目标;另一些人则可能相对淡泊它们的价值。个体通过拥有世俗物品而追寻幸福、快乐的倾向被称为物质主义。怀有极端物质主义倾向的人将世俗拥有物置于生活中的中心位置,认为它们是满足感的最大来源。由于不同个体在物质主义倾向上存在显著差别,因此测量这种差别是很重要的。

客观地说,关于物质主义与自我概念之关系的研究尚处于起步阶段,但也取得了一些初步的成果。例如,研究发现,被视为具有高物质主义倾向的人表现出如下特点:他们不太愿意为移植目的捐献器官;他们对花大量的钱购买汽车和房子持赞许态度;他们较少可能希望在昂贵的餐馆用餐;他们更可能视圣诞节为购物时间;他们较少认为别人会欣赏其助人行为。

五、自我概念的测量与运用

1. 消费者自我概念的测量

市场营销中运用自我概念,要求相关人员对消费者的自我概念进行测量。最常用的测量方法是语意差别法。美国学者马赫塔(Malhotra)发展了一种既可衡量自我概念,又可衡量产品形象的语意差别量表,如表9-4所示。该量表由15组两极形容词构成,这些形容词可以运用在很多不同的场合。

表 9-4 测量自我概念、产品概念和品牌概念的量表

1	粗糙的	精细的	9	理性的	情绪化的
2	易激动的	沉着的	10	年轻的	成熟的
3	不舒服的	舒服的	11	正式的	非正式的
4	主宰的	服从的	12	正统的	开放的
5	节约的	奢侈的	13	复杂的	简单的
6	愉快的	不快的	14	暗淡的	绚丽的
7	当代的	非当代的	15	谦虚的	自负的
8	有序的	无序的	—	—	—

马赫塔提出的这一量表在描述理想、实际的和社会的自我概念以及汽车与名人形象方面非常有用。每组形容词均被用来描述被评价对象。消费者或被访者可在7级量表上表明看法,反映两极形容词中的某一极在多大程度上刻画了被评价的个人、产品或品牌。例如,形容词的一极"是令人愉快的",与相之对应的是"令人不愉快的",消费者越是在靠近前面一极的这端做记号,表明被评价对象越令人愉悦,反之则令人不悦;如果消费者在量表的中间位置做记号,则表明被评价对象既非令人愉悦,也非令人不快。

在营销实践中,企业应设法使产品代言人的形象、产品或品牌形象与目标受众的自我表现概念相匹配。为此,可以运用上述量表或改进的量表来对消费者进行调查和研究。

2. 自我概念与产品定位

自我概念经常涉及产品、服务购买与消费,也影响着消费者选择报纸杂志、电视、广播节目和网络。

(1) 自我概念的作用

自我概念的作用按其逻辑顺序排列,可以归纳为如下方面。

① 每个人都拥有自我概念。自我概念是通过与父母、同学同事、老师和其他重要人物的相互作用形成的。

② 一个人的自我概念对个人而言是具有价值的。

③ 因为自我概念被赋予价值和受到重视,人们试图努力保持和提高其自我概念。

④ 某些产品作为社会象征或符号传递着关于拥有者或使用者的社会意义。

⑤ 产品使用作为一种象征或符号包含和传递着对自己和他人有意义的事情,这反过来对一个人的私人和社会自我概念产生影响。

⑥ 由于上述原因,个人经常购买或者消费某些产品、服务,或者使用某些媒体以保持或提高自己所追求的自我概念。

（2）运用自我概念为产品定位

图 9-1 对自我概念及其对品牌形象的影响关系做了大致勾勒。该图和相关的讨论隐隐表明，消费者决定其实际的和追求的自我概念并使其产品的购买与之相一致。大多数情况下，这个过程是无意的。如某人买减肥饮料喝，因为其自我概念中包含了对苗条身体的追求。

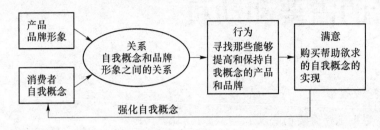

图 9-1　自我概念与它对品牌形象影响之间的关系

这意味着营销者应努力塑造产品形象，并使之与目标消费者的自我概念相一致。虽然每个人的自我概念是独一无二的，但不同个体之间也存在共同或重叠的部分。例如，许多人将自己视为环境保护主义者，那些以关心环境保护为诉求的公司或产品将更可能得到这类消费者的支持。

虽然大量事实表明消费者倾向于购买那些与他们的自我概念相一致的品牌，然而他们被这类品牌所吸引的程度将随产品的象征意义和显著性而变化。另外，自我概念和产品形象的相互作用和影响还随具体情境而变动，某种具体情境可能提高或降低某个产品或店铺提升个人自我概念的程度。

复习思考题

1. 什么是个性？个性由哪几部分组成？
2. 阐述个性特征。
3. 什么是气质？
4. 气质可分为哪几种类型？
5. 气质如何影响消费者的购买行为？
6. 什么是能力？
7. 能力可分为哪几种类型？
8. 能力如何影响消费者的购买行为？
9. 什么是性格？
10. 性格可分为哪几种类型？
11. 性格如何影响消费者的购买行为？
12. 什么是消费者的自我概念？
13. 影响自我概念形成的因素有哪些？
14. 自我概念由哪几部分构成？
15. 自我概念如何影响消费者的购买行为？

第十章

消费者的需要和动机

1. 掌握需要及消费需要的含义；
2. 掌握消费需要的基本特征；
3. 了解消费需要的种类；
4. 掌握马斯洛的需要层次理论；
5. 掌握购买动机的含义；
6. 了解购买动机的分类；
7. 掌握购买动机理论；
8. 了解消费者需要、动机和行为之间的关系。

1. 消费需要的含义；
2. 消费需要的基本特征；
3. 马斯洛的需求层次理论；
4. 购买动机的含义；
5. 购买动机的分类；
6. 诱因理论；
7. 唤醒理论；
8. 双因素理论。

美勒啤酒的市场细分策略

中国的吸烟消费者大多知道"万宝路"香烟，但很少知道生产经营万宝路香烟的公司叫菲力普摩里斯公司，就是这家公司在1970年买下了位于密尔瓦基的美勒啤酒公司，并运用市场营销的技巧，使美勒公司在五年后上升为啤酒市场占有率的第2名。

原来的美勒公司是一个生产导向型企业，全美啤酒行业中排名第七，市场占有率为4%，业绩平平。到1983年，菲力普摩里斯经营下的美勒公司在全美啤酒市场的占有率已达21%，仅次于第一位的布什公司(市场占有率为34%)，但已将第三位、第四位公司远远抛在后头，人们认为美勒公司创造了一个奇迹。

美勒公司所以能创造奇迹,在于菲力普公司在美勒公司引入了该公司曾使万宝路香烟取得成功的营销技巧,那就是市场细分策略。它由研究消费者的需要和欲望开始,将市场进行细分后,找到机会最好的细分市场,针对这一细分市场作大量广告进行促销。美勒公司的实践,也使啤酒同行业者纠正了一个概念上的错误,即过去一直认为啤酒市场是同质市场,只要推出一种产品及一种包装,消费者就得到了满足。

美勒公司并入菲力普公司的第一步行动,是将原有的唯一产品"高生"牌重新定位,美其名为"啤酒中的香槟",吸引了许多不常饮用啤酒的妇女及高收入者。在调查中还发现,占30%的狂饮者大约消耗啤酒销量的80%,于是,它在广告中展示了石油钻井成功后两个人狂饮的镜头,还有年轻人在沙滩上冲刺后开怀畅饮的镜头,塑造了一个"精力充沛的形象",广告中强调"有空就喝美勒",从而成功地占据了啤酒豪饮者的市场达10年之久。

美勒公司还寻找到其他新的细分市场,并对各个细分市场实行不同的营销策略。

需要和动机与消费者行为有着直接而紧密的联系,因为人们的任何消费行为都是在一定动机的驱使下满足某些特定的需要或欲望。因此,在影响消费者行为的诸多心理因素中,需要和动机占有特殊而又重要的地位。

第一节 消费者的需要

一、消费需要的含义与特征

1. 需要的含义

心理学意义上的需要,是指个体由于缺乏某种生理或心理因素而产生内心紧张,从而形成与周围环境之间的某种不平衡状态。需要描述的是一种心理活动,其实质是个体为延续和发展生命,并以一定方式适应环境所必需的客观事物的需求反映。这种反映通常以欲望、渴求、意愿的形式表现出来。例如,为维持生存,人们会产生对衣食住行等物质生活资料的需要;出于对情感的渴求,人们会产生进行社会交往以排除孤单寂寞的需要。古人云:"人生而有欲",这个"欲",就是欲望、意愿或需要。它是人的本能,是人产生行为的最初原动力。正因为如此,研究需要构成了对消费者行为研究的基础。

2. 消费需要的含义

任何需要都是有对象的。消费需要包含在人类一般需要之中,消费者的需要总是针对能满足自身生理或心理缺乏状态的物质商品而言的。在商品社会中,消费需要具体体现为对商品和劳务的需要。经济学中的消费需要指的是在一定时间内有支付能力的市场需求。就消费者个体来说,消费需要反映了消费者某种生理或心理体验的缺乏状态,并直接表现为消费者对获取以商品或劳务形式存在的消费对象的需求和欲望。

3. 消费需要的基本特征

消费需要不是固定不变的。现实中,消费者的需要丰富多彩、纷繁复杂,并随着社会经济和时代的发展而不断丰富、发展和变化。尽管如此,消费者的需要仍有某些共同的特性和规律性。具体表现为以下几方面。

(1) 消费需要结构的多样性和差异性

不同的消费者由于心理特征的差异,其消费需要也是多种多样、千差万别的。多样性和差异性是消费需要最基本的特性,其中多样性表现在三个方面:其一是对同一类商品的多种需要。人们往往要求某一商品除了具备某种基本功能外,还要兼有其他的附属功能。羽绒服首先是为了保暖,但人们对它的款式、颜色、布料的需要也越来越高。其二是对不同商品的多种需要。随着生活水平的提高和价值观念的变化,消费者需要的对象种类越来越多,层次越来越高,如电脑、手机等高科技产品已成为许多消费者的必备用品。其三是消费者需要的多样性,还表现在显现的需要和潜在的需要同时存在于同一消费者身上。由于潜在需要的不确定性和一定意义上的无限性,消费者需要的多样性范围进一步扩大。

消费需要的差异性则是由于需要的产生取决于消费者自身的主观状况和所处消费环境两方面因素。而不同消费者在年龄、性别、民族传统、宗教信仰、生活方式、收入水平、个性特征以及所处地域的自然和社会环境等方面的条件千差万别,由此形成多种多样、各个相异的消费需要。每个消费者都会按照自身的需要选择、购买和评价商品。

导入案例

中国地区间的消费差异

中国地区之间消费的差异是非常大的,不同的气候、不同的土壤会滋生出不同的消费者。以中国具有一定区域代表性的几个城市为例,会发现,不同区域的城市有着不同的文化,这使得不同区域的消费者有着不同的特征:北京作为政治、文化和教育的中心,北京人表现出大气、张扬和潜在的贵族意识,他们在生活中会对政治表现出兴趣。上海是中国的金融中心,也是最具有国际化气息的大城市,上海人的特点是非常精明,同时追求品位和格调。成都人的特点则表现出休闲和慵懒的态度,其生活节奏很慢,更加追求轻松的生活。

城市文化塑造了城市消费者的价值取向,如研究发现,上海人、成都人更倾向于超前消费,而北京人、武汉人、广州人更倾向于稳健的消费,其花费会非常谨慎。

(2) 消费需要的目的性和可诱导性

消费者的需要是有所指向的,即指向能够满足需要的具体目标。因此,消费者的需要总是和满足需要的目标紧密相连的。在商品社会中,这一联系具体体现为对某种商品或服务的需要,即表现为想要得到某种商品或开始某一消费活动的意念。例如,为了满足居住和出行的需要,希望购买住房和汽车等。住房和汽车这种具体消费对象随着消费者需要强度的增加而转化为具体的购买目标,从而使消费者的需要带有明确的目的性。

但是,对于消费者来说,需要的目的性在很多情况下处于无意识或潜意识状态。这就要对处于潜意识状态的需要加以诱导和激发。消费者需要的可诱导性,为企业通过营销活动激发和诱导消费者某项需要的形成提供了可能性。

(3) 消费需要的层次性和发展性

消费者的消费需要是有层次的。按照不同的划分方法,可以把消费需要划分为若干个高低不同的层次。例如,生存、安全属于较低层次的需要;受人尊重、实现自我属于较高层次的需要。人类的需要是不断发展、没有止境的,当一种需要满足以后,另一种新的需要又会产生。需要的这种发展性体现出消费需要是社会的产物,需要经历了从低级向高级、由简单到复杂的发展过程。但是,在一定的时期内,生产力水平的提高,社会产品的增加以及人们收入水平的增长总是有限的,消费需要的内容和层次受这些因素的制约只能逐步增长。在某些时期和情况下,例如周期性的经济危机或经济政策失误时,整个社会的消费需要可能出现停滞不前甚至萎缩。因此,消费需要水平虽然随着经济和科技的发展而不断提高,但基本呈一个波浪式前进和螺旋式上升的运动过程,它的增长幅度是有限的。

(4) 消费需要的伸缩性和周期性

伸缩性又称需求弹性,是指消费者对某种商品的需要会因某些因素如支付能力、价格、储蓄利率等的影响而发生一定限度的变化。当客观条件限制需要的满足时,需要可以抑制、转化、降级,可以停留在某种水平上,也可以在较低数量上同时满足几种需要,还可以放弃其他需要而获得某一种需要的满足。

另外,消费需要的变化还具有周期性的特点。一些消费需要在从购买行为中获得满足后,一定时期内不再产生,但随着时间的推移还会重新出现,并显示出明显的周期性。重新出现的需要不是对原有需要的简单重复,而是在内容、形式上有所变化和更新。例如,许多季节性商品、节日礼品的需要就有明显的特定周期。人们对许多消费品的需要,都具有周期性重复出现的特点,只不过循环的周期长短不同而已。

二、消费需要的种类

由于主客观条件的不同,消费者的需要也复杂多样。长期以来,各国心理学者从各个侧面对消费需要进行深入探讨,按照不同标准对需要做出多种分类,而且随着探讨的深入,对需要的分类也越来越细。现将几种关于需要分类的最有代表性的观点阐述如下。

1. 需要二分法

需要二分法有两个分类形式,一是把人的需要分为物质需要和精神需要两大类;二是把需要分为先天需要和后天需要两大类。

(1) 物质需要与精神需要

物质需要是指对具体有形的物质产生的需要,主要是为了满足生理方面的不平衡,所以物质需要可以称为生理需要。精神需要是指满足人的心理和精神活动的需要,如人的自尊、发挥自己的潜能、精神上的娱乐等需要。与物质需要相比,精神需要是更高层次的需要。

不管是物质上的需要还是精神上的需要,满足这两方面的需要都要依靠物质的或精神的手段,因此这种分类既不完整又不科学。

(2) 先天需要与后天需要

先天需要是指因先天的遗传而产生的需要,也称为本能需要,如饥饿了就要吃饭、寒冷时需要穿衣、困了需要睡眠、成年男女对性生活的需要等,这些都是先天遗传而来的。先天需要具有普遍性,所有的人都具备这一类的需要,不同国家、不同民族、不同地区的人,其先天需要是基本相同的。在任何情况之下,当这些先天需要没有被满足的时候,总是会驱使人们以各种方式去满足先天需要。满足先天需要是生理机能维持正常状态的前提,在先天需要得以相对满足的基础上,才能有足够的精力和体力去进行其他的行为活动,并满足更高层次的需要。我国民间有一句谚语"人是铁饭是钢,一天不吃饿得慌",很形象地表达了满足先天需要对日常生活的重要性。

后天需要是指人们出生之后,在社会环境的影响下所形成的带有人类社会特点的那一部分需要,如社会交往的需要、对荣誉的需要、自我尊重的需要、表现自我的需要、追求理想的需要、完善自我道德修养的需要、对美的需要等,这一类型的需要都是属于后天形成的需要。

后天需要与先天需要的不同之处在于,后天需要必须在社会环境中通过消费者自身的学习、模仿等方式才能形成。虽然每个人都会在生活中形成后天需要,但每一个人的需要水平相差很大,即表现为后天需要具有自己的个性。由于每个人的个性不同,满足这些需要的方式及所消费的产品也是不同的,这是市场上消费者购买不同式样、不同品牌的产品的心理基础。与先天需要相比,后天需要是高层次的需要类型,这些需要不是仅停留在生理需要层面,而是更注重自己精神上的满足。

在实际生活中,先天需要与后天需要很难划分出一个明显的界限,在满足各种需要的时候,先天需要与后天需要是相互交叉的。比如吃饭,事实上只有在食物供应极端贫乏的情况下,满足饥饿感才是吃饭的唯一目的,而在正常的生活环境中,吃饭不仅是为了满足体内的饥饿感,而且还是人际交往的手段;中国有一种药膳饮食,把吃饭与用药结合起来,满足生理需要倒在其次,满足健康的需要才是主要目的;有人吃饭讲究特殊的仪式与规格,以显示个人的身份,等等。在服装消费方面,御寒的需要只是一部分,最主要的需要在于美化自我形象。因此,先天需要与后天需要是紧密地联系在一起的,将复杂的需要分为先天需要与后天需要也是一种不完整的分类方法。

2. 需要三分法

政治经济学中往往把人的需要分为生存的需要、生活的需要、发展的需要三大类。基于此,社会生产也划分为三大类,即生存资料的生产、生活资料的生产、人类发展资料的生产。

一个具有生产能力的人要生存下去,必须要有最基本的生存条件,比如需要满足一定的食物条件、一定的穿着条件,还需要一定的居住条件等,这些条件都是人们生存的最基本条件。生存的基本条件会随着人类社会文明程度的提高而提高。生活的需要即人们进行正常的社会交往、生活娱乐等方面的需要。相对于生存和生活需要而言,人们发展自己的需要显得重要得多,每一个人都会有一种要求,即尽量发挥自己的能力,追求自己的前途。当然,满足发展自己的需要,必须有足够的生存条件和一定的生活条件做保障,否则发展需要的满足也是一种空谈。

需要三分法至今仍被许多学者所引用。这种分类方法较为简洁明了,比较符合日常生活中的用语习惯。比如人们考虑个人的前途时,首要的问题是个人的生存问题;在解决了生存的问题之后,人们迫切地需要解决继续生存并生活下去的问题;只有生存与生活的问题得到了基本的解决,人们才有可能发展自己的才能,满足自我发展的需要。但是,这种分类方法相对于现实的复杂需要而言也显得简单化,难以直接用于市场研究或市场细分。

3. 需要层次论

美国心理学家马斯洛关于人的需要层次理论,不仅闻名于心理学界,而且对于人类其他领域的研究产生了重大的影响。这里有必要对他的理论作一个比较详细的介绍,并从中分析他的思想对于研究消费者心理和行为的启发。

（1）马斯洛需要层次论的主要内容

1960年马斯洛在他的著作《动机与人格》中提出了需要层次论，他把人的需要分为五个层次，第一个需要层次是生理的需要；第二个需要层次是对安全的需要；第三个需要层次是归属和爱的需要；第四个需要层次是自尊的需要；第五个需要层次是自我实现的需要。人们一般要求，这五个需要层次中排在前面的需要层次应该首先予以满足。在1970年左右，马斯洛对于他10年前所提出的五个需要层次作了补充，认为人们还有求知的需要、审美的需要。马斯洛的七大需要层次学说如图10-1所示。

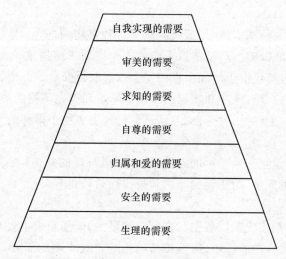

图10-1　马斯洛的七大需要层次学说

这七大类需要具体的内容分别介绍如下。

① 生理的需要

简单一点说，生理的需要就是指人们日常生活中穿衣吃饭解决温饱等类型的需要。但是在现实生活中穿衣吃饭这样的需要包含了复杂的其他消费需要和消费动机。引用马斯洛本人的语言，生理需要是指维持人们体内的生理平衡的需要，如对水、无机盐的需要，对于温暖的需要等。当生理方面的需要没有满足时，生理需要是驱使人们进行各种行为的强大的动力，当生理需要得到一定程度的满足之后，人们才会产生高一层次的需要。

② 安全的需要

当人们在穿衣吃饭问题得到了一定程度的满足之后，人们最需要的是周围不存在威胁他生存的因素。人们的生活环境具有一定的稳定性，有一定的法律秩序，即所生活的社会有一定的安全感，或者生活中有一种势力能够进行相应的保护，需要所处的环境没有混乱、恐吓、焦躁等不安全因素的折磨。

③ 归属和爱的需要

在人们的生理需要和安全方面的需要得到一定程度的满足时，人们会强烈地需要朋友，需要心爱之人，需要亲人关怀等，即需要在团体中找到一种归属感，需要被人爱护。如果这种需要不能得到满足的话，人们会强烈地感到孤独、被抛弃。在这种需要的驱使下，人们会去主动地交朋友、寻找喜欢自己的人和自己所爱的人。

④ 自尊的需要

有了朋友和亲人之后,人们还需要朋友、亲人以及社会上的其他人对于自我的良好评价。人们都具有自尊、自重的欲望,需要他人承认自己的实力、成就,得到个人的荣誉和威信,还需要有自信心、拥有个人的自由和独立性、能胜任工作和任务等。

⑤ 自我实现的需要

如果一个人在以上四个方面的需要得到了较好的满足时,那么他就会激发一种最高层次的需要,即实现自我价值和发挥自我潜在能力的需要。在这种需要的驱使下,人们会尽最大的力量发挥自我的潜能,实现自我的目标,将自己的价值付诸行动。

⑥ 求知的需要

这是人人都具备的一种基本需要,即人们对于各种事物的好奇、学习和探究事物的哲理、对事物进行实验和尝试的欲望。马斯洛以人们的安全需要为前提推论出,人们进行各种学习和探究,其最终目的也包括获得生活和生存的安全以及取得安全的方法。洞察事物的奥秘,满足认识事物的需要是一种令人愉快和幸福的事情。学习和探究事物的奥秘也是人们自我实现的一种方式。好奇还是儿童的一种天性,儿童从他好奇的事物中得到最大的快乐。

⑦ 审美的需要

人们对于美的需要也是一种基本的需要,比如希望行动的完美,对于事物的对称性、秩序性、闭合性等美的形式的欣赏,对于美的结构和规律性的需要等。

(2) 各层次需要的满足

马斯洛还分析了不同层次的需要是如何得以满足的,概括起来主要有如下一些要点。

① 不管是较低层次的生理需要,还是较高层次的自我实现的需要,人们对于这些需要可能有一定程度的意识,也可能没有意识到这些需要对于行为的作用。

② 生理需要和安全需要是人们最基本的需要。一般来说,当基本的需要没有满足时,这些需要会具有强大的驱使力,驱使自己去进行各种行为来满足最基本的需要。只有当这些基本的需要得到了一定程度的满足时,其他高层次的需要才会出现。但是要满足最基本的需要,即生理的需要和安全的需要,也还有一些前提作保证,如人们在日常生活中的言论自由、行动的自由、得到信息的自由、防卫的自由,以及所处的集体中有正义感、有一定的秩序和诚实。这些条件是满足基本需要的前提,如果不具备这些前提,满足最基本的需要时也会出现威胁。

③ 马斯洛还认为,在同一时期内,不同层次的需要可以并存。在前五个层次的需要中,低一层次的需要只要有了相当程度的满足,即可以出现较高一层次的需要,较高一层次的需要也只要得到相当程度的满足,即可以出现更高一层次的需要。也就是说,低一层次的需要不是在100%的程度上得到了满足才产生高一层次的需要,而只是在得到了75%或者60%,甚至只要得到了50%的满足,即可以产生更高一层次的需要。

④ 某一层次的需要不被满足的话,这种需要会强烈地驱使他进行各种行为,去满足这种需要。在这一需要未得到满足之前,这种驱使人进行相应行为的需要处于优势需要的状态,又称为优势需要。一旦这一层次需要得到了满足,当时的优势需要不再驱使人们进行相应的行为,即被下一层次的需要所代替。对于不同的人来说,各需要层次的满足不是一定要在满足了低层次需要的基础之上才会出现较高一层次的需要的,而是有颠倒的现象,即低层次的需要没有得到满足,也会直接出现高一层次的需要。有些才智卓越的人甚至直接以自我实现这一最高层次的需要来作为自己的目标。

(3) 五大需要与相应的消费市场

就每一位消费者而言,都可能具有马斯洛所分析的七大类需要。为了满足这些需要,必然要以具体的商品来满足消费者的需要,并且形成相应的消费市场。马斯洛的需要层次理论可以为人们分析商品消费的市场提供一种参考依据。

从满足生理需要的角度上讲,需消费的商品包括食品、饮料、服装鞋帽等,这些仅仅是满足基本的生理需要所消费的商品。由于生理需要是人们最基本的一类需要,所消费的商品不仅数量大,而且这种需要具有一种永久性的特点,要求商品能永久供应。这就为食品、饮料、服装等厂家提供了长期生产的潜力。

从满足安全需要的角度上看,人们消费的商品类型是五花八门的,如为了个人安全而购买自卫防身的用品,为了保护自己的家庭财产而购买防止偷盗的保安用品,为了得到一种人身与家庭财产的安全感而购买人身与家庭财产的保险服务等。不同国家对于这一类保安商品的消费有不同的要求,比如中国是不允许个人购买和收藏枪支的,而像美国等一些国家或地区却允许私人购买收藏枪支。

归属与爱的需要反映在人们结交朋友、参与社交活动、赠送礼品以及在公共场所的娱乐消费等。随着人们生活水平的逐渐提高,工作节奏越来越快,人际交往的需要更加强烈,这一类商品市场的发展越来越大,这是全世界范围内的一个发展趋势。

为满足自尊的需要而消费的商品类型也较多,如各类名牌商品、名贵商品、稀有商品,以及为了改变或美化自我形象的各类美容化妆品、服装服饰品、高档商品等。消费这些商品的目的是为了满足一些消费者的自尊需要,所以商品必须具有这样的一些特点:一是知名度很高,购买了这一商品的消费者因为商品的知名度高而提高了消费者本人的知名度;二是购买与消费该商品的人数较少,消费者购买该商品之后显得与众不同,格外突出;三是商品的性质独特,消费者能从中享受到独一无二的体会。

马斯洛在描述追求自我实现的人的消费特征时,认为这些人需要消费相应的商品,但并不十分在意这些商品,而在意于有些商品的消费具有一定的独特性。比如为了实现自己在摄影方面的才能,这样的消费者必然需要购买一些摄影器材或有关的商品。为了发挥自己在绘画艺术中的才能,不得不消费与绘画有关的材料。如果没有这些消费,恐怕要实现自我的才能是有一定困难的。普通消费者购买专业性的商品,多数是为了满足他们的兴趣与爱好,发挥潜在的才能,这是与满足自我实现的需要密切相关的商品市场。

(4) 马斯洛的理论对于研究消费者心理和行为的启发

马斯洛使用了一种动态的方法来分析人们的需要,虽然从他的理论中可以找出许多不完善不充足的地方,但是他用层次的方法来分析人的需要的理论,仍然可以启发人们对于消费者心理需要的研究。

第一,他认为人的需要分为高低不同的层次,并且认为生理需要和安全需要是最基本的需要,这种划分方法真正符合了人们的需要特点。我国古代说"衣食足而后知荣辱",说的也是这种意思。人们在满足了吃饭穿衣等最基本的需要的基础上,才会考虑到自尊、自我形象一类的事情。在马斯洛的理论中,满足了最基本的生理需要,人们才会出现归属和爱的需要,以及自尊的需要。

马斯洛把人们的生理需要和安全需要作为人类的基本需要来看待,对于我们处理消费行为过程中的最基本的问题有指导意义。高一层次的需要是在最基本的需要得到了满足的基础上才产生的,而且这些最基本的需要本身也还具有强大的动力。人要穿衣吃饭不是一次性消费行为,而是需要在日常的生活中不断地、经常地得以满足,所以满足人们的生理需要就成为人类社会生活中最基本也最平常的一个方面。为了满足人们的基本需要而形成的消费市场也应该是一个稳定的市场,这个市场如果经常出现波动的话,会严重地影响人们的基本需要的满足。

第二,马斯洛提出的需要层次动态的满足过程,对预测消费者的行为进而预测市场,提供了一种参照的依据。当人们的基本需要得到了一定程度的满足之后,高层次的需要必然会随之出现,并必然要求满足高层次需要的商品。比如我国有一部分消费者满足基本需要已经没有任何问题了,按照马斯洛的观点,人们对于自尊和社会交往的需要会增强,这些新出现的需要给娱乐市场的发展提供了一个契机。

第三,在研究自我实现的需要这一领域,马斯洛首开先河,在肯定自我实现这种需要存在的条件下,研究消费者为了满足自我实现的需要而产生的消费愿望才有了相应的理论基础。就每一位消费者而言,当他的基本需要得到了一定程度的满足之后,必然要产生高一层次的消费需要,或者逐渐出现自我实现的需要,或者迅速地跳跃到自我实现的需要层次。消费者有了自我实现的需要时,也会通过相应的商品来满足自我的需要。如果我们能够清楚地研究消费者自我实现的需要类型,做好市场营销的工作也就有了可以参考的依据,并为市场开发提供了相应的条件。

一则农夫山泉的广告

一群孩子在踢球、跳绳。画外音:"您的一分钱我们是这样花的,2002年,农夫山泉阳光工程已为24个省的377所学校捐赠了5 029 028元的体育器材。您的一分钱,让20万孩子第一次感受到运动的快乐。"这是央视播出的农夫山泉广告——消费者买了一瓶农夫山泉,就有1分钱捐给"阳光工程"。

尽管事隔3年,但人们仍对农夫山泉的"阳光工程"津津乐道,他们之中的许多人是农夫山泉的购买者。

农夫山泉这招的高明之处在于,不仅树立企业的社会公民形象,还让消费者在购买中体验尽社会责任的高尚感觉。农夫山泉刺激消费者心理的积极取向,小小的一分钱,卖的是消费者自我实现的内在暗示。

第二节 消费者的购买动机

卡门对于自身外表的关注

卡门22岁,刚刚获得计算机学科的学位。她住在罗马尼亚的克路治。她在职业上雄心勃勃,并且常常期望能去旅游和学习其他国家的文化。与她环游世界的梦想一致,卡门也被罗马尼亚以外的妇女在媒体上的形象所吸引。她认为罗马尼亚妇女给人的感觉是"悲伤的、绝望的,仅仅是想努力生存下去",而美国妇女则是"轻松的、开放的、关心自己的"。她认为罗马尼亚"需要更多外国的影响",并且"开放是绝对必要的"。卡门的故事表明了她将自己塑造成非罗马尼亚媒体上妇女形象的决心,她也想要"一种不同的氛围及对待生活的不同态度"。卡门提到了作为"生活中重要一刻"的一个特殊故事,就是她减肥的决心。尽管她的父母不鼓励她,但她还是开始做体育运动。卡门说道:"两年后我会向他们证明我是一个相当好的运动员,并且会非常有魅力。"

当我们遇到卡门时,她没有化妆,但事实上她是非常注意自己的外表的。她穿着一件仔细熨烫过的、稍微有点旧的白色衬衫和黑色短裙。虽然卡门声称每天使用美容产品,但她也感觉到了我们所认为为质量好的产品她支付不起。卡门与程序员们一起工作,那些程序员们大多数不注重他们的外表。尽管如此,卡门认为外表就是一个人为人的一种反映——它表现了人的个性。她评论道:"如果我看上去好看,我感觉就好。这也给我周围的人们带来更好的感觉。由于自我感觉好,我能让别人感觉更好。"对于卡门,吸引力与内在品质相联系,吸引力是她认为的生活中重要的东西,就像开放和具有好的品位一样。卡门主要关注的是品质与品位。卡门认为化妆和服装对于外表上的吸引力是重要的:"时装、化妆品使一个女人更具吸引力,但比这些更重要的是品位——它或许根据年龄、地位和场合,也或许就是根据你自身的感受。"卡门认为她的母亲"关注美容产品"并且"有品位地使用它们",她感觉自己像她的母亲,而母亲与外祖母非常不同。卡门强调:"具有吸引力是非常重要的。对我来说,舒适也很重要。我不会因为要见谁,或因为要去剧院而选择着装。我穿着某套服装是因为它们让我感觉舒适。我喜欢那种感觉,那就是我的着装原则。"尽管如此,卡门这样描述她的男朋友:"他让我做我想做的……但我能感到每次我更优雅或更好看时他很高兴。"卡门想要购买高档的服装以及化妆品,但金钱对她来讲是一个问题。现在,她正在她的职业目标上投资,而不是满足于购买便宜的东西。她知道,如果她能实现这些目标,她就能购买她喜欢的品牌产品、时装和化妆品。

为什么人们会做某些事情呢?具体来讲,为什么人们会购买和消费某些产品、服务、体验和品牌呢?这个问题是消费者行为的核心。引例中强调了消费者受动机驱动来达到目标。这意味着他们愿意投入时间和精力来完成他们的目标。

当一位营销人员企图去影响并主导消费者的行为时,他首先必须了解消费者背后的动机是什么。例如,为什么消费者会购买乌龙茶?他们所追求的利益是什么?是为了解渴,还是为了赶流行?还是什么样的产品形象与诉求吸引了他们?

当一位消费者购买某项产品或服务时,我们可以说这位消费者已被激发需要,并且被引导去采取某种行为来达成其所要追求的目标。换句话说,他已被"启动"去采取某种满足需要的活动。对一位营销人员来说,他面临的最主要的挑战之一便是如何去发现这些消费者行为背后的主要影响力量,并且如何设计营销策略来引发并满足消费者的需要。

一、购买动机的含义

动机的原意是引起动作。心理学将动机定义为引发和维持个体行为并导向一定目标的心理动力。

动机是一种内在的驱动力量。当个体采取某种行动时,总是受到某些迫切需要实现的意愿、希望、要求的驱使,而这些内在的意愿、要求具有能动的、积极的性质,能够激发和驱动特定行为的发生,由此就构成该行为的动机。通常,人们在清醒状态下采取的任何行为都是由动机引起和支配的,并通过动机导向预定的目标。消费者的消费行为也是一种动机性行为,他们所从事的购买行为直接源于各种各样的购买动机。

饮水背后的购买动机

美国某城市市政机构提供的自来水几乎是免费的,但该市数百万消费者付出相当于自来水1 000倍的价格购买瓶装水,像"皮埃尔"这样大做广告的瓶装水品牌已家喻户晓。

为什么消费者愿意花钱购买实际上不要钱的东西呢?

所谓购买动机,指的是消费者为满足自己一定的需要,而引起购买某种商品或劳务的愿望或意念。

在我们理解动机和购买动机的含义时,需要十分注意以下四个问题。

1. 购买动机的内隐性

购买动机是消费者内在的心理活动,由于主体意识的作用,往往使购买动机形成内隐层、过渡层、表露层等多层次结构。而在现实中,消费者较复杂的消费活动常常将真正的动机隐蔽起来。例如,某消费者购买福特品牌的小轿车,他也许会说买车是家里消费需要,但真正的购买动机可能是要向别人显示他事业的成功、生活的优越和家庭的富有。这就是动机的内隐性。

2. 购买动机的复杂性

购买动机虽然是引起消费行为的动力,但动机在引发行为时可能有多种情况。有些动机本身直接促成一种购买行为,而有些动机会促成多种消费行为的实现,也有可能在多种动机的支配下才促成一种消费行为。

买车

女律师简妮·布洛菲尔特小姐终于攒够了购买小车的钱,兴冲冲地来到一家经营汽车的大公司,她看中了这儿出售的海蓝色"西尔斯"牌小轿车。价格尽管贵一点,但她喜欢这种车的颜色和式样,而且"西尔斯"这个牌子和名称也很令她喜欢。不巧,售货员正要去吃午饭。他对她说,如果简妮小姐愿意等待30来分钟的话,他一定乐意立即赶回来为她服务。简妮小姐同意等一会儿,总不能不让人吃饭呀,就是再加上30分钟也没关系,要紧的是她特意挑选今天这个日子来买车,无论如何都必须把车开回去。她走出这家大公司,看见街对面也是一家出售汽车的公司,便随意走了过去。

售货员是个活泼的年轻人,他一见简妮进来,立即彬彬有礼地问:"我能为您效劳吗?"简妮微微一笑,告诉他自己只是来看看,消磨一下时间。年轻的售货员很乐意地陪她在销售大厅参观,并自我介绍说他叫汤姆。

汤姆陪着简妮聊天,很快两人便变得很投机。简妮告诉他,自己来买车,可惜这没有她想要的车,只好等那家公司的售货员回来了。汤姆很奇怪简妮为什么一定要今天买到车。简妮说:"今天是我的生日,我特意挑选今天这个日子来买车。"汤姆笑着向简妮祝贺,并和身旁一个同伴低声耳语了几句。不一会,这个同伴捧着几支鲜艳的红玫瑰进来,汤姆接过来送给简妮:"祝你生日快乐!"

简妮的眼睛亮了,她非常感谢汤姆的好意。他们越谈越高兴,什么海蓝色"西尔斯",什么30分钟,简妮都想不起来了。

突然,简妮看见大厅一侧有一辆银灰色的轿车,色泽是那样的柔和诱人,他问汤姆那是辆什么牌子的轿车。汤姆热心地告诉了她,并仔细地介绍了这辆车的特点,尤其是价钱比较便宜。简妮觉得自己就是想要买这种车。

结果,简妮·布洛菲尔特小姐驾了一辆自己原本根本没有想到的车回家了。车上插着几支鲜艳的红玫瑰。简妮的生日充满了欢乐。

这个案例表明,消费者的购买动机是复杂的,也是多变的。

3. 购买动机的冲突性

当消费者同时具有两种意向的动机且共同发生作用时,动机之间就会发生矛盾和冲突。这种矛盾和冲突可能是由于动机之间的指向相悖或相互抵触,也可能是出于各种消费条件的限制。我们知道,人们的欲望是无止境的,而拥有的时间、金钱和精力却是有限的。当多种动机不可能同时实现时,动机之间的冲突就是不可避免的。解决动机冲突的方法影响着消费者的消费方式,所以对企业营销者来说非常有意义。也就是说,市场营销者分析产生动机冲突的可能性或情况,并向消费者提供解决方案,使面临动机冲突的消费者选择最合理的购买行为。一般来说,购买动机冲突的形式有三种。

(1)接近—接近冲突

接近—接近冲突又称双趋冲突,指一个人以同样强度追求同时并存的两个目的而又不能兼得时产生的内心冲突。在这种情况下,相互冲突的各种动机都会给消费者带来相应利益,因而对消费者有着同样的吸引力。但由于消费条件的限制,消费者只能在有吸引力的各种可行性方案中进行选择。吸引力越均等则冲突越厉害。例如,某消费者获得一笔可观的年终奖金,他希望将这笔钱用于向往已久的澳洲游,以满足求奇的动机;但又渴望购置一套高档家庭影院,以满足休闲享乐的动机。这两种选择都可能给这位消费者带来利益,且对他都有强烈的吸引力,因而动机之间产生了冲突。这种冲突有时也发生在类似产品的选择上,如对大屏幕液晶彩电与"家庭影院"的选择上,还可以是在同一类型的品牌选择中产生。这时候厂商可以通过强调与竞争产品不同的特性的差别化策略来解决消费者的动机冲突。

(2)接近—回避冲突

接近—回避冲突又称趋避冲突,指一个人在同一目的同时产生两种对立的动机,一方面好而趋之,另一方面恶而避之的内心矛盾冲突。在这种情况下,消费者面临着同一消费行为既有积极后果,又有消极后果的冲突。其中,具有积极后果的动机是消费者极力追求的,具有消极后果的动机又是消费者极力避免的,因而使之经常处于利弊相伴的动机冲突中。例如,许多消费者既喜欢吃各种美食,又害怕身体发胖,品尝美味佳肴的动机与避免体重增加的动机之间就经常发生冲突。解决这类冲突的有效措施是尽可能减少不利后果的严重程度,或采取替代品抵消有害结果的影响。

(3) 回避—回避冲突

回避—回避冲突又称双避冲突,指一个人同时遇到两个威胁性的事件,但又必须接受其一才能避免其二时的内心冲突。有时消费者同时面临着两种或两种以上均会带来不利结果的动机。由于两种结果都是消费者企图回避或极力避免的,但因条件所迫又必须对其做出选择,因此两种不利动机之间也会产生冲突。例如,对于部分低收入消费者来说,物价上涨将使他们的购买力降低,而提前购置大屏幕彩电、空调等新一代家用电器,又面临着占用资金、挤占其他消费开支、产品更新换代等问题,避免涨价损失的动机与减少购买风险的动机之间便产生冲突。面对这类冲突,消费者总是趋向选择不利和不愉快程度较低的动机作为实现目标,以便使利益损失减少到最低限度。此时,企业如果采取分期付款、承诺售出产品可以以旧换新的营销策略,可以使消费者的购买风险大大减少,从而使冲突得到明显缓和。

4. 购买动机的实践性

购买动机不是朦胧的意向,它已经与一定的作用对象建立了心理上的联系,所以购买动机一旦形成,必将导致行为。因此,我们可以说,购买动机是消费活动的推动力,有购买动机产生,就有消费者的行为活动。人们可能用不同的方法达到不同的目的,但却都是在动机的驱使下进行的。

二、购买动机的分类

1. 消费者一般的购买动机

由于消费者需要和外在影响因素的多样性,购买动机的表现十分复杂细微,但是,在现实生活中,消费者的购买动机又呈现出一定的共性和规律性。不论购买个体在购买动机上表现出多么大的差异,共性和规律性却始终存在。在这个问题中,我们把消费者在各种消费活动中普遍存在的购买动机概括为两种类型。

(1) 生理购买动机

生理购买动机指消费者为保持和延续生命有机体而引起的购买动机。这种购买动机都是建立在生理需要的基础之上的。具体可以分为四种类型。

① 维持生命的购买动机

消费者饥时思食、渴时思饮、寒时思衣所产生的对食品、饮料、衣服等的购买动机均属于这一类。

② 保护生命的购买动机

消费者为保护生命安全的需要而购买商品的动机。例如,购买建筑材料建房子,为治病而购买药品的动机等,就属于这一类。

③ 延续生命的购买动机

消费者为了组织家庭、繁殖后代、哺育儿女的需要而购买有关商品的动机,就属于这一类。

④ 发展生命的购买动机

消费者为使生活过得舒适、愉快,为了提高文化科学知识水平,为了强身健体而购买有关商品的动机,就属于这一类。

(2) 心理购买动机

心理购买动机指由消费者的认知、情感、意志等心理过程引起的购买动机,具体包括情绪动机、情感动机、理智动机和惠顾动机。

① 情绪动机

情绪动机是由人的喜、怒、哀、乐、欲、爱、恶、惧等情绪引起的购买动机。情绪动机推动下的购买行为,一般具有冲动性、情景性和不稳定性的特点。

② 情感动机

情感动机是由人的道德感、理智感和审美感等人类高级情感引起的购买动机。这类动机推动下的购买行为,一般具有稳定性和深刻性的特点。

鞋子的"情感"

美国麦尔·休·高浦勒斯制鞋公司经过市场了解,发现美国市场人们购买鞋子的目光已不仅仅停留在"质优价廉"上,更多的是需求能体现和寄托消费者自我情绪的个性、情感型产品。于是,该公司设计售货员便发挥想象力,设计能激发人们购买欲望,引起感情共鸣的鞋子,并有意赋予鞋子以不同个性的情感色彩,如"男性情感"、"女性情感"、"优雅感"、"野性感"、"轻盈感"、"年轻感"等。此外,他们还费尽心机地给鞋起了一个个稀奇古怪的名字,如"笑"、"哭"、"愤"、"怒"、"爱情"等,充分满足消费者的情感需求,同时高浦勒斯公司也创造了巨额利润。

③ 理智动机

理智动机是建立在消费者对商品客观、全面认识的基础上,对所获得的商品信息经过分析、比较和深思熟虑以后产生的购买动机。理智动机推动下的购买行为,具有客观性、周密性和控制性的特点。

④ 惠顾动机

惠顾动机是建立在以往购买经验基础之上,对特定的商品、品牌、商店等产生特殊的信任和偏爱,使消费者重复地、习惯地前往购买的一种购买动机。消费者个人的购买活动体验对惠顾动机的形成有重要影响,惠顾动机推动下的购买行为,具有经验性、稳定性和重复性的特点。

2. 消费者具体的购买动机

消费者一般的购买动机在每一次具体购买中是通过具体的购买动机表现出来的。在市场营销实践中,常见的具体购买动机有以下几种。

(1) 求实购买动机

求实购买动机是以追求商品或劳务的使用价值为主要目的的购买动机。具有这种购买动机的消费者在选购商品时,一方面比较注重商品的功用和质量,要求商品具有明确的使用价值,讲求经济实惠,经久耐用;另一方面比较重视所购买的商品能为使用者带来更多的实际利益,如方便、适用、省时、省力、减轻家庭负担、增加休闲娱乐时间等。他们不过多强调商品的品牌、包装和新颖性。从现在看,具有这种购买动机并不一定与消费者收入水平有必然联系,而主要取决于个人的价值观念和消费态度。

(2) 求新购买动机

求新购买动机是以追求商品的时尚、新颖和奇特为主要目的的购买动机。具有这种购买动机的消费者非常重视商品的外观造型、款式、色彩、装潢以及时尚性,喜欢那些别出心裁、标新立异、与众不同的商品,而不太重视商品的实用程度和价格高低。这些消费者通过搜寻新的、特殊的产品来保持一种与众不同的感觉。

（3）求美购买动机

求美购买动机是以追求商品的欣赏价值和艺术价值为主要目的的购买动机。具有这种购买动机的消费者，一方面重视商品本身存在的客观的美的价值，如色彩美、造型美、艺术美等；另一方面重视商品能为消费者创造出的美和美感来，如美化了自我形象、美化了个人生活环境等。因此，这些人选购商品时，特别重视商品的外观造型、色彩和艺术品位，而不大看重商品的价格。

（4）求廉购买动机

求廉购买动机是以追求商品价格低廉，希望以较少货币支出获得较多利益为主要目的的购买动机。具有这种购买动机的消费者在选购商品时，特别注重"价廉"和"物美"，非常注意商品的价格变动，他们宁肯多花体力和精力，多方面了解有关商品的价格信息，并对商品之间的价格差异进行详细的比较、反复衡量。他们喜欢选购优惠价、特价、折扣商品，不太计较商品的外观质量和包装。这类购买动机与消费者的经济条件有关，但节俭成性的人即使收入较高也会保持求廉购买动机。

（5）求名购买动机

求名购买动机是以追求名牌、高档商品和仰慕某种传统商品的名望，借以显示或提高自己的身份、地位和威望为主要目的的购买动机。具有这种购买动机的消费者特别重视商品的品牌、产地、声誉以及象征意义。他们对商品的使用价值不太注重。崇尚名牌产品已成为现代消费市场的一大趋势。

（6）求便购买动机

求便购买动机是以追求商品使用方便、购买方便或维修方便为主要目的的购买动机。具有这种购买动机的消费者对时间、效率特别看重，厌烦反复地挑选比较，希望能快速方便地买到中意、适合需要的商品。同时，他们也希望购买的商品便于携带、使用及维修，减少麻烦。随着人们生活节奏的加快和进入WTO以后社会竞争的加剧，具有求便购买动机的消费者在社会各阶层中，尤其在城市人口中会越来越多。

（7）从众购买动机

从众购买动机是以在购买某些商品方面要求与别人保持同一步调为主要特征的购买动机，所以也叫模仿购买动机。具有这种购买动机的消费者，购买动机是在参照群体和社会风气的影响下产生的。从众动机驱使这类消费者购买和使用别人已经拥有的商品，而不充分顾及自身的特点和需要。因此，这类消费行为往往有盲目性和不成熟性。

（8）储备购买动机

储备购买动机是以储备商品的价值或使用价值为主要目的的购买动机。一是表现为购买金银首饰、名贵工艺品、名贵的收藏品等进行保值储备。这类商品的价值较稳定，不仅能保值，还能在收藏期间出现增值的情况。二是购买有价证券进行保值储蓄。三是在市场出现不正常的现象，如商品供不应求、社会动乱的时候，尽可能多购买商品以备将来需要。

（9）好胜购买动机

好胜购买动机是一种以争强好胜或为了与他人攀比并胜过他人为目的的购买动机。消费者购买商品主要不是为了实用而是为了表现比别人强，在购买时主要受广告宣传、他人的购买行为所影响，对于高档、新潮的商品特别感兴趣。如有些人看见邻居和亲戚买了电冰箱，为了不甘落后，不顾是否有实际需要，千方百计地设法买了回来，结果有可能由于用处不大而成为无用的装饰品。

（10）偏爱购买动机

偏爱购买动机是一种以某种商品、某个商标和某个企业为主的购买动机。消费者由于经常地使用某类商品的某一种,渐渐产生了感情,对这种商品、这个商标的商品或这个企业的商品产生了偏爱,经常指名购买,因此有时也称为惠顾动机。再广泛一点说,有人喜欢购买进口货,有人喜欢购买国产货,等等,这些是属于偏爱动机。企业注重服务,注重树立产品形象和企业形象往往有助于培养、建立消费者的偏爱动机。

(11) 成就动机

成就动机是指追求良好表现的情感动力。然而,以个体为导向的成就动机意味着为自身利益而努力工作,以社会为导向的成就动机则是为了满足其他人的期望。一些研究将这两种类型的动机区分开来,表明达成目标的动机可以出自社会和集体的原因。比如,中国儿童会努力实现别人的目标,如家庭的、老师的。一些研究分别对比了英国的以及中国的母亲送给她们孩子的礼物。研究表明,代表了极端个人主义的英国的母亲们送孩子们礼物并非为了奖励他们学习进步,而是使他们感到成就应该基于内因——自身。中国的母亲代表了极端的集体主义,送礼物以奖励孩子们学习进步。母亲们也有不同的送礼物的动机:英国的母亲送礼物是为她们的孩子们获得短期利益,如加强自我概念,同时也为了她们自己(赢得孩子的爱)。中国的母亲们送礼物则是为了孩子的长期利益,没有自身利益的考虑。

以上列举的仅是现实购买活动中常见的一些购买动机。需要指出的是,消费者的购买动机是一个复杂的动机体系,实际当中人们的消费行为往往不是由一种动机引发的,而常常是多种动机共同作用的结果。同时,消费者又不愿或根本说不清真实的购买动机。要了解消费者的购买动机,营销人员必须采取一系列调查方法,如问卷调查、观察法、实验法等。但是要记住,购买动机或购买原因一般是难以全部通过询问直接了解到的。

新可口可乐的故事

20世纪70年代末,可口可乐公司为了扭转产品占有率不断下滑的局面,决定推出新口味可乐。可口可乐公司经调查发现,一半的人认为以后会适应新口味的可口可乐,这表明顾客们愿意尝试新口味的可口可乐。可口可乐公司还组织了品尝测试,在不告知品尝者饮料品牌的情况下,请他们说出哪一种饮料更令人满意。测试结果令可口可乐公司兴奋不已,顾客对新口味的可口可乐的满意度超过了百事可乐。可口可乐公司的市场调查人员认为,这种新配方的可口可乐至少可以将公司在饮料市场所占的份额向上推动一个百分点,这意味着多增加2亿美元的销售额。于是可口可乐公司决定于1982年以"新可乐"取代传统可乐。消息闪电般传遍美国,在24小时之内,81%的美国人都知道了可口可乐改变配方的消息,这个比例比阿波罗登月时的24小时内公众获悉比例还要高。"新可乐"上市初期,市场反映非常好。1.5亿人在"新可乐"问世的当天品尝了它,历史上没有任何一种新产品会在面世当天拥有这么多买主。

然而好景不长,风云突变。有的顾客称老可口可乐是美国的象征,是美国人的老朋友,可如今却突然被抛弃了。还有的顾客威胁说将改喝茶水,永不再买可口可乐公司的产品。在西雅图,一群忠诚于老可口可乐的消费者组成了"美国老可乐饮者"组织,准备在全国范围内发起抵制"新可乐"的运动。许多人开始寻找已停产的老可口可乐,老可口可乐的价格一涨再涨。到1982年6月中旬,"新可乐"的销售量远低于可口可乐公司的预期值,不少销售商强烈要求改回销售老可口可乐。

在经历美国人民的强烈抵制后,7月11日,可口可乐公司决定恢复传统配方可口可乐的生产,可口可乐公司的高层管理者还站在可口可乐的标志下向公众道歉。消息传来,美国上下一片沸腾。所有传媒都以头条新闻报道了"老可乐"归来的喜讯。华尔街市场也为可口可乐公司的决定欢欣鼓舞,"老可乐"的回归使可口可乐公司的股价攀升到12年来的最高点。

三、关于购买动机的理论

在很长一段时间里,国外学者、专家就消费者购买动机进行了大量的研究。购买动机理论研究的中心问题是消费者行为中"为什么"的问题。例如,消费者为什么愿意购买联想 ThinkPad T60 手提计算机?为什么消费者对联想 ThinkPad T60 的广告宣传抱有积极的态度?为什么消费者愿意惠顾联想专卖店?在研究的过程中,专家学者提出了一些很值得研究的理论。在这里对主要理论和当前比较流行的理论做一要点介绍。

1. 本能理论

本能说是解释人类行为的最古老的学说之一。最初的本能理论只不过是人们对所观察到的人类行为予以简单命名或贴上标签而已。例如,20世纪初,美国心理学家麦克道尔(W. McDougall)提出人类具有觅食、性欲、恐惧、憎恶、好奇、好斗、自信等一系列本能。按照本能说,人生来具有特定的、预先程序化的行为倾向,这种行为倾向纯由遗传因素所决定;无论是个人还是团体的行为,均源于本能倾向。换句话说,本能是一切思想和行为的基本源泉和动力。

本能性行为必须符合两个基本条件:其一,它不是通过学习而获得的;其二,凡是同一种属的个体,其行为表现模式完全相同,像蜜蜂将蜂巢筑成六角形、蝙蝠倒挂着睡觉、候鸟定期迁徙,都属于本能行为。人类也有很多本能性行为,如婴儿天生就有对母亲的特殊反应倾向、有对黑暗的恐惧感等。从市场营销角度来看,本能性行为的价值在于,针对这些行为的特定的营销刺激更具有效性。例如,在广告宣传中以母爱为诉求,可能很容易唤起成年人对某些儿童用品的好感,从而有助于这些产品的销售。

相对于多样、复杂的人类行为,本能行为只是很小的一部分,而且许多被视为具有"人类天性"的行为也可以通过学习来加以改变。基于此,现在很少有学者坚持用人的天性或本能作为人类复杂行为后的动因。

2. 动因理论

为克服本能说的局限性,20世纪20年代出现了动因理论。根据这一理论,人也与动物一样由于受外部刺激而做出行为,根据过去所获得的经验方法来反应,激励行为的能源在于有机体内部。前面已经指出,本能行为是一种先天程式化的行为。某些定期迁徙的动物,即使是在不与其同类成员接触的环境下喂养大,仍能够找到其出生地。换句话说,在不经学习的条件下,这些动物凭本能就能找到回家的路线。与此不同,动因理论假定,人和动物的行为均是受内部能量源的驱动,是经由学习而不是由遗传所引起的。

伯科威茨(Berkowitz)在1969年出版的《社会心理学手册》一书中写道:"自从动因一词最初由伍德沃斯于1918年引入心理学,动因一直是指促动个体采取行动的内部刺激,这种刺激源于个体的被剥夺感和与被剥夺状态相伴随的机体内某些物质的过剩或匮乏。不管受剥夺的特定性质如何,机体会产生外表的兴奋,如在饥饿时会伴随胃的收缩,由此会推动个体采取行动,直至找到能满足机体内在需要的满足物,剥夺状态才会消除。"处于剥夺状态或匮乏状态的个体必须了解何种物体能满足其特定的内在需要,以及应当采用何种行动才能获得这些满足物。所以,学习在动因理论中占有重要地位。

从上述的伯科威茨论述中,对动因似乎可以做这样的理解:它是由于个体生理或心理的匮乏状态所引起并促使个体有所行动的促动力量。动因为个体消除匮乏感或满足其需要的各种活动提供能量,它总是与个体生理或心理上的失衡状态相联系的;动因的减少,伴随着个体的愉快感和满足感,因此,它是个体所追求的。动因减少所带来的奖赏效果会导致个体的学习行为,经由学习积累经验,会使个体对哪些满足物和采用何种方式消除其匮乏感有深刻认识,并在此基础上形成习惯。所以,动因理论认为,动因为行为提供能量,而学习中建立的习惯决定着行为的方向。美国学者赫尔(Hull)提出的 $E = D \cdot H$ 公式实际上反映了动因理论的基本观点。公式中,E 表示从事某种活动或某种行为的努力或执著程度;D 表示动因;H 表示习惯。赫尔的公式表明,消费者追求某种产品的努力程度将取决于消费者由于匮乏状态而产生的内动因,以及由观察、学习或亲身经历所获得关于这一产品的消费体验。赫尔特别强调建立在经验基础上的习惯对行为的支配作用。他认为,习惯是一种习得体验,如果过去的行为导致好的结果,人们就有反复进行这种行为的趋向;过去的行为如果导致不好的结果,人们则有回避这种行为的倾向。

3. 诱因理论

诱因理论是1950年提出来的动机理论,认为不仅内部动因引起行为,而且诱因这样的外部刺激也引起行为。一项对老鼠的食物剥夺研究表明,在没有呈现食物的情况下,有食物剥夺和没有食物剥夺的老鼠呈现同样的活动水平;当呈现食物时,前者较后者有更加积极的反应。虽然该研究的后一部分发现是与动因理论相容的,但它仍没有回答为什么有机体在同样的匮乏状态下,会因为是否出现奖赏物或刺激物而表现出不同的活动状态。比如,为什么在实验室里,会因为迷宫的另一端放有一块蛋糕而使老鼠的跑动速度加快。

持诱因论的学者采用两个概念,即感受-激励机制(SIM,Sensitization-Invigoration Mechanism)和预期-激励机制(AIM,Anticipation-Invigoration Mechanism)来处理前面叙述的问题。感受-激励用来解释个体对特定刺激物的敏感性,以及由此对行为产生的激励作用或激励后果。例如,当闻到食物的香味或看到刚出炉的黄澄澄的面包时,人们会顿生饥饿之感。此时,饥饿感可能并非源自于通常意义上的生理需要,而是由于另外的生理机制在起作用。这类特定的生理机制并不对个体产生驱动作用,而只是使个体对某些类型的刺激物特别敏感。Powley的一项研究表明,诸如分泌唾液、胃液、胰岛素等引起饥饿感的预备反应是由食物的感觉属性,如外观、气味等所引发的,由此说明外部诱因可能对行为起一种牵引作用。预期-激励机制是指因对行为结果的预期而产生的行为激励后果。诱因论者认为,个体关于行为奖赏的预期将直接影响其活动状态。如果行为预期的奖赏效果好,个体将处于更高的活动水平;反之,将处于较低活动水平。这实际上隐含着个体受目标导引而且知悉行为后果这一基本假设。

诱因论与动因论的一个很大不同点是,前者侧重从外部刺激物对行为的影响能力来分析行为动机,后者则主要从个体的内部需要寻求对行为和动机的解释。需要注意的是,诱因论并没有否定个体内在动机的地位与作用,而只是将关注点放在潜伏于个体身上的内在动机在多大程度上能够被特定的外在刺激物所激活的引导。从这个意义上讲,诱因论并不是对动因论的排斥,而应视为对后者的补充与发展。将动机研究的侧重点放在外部刺激上,对市场营销有重要的现实意义。营销人员是无力对消费者的原始动因或衍生动因予以控制的,然而却可以通过对刺激物的操纵,达到影响消费者行为的目的。比如生产企业可以通过对消费者测试决定产品应具有哪些特征,以便更好地适应目标市场需要;经营高档时装的零售企业可以通过各种方式创造一种气氛和环境,使买者产生激动人心的预测。总之,营销人员可以通过营销变量的有效组合,引发消费者对购买产品的收益预期,从而促使消费者采取购买行动。

4. 唤醒理论

依照传统动因理论,人的行为旨在消除因匮乏而生的紧张,但人类某些追求刺激的冒险行为,如登山、探险、观看恐怖电影等,恰恰是为了唤起紧张而不是消除紧张。这类现象是动因理论无法解释的。为此,一些学者提出了唤醒理论,认为个体在身心两方面,各自存在自动保持适度兴奋的内在倾向:缺少则寻求增加,过多则寻求减少。

所谓唤醒或激活是指个体的激活水平或活动水平,即个体是处于怎样一种警醒或活动反应状态。人的兴奋或唤醒程度可以很高,也可以很低,从熟睡时的活动几近停止到勃然大怒时的极度兴奋,中间还有很多兴奋程度不等的活动状态。

刺激物的某些特性(如新奇性、变动性、模糊性、不连贯性、不确定性等)均可以引起人们的兴奋感。根据唤醒理论,个体寻求保持一种适度的兴奋水平,既不过高也不过低,因此,总是偏好那些具有中度唤醒潜力的刺激物。影响个体最适度兴奋水平的因素很多,如一天中不同的时间段、刺激物的类别、个体本身的差异等。一般而言,个体倾向于使兴奋水平处于小范围的起伏状态,追求那些具有中度不确定性、新奇性和复杂性的刺激物。

根据唤醒理论的观点,个体的兴奋水平与刺激物的模糊性之间有一定的关系。在图10-2中,在 OX_1 区间段,刺激物的模糊性很低,消费者的兴奋水平呈下降的趋势,此时消费者对刺激物有某种乏味感,因而需求使购买趋于复杂的新的方式与途径,比如选择某个不知名的品牌或购买某种新产品;在 X_1X_2 区间段,模糊性处于中等水平,此时消费者被激起从事诸如搜寻信息,对不同品牌进行比较等活动;当兴奋水平达到很高的程度,刺激物模糊程度进一步提升时,只会招致兴奋水平的下降和购买、搜寻过程的中止。

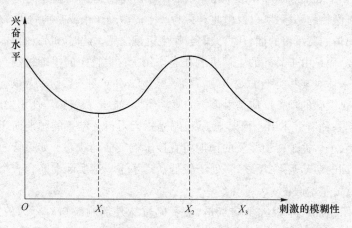

图 10-2 刺激的模糊性与兴奋水平之间的关系

唤醒理论可以解释很多市场营销与购买行为关系。例如,对某一品牌形成忠诚度的消费者在连续选择该品牌一段时间后,往往会由于对该品牌的"饱和感"而尝试选择新的品牌。可是,如果后者没有特别的吸引力,该消费者又会恢复到选择原来的品牌。这种消费行为在食品、冷饮、洗涤用品、衣服鞋帽等商品上比较常见。又如,适度兴奋理论可以很好地解释,为什么消费者有时会大量搜寻信息,以降低购买风险,从而使决策简单化;而在另外的情况下,则存在使购买决策复杂化的倾向。现在,更多的企业发现,在宣传企业产品时,隔一段时间对广告版式或文案做些变动,广告效果会更好,这实际上也运用了唤醒理论。

5. 双因素理论

双因素理论是由美国心理学家赫茨伯格(Herzberg)于1959年提出来的。20世纪50年代末期,赫茨伯格和他的同事们对匹兹堡附近一些工商业机构的约200位专业人士做了一次调查。调查主要是想了解人们对工作满意和不满意的因素。结果发现,导致对工作满意的因素主要有五个:成就、认可、工作本身的吸引力、责任和发展;导致对工作不满意的主要因素有:企业政策与行政管理、监督、工资、人际关系及工作条件等。

赫茨伯格将导致对工作不满的因素称为保健因素,将引起工作满意感的一类因素称为激励因素。保健因素,诸如规章制度、工资水平、福利待遇、工作条件等,对人的行为不起激励作用,但这些因素如果得不到保证,就会引起人们的不满,从而降低工作效率。激励因素,诸如提升、提职、工作上的成就感、个人潜力的发挥等,则能唤起人们的进取心,对人的行为起激励作用。要使人的工作效率提高,仅仅提供保健因素是不够的,还需要提供激励因素。一个单位固然要为员工提供具有吸引力的工资福利待遇和生产、生活条件,但如果这些待遇条件采用平均分配的办法,不与个人的责任大小、工作业绩或成就挂钩,就只能起一种"保健"作用,起一种减少牢骚和不满的作用,无法激励员工不断进取和努力,做出新的成绩。

将赫茨伯格双因素理论运用于消费者动机分析,亦具有多重价值与意义。商品的基本功能或为消费者提供的基本利益与价值,实际上可视为保健因素。这类基本的利益和价值如果不具备,就会使消费者不满。然而,商品具备了某些基本利益和价值,也不一定能保证消费者对其产生满意感。要使消费者对产品、服务形成忠诚感,还需在基本利益或基本价值之外,提供附加价值,比如使产品或商标具有独特的形象,产品的外观、包装具有与众不同的特点等。因为后一类才属激励因素,对满足消费者更高的社会层次的需要具有直接意义。

商品的哪些特征、利益具有保健因素的成分,哪些特征、利益具有激励因素的成分,不是固定不变的。比如,在电视机刚发明的阶段,能够放出图像并伴有声音就足以促动一些消费者购买了,如果企业的产品还提供一些其他的功能和服务,消费者可能会非常满意。而现阶段,清晰的图像、优质的音响效果几乎成为一种必需。更多的功能、更漂亮的外观、超薄的体积、品牌的声誉,以及企业不断创新的形象,由于能更多地体现消费者较高层次的需要,因而带有较多的激励成分。另外,品牌所具有的保健因素与激励因素还会因目标市场的不同、因目标消费者生活方式和价值取向的不同而存在差别。

新加坡航空公司的产品

新加坡航空公司为世界各地的乘客提供了许多不同的特殊食物,根据乘客的健康和宗教需要进行烹饪。比如,当汉森先生预定机票并要求提供一顿穆斯林素餐时,电脑就会将一张确认了这个要求的登记卡打印出来,然后将这个要求下载提供给饮食服务部门。如果汉森先生是新加坡航空公司的空中常客,他甚至连要求都不用提,因为他的饮食习惯和座位偏好连同其他数据已被永久地保存在了档案中。

从此案例可看到,新加坡航空公司的产品——为世界各地的乘客提供各种特殊食物;记录乘客的饮食习惯和座位偏好——是相当具有竞争力的。一方面,它使核心服务更加细致、周到,与核心服务相得益彰;另一方面,它成为了该公司强有力的竞争工具。

第三节　消费者需要、动机和行为之间的关系

一、消费者需要、动机和购买行为全过程

前面分别阐述了消费者的需要和动机方面的有关理论。研究它们的主要目的是为了弄清消费者在购买行为发生前的一系列心理活动过程,从而为购买行为的研究奠定基础。为此,有必要进一步了解消费需要、购买动机和购买行为之间的内在联系。图10-3给出了消费者的需要、动机和行为产生的全过程以及它们之间的具体联系。

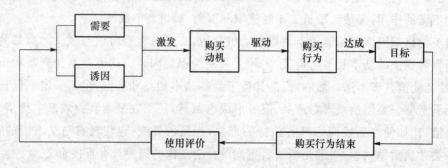

图10-3　消费者的需要、动机和购买行为全过程

一般来说,消费者的需要、动机和购买行为全过程是以这样一种方式动作的:当一种需要为消费者所辨认并未得到满足时,消费者会产生心理不均衡和紧张的感觉。这种紧张状态加上外部的刺激因素将激发消费者争取实现满足需要的目标的动力,即形成动机。在动机的驱使下,消费者采取购买行动以实现目标,即满足消费需要。一旦目标达到,内心紧张状态随之消除,购买行为过程即告结束。但消费行为的全过程并未停止,消费者还会进一步比较最初的需要与实现的目标之间有无差距,并得出评价结果。在此基础上,消费者又会产生新的未满足的需要。这一过程循环往复、不断进行,消费者亦在其中不断满足并产生着新的需要,由此推动整个社会消费和生产的持续发展。

二、消费者需要和动机之间的关系

由上述分析可以看出,就一次行为过程而言,直接引起、驱动和支配行为的心理要素是需要和动机。由于前面已提到,动机的产生来源于需要,并只有当需要达到一定的强度,并且有足够的外部诱因刺激时,动机才可能产生。为说明消费者需要和动机之间的关系,我们可以做一个形象的比喻:需要就像一条不断流淌的河流,动机是由河流产生的电能。但是,平缓流淌的河流是不能发电的,电能的产生必须具备足够的落差条件。另外,人们必须在河流有足够落

差的地方修筑水坝。也就是说,只有具备如下三个条件:①一条流淌的河流;②激进的河流并在某处有足够的落差;③人们在该处修筑了水坝,电能(相当于动机)才可能产生。由此,我们可以归纳出需要和动机之间的关系。

1. 需要是动机的基础

当行为个体产生一些迫切需要实现的意愿、希望和要求时,这些内在的意愿和要求就具有一种积极和能动的性质,去激发和驱使个体完成特定行为,由此形成该行为的动机。可见,动机是一种基于需要而由各种刺激引起的心理冲动,动机的产生源于需要。

2. 需要是构成动机的必要但非充分条件

由于需要必须有足够的强度和恰当的外部诱因刺激,才能激化为动机,因而仅有需要是不足以形成动机的。换言之,需要只能构成动机的必要条件,而不是充分条件。只有当以上三个条件都充分满足时,需要才能转化为购买动机。

三、动机与行为的关系

心理学认为,动机在激励人的行为活动方面具有下列功能。

1. 发动和终止行为的功能

动机作为行为的直接动因,其重要功能之一就是能够引发和终止行为。消费者的购买行为就是由购买动机的发动而进行的。当动机指向的目标达成,即消费者在某方面的需要得到满足之后,该动机会自动消失,相应的行为活动也告结束。

2. 指引和选择行为方向的功能

动机不仅能引发行为,还能将行为导向特定的方向。这一功能在消费者行为中,首先表现为在多种消费需求中确认基本的需求,如安全、社交、成就等;其次表现为促使基本需求具体化,成为对某种商品或服务的具体购买意愿。在指向特定商品或服务的同时,动机还势必影响消费者对选择标准或评价要素的确定。此外,动机还可以促使消费者在多种需求的冲突中进行选择,使购买行为朝需求最强烈、最迫切的方向进行,从而求得消费行为效用的最大化。

3. 维持和强化行为的功能

动机的作用表现为一个过程。在人们追求、实现目标的过程中,动机将贯穿于行为的始终,不断激励人们努力采取行动,直至目标的最终实现。另外,动机对行为还具有重要的强化功能,即由某种动机强化的行为结果对该行为的再生具有加强或减弱的作用。

4. 组合和对应的功能

当消费动机实现为消费行为的时候,有的动机直接促成一种消费行为,而有的动机则可能促成多种消费行为。另外,还有可能由多种动机支配和促成一种消费行为。可见,动机有组合性的特征,它们能或多或少地组合并指向一种或多种消费行为。同时,动机与消费行为之间并不完全是一一对应的关系。

可见,消费者行为的产生来源于人体心理上的需要和动机,任何消费行为都是在需要和动机的直接驱动下进行的。由以上的所有分析我们可以得出结论,需要、动机和消费者行为之间存在着密切的内在联系,需要是消费者行为的最初原动力,动机则是消费者行为的直接驱动力。在动机的强有力作用下,消费者将满足的需要具体指向某种商品或劳务,并且达到目标,最终实现需要的满足。

复习思考题

1. 什么是消费需要？消费需要有哪些基本特征？
2. 阐述马斯洛需要层次论的主要内容。
3. 什么是购买动机？购买动机有哪些基本特征？
4. 购买动机冲突有哪三种形式？
5. 消费者常见的具体购买动机有哪些？
6. 阐述诱因理论的主要内容。
7. 阐述唤醒理论的主要内容。
8. 阐述双因素理论的主要内容。
9. 简要说明消费者需要、动机与行为之间的关系。

第十一章

消费者的态度

1. 掌握态度的定义；
2. 了解内隐态度和外显态度；
3. 掌握态度的功能；
4. 掌握改变态度的策略；
5. 了解态度改变模式中的各要素；
6. 掌握态度的基本测量方法。

1. 态度的概念和功能；
2. 改变消费者态度的方法；
3. 态度的测量。

秀才赶考

有两个秀才一起赶考，路上遇到一支出殡的队伍。看到那黑乎乎的棺材，其中一个秀才心里立即凉了半截，心想：今天怎么这么倒霉，赶考的日子竟然遇到棺材。于是，心情一落千丈，直到走进考场，那个黑乎乎的棺材一直挥之不去，结果文思枯竭，名落孙山。

而另一个秀才同时也看到了棺材，心里也同样惊了一下，但转念一想：棺材，棺材，那不是有"官"又有"材"吗？好，好兆头啊，看来这次要鸿运当头了，一定会高中的，于是心里十分兴奋，情绪高涨，走进考场文思如泉涌，果然一举高中。

回到家里，两人都对家里人说：那"棺材"真的很灵验！

大家想一想，为什么同样的人做同样的事情，但结果就完全不同呢？是态度！

在上面的故事里，第一个秀才之所以名落孙山，是因为他在考场上文思枯竭，而文思枯竭的原因是因为情绪不好，而情绪不好的原因是因为他看到他认为很"倒霉"的棺材。

另一个秀才之所以金榜题名，是因为他在考场上文思泉涌，文思泉涌是因为他情绪高涨，情绪高涨又是因为他看到了他认为"好运"的棺材。

我们在以往的工作、生活当中，也一定有过类似的体验，只不过可能没有注意或者认真思考罢了。不同的态度，产生的人生体验和结果是截然不一样的。因为心态可以影响我们如何看待事物,可以影响我们的认知方法。正如叔本华所言:"事物的本身并不影响人,人们只受对事物看法的影响。"

第一节 消费者态度的构成与特性

一、消费者态度的含义

在社会心理学中对态度有不同的理解,美国社会心理学家瑟斯顿和奥斯古德将态度视为评价或情感性反应;奥尔波特把态度看作为心理的神经的准备状态;认知论者将态度看做是由认知的、情感的、行为的三种成分构成的一个整体,是对态度对象的理解、情感和行为的相互关联的比较持续的、某一个人内部的系统。其中认知成分是主体对态度对象的认识和评价,是人对于对象的思想、信念及其知识的总和;情感性成分是主体对态度对象的情绪的或情感性体验;行为倾向成分是主体对态度对象向外显示的准备状态和持续状态。这三种成分各有自己的特点:认知成分是态度的基础,其他两种成分是在对态度对象的了解、判断基础上发展起来的。情感成分对态度起着调节和支持作用,行为倾向成分则制约着行为的方向性。

简单来说,态度就是对人、事、物、观念等的评价。

态度由三部分组成,三者共同形成对态度对象的评价。

1. 认知成分

认知成分包括人们对态度对象的想法和信念。主要根据相关事实而形成的态度。如一辆汽车的客观价值:一升汽油能跑几千米路?它是否有安全气囊?外形是否美观?价格如何?

2. 情感成分

情感成分包括人们对态度对象的情绪反应。根据感觉和价值观形成的态度。如对堕胎、死刑、婚前性行为的态度。

3. 行为成分

行为成分包括人们对态度对象采取的行动或可观察的行为。是根据人们对某一对象所表现出来的行为的观察而形成的。在某些情景下,人们要等到看见自己的行为之后才知道自己感觉如何。比如你问你的一个朋友是否喜欢运动。如果她回答:"嗯,我想我喜欢,因为我经常跑步或者去健身房锻炼身体。"我们就说她有一种"以行为为基础的态度"。她的态度更多的是基于对行为的观察,而不是她的认知或情感。

知识链接

学习态度

学习态度是指学习者对学习较为持久的肯定或否定的行为倾向或内部反应的准备状态。学习态度有端正和不端正之分,比如学习认真、扎实,勤奋好学,刻苦努力,上课精力集中、认真听讲,努力做到融会贯通、举一反三,课后按时完成作业、力求正确无误,在各门课程的学习上一丝不苟、求真务实,力求全面发展等,就是学习态度端正的表现。相反,不求进取,及格就行,学习仅仅是为了应付考试及家长和教师的检查,作业不认真,在学习上怕苦怕累,贪玩,不愿学习,借故请假、旷课甚至逃学等,都是学习态度不端正的表现。学习态度端正与否,是影响学习效果的一个重要因素。

学习态度一般由对待学习的认知因素、情感因素和行为因素构成。

学习态度的认知因素是指学习者对学习的目的、意义的理解,对学习对象、学习内容和学习结果带有评价意义的观念和信念。基于对学习的正确理解,相应的学习态度也往往是积极上进的;相反,基于对学习的错误理解,相应的学习态度也多半是消极的、错误的、不求进取的。

学习态度的情感因素是指伴随着学习态度的认知因素而产生的情绪情感,是学习对象、学习内容和学习结果的客观效价与学习者的主观需要之间关系的反映。凡是有利于满足学习者主观需要的学习对象、学习内容和学习结果,都能引起积极肯定的情绪情感,否则就会产生消极否定的情绪情感。学习对象、学习内容和学习结果能够引起什么样的情绪情感,不仅取决于学习对象、学习内容和学习结果的客观效价,并且在很大程度上取决于学习者的理解程度。

学习态度中的行为因素是指指向学习对象和学习活动的反应倾向,表现为学习的欲求和指向。一般来说,学习态度中的认知因素是其情感因素和意向因素产生的前提,没有认知就没有情感,也无所谓意向。学习态度中的情感因素是认知因素和意向因素的动力,没有情感因素就没有认知因素的深化和意向因素的强化,因而情感因素是构成学习态度的核心要素。而意向因素则是认知因素和情感因素的集中体现,没有意向因素,就没有行动,也就体现不出学习态度的效能。通常学习态度中的认知因素、情感因素和意向因素之间互为条件,相互制约,协调一致,构成统一的学习态度,对学习效果发生影响。同时三者之间也存在着差异性或矛盾性。比如对学习的重要性是理解的,但存在着厌倦心理,懒于学习,表现为消极的学习态度。这表明对小学生进行学习态度辅导要从多方面入手,既要重视提高小学生对学习的认知,又要重视在学习的过程中多方面地丰富小学生学习的情感体验,强化其学习意向,指导其学习行为,从而形成正确有效的学习态度。

学习态度是一种内部反应的准备状态。学习态度对学习对象、学习内容和学习方法具有选择性。就是说,学习者愿学什么,不愿学什么,喜欢何种学习方法,不喜欢何种学习方法,是因人而异的。学习态度是学习者在学习的过程中,通过亲身体验而习得的。

也就是说,学习态度不是外部强加的,而是内在的经由学习的成功和失败的体验而形成的。学习中的体验可以是成功的喜悦,也可以是失败的痛苦,可以形成积极的学习态度,也可以形成消极的学习态度。然而无论是积极的学习态度还是消极的学习态度,既可以形成,也可以改变,因而培养和辅导才是有意义的。

态度一旦形成,可以以两种形式存在:内隐态度和外显态度。内隐态度是对某事物的态度在与该事物相关的事物上留下的痕迹。比如:假如你的父亲所在的公司受到法律起诉,此时你很自然地会倾向于觉得那个公司应该是无辜的。为什么会这样?因为你爱你父亲,你对你父亲持有积极的态度。你对公司的态度实际上就是你对你父亲的态度的一种间接的(内隐的)测量。这里,我们用"内隐"一词,因为态度并不总是公开的,有时甚至是无法意识到的。

外显态度是指那些直接表达出来了的或公开声明的态度和看法。比如,在做内隐联系测验之前,有些问题问你对某特定的群体、学科或对自己的喜欢程度,这些问题就是用来测量你的外显态度或能意识得到的态度。测量这种态度的标准程序是请人们直接报告或描述态度

(这种方式用于研究时常称为"自我报告")。比如,你可能曾经做过意见调查表,调查结果反映的就是外显的态度或看法。

可能有两种原因导致内隐态度和外显态度的不一致。第一种可能是,人们不愿意真实地报告某些态度。比如,一个教授问一个学生"你喜欢肥皂剧吗?"这个学生即使知道自己很喜欢也可能会说"不",因为他知道这样不好,所以不愿意说。第二种可能是,人们没能力准确报告他的态度。比如,在德国,如果问德国人"你喜欢土耳其人吗?"许多人会说"喜欢",因为他们认为他们是没有偏见的。然而,内隐联系测验却会显示,同样是这些德国人,他们可能对土耳其人有一种不好的态度(这在德国已经得到证实)。那些做出这种反应的德国人可能不能意识到他们的内隐的消极态度,所以不能外显地报告。这种不愿意/没能力的区别就像是心里有什么东西不让别人知道和心里有什么东西却连自己也不知道之间的差别一样。所以,只有当人们有能力并愿意报告他们的这些态度的时候,内隐和外显态度才会一致。比如,在测量对花和虫的态度的实验中,被试者有能力、也愿意报告这些态度,这时,内隐和外显测验揭示的是相同的态度。同样地,大学生有能力、也愿意报告他们是否喜欢理科或文科。在这种情况下,内隐和外显态度反映的也是同样的偏好。

知识链接

双重态度模型理论的基本观点

双重态度(Dual Attitudes)是指人们对同一态度客体能同时具有两种不同的评价:一种是自动化的、内隐的态度;另一种是外显的态度。当态度发生改变时,人们由旧的态度 A1 改变到新的态度 A2,但是旧的态度 A1 仍然留存于人们的记忆中潜在地影响着人们的认识和行为,这就导致了"双重态度"。从这一理论模型出发,Wilson 和 Lindsey 提出了以下理论观点。

(1) 相同态度客体的外显态度与内隐态度能共存于人的记忆中。

(2) 现双重态度时,内隐态度是被自动激活的,而外显态度则需要较多的心理能量和动机从记忆中去检索。当人们检索到外显态度,且它的强度能超越和压制内隐态度,人们才会报告外显态度;当人们没有能力和动机去检索外显态度时,他们将只报告内隐态度。

(3) 使外显态度被人们从记忆中检索出来,内隐态度也还会影响人们那些无法有意识控制的行为反应(如一些非言语行为)和那些人们不试图去努力控制的行为反应。

(4) 外显态度相对易于改变,内隐态度的改变则较难,那些态度改变技术通常改变的只是人的外显态度,而非内隐态度。

(5) 双重态度与人们的矛盾心理是有明显区别的,在面临一种有冲突的主观情景时,有双重态度的人通常报告的是一种更易获取的态度。

为了进一步说明这些基本观点,我们以乒乓球运动动作为类比。例如一个有经验的乒乓球运动员,在已经掌握了良好的击球技术而且已经成为自动化的动作后,他在比赛中很少需要去思考如何运用它们。为了进一步提高技术水平,他又会试图去掌握一些新的不同的打法动作,以便更好地在比赛中取胜。经过多次反复练习,在他掌握了这种新的方法后会在接下来的比赛中去运用它。尽管他集中注意并不断提醒自己运用所学的新技术,但是这种新技术常常无法完全替代旧的方法。因为根深蒂固的习惯很难改变,一旦他身心疲劳或全神贯注于比赛时,就又会不自觉地运用原来的某些旧的打法。对于这样的例子人们都很熟悉,但是对于态度人们却没有这样去理解。如前所述,大多数态度理论家都把态度定义为是对态度客体的一种单一效价维度的评价。设想一下,旧的打法就是一种内隐的态度,而新的打法则是对同一客体的一种外显态度。在乒乓球比赛中,人们将会同时拥有两种态度,这种新态度并不能完全替代旧的、习惯化的态度,内隐态度和外显态度会分别在不同的情境中出现。这些情境是什么?再考虑一下运动技能的例子就可以发现,因为内隐态度是习惯化和自动化的,当人们没有足够的心理能量或动机去检索最近的态度时,它就会做出反应;当人们有足够的动机和心理能量去检索最近的态度时,外显态度就会出现并影响人的行为反应。

二、消费者态度的特性与功能

1. 态度的特性

(1) 内隐性

态度本身是无法直接测定的,必须从个人的行为或与行为有关的语言行为表现中间接推断出来,测定态度需要一定的中间变量。

(2) 方向性

态度总是具有赞成或反对的方向特点,并具有程度的差异,有时反映出态度的极端性,有时则反映出态度的中立性。

(3) 态度的统一性

构成态度的认识、情感和行为倾向三种成分彼此协调,是一个统一的整体。

(4) 态度的复杂性

在一定条件下,个体并不是经常表现出与内心态度相一致的外部行为。

(5) 稳定性

在一定时间段内态度保持着相对稳定的倾向。

2. 态度的功能

消费者对产品、服务或企业形成某种态度,并将其储存在记忆中,需要的时候,就会将其从记忆中提取出来,以应付或帮助解决当前所面临的购买问题。通过这种方式,态度有助于消费者更加有效地适应动态的购买环境,使之不必对每一新事物或新的产品、新的营销手段都以新的方式做出解释和反应。从这个意义上,形成态度能够满足或有助于满足某些消费需要,或者说,态度本身具有一定的功能。虽然学术界已经发展起了不少关于态度功能的理论,但其中受到广泛注意的是卡茨(D. Katz)的四功能说。

德国心理学家卡茨从需要满足的角度,认为态度具有以下四种功能。

(1) 适应功能(Adjustment Function)

个体具有从外部环境获得奖励,避免惩罚的需要,而态度使人具有满足这种需要的功能。人的态度都是在适应环境中形成的,形成后起着更好地适应环境的作用。我们是社会性的生物,一些人和群体对我们都是很重要的,适当的态度将使我们从重要的人物(双亲、老师、雇主及朋友等)或群体那里获得认同、赞同、奖赏或与其打成一片。对不同的人应学会有不同的态度。许多大学生发现,如果他们以对父母的态度去跟朋友打交道往往就会不适应,反之亦然。所以习得的态度是为适应社会生活的一种功能。

(2) 价值表现功能(Value-Express Function)

态度可以明确地显示自我的价值,具有积极的表现功能。在很多情况下,特有的态度常表示一个人的主要价值观和自我概念。比如某人参与某种群众性运动的行列,手持某一政治人物的标语牌,这标明他赞同这一运动主题,并拥有这方面的价值观,以及与某些人物认同的自我概念。

(3) 自我防御功能(Ego Defense Function)

态度既可以拒绝引起焦虑的外部事件,又可调节内部冲动。人们常说:"怀有偏见的人往往是心理不健康的。"态度有时也反映出一个人未澄清的人格问题,如不明说的侵犯和生怕丧失身份等。态度作为一种自卫机制,能让人从中受到贬抑时用来保护他们自己。比如一个知识分子看到商人赚很多钱并在生活中拥有许多物质享受,为了恢复被损伤的自尊,他常会显示出自命清高和鄙视"为富不仁"者的态度,以保持心理平衡。

(4) 知识功能(Knowledge Function)

态度可以作为理解环境的一种手段,将它作为判断的标准或理解的参考系。每个人都有了解和支配周围环境的要求。只有确定了对周围环境的态度后,实际行为才有明确的方向。消费者在消费活动中,从各种途径获得有关知识,汇成一个整体。由于知识是无限的,消费者不可能全部掌握它。而态度结构中的认知成分为消费者在有限的知识中,确定对周围环境的某种态度提供了可能性。消费者正是依据这种态度,选择接受并存储有关知识信息。通常消费者会倾向于那些他们愿意了解的商品信息。

态度小故事三则

1. 父子二人看到一辆十分豪华的进口轿车。儿子不屑地对他的父亲说:"坐这种车的人,肚子里一定没有学问!"父亲则轻描淡写地回答:"说这种话的人,口袋里一定没有钱!"

——你对事情的看法,是不是也反映出你内心真正的态度?

2. 有两个台湾观光团到日本伊豆半岛旅游,路况很坏,到处都是坑洞。一位导游连声说路面简直像麻子一样。而另一个导游却诗意盎然地对游客说:"我们现在走的正是赫赫有名的伊豆迷人酒窝大道。"

——虽是同样的情况,然而不同的意念,就会产生不同的态度。思想是何等奇妙的事,如何去想,决定权在你。

3. 同样是小学三年级的学生,他们将来的志愿同是当小丑。中国老师斥之为:"胸无大志,孺子不可教也!"外国老师则会说:"愿你把欢笑带给全世界!"

——身为长辈的我们,不但要求多于鼓励,更以狭窄界定了成功的定义。

第二节 改变消费者态度的策略

消费者态度的改变包括两层含义:一是指态度强度的改变,二是指态度方向的改变。消费者态度的改变,一般是在某一信息或意见的影响下发生的,从企业角度,又总是伴随着宣传、说服和劝导。从这一意义上,态度改变的过程也就是劝说或说服的过程。

一、改变消费者态度的说服模式

霍夫兰德(C. I. Hovland,图 11-1)和詹尼斯(I. L. Janis)于 1959 年提出了一个关于态度改变的说服模式(图 11-2)。这一模式虽然是关于态度改变的一般模式,但它指出了引起态度是否和如何改变的过程及其主要影响因素,对理解和分析消费者态度改变具有重要的借鉴与启发意义。

霍夫兰德认为,任何态度的改变都涉及一个人原有的态度和外部存在着与此不同的看法。由于两者存在差异,由此会导致个体内心冲突和心理上的不协调。为了恢复心理上的平衡,个体要么是接受外来影响,即改变自己原有的态度,要么采取各种办法抵制外来影响,以维持原有态度。

图 11-1　C. I. Hovland

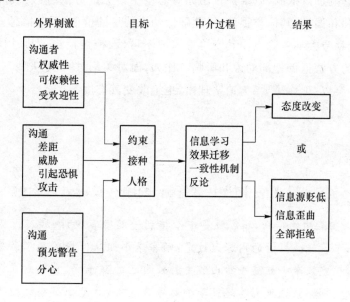

图 11-2　态度改变的说服模式

这种模式将态度改变的过程分为四个相互联系的部分。

1. 外部刺激

外部刺激包括三个要素,即传递者或信息源、传播与情境。传递者是指持有某种见解并力图使别人接受这种见解的个人或组织。如发布某种劝导信息的企业或广告公司,劝说消费者接受某种新产品的推销人员,都属于传递者的范畴。传播则是指以何种方式和什么样的内容安排把一种观点或见解传递给信息的接收者或目标靶(Target)。信息内容和传递方式是否合理,对能否有效地将信息传达给目标靶并使之发生态度改变具有十分重要的影响。情境因素是指对传播活动和信息接收者有附带影响的周围环境,如信息接收者对劝说信息是否预先有所了解,信息传递时是否有其他干扰因素等。

2. 目标靶

目标靶即信息接收者或企业试图说服的对象。说服对象对信息的接收并不是被动的,他们对于企业或信息传递者的说服有时很容易接受,有时则采取抵制态度,这在很大程度上取决于说服对象的主观条件。比如，如果某人在多种场合公开表示过不喜欢某种产品，那么，要改变他的这一态度，难度就比较大，因为那样将意味着他对自己的否定。

3. 中介过程

中介过程是指说服对象在外部劝说和内部因素交互作用下态度发生变化的心理机制，具体包括信息学习、感情迁移、相互机制、反驳等方面。限于篇幅，对于这些中介过程，本书不做具体介绍，有兴趣的读者可以参阅有关社会心理学的书籍。

4. 劝说结果

劝说结果不外乎两种：一是改变原有态度，接受信息传递者的劝说；二是对劝说予以抵制，维持原有态度。从劝说方的角度看，前述第一种结果当然最为理想。但在很多情况下，劝说可能并未达到理想目标，而是出现前述第二种情况。在此情况下，信息接收者或目标靶可能采用各种方式对外部影响加以抵制，以维护自己原有态度。常见的方法有：贬损信源，比如认为信息发送者存有私利和偏见，其信誉很低，以此降低劝说信息的价值；歪曲信息，如对传递的信息断章取义，或者故意夸大某一论点使其变得荒唐而不可信；掩盖拒绝，即采用断然拒绝或美化自己的真实态度的方法抵御外部劝说和影响。比如，面对舆论对"大吃大喝"、"公款消费"的指责，个别国企领导会以"工作需要"为搪塞理由，拒绝改变其态度。

关于"晨光酸牛奶中有苍蝇"的顾客投诉处理案例

2001年某日，在某购物广场，顾客服务中心接到一起顾客投诉，顾客说从商场购买的"晨光"酸牛奶中喝出了苍蝇。投诉的内容大致是：顾客李小姐从商场购买了晨光酸牛奶后，马上去一家餐馆吃饭，吃完饭李小姐随手拿出酸牛奶让自己的孩子喝，自己则在一边跟朋友聊天，突然听见孩子大叫："妈妈，这里有苍蝇。"李小姐寻声望去，看见小孩喝的酸牛奶盒里（当时酸奶盒已被孩子用手撕开）有只苍蝇。李小姐当时火冒三丈，带着小孩来商场投诉。正在这时，有位值班经理看见便走过来说："你既然说有问题，那就带小孩去医院，有问题我们负责！"李小组听到后，更是火上加油，大声喊："你负责？好，现在我让你去吃10只苍蝇，我带你去医院检查，我来负责好不好？"边说边在商场里大喊大叫，并口口声声说要去"消协"投诉，引起了许多顾客围观。

该购物广场顾客服务中心负责人听到后马上前来处理，赶快让那位值班经理离开，又把李小姐请到办公室交谈，一边道歉一边耐心地询问了事情的经过。询问重点：①发现苍蝇的地点（确定餐厅卫生情况）；②确认当时酸牛奶的盒子是撕开状态而不是只插了吸管的封闭状态；③确认当时发现苍蝇是小孩先发现的，大人不在场；④询问在以前购买"晨光"牛奶有无相似情况？在了解了情况后，商场方提出了处理建议，但由于李小姐对值班经理"有问题去医院检查，我们负责"的话一直耿耿于怀，不愿接受商场方的道歉与建议，使交谈僵持了两个多小时之久，依然没有结果，最后商场负责人只好让李小姐留下联系电话，提出换个时间与其再进行协商。

第二天，商场负责人给李小姐打了电话，告诉她：我商场已与"晨光"牛奶公司取得联系，希望能邀请顾客去"晨光"牛奶厂家参观了解(晨光牛奶的流水生产线:生产—包装—检验全过程全是在无菌封闭的操作间进行的),并提出,本着商场对顾客负责的态度,如果顾客要求,我们可以联系相关检验部门对苍蝇的死亡时间进行鉴定与确认。由于李小姐接到电话时已经过了气头,冷静下来了,而且也感觉商场负责人对此事的处理方法很认真严谨,态度一下缓和了许多。这时商场又对值班经理的讲话做了道歉,并对当时发现苍蝇的地点(并非是环境很干净的小饭店)和时间(大人不在现场、酸奶盒没封闭、已被孩子撕开等情况)做了分析,让李小姐知道这一系列情况都不排除是苍蝇落入(而非酸奶本身带有)酸奶的因素。

通过商场负责人的不断沟通,李小姐终于不再生气了,最后告诉商场负责人:她其实最生气的是那位值班经理说的话,既然商场对这件事这么重视并认真负责处理,所以她也不会再追究了,她相信苍蝇有可能是小孩喝酸奶时从空中掉进去的。顾客说:"既然你们真的这么认真的处理这件事,我们也不会再计较,现在就可以把购物小票撕掉,你们放心,我们会说到做到的,不会对这件小事再纠缠了!"

在这起顾客投诉处理事件中值得反思与借鉴的有:处理顾客投诉是非常认真的工作,处理人当时的态度、行为、说话方式等都会对事件的处理有着至关重要的作用,有时不经意的一句话都会对事情的发展起到导火索的作用。我们对待顾客投诉的原则是:软化矛盾而不是激化矛盾,所以这需要我们投诉处理的负责人要不断提高自身的综合素质,强化自己对于顾客投诉的认识与理解,尽量避免因自己的失误而造成的不良后果。

负责该投诉事件的负责人在此处理过程中有许多值得我们借鉴与学习之处。

(1) 沉着:在矛盾进一步激化时,先撤换当事人,改换处理场地,再更换谈判时间。

(2) 老练:先倾听顾客叙述事情经过,从中寻找了解有利于商场的有利证据,待顾客平静后对此向其进行客观的分析。

(3) 耐心:在谈判僵持后,不急不躁,站在顾客角度为顾客着想去解决问题,且非常有诚意,处理方式严谨认真。

二、说服模式中的具体影响因素

1. 传递者对消费者态度改变的影响

一般来说,影响说服效果的信息源特征主要有四个,即传递者的权威性、可靠性、外表的吸引力和受众对传递者的喜爱程度。

(1) 传递者的权威性

传递者的权威性指传递者在有关领域或问题上的学识、经验和资历。一种新药的评价如果是出自一位名医之口,显然会较普通人的评价更具有说服力。在报刊、电台上,经常请有关专家、学者宣布某项消息或信息,目的就是为了增加信息的可信度和影响力。

(2) 传递者的可靠性

传递者的可靠性指传递者在信息传递过程中能否做到公正、客观和不存私利与偏见。再有名的医学权威,如果是在为自己开创的公司作宣传,人们对其评价的可信度就会存在疑问。很多消费者之所以对广告和推销员的说辞表示怀疑,原因也恰恰在于他们认为后者在宣传中难以做到客观和公正。

导入案例

21 元套餐

庆丰包子铺之前几乎完全处于人们的主要视线之外，至少从来没有成为一个聚焦点，但习大大的光临让庆丰包子铺在 2013 年的冬天烧起了一把热情的火焰。1948 年首创之后，庆丰包子一直声名不显，但 2013 年 12 月 28 日之后，由于被赋予了特殊意义，庆丰包子成为了现下最火爆的就餐首选，21 元一位的套餐成为其标配。

火爆之后，庆丰包子铺就从各种渠道接到了不少加盟的咨询和申请。根据庆丰包子铺官方网站提供的加盟要求，在与加盟者签订特许经营合同时，需要加盟者交纳 32 万元，其中包括一次性加盟费 10 万元，保证金 16 万元，首年权益金 6 万元。另外，以后每年交费 6 万元。

庆丰包子铺也为加盟者算了一笔账。以一个使用面积为 220 平方米的店铺为例，装修费用大概需要 20 万元，设备、设施及餐具需要约 15 万元，不计房租，前期投入（店铺正常运营）大概约 70 万元到 80 万元。

(3) 传递者外表的吸引力

传递者外表的吸引力指传递者是否具有一些引人喜爱的外部特征。传递者外表的魅力，能吸引人注意和引起好感，自然会增强说服效果。很多商业广告，用俊男倩女作为打动顾客的手段，就是运用这一原理。另外，饭店和一些购物场所门口的接待一般都是外表不错的年轻人，目的就是希望说服顾客前来消费。

总体而言，关于传播者外表特征的研究也是支持上述原理的。邱肯（S. Chaiken）的研究发现，在改变人们的信念方面，外表更富魅力的传播者更容易获得成功。此外，人们更倾向于对有外表吸引力的传播者形成好的印象。例如，有一个研究发现，男女大学生普遍将有外表魅力的人想象更加敏感、热忱、谦虚和幸福。总之，这些研究结果可以概括为一句话，那就是"美的事物总是好的"。

研究人员也发现，传达者的外表魅力不一定能单独发挥作用，而可能受制于一些其他因素。在一项实验中，具有高外表吸引力和低外表吸引力的人为两种产品，即咖啡和香水作广告。结果显示，当产品是香水时，具有高吸引力的传达者能引发更多的购买意向；相反，当产品是咖啡时，不太具有吸引力的传达者能产生更好的影响效果。由此表明，使用外表漂亮、具有性感的模特做广告，并不是任何情况下都合适。

(4) 对传递者的喜爱程度

对传递者的喜爱程度指受众或消费者对传递者的正面或负面情感。消费者对传递者的喜爱程度可能部分基于后者的外表魅力，但更多的可能是基于其他的因素，如举止、谈吐、幽默感等。喜爱之所以会引起态度改变，是因为人具有模仿自己喜爱对象的倾向，较容易接受后者的观点，受他的情趣的影响，学他的行为方式。

第十一章 消费者的态度

小时代的人气

《小时代》的口碑并不算好,其在豆瓣上的评分甚至低于5分,但郭敬明、杨幂等一批娱乐名人的效应还是吸引了大批年轻粉丝,从调查数据的分析发现观看《小时代》的观众平均年龄为20.3岁,这批典型的90后成了《小时代》票房的最大贡献者,也成为了《小时代》在社交网络上传播的最大贡献者。

这部电影从上映的第一天开始,就一直处在争论的风口浪尖,究竟是好是坏,黑《小时代》一派与挺《小时代》一派在社交媒体上展开了旷日持久的骂战,这反而让《小时代》引起了更大的关注。2 000多万元的投资,近5亿元的票房收入,郭敬明让我们看到了粉丝经济的力量。

喜爱程度和相似性有着密切关系。人们一般更喜欢和自己相似的人接触和相处,从而也更容易受其影响。布罗克(T. Brock)曾于20世纪60年代做过一个有趣的实验。他让一些化妆品柜台的售货员劝说顾客购买一种化妆品,有的售货员充作有专长但与顾客无相似身份,另一些则充作与顾客有相似身份但无专长。结果发现,没有专长但与顾客有相似性的劝说者比有专长而与顾客无相似性的劝说者对顾客的劝说更为有效。

2. 传播特征与消费者态度改变

严格地讲,传播特征也应包括传达者的特征。关于传达者与消费者态度改变之关系在前面已作了讨论,下面主要论及其他传播特征对消费者态度变化的影响。所谓"其他传播特征",主要包括:传达者发出的态度信息与消费者原有态度的差异;恐惧的唤起;一面与两面性论述。

(1) 传达者发出的态度信息与消费者原有态度的差异

一般而言,传递信息所维护的观点和消费者原来态度之间的差异越大,信息传递所引起的不协调感会越强,消费者面临的改变态度的压力越大。然而,在较大的差异和较大的压力之下,能否引起较大的态度改变则要看两个因素的相互作用:一个因素是前面说的差异或差距,另一个因素是信息源的可信度。差距太大时,信息接收者不一定以改变态度来消除不协调的压力,而可能以怀疑信息源的可信度或贬低信息源来求得不协调感的缓解。多项研究发现,中等差异引起的态度变化量大;当差异度超过中等差异之后再进一步增大,态度改变则会越来越困难。

抗拒理论

20世纪60年代末出现心理抗拒理论,把心理抗拒现象及其抗拒效果作为一种态度进行研究。发现在心理抗拒的情况下,事先的说服教育不仅不利于态度转变工作,反而会促使态度向预期相反的方向变化。后来,在心理抗拒理论的基础上发展出心理免疫理论,认为要想促使态度向有利方向转化,事先让被试者参与有关的活动是必要的,被试者积极参与实验者进行的一系列活动,有助于被试者的态度转变。

有时候太过激烈的禁止行动会导致反效果,因为人们不喜欢他们想自由思想和自由行动的事情受到威胁,假如有个行为被强烈禁止,那么人们进而会以叛逆的行为来反抗这种威胁。

詹姆斯·潘尼贝克和戴传汉·桑德斯的试验,让人们不再刻字在洗手间的墙上,所使用两个不同的禁语:

a. "无论如何,不准在墙上涂写"。

b. "请勿在墙上写字"。

你认为哪一个比较会引发抗拒,哪一个效果较好呢?

(2) 恐惧的唤起

恐惧唤起是态度改变过程中常常运用的一种说服手段。头皮屑带来的烦恼、蛀牙所带来的严重后果、脚气患者的不安表情,无不是用恐惧诉求来劝说消费者。在过去的三十多年里,对于恐惧诉求的有效性的看法,经历了相当大的变化。早期一个关于恐惧唤起的研究试图运用恐惧诉求劝说消费者更频繁地刷牙。研究中,一组高中学生目睹牙龈溃疡的可怕镜头,并被告知牙龈感染会导致心脏、肾脏等多种器官损坏的严重后果;其余一些组的被试者则看到的是一些没有如此令人恐惧或根本没有恐惧感的场面。结果显示,高恐惧组的被试者更少有行为的改变。此一结果使不少学者得出恐惧诉求在劝说中没有什么效果的结论。

然而,近年来,恐惧诉求在改变消费者态度方面越来越多地被视为是有效的。人寿保险公司、防盗器具生产商、汽车制造商日益增多地运用恐惧诉求唤起消费者对其产品的兴趣。

正如很多研究人员所指出的,如果给予充分重视,高恐惧信息较陈述或事实性信息将产生更好的劝说效果。之所以如此,关键性原因是恐惧诉求更易于激发情绪性反应,由此会使消费者更多地集中精力应付问题和在此基础上学会如何对威胁做出反应。

森林木十

"森林木十"是最近在网上流传深广的新词汇,这反映了一种悲观展望,即:从繁茂的森林变成丛林,而从丛林变成树木,最终会成为十字架坟墓(这意味着死亡)。

《中国国土资源报》日前亦披露,中国北方(未含沙漠)的荒漠化土地已达 208 万平方千米,占国土面积的 21.7%。而且每年还在以 3 600 平方千米的惊人速度扩张。仅新疆每年被荒漠化的土地就达 400 多平方千米。无须讳言,沙漠和荒漠蔓延扩张的严峻现实已经日益清晰地凸现出来。如果不能立即地开始抵御这个吞没一切生命的"荒漠化之魔",将意味着"森林木十"的情景,既非耸人听闻也并不遥远。

(3) 单面论述与双面论述

在说服过程中,是陈述一方面的意见或论据好呢?还是同时陈述正、反两方面意见与论据好呢?这是信息传达者或说服方经常遇到的一个问题。研究显示,在有些情况下,双面论述是一种有效的说服手段。双面论述给消费者一种客观、公正的感觉,可以降低或减少后者对信息和信息源的抵触情绪。霍夫兰德等人的研究表明:当听众与劝说者的观点一致,或前者对所接触的问题不太熟悉时,单面论证效果较好;如果听众与劝说者观点不一致,而且前者对接触的问题又比较熟悉时,单面论证会被看作是传达者存在偏见,此时,采用双面论证效果将更好。

3. 目标靶的特性

研究说服过程或消费者态度改变的过程,除了要研究信息源、传播本身和情境因素之外,另一个不容忽视的内容就是目标靶的特征。

(1) 对原有观点、信念的信奉程度

如果消费者对某种信念信奉程度很高,如在多种公开场合表明了自己的立场与态度,或者根据这一信念采取了行动,此时,要改变消费者的态度将是相当困难的。相反,如果消费者对某种信念的信奉程度还不是特别强烈,而且也没有在公开场合表明过自己的立场,此时,说服消费者改变其原有的态度,相对会容易一些。

(2) 预防注射

通俗地讲,预防注射是指消费者已有的信念和观点是否与相反的信念和观点做过交锋,消费者是否曾经构筑过对相反论点的防御机制。一个人已形成的态度和看法若从未与相反的意见有过接触和交锋,就易于被人们说服而发生改变。相反,如果他的观点、看法曾经受过抨击,他在应付这种抨击中建立了一定的防御机制,如找到了更多的反驳理由,那么,在以后他便会有能力抵御更加严重的抨击。

(3) 介入程度

消费者对某一购买问题或关于某种想法的介入程度越深,他的信念和态度可能就越坚定。相反,如果介入程度比较低,可能更容易被说服。在购买个人电脑时,消费者可能要投入较多的时间、精力,从多个方面搜寻信息,然后形成哪些功能、配置比较重要的信念。这些信念一经形成,可能相当牢固,要使之改变比较困难。而在低介入的购买情形下,比如购买饮料,消费者在没有遇到原来熟悉的品牌时,可能就会随便选择售货员所推荐的某个品牌。

(4) 人格因素

人格因素包括自尊、智力、性别差异等。研究发现,低自尊者较高自尊者更容易被说服,因为前者不太重视自己的看法,遇到压力时很容易放弃自己的意见。与此相反,高自尊者往往很看重自己的观点与态度,在遇到他人的说服或攻击时,常会将其视为对自身价值的挑战,所以不会轻易放弃自己的观点。

另一项人格因素是智力。一般认为,智力高的人比智力低的人难以被说服,但迄今还缺乏证据支持这种观点。调查表明,总体而言,高智商者和低智商者在被说服的难易程度上没有显著差异。但高智商者较少受不合逻辑的论点的影响,低智商者则较少受复杂论证的影响。总体上,智力和说服仍是有关系的,而且这种关系并不像人们想象的那样简单。

就性别差异而言,伊格利(A. H. Eagly)和卡莱(L. L. Carli)在回顾了有关这方面的大量实证研究后指出,从实验结果看,男性与女性在谁更容易被说服的问题上不存在明显差异。差异主要集中在双方各自擅长的领域。如在西方社会中,从事金融、管理等工作的大多是男性,女性在这方面可能缺乏自信,在与此有关的一些问题上可能较男性更易被说服。但在家务和孩子抚养上,女性较为自信,因此对与这些方面有关的问题,可能较男性更难被说服。

4. 情境因素与消费者态度改变

说服过程不是在说服方和被说服之间孤立进行的,而是在一定的背景条件下进行的。这些背景条件或情境因素对于说服能否达到效果有着重要的影响。

(1) 预先警告

如果某一消费者在接触说服信息前,对劝说企图有所了解,他有可能发展起反驳的论点,从而增强抵御劝说的能力。弗里德曼(J. L. Freedman)和西尔斯(D. O. Sears)于1965年作过一项关于警告、分心与对传播影响的抵制的研究。研究人员在一场报告开始前10分钟告诉一部分青少年被试,他们将去听一个关于为什么不许青少年开汽车的报告,而另一些孩子则在报告开始时才听到这一主题。结果得到预告警告的一组被试受报告影响的程度比未受到预先警告的被试要小得多。

预先警告并不总是对信息接收者起抵制说服的作用。研究表明,如果一个人不十分信服他原来的观点,预先警告会起相反的作用,即能促进态度的转变。还有一项研究显示,警告的作用和意见内容是否涉及个人利益有紧密联系。对没有个人利益介入的人,预先警告能促进其态度转变;对于有较深利益牵连的人,预先警告能阻挠其态度的改变。

(2) 分心

分心是指由于内外干扰而分散注意力或使注意力不能集中的现象。在劝说过程中,若情境中存在"噪声"致使受众分心,就会影响劝说的效果。若引起分心的"噪声"太大,使目标靶听不到信息,则劝说等于没有发生。比如,广告节目中,若背景部分太吸引人,由此反而会淹没主旨,影响受众对广告主题内容的回忆。研究也发现,如果情境中有某些"噪声"适当地分散受众的注意力,不让受众集中精力去思考和组织反驳理由,劝说效果会更好。所以,分心对态度转变的影响,实际上应视分心程度而定。适度的分心有助于态度的改变,过度的分心则会降低劝说效果,从而阻碍态度改变。

(3) 重复

重复对消费者态度变化亦会产生重要影响。两因素或双因素理论(Two-Factor Theory)认为,当消费者接收重复性信息时,两种不同的心理过程将同时发生作用。一方面,信息的重复会引起不确定性的减少和增加对刺激物的了解,从而带来积极的和正面的反应;另一方面,随着重复增加,厌倦和腻烦也随之增长。在某一点上,重复所引起的厌倦将超过它带来的正面影响,从而引起消费者的反感。所以,为了避免或减少受众的厌倦感,企业在作广告时,最好是在不改变主题的条件下对广告的表现形式不时作一些小的变动。

认知不协调理论

1. 认知不协调的基本假设

费斯汀格认为,人们为了自己内心平静与和谐,常于认识中去寻求一致性,但是不协调作为认知关系中的一种,必然导致心理上的不和谐。而心理上的不和谐对于个人构造自己内心世界是有影响和效力的,所以常常推动人们去重新建构自己的认知,根除一切搅扰。在上述思想指导下,费斯汀格提出了有关认知不协调的两大基本假设:

一是作为心理上的不适,不协调的存在将推动人们去努力减少不协调,并达到协调一致的目的;

二是当不协调出现时,除设法减少它以外,人们还可以能动地避开那些很可能使这种不协调增加的情境因素和信息因素。

可见,这里不协调状态已具有了动力学的意义,正是由于认知上的不协调才引起人类的行为。他将人类行为的动因从需求水平转移到认知水平上,突出了人类理性的力量。

2. 认知不协调的条件

费斯汀格认为,认知不协调的基本单位是认知,它是个体对环境、他人及自身行为的看法、信念、知识和态度。它可以分为两类,第一类是有关行为的,如"我今天去郊游";第二类是有关环境的,如"天下雪"。而认知结构是由诸多基本的认知元素构成,认知结构的状态也就自然取决于这些基本的认知元素相互间的关系。费斯汀格将认知元素间的关系划分为三种。

(1) 不相干。此时两种认知元素间没有联系,例如"我每天早上七点钟吃早饭"与"我对足球不感兴趣。"

(2) 协调。此时两种元素的涵义一致,彼此不矛盾,如"我是一个品德高尚的人"与"我做了一件帮助他人的事情"。

(3) 不协调。此时如果考虑到这两个认知元素单独存在的情况,那么一个认知元素将由其反面而产生出它的正面……假如从 y 产出非 x,那么 x 和 y 就是不协调的。例如"我是一个品德高尚的人"与"我做了一件损人利己的事",这两者就是不协调的。

在费斯汀格看来,认知不协调理论研究只是认知元素间的后两类关系,并且把注意力重点放在不协调关系上。

3. 认知不协调的强度

费斯汀格认为,不协调在程度上是有区别的。具体地说,它取决于两个方面:

一是不协调的程度同某一认知元素对个人生活的重要性成正比,比如丢掉一元钱与丢掉一份满意的工作造成的不协调程度是不同的;

二是不协调的程度取决于一个人所具有的不协调认知的数目与协调认知数目的相对比例,可用公式表示:

$$\text{不协调程度} = \frac{\text{不协调认知项目数量} \times \text{认知项目的重要性}}{\text{协调认知项目的数量} \times \text{认知项目的重要性}}$$

4. 认知不协调的解决途径

在解决认知不协调的问题上,费斯汀格提出了三种途径。

(1) 改变行为,使对行为的认知符合态度的认知。比如,"知道吸烟有危害"而"每天还在吸烟"的人把烟戒掉。这样,两个认知元素便协调起来。

(2) 改变态度,使其符合行为。如认为"自己比别人都聪明",而期终考试时"两门功课不及格"的人改变对自己原先的评价,认知到自己不过是个中等或者中等偏下的学生,这样认知达到协调。

(3) 引进新的认知元素,改变不协调的状况。如为了缓解吸烟问题上出现的认知不协调和心理紧张,可以寻找有关吸烟不会致癌,甚至反而对身体有些益处的事例知识。

这三种解决途径是从"知"、"行"角度入手,来达到消除认知不协调的目的。但也应看到,由于不协调在主观上被体验为心理的不舒适,这种心理的不舒适,不同的个体其体验各不相同,因此对个体选择减少失调的具体途径,认知不协调理论不能做出明确判断。

第三节 消费者态度的测量

态度是一种内在的心理倾向,它无法被直接观察到,但可以通过某些方法和技术间接地推测出来。社会心理学家在一开始研究态度之时,特别是在态度能够预示行为的观点支配下,十分注重对态度的测量,热心于发现和确定态度,提出了许多态度测量的理论和技术。在这方面,社会学家和心理学家的合作与汇合体现得十分鲜明:先到者是社会学家博加德斯,接踵而至者是心理学家瑟斯顿。前者于1925年公布了著名的"社会距离量表",后者不但在1926年提出了"态度能够被测量"的结论,而且于1929年在与E·蔡夫合作出版的《态度测量》一书中首次公布了一种测量宗教态度的量表。从那以后,各种态度测量的方法和技术纷纷出现,到目前为止已达数百种之多。这些测量方法主要包括量表测量和非量表测量两大类。

一、量表测量

态度量表是测量态度的主要工具。量表是由社会心理学家根据特定的态度对象、采取科学的设计程序加以编制的,然后通过被测量者的自陈或自我报告来评定其对特定态度对象的态度。当然,存在着不同的编制和使用量表的程序,因此也就有许多种量表。常用的有如下几种量表。

1. 瑟斯顿量表

瑟斯顿量表(Thurstone-type Attitude Scale)是一个早期的态度量表,是L·L·瑟斯顿及其同事E·J·蔡夫于1929年提出的,称之为瑟斯顿量表法。这个方法首先收集一系列有关所研究态度的陈述或项目,而后邀请一些评判者将这些陈述按照从最不赞同到最赞同方向分为若干类,如11类。经过淘汰、筛选,形成一套约20条意义明确的陈述,由最不赞同到最赞同分布。要求参加态度测量的人在这些陈述中标注他所同意的陈述,所标注的陈述的平均量表值就是他在这一问题上的态度分数。瑟斯顿量表法提出了在赞同或不赞同的因素上测量态度的方法,这是它的贡献。这个作法迄今仍是多数量表的基本特点。图11-3是一个测量人们对电视商业广告态度的例子。

瑟斯顿量表曾被有效地运用于测量对战争、死刑、宗教、少数民族群体的态度,但他的方法也受到了人们的批评。批评集中在这样两个方面:其一,瑟斯顿的基本立足点有问题,因为他

第十一章 消费者的态度

```
量表A电视商业广告态度测量的瑟斯顿量表
1. 所有的电视商业广告都应该由法律禁止。
2. 看电视广告完全是浪费时间。
3. 大部分电视商业广告是非常差的。
4. 电视商业广告枯燥乏味。
5. 电视商业广告并不过分干扰欣赏电视节目。
6. 对大多数电视商业广告我无所谓好恶。
7. 我有时喜欢看电视商业广告。
8. 大多数电视商业广告是挺有趣的。
9. 只要有可能,我喜欢购买在电视上看到过广告的商品。
10. 大多数电视商业广告能帮助人们选择更好的商品。
11. 电视商业广告比一般的电视节目更有趣。
```

图 11-3 电视商业广告态度测量表

假设在一个量表的单个连续统一体上能够准确有效地标明个体的态度差异;其二,瑟斯顿的方法过于复杂,特别是编制起来很麻烦,用霍兰德的话说,"它太浪费时间并且不实用"。前一个批评几乎是任何一个量表理论家都无法变更的,因为这直接涉及态度能够被测量的假设;而后一个批评则十分中肯,它很快就在利克特那里获得了回响。

2. 利克特量表

1932 年 R·利克特提出了一个简化的测量方法,称之为相加法。它不需要收集对每个项目的预先判断,只是把每个项目的评定相加而得出一个总分数。利克特量表也是由一系列陈述组成,利用 5 点或 7 点量表让被试者做出反应。5 点量表是从强烈赞同(5)、赞同(4)、中性(3)、不赞同(2)到强烈不赞同(1);7 点量表则分为强烈赞同(7)、中等赞同(6)、轻微赞同(5)、中性(4)、轻微不赞同(3)、中等不赞同(2)、强烈不赞同(1)。这两种量表是使用得最广的。利克特量表的一种改进形式是强迫选择法,为了使被试者一定要做出选择而排除了中性点,如把原 7 点量表改为 6 点量表。有人用颜面法代替陈述法,用之于无文化的被试。利克特量表法的结果与瑟斯顿量表法的相关系数约为 0.80。图 11-4 为一个例子。

```
(出示卡片A) 现在我想了解您对Johnson除臭鞋垫的印象,您说您已很熟悉,但还未使
用过。当我读出它的每一个特点时,请您用卡片上的陈述: 完全同意、同意、无所谓、
不同意或完全不同意,说出您的态度。

它们可能会使我脚热 54321
我很满意我正在使用的产品 54321
我的问题还不很严重 54321
要把它们剪得合尺寸很麻烦 54321
价格太贵 54321
可能会使鞋子变紧 54321
不好意思去买它们 54321
广告无法让我相信产品有效 54321
我所试过的其他鞋垫都没用 54321
足部喷雾剂更好用 54321
足粉更好用 54321
本人未用过鞋垫 54321
不会持续超过几星期 54321
放在鞋里似乎很难看 54321
必须购买超过一双 54321
不得不将它们从一双鞋换到另一双鞋 54321
没有任何脚臭产品是完全有效的 54321
可能由于出汗而变湿 54321
不知道鞋垫穿在鞋子里的感觉 54321

              卡片A
   完全同意  同意  无所谓  不同意  完全不同意
```

图 11-4 除臭鞋垫态度测量实例

3. 语义差异量表

语义差异量表(Semantic Differential Scale)着重分析态度对象个体所具有的隐含意义，创立者是奥斯古德、苏西和塔南鲍姆。该测量方法的基本前提是，态度是由人们赋予关键词或关键概念的意义(语义)所构成的，而这些意义可以通过语词联想的反应加以确定。具体就实施而言，实验者根据所要测得的问题涉及一套双极形容词来制定问卷的量表，将每对双极形容词分别写在一连续统一体的两端。每一连续统一体可以有5级也可以有7级，分别代表人们对某一对象的各种态度水平。将被试的选择累加起来，即可得到被试肯定或否定的态度。图11-5是用来测量学生对老师的态度。

我的老师		
崇高的	7654321	卑鄙的
奉献的	7654321	攫取的
慈祥的	7654321	凶狠的
博学的	7654321	无知的
爱心的	7654321	残忍的

图 11-5　学生对老师的态度测量表

同上述瑟斯顿和利克特两种量表相比，语义差异量表编制起来免去了确定陈述的麻烦，因此，能够十分简便地测量人们对各种事物和人物的态度。

二、非量表测量

上述量表测量方法有许多优点，但也有其自身的局限。常常为人论述的局限之一是，量表测量的基础是被测量者的自我报告，但是，如果被测量者对自己的真实态度进行掩饰，或者对量表测量不认真，量表的价值就有问题。为了避免这类问题，社会心理学家采取各种办法，比如像规定不记名、说明测量的科学意义等，但有时仍难以克服上述局限。在这种情况下，另一些研究者便在态度测量中发展出了一些不使用量表的测量方法。

1. 投射法测量

投射法(Projection)在心理学上的解释，是指个人把自己的思想、态度、愿望、情绪或特征等，不自觉地反应于外界的事物或他人的一种心理作用。此种内心深层的反应，实为人类行为的基本动力，而这种基本动力的探测，有赖于投射技术的应用。

投射评价理论认为，被试者对测验题材的解释，可以反映其心理功能。编制投射测验心理学家认为，人类的日常反应，固然决定于当时的刺激或情境，但个人本身当时的心理状况，和他过去的经验，以及对将来的期望等，对当时的知觉与反应的性质和方向，都发生了很大作用。我们常将内心情感及感觉投射到环境里去，假定面对着空泛而无限制的刺激情境(测验题材)，个人可以自由想象或不自觉的对它做出种种反应，因而便会将一个人一些潜在深层动机和人格特性投射出来；由于每个人的经验不同对刺激所知觉的内容不同，因此，所做的反应就不可能相同。所以分析反应的结果，可以提示一个人的人格形态和深层动机，这就是投射设计的基本原理。

由于投射测验的材料大都是刺激模糊、结构松疏，使被试者仁者见仁，智者见智。所以被试者不易知道测验的目的性及他的反应在心理解释上具有什么意义。投射研究最大的特点是对所呈现的刺激情境，其意义完全由自己决定，并不是由主试者武断地代他决定，因此，被试者可毫无顾忌地表现某种行为或感情，对刺激情境做出反应。实际上，刺激情境本身并不重要，刺激情境的作用像银幕一样，只是被试者把他的内心需要和态度投射到这张银幕上而已。在国外投射技术多用在职业兴趣测量、态度及人格测验中。一般比较通用的投射测验法有以下几种。

（1）联想法。通常要求被试者说出某种刺激（如字词、墨迹）所引起的联想，一般指首先引起的联想。

（2）构造法。要求被试者编造或创造一些东西，如故事、图画等。

（3）完成法。要求被试者完成某种材料，如语句完成法。

（4）选择或排列法。要求被试者依据某种原则对刺激材料进行选择或予以排列。

（5）表露法。要求被试者利用某种媒介自由地表露他的心理状态。

上述分类法较为实用，但必须注意各类之间的界限并不是十分绝对的，有许多测验可能兼有不同的形式。

值得指出的是运用投射技术编制的测验原理简单，但记分和解释都比较困难，对主考人的理论修养和专业技术要求较高，故在国内很少使用。

主题统觉测验

在众多的心理测验理论中，心理投射理论是应用较多的一种，由其衍生而来的心理投射技术在人格测量中常被使用。其中"罗夏墨迹测验"和"主题统觉测验"是在国内比较常见的投射法人格测验，下面我们介绍的是由心理学家默里于1935年开发的主题统觉测验（TAT, Thematic Apperception Test）。

主题统觉测验，是由 H·A·默里于 1935 年为性格研究而编制的一种测量工具。全套测验共有 30 张内容隐晦的黑白图片，另有空白卡片一张，图片的内容以人物或景物为主。每张图片都标有字母号，按照年龄、性别把图片组合成四套测验，每套 20 张，分成两个系列，每系列各有 10 张。分别用于男人、女人、男孩和女孩，其中有些照片是共用的。测验进行时，主测者按顺序逐一出示图片，要求被测者对每一张图片都根据自己的想象和体验，讲述一个内容生动、丰富的故事。

每套测验的两个系列分两次进行，测完第一系列通常花 1 小时，在一天后或更长时间后再进行第二系列的测试。通常第二系列的图片内容会较为奇特、复杂，容易引起情绪反应。在第二系列测验完毕后，主测者会与被测者作一次谈话，了解被测者编造故事的来源和依据，以作为分析的参考。

我们先体验一个 TAT 测验，请看右面这张图片，根据图画的内容讲述一个故事。请讲出图画上的情境是怎么造成的，此时发生了什么事，图画的主人翁情绪怎么样，内心有何感触，结局如何。想到什么说什么，不要急，能说多少是多少，慢慢讲完。

讲完故事后看下面分析。

注意:如果您是一位心智健全的人,而您讲述的故事少于140个字,表示您对本测验缺乏合作态度,不再作分析。

自我分析前,看看这位21岁男青年对以上画面讲述的故事:

她正在收拾屋子以迎接某人的到来,她打开门,最后一遍扫视房间。也许她正在盼望儿子回家。她试图把所有的东西恢复到儿子出门时的原样。她似乎性格上有些暴虐,统治着儿子的生活,一旦他回来立即控制他。这仅仅是她控制的开端。她的儿子一定被她的暴虐所吓倒,将顺从她的井然有序的生活方式。他将按照母亲规定的生活道路走下去。所有这一切意味着她完全统治着他的生活直至她死去。

不妨对照这些要点自我分析。

先分析以下几点。

(1) 画面中的主要人格特征,包括性别、身份、年龄、性格属性等;

(2) 主要人物的内心状态,即此时人物内心感受如何,有无紧张、不安、矛盾等感受;

(3) 主要人物的要求、动机、现实性和欲望等;

(4) 主要人物的压力,包括内在压力和外在环境压力;

(5) 有无解决的行为,例如对欲求与压力的相互作用如何解决,解决过程中有无适应行为或不适应行为,解决的行为是否具有现实性与建设性;

(6) 故事结局如何,即故事中人物成功与否、幸福与否;

(7) 故事的主题基调,即是低沉还是明朗的、是悲剧还是喜剧的;

(8) 人物之间的关系。

如果您回答了那些问题,再对比重新审视自己。

以下是分析的提示。

(1) 欲求分析

包括成就、欲望、认识特点等14个因素分析:支配(DO)、教养(Nu)、性(Se)、谦卑(AI)、援助(Su)、情绪语言(EL)、躯体社会(PS)、躯体反社会(As)、财产破坏(SD)、冲突(Con)、自我攻击(IA)、消极(Pa)、沮丧(De)、情绪变化(EC)。

(2) 内在状态分析

愉快的感情群:幸福、满足、爱情、亲情等;

不快的感情群:愤怒、悲伤、焦躁、不安等;

评价的感情群:优美、憧憬、自信、欣赏等;

压力分析(社会的压力):人际的压力,支配、控制和压迫感,性的压迫感等;

环境的压力:灾害、不幸、交通事故、流浪、破产等。

(3) 自我内心的压力

罪恶感、羞耻感、死亡恐惧感等。

TAT测验是让被测者给意义隐晦的图片赋予更为明确的意义,从表面上看,这一赋予意义的活动是自由的,比如在指导语中,主测者就鼓励被测者无拘束地想象,自由随意的讲述,故事情节愈生动愈戏剧性愈好。但是实际上,默里认为被测者在这过程中会不自觉地根据自己潜意识中的欲望、情绪、动机或冲突来编织一个逻辑上连贯的故事。这样,研究者就可以对故事内容进行分析,捕捉蛛丝马迹,从而了解被测者特定的内心世界。

其他的一些 TAT 测验用图,读者可自己分析,如下所示。

2. 行为反应测量

行为反应测量的特点是以被测量者的行为举止作为态度的客观指标来加以观察,其基本假定为行为是态度的外在表现。例如,通过身体距离、目光接触等非言语的沟通来测定人与人之间的态度。这种测量不直接涉及被测量者的态度,不易被本人觉察,可获得较可靠的资料,但问题在行为与态度并非简单的一一对应的关系。

3. 生理反应测量

生理反应测量的特点是通过检查被测量者的生理变化来测定其态度。因为态度可以引起机体的一系列生理反应,像瞳孔、心跳、呼吸、血压、皮肤电的改变,有的研究者便利用皮肤电反应作为指标去探测种族偏见的态度,也有的机构用此种方法去测量人们语言的真实程度。生理反应不易受意识控制,所以相对来说较为可靠,但这种测量的局限在它只能测量极端的态度,并且难以识别态度的方向。

三、态度测量上常出现的问题

在态度测量上常出现两种问题:客观解释问题和主观偏向问题。研究者发现,问卷使用的态度量表有时并未反映出反应者的真实态度。如果某个项目编制用语模糊,被试发生误解,那么对这个项目的反应就不可能反映出被试的态度。这是客观上的解释问题。要避免这种错误,在编制态度量表时应当用多个项目测量同一个态度。这样可以克服理解上造成的误解,测量到真实的态度。更严重的问题是主观偏向问题。如果人们由于某种原因而不愿表达真实的态度,那么就可能提出虚假的反应,有时人们也可能自己并不了解与行为不同的内心深处的态度,在这种情况下作为测量工具的态度量表的效度就成了问题。社会心理学家已提出一些避免这类问题的办法。

在许多场合下,人们提出虚假反应是由于他们知道哪些态度是社会赞许的,哪些是社会不赞许的。为了解决这个问题,有人提出了一种称为假通道技术的方法。实验者申明采用一种仪器可以探查到被试者的真正态度(实际上这是做不到的)。如果被试者不了解实情,相信实验者真能做到,就可能做出真实的反应。H·西戈尔等人 1971 年的研究证明,采用假通道法与传统量表法相结合比单用传统量表法更能揭示出真实的态度。他们的实验基本假设是,由于社会压力,大学生倾向于对美国人表现出比实际态度差一些的态度,对黑人表现出比实际态度好一些的态度。他们共用60名白人大学生作被试者,分为两组。第1组30人对美国品质表做出反应,第2组30人对类似的黑人品质表做出反应。每一组的15人连通一架标名为"肌电图"的仪器,其余15人只作反应,不连通仪器。结果表明,结合假通道技术的确能探查出更真实的态度。

除了假通道技术外,还有人提出利用行为指标的办法。人们认为,当人们倾听他们赞成的信息时往往点头而不是摇头,这种运动也可以用来探查真实态度。其次,皮电反应和肌电图也是可以利用的。虽然这类生活反应与态度没有直接联系,但有助于了解唤起水平,从而查明不真实的反应。

某些人格特征也会造成反应偏向。社会心理学家发现,某些人对问卷或测验总是以一定模型反应,而不管其态度。有些人有赞同反应倾向,他们对问卷项目倾向于做出肯定的回答,即使它不反映其真实态度。有些人有否定倾向,他们对问卷项目倾向于做出否定回答。对此可采用对一个态度运用多个问题的方法,而且问题的表述采用不同方式,对同一问题有时要求用"同意"回答,有时要求用"不同意"回答。

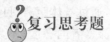

复习思考题

1. 什么是消费者态度?
2. 消费者态度的功能是什么?
3. 什么是外显态度、内隐态度?
4. 消费者态度改变的策略有哪些?
5. 怎样运用恐惧诉求来改变态度?
6. 什么是抗拒理论?
7. 消费者态度的测量方法有哪些?
8. 什么是TAT实验?
9. 态度测量上容易出现的问题有哪些?

第十二章

消费者购买决策与购买行为

1. 了解购买群体决策中的角色及各自的作用；
2. 了解消费者购买行为的不同类型；
3. 掌握购买决策的过程；
4. 掌握消费者购后行为及消费者满意度。

1. 消费者购买决策过程；
2. 消费者购买决策后行为。

大学生购买笔记本计算机的决策过程

消费者购买决策程序一般包括需求识别、信息收集、可供选择方案评估、购买决策及购后行为。大学生群体是目前笔记本计算机市场最大的客户群体之一，现在以大学生购买笔记本计算机的决策过程为例分析整个消费决策过程。

1. 需求识别

这个时代是互联网的时代，越来越激烈的竞争环境要求大学生们更加贴近互联网并且从中获取信息和知识。大学生对计算机的需求越来越强烈，特别是笔记本计算机。大学是个开放的平台，无论是师生之间的交流，还是各种信息的获取，都要依附于互联网。除了学习方面，大学生的生活也因此变得更加丰富多彩，游戏、音乐、电影以及各种聊天工具都是大学生们课余生活的主要娱乐。所以，无论是学习还是生活上，大学生们对笔记本计算机的需求都很强烈。

根据不同学生家庭的经济能力以及各自的诉求点不同，需求大致可分为三种：第一种，由于经济能力的限制，只需要满足各种最基本的计算机功能即可。第二种，在经济条件允许的情况下，想要在基本功能之外尽量满足各种个性化的需求。例如有些同学喜欢听音乐，倾向于音响效果较好的计算机；有些同学热衷游戏或者看视频，则倾向于散热性好、屏显效果好、主板运行能力强的计算机。第三种，经济条件优越，希望在满足所有学习、娱乐的功能的基础之上选择CPU、显卡、主板、内存、硬盘、显示器等配置最先进的计算机。同时还要求计算机外观漂亮。基于对同学们的了解，大多数人属于第二种，即经济条件较好，对计算机配置要求不是特别严格,尊崇"按需购机"。在此,以此类同学的购机决策为例进行分析。

2. 信息收集

① 联想 y470。作为一款采用了最新 SNB 平台的笔记本计算机,凭借着 32 nm 双核四线程 i5 2410M 处理器、GT 550M 独立显卡,大容量硬盘以及高速内存为用户提供了出色的整体性能,可以说在一定程度上保证了继续"彪悍"的可能。外观设计时尚、硬件配置均衡,兼顾主流办公与家用娱乐,支持显卡动态切换,较长的续航能力,屏幕亮度表现较好。产品定位为游戏影音本。

② 华硕 A43S。全新推出的华硕 A43S 外观颜色趋于多元化,已经不局限于传统冷色调的范围,7 种全新的颜色方案足以给用户提供更多的选择空间。华硕 A43S 屏幕尺寸为 14 英寸,最佳分辨率为 1 366×768,屏幕边框运用了黑色钢琴烤漆工艺,在镜面效果的烘托下显得格外靓丽,在边框四周还内嵌了条形的胶垫,目的是为了有效减缓由于屏幕开合所带来的冲击力。屏幕正上方内置一颗网络摄像头,配合随机智能登录软件,可以在开机的时候进行人脸识别,以确保用户登录系统的安全性。整机具有良好的散热性能,其中主要一个原因是采用了华硕独有的 Ice Cool Design 技术,这项技术可以有效降低用户感知最明显的左右掌托温度,通过优化的导热系统迅速将热量排出,为用户提供了舒适的操作体验,这一点足可以看出华硕十多年在板卡方面的深厚功底。

③ 宏基 4750。Aspire 47XXG 也是近年来很火的学生本产品,超高的性价比,硬件搭配方面一直是宏基笔记本考虑比较周全的,这款笔记本配备了酷睿 i7 2630QM 四核智能处理器,其核心显卡不仅能够满足平时的办公需求,而且对提高笔记本续航能力也有一定的帮助。如果需要复杂图形图像处理的时候,可以随时切换到独显模式下,凭借 GT 540M 独显性能完全可以胜任各种高清视频和游戏需求。

大多数学生朋友买本注重"全能",这是很好理解的,花最少钱办最多的事儿就是他们追求的目标。男生更多的是注重性能,需要有一块儿不错的显卡,需要有一颗动力十足的芯;而女生则在关注性能的同时,更加注重外观设计、机体重量等等与女性特点相符的方面。不过,对于学生朋友而言,"按需购机"才是上上之选,弄清楚自己想要什么?平时都涉及哪些应用?根据这些来判断自己选择什么样的产品,才能够买到最适合自己的产品。

3. 可供选择方案评估

得到所有数据信息之后,可以用管理学中所学到的决策模型进行可选方案评估。用户根据自己的需求,对决策标准分配权重:CPU 20、显卡 16、散热性能 12、内存 6、磁盘 6、外观 12、其他用户评价 16、购买价格 20。

再根据这三款计算机的配置,给各项打分,每项满分 10 分,各项得分与各指标分配的权重相乘,得到总分。

4. 购买决策

根据三种方案的评估结果,得分从高到低依次是华硕 A43S、联想 y470、宏基 4750。在这种理性的分析之后,往往还需要身边同学朋友的意见。一般来说,会去咨询有使用经验或者懂行人,从他那里获得更真实的用户体验信息。如果刚好大家都推荐的是华硕 A43S,因为它的性价比最高,那么如果资金没有问题,消费者则会决定购买华硕 A43S。

5. 购后行为

购买商品并使用一段时间之后，消费者会把购买后的使用感受与购买前的预期作比较。如果比较的结果十分满意，那么他的决策就是很成功的。如果发现比较的结果非常令人失望，则说明她的消费决策过程是不合理的，中间环节可能出现了什么问题，例如获取的信息资料不真实、产品来源不可靠、自己决策失误等等。消费者的每一个消费决策基本上都会遵循这样一个过程，需求识别、信息收集、可供选择方案评估、购买决策、购后行为。每一次的决策经历都会收获经验，并对下一次的决策提供参考，并且逐步积累经验。

第一节 消费者购买决策过程

所谓顾客购买行为，概括地说，就是指人们为了满足个人、家庭的生活需要或者企业为了满足生产的需要，购买爱好的产品或服务时所表现出来的各种行为。顾客购买行为具有动态性、互动性、多样性、易变性、冲动性、交易性等特点。严格地说，顾客购买行为由一系列环节组成，即顾客购买行为来源于系统的购买决策过程，并受到内外多种因素的影响。顾客购买行为的复杂多变，对销售人员提出了更多、更高的挑战。对于优秀的销售人员来说，掌握顾客购买决策过程及了解影响顾客做出购买决策等方方面面的因素等至关重要。

我们将从动态的角度去研究消费者购买决策的方式及其过程。消费者的购买决策是一个极为复杂的过程，存在着众多的可变因素和随机因素，只有进行全面分析才有可能把握其中的规律。主要涉及参与决策的角色、购买决策的类型和购买决策的过程。

一、参与决策的角色

购买决策在许多情况下并不是由一个人单独做出的，而是有其他成员的参与，是一种群体决策的过程。这不仅表现在一些共同使用的产品（如电冰箱、电视机、住房等），也表现在一些个人单独使用的产品（如服装、手表、化妆品等）的购买决策过程中。因为这些个人在选择和决定购买某种个人消费品时，常常会同他人商量或者听取他人的意见。因此了解哪些人参与了购买决策，他们各自在购买决策过程中扮演怎样的角色，对于企业的营销活动是很重要的。

一般来说，参与购买决策的成员大体可形成五种主要角色：

（1）发起者，即购买行为的建议人，首先提出要购买某种产品；

（2）影响者，对发起者的建议表示支持或者反对的人，这些人不能对购买行为的本身进行最终决策，但是他们的意见会对购买决策者产生影响；

（3）决策者，对是否购买，怎样购买有权进行最终决策的人；

（4）购买者，执行具体购买任务的人，其会对产品的价格、质量、购买地点进行比较选择，并同卖主进行谈判和成交；

（5）使用者，产品的实际使用人，其决定了对产品的满意程度，会影响买后的行为和再次购买的决策。

这五种角色相辅相成，共同促成了购买行为，是企业营销的主要对象。必须指出的是，五种角色的存在并不意味着每一种购买决策都必须要五人以上才能做出,在实际购买行为中有些角色可在一个人身上兼而有之,如使用者可能也是发起者,决策者可能也是购买者。而且在非重要的购买决策活动中,决策参与的角色也会少一些。

认识购买决策的群体参与性,对于企业营销活动有十分重要的意义。一方面企业可根据各种不同角色在购买决策过程中的作用,有的放矢地按一定的程序分别进行营销宣传活动;另一方面也必须注意到某些商品的购买决策中的角色错位。这样才能找到准确的营销对象,提高营销活动的效果。

二、购买行为的类型

不同类型的消费者对于不同类型的商品,购买决策行为也是有很大的差异的。如购买一台电脑和购买一把牙刷,购买决策行为就会有很大不同。前者可能要广泛搜集信息,反复比较选择,后者则可能不加思考,随时就可以购买。根据消费者对产品的熟悉程度(需要解决问题的多少)和购买决策的风险大小(很大程度上决定于产品价格的昂贵与否),我们可以将购买行为分成四种类型,如表 12-1 所示。

表 12-1 购买行为的类型

		对产品的熟悉程度	
		低	高
购买决策风险	高	复杂性购买行为	选择性购买行为
	低	简单性购买行为	习惯性购买行为

1. 复杂性购买行为

主要是对于那些消费者认知度较低,价格昂贵,购买频率不高的大件耐用消费品。由于价格昂贵,购买决策的风险就比较大,购买决策必然比较谨慎;由于消费者对产品不够熟悉,需要搜集的信息比较多,进行选择的时间也比较长。

2. 选择性购买行为

同样是价格比较昂贵的商品,有较大的购买决策风险,但是由于消费者对于此类商品比较熟悉,知道应当怎样进行选择。因此在购买决策时无须再对商品的专业知识作进一步的了解而只要对商品的价格,购买地点以及各种款式进行比较选择就可以了。

3. 简单性购买行为

对于某些消费者不太熟悉的新产品,由于价格比较低廉,购买频率也比较高,消费者不会花很大的精力去进行研究和决策,而常常会抱着"不妨买来试一试"的心情来进行购买,所以购买的决策过程相对比较简单。

4. 习惯性购买行为

对于那些消费者比较熟悉而价格比较低廉(通常产品的稳定性也比较好)的产品,消费者会采用习惯性的购买行为。即不加思考地购买自己习惯用的品种、品牌和型号。若无新的强有力的外部吸引力,消费者一般不会轻易的改变其固有的购买方式。

了解购买行为的不同类型,有助于企业根据不同的产品和消费者情况去设计和安排其营销计划,知道哪些是应当重点予以推广和宣传的,哪些只需作一般的介绍,以使企业的营销资源得到合理的分配和使用。

冲动性购买

每周去超市前,王女士都会把要买的必需品列在一张清单上。这一天也一样,王女士拿着购物清单进入超市购买每周都需要用的日常用品的时候,想到家里的牙膏快用完了,就向牙膏区域走去。

当她回到家中,你猜猜她的购物袋中都买了什么?除了她常常多买的东西,如新口味的泡面、口味酱、各种糖果、包装可爱的纸巾和各类看着便宜的小东西之外,她居然买下了八支不同的牙膏:竹盐牙膏买一送一,实在划算;高露洁的直立包装蛮新鲜,买来试试;李宇春代言的佳洁士,令她联想起偶像蹦蹦跳跳的广告,买下买下;还有送牙刷的,反正要换牙刷了;旅行套装,出差可以用……

按一支牙膏用一个半月计算,她买下的牙膏起码可以用一年——虽然她每周都会去一趟超市。实际上,像王女士这样的"冲动购物",在超市和商场中并不是少数,相反,非计划的冲动购买甚至高达60%。

他们为什么会冲动购买呢?原因一定有很多,其中之一是商场或超市为了刺激消费者购买,在卖场布局、商品陈列、促销方式,甚至背景音乐、温度等方面精心设计,在潜移默化中影响了消费者的购买行为。例如,根据消费者对日常用品的需求,把消费者的购物路线设计成"强制路线",就是把电梯设计成上下不同侧,消费者要上下楼就得在商场或超市里面绕一圈。商场或超市在显眼的区域集中促销应季商品,夏天卖风扇、凉席,儿童节卖玩具、文具。很多超市用大红、明黄这样醒目的颜色标出特价,用"全市最低价"等字眼来"刺激"消费者。连灯光也很有讲究,为了使瓜果蔬菜看起来更诱人,一般采用暖色调的灯;而在海鲜区,则用偏冷色调的灯光突出新鲜度。几乎所有的商场或超市都采用悦耳的背景音乐、适宜的温度等手段,希望让消费者在购物过程中感觉更愉快,从而达到刺激购买的目的。

为什么消费者感觉愉快,就容易购买呢?这是因为通过消费追求快乐是消费者消费的根本动力之一。而消费者认为快乐与否,是一个认知和情绪交互作用的过程。认知回答"价格高不高?""质量怎么样?"等问题,而情绪则回答"我喜欢它吗?""用上它我会感觉怎么样?"等问题。认知会影响情绪,例如,"我觉得它质量好,价格实惠,所以我喜欢。"反过来,情绪也会影响认知,例如,"这件衣服穿起来让我感觉非常好,所以我认为它买得很值。"认知和情绪共同作用影响消费者的购买决定。

虽然认知和情绪对消费者的快乐感共同起作用,但是在很多情况下,情绪的作用更大一些。尤其是在经过认知的判断,消费者在几个选择之间难以取舍的时候,消费者通常会问自己

"我感觉它怎么样?"。这种情况下,消费者往往会根据自己的情绪反应来做出购买决定。而且,这种情绪反应,常常对其今后的购买行为产生持续的影响。

三、购买决策的阶段

消费者的购买决策是一个动态发展的过程,一般可将其分为五个阶段:确认问题、收集信息、评价方案、做出决策、买后行为,如图 12-1 所示。这是一种典型的购买决策过程,以下分别就这五个阶段进行分析。

图 12-1 购买行为的决策阶段

1. 确认问题

这里问题是指消费者所追求的某种需要的满足。因为需要尚未得到满足,就形成了需要解决的问题。满足的需要到底是什么?希望用什么样的方式来进行满足?想满足到什么程度?这些就是希望解决的问题。确认问题是购买决策的初始阶段,因为消费者只有意识到其有待满足的需要到底是什么,才会发生一系列的购买行为。

需要的满足根据其性质的不同可分为几种不同的类型,如按照问题的紧迫性和可预见性两个指标可将需求满足的问题划分为四种类型,如表 12-2 所示。

表 12-2 需要解决的问题类型

预见性	紧迫性	
	需要立即解决的	无须立即解决的
在预期之中的	日常问题	计划解决问题
非预期之中的	紧急问题	逐步解决问题

(1) 日常问题

日常问题属预料之中但需要立即解决的问题。事实上消费者经常面临大量的日常问题,如主副食品、牙刷牙膏、毛巾肥皂等天天要消费,经常要购买。在解决日常问题时消费者的购买决策一般都比较简单,而且容易形成品牌忠诚性和习惯性的购买。但是,如果消费者感到前一次购买的商品不能令人满意,或发现了更好的替代品,他也会改变购买商品的品牌或品种。

(2) 紧急问题

紧急问题是突发性的,而且必须立即解决。如自行车轮胎爆破、眼镜镜片失手打碎、钢笔遗失等。紧急问题若不立即解决,正常生活次序将被打乱。紧急问题一般难以从容解决。这时消费者首先考虑的是如何尽快买到所适用的商品,而对商品的品牌、销售的商店,甚至商品的价格都不会进行认真的选择和提出很高的要求。

(3) 计划解决的问题

预期中要发生,但不必立即解决的问题便是计划解决的问题。计划解决的问题大多数发生在对价值较高的耐用消费品购买,例如一对开始筹备婚事的恋人准备年内购买一套家具,一个已有黑白电视机的家庭准备一年后购买一台彩电等。由于计划解决的问题消费者从认识到实际解决的时间比较长,因而对于这种类型的购买活动,消费者一般都考虑得比较周密,收集信息和比较方案的过程比较完善。

(4) 逐步解决的问题

逐步解决的问题即非预期之中,也无须立即解决的问题。它实际是消费者潜在的有待满足的需求。例如,一种新面料的服装出现在市场上,大部分消费者不必立即购买它,当然也无须计划过多长时间去购买它。然而随着时间推移,这种面料的服装的优点日益显示出来,这时购买者便会逐渐增多。一旦该种面料的服装得到社会的充分肯定,原先的逐步解决的问题很可能就演变成了日常问题或计划解决的问题。

2. 收集信息

消费者一旦对所需要解决的需要满足问题进行了确认,便会着手进行有关信息的收集。所谓收集信息,通俗地讲就是寻找和分析与满足需要有关的商品和服务的资料。

消费者一般会通过以下几种途径去获取其所需要的信息。

个人来源:家庭、朋友、邻居、熟人;

商业来源:广告、推销员、经销商、包装、展览;

公共来源:大众传播媒体、消费者评价机构;

经验来源:产品的检查、比较和使用。

消费者所要收集的信息主要有三方面内容。

(1) 恰当的评估标准

例如某消费者欲购买一块手表,他首先要确定他所要购买的手表应具有那些特征。这些特征便是评估的标准。消费者一般先根据自己的经验判断一块理想的手表应具备哪些特征。一旦他感到自己经验有限,他就会向朋友打听,查阅报刊杂志,或向销售人员征询。

(2) 已经存在的各种解决问题的方法

如目前有多少种手表在市场上出售。

(3) 各种解决问题的方法所具备的特征

如目前市场上各种手表的款式、功能、厂牌信誉、价格等方面情况。

消费者所面临的可解决其需要满足问题的信息是众多的,他们一般会对各种信息进行逐步地筛选,直至从中找到最为适宜的解决问题的方法。图12-2描述了一个想要购买洗衣机的消费者对于各种有关信息的筛选过程。

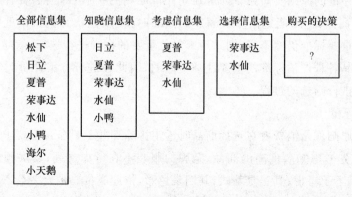

图 12-2 消费者信息收集与筛选过程

从图中我们可以看到,消费者一般不可能收集到有关产品的全部信息,他们只能在其知晓的范围内进行选择。而对于其所知晓的信息进行比较筛选后,会挑出其中一部分进行认真的选择。最终又会在它们中间选出两三个进行最后的抉择,直至做出购买决策。在这逐步筛选的过程中,每进入一个新的阶段都需要进一步收集有关产品更为详细的资料和信息。如果某一产品在这一选择过程中被首先淘汰,除其不适应消费者的需要之外,很大程度上是由于所提供的信息资料不够充分。因此,积极向消费者提供产品和服务的有关资料,在消费者收集信息阶段是非常重要的。

3. 评价方案

消费者在充分收集了各种有关信息之后,就会进入购买方案的选择和评价阶段。该阶段消费者主要要对所收集到的各种信息进行整理,形成不同的购买方案,然后按照一定的评估标准进行评价和选择。

根据消费者进行评价和选择的评估标准和评估方法的不同,评价方案的阶段会有以下四种情况。

(1) 单因素独立评价

单因素独立评价的原则就是消费者只用一个评估标准为依据挑选商品(或品牌)。例如,某些消费者选择某一商品时可能会以价格作为唯一的评估标准,在所有同类商品中购买最便宜的一种。实际上商品成千上万,消费者个性及环境差异也很大,因此在具体进行单因素独立评价的过程中,形式是多种多样的。不同的消费者对同种商品会采用不同的评估标准,同一个消费者对不同的消费品也会采用不同的评估标准。单因素独立评价是一种绝对的形式,实践中并不多见。

(2) 多因素联合评价

多因素联合评价的原则就是指消费者在购买商品时同时考虑该商品的各方面特征,并规定各个特征所具备的最低标准。例如,消费者购买耐用消费品时要考虑它的价格、款式、功能、操作方式及售后服务;购买和租赁房屋时要考虑房屋的价格、结构、地段、层次、朝向及内部设备等。

(3) 词典编辑式评价

词典编辑式评价的原则实质是单因素独立评价原则的扩展,即当消费者用他认为最重要的评估标准选购商品,但未能选出令人满意的商品时,便用他认为第二位重要的标准进行挑选。如用第二位重要标准仍然不行,则采用第三位重要的标准进行选择,依此类推。事实上在消费者心目中商品各种评估标准的重要性是不同的,因此在进行方案评价时客观上会有一个逐次按不同标准进行筛选的过程。

(4) 排除式评价

排除式评价原则就是消费者在选择商品时逐步排除那些不具备最低要求的品牌。例如消费者购买服装首先考虑知名度高的商品,杂牌的服装不在考虑之列;其次预定价格的大致范围,超出这一范围不予考虑;其三是款式;其四是色彩,依此类推。消费者会不断地把不符合其基本指标的商品一一排除,直到满意为止。但采用这种评价方法的消费者往往会发现,最后没有一件商品能使其感到满意,于是或是放弃购买,或是修改标准,重新选择。

（5）互补式评价

互补式评价原则与上述四种原则完全不同。它不是根据几个因素决定取舍，也不是按照最低标准决定取舍，它是纵观商品的各个特性，取长补短，综合利用，在考虑信息集或选择信息集中挑选一个最满意的商品。如果可以给各个商品的各个评估标准分别打分的话，互补式评价是以总分最高作为购买方案选择的原则。

4. 做出决策

消费者在进行了评价和选择之后，就形成了购买意图，最终进入做出购买决策和实施购买的阶段。但是，在形成购买意图和做出购买决策之间，仍有一些不确定的因素存在，会使消费者临时改变其购买决策。这些因素主要来自两方面：一是他人的态度；二是意料之外的变故。如图12-3所示。

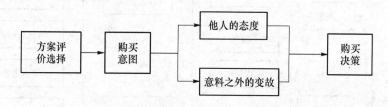

图 12-3　对购买决策的影响因素

其他人如果在消费者准备进行购买时提出反对意见或提出了更有吸引力的建议，会有可能使消费者推迟购买或放弃购买。他人态度影响力的大小主要取决于两点：反对的强烈程度以及其在消费者心目中的地位。反对的越强烈，或其在消费者心目中的地位越重要，其对消费者购买决策的影响力也就越大；反之，就比较小。

在消费者准备进行购买时所出现的一些意外变故也可能使消费者改变或放弃购买决策。如消费者家中突然有人生重病，需要大量治疗费用；消费者突然失去工作或稳定的收入来源等都是一些有可能改变消费者购买决策的突变因素。

影响消费者进行最终购买决策的根本问题是消费者对购买风险的预期，如果消费者认为购买之后会给其带来某些不利的影响，而且难以挽回，消费者改变或推迟购买的可能性就比较大。所以企业必须设法降低消费者的预期购买风险，这样就可能促使消费者做出最终的购买决策。

在消费者决定进行购买以后，他还会在执行购买的问题上进行一些决策，大体上包括五个方面。

商店决策：到哪里去购买。

数量决策：要购买多少。

时间决策：什么时候去购买。

品种决策：购买哪种款式、颜色和规格。

支付方式决策：现金、支票或分期付款。

5. 购后行为

消费者购买以后，往往通过使用或消费购买所得，检验自己的购买决策：重新衡量购买是否正确；确认满意程度；作为今后购买的决策参考。这一部分我们后面将做专门的阐述。

第二节　消费者购买决策后行为

消费者购买了商品并不意味着购买行为过程的结束,因为其对于所购买的商品是否满意,以及会采取怎样的行为对于企业目前和以后的经营活动都会带来很大的影响,所以了解消费者买后的感觉和行为并采取相应的营销策略同样是很重要的。图12-4展示了消费者购买后的感觉及行为特征。

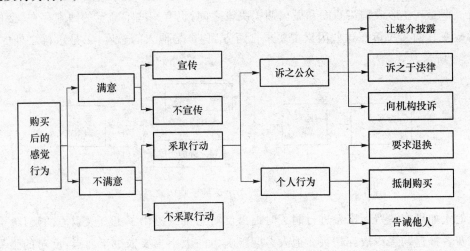

图12-4　购买后的感觉和行为

一、购后感受的含义

消费者购买以后,往往通过使用或消费购买所得,检验自己的购买决策;重新衡量购买是否正确;确认满意程度;作为今后购买的决策参考。

预测、衡量购后感受,有两种理论。

1."预期满意"理论

"预期满意"理论认为,消费者购买产品以后的满意程度取决于购买前期望得到实现的程度。如果感受到的产品效用达到或超过购前期望,就会感到满意,超出越多,满意感越大;如果感受到的产品效用未达到购前期望,就会感到不满意,差距越大,不满意感越大。

2."认识差距"理论

"认识差距"理论认为,消费者在购买和使用产品之后对商品的主观评价和商品的客观实际之间总会存在一定的差距,可分为正差距和负差距。正差距指消费者对产品的评价高于产品实际和生产者原先的预期,产生超常的满意感;负差距指消费者对产品的评价低于产品实际和生产者原先的预期,产生不满意感。

二、顾客满意的价值

满意还是不满意是消费者购买商品之后最主要的感觉,其买后的所有行为都基于这两种不同的感觉。而满意还是不满意一方面取决于其所购买的商品是否同其预期的欲望(理想产品)相一致,若符合或接近其预期欲望,消费者就会比较满意,否则就会感到不满意;另一方面则取决于他人对其购买商品的评价,若周围的人对其购买的商品持肯定意见的多,消费者就会感到比较满意,持否定意见的多,即使他原来认为比较满意的,也可能转为不满意。

感到满意的消费者在行为方面会有两种情况,一种是向他人进行宣传和推荐;另一种是不进行宣传。当然,消费者能够对企业的产品进行积极的宣传是最为理想的,企业要设法促使消费者这样去做。

现代营销观念认为稳定的市场份额比高额的利润更为重要,所以认真对待消费者买后的态度和行为是企业营销活动中间的重要一环。

消费者对产品满意与否直接决定着以后的行为。顾客满意的价值体现在以下几方面。

1. 顾客满意既是企业的出发点又是落脚点

任何企业在提供产品或服务时,其目的在于使其提供的产品或服务得到顾客的认可,并让其乐于接受。这就要求企业了解顾客需要什么样的产品和服务,对产品和服务有什么样的要求——再精美的产品,顾客不需要,也不会得到顾客的认可。因此,企业只有掌握了这个出发点,才能为顾客提供满意的产品或服务。同时,顾客满意的程度决定了企业赚钱的程度,决定了企业发展的思路,按常规算法,一家企业若保住5%的稳定顾客,那该企业的利润至少会增加25%。因此,企业的落脚点也应在于使顾客满意,只有掌握了"顾客满意"这个原动力,企业才能得到长足的发展。

2. 顾客满意使企业获得更高的长期盈利能力

在采取各种措施做到令顾客满意的同时,企业也获得许多具有竞争力的、导致企业长期盈利的优势。

(1)减少企业的浪费

在企业保证顾客满意度的过程中,企业会越来越了解顾客,常常会准确地预测到顾客的需求和愿望。这样,企业就不用花更多的时间和精力去做市场研究,新产品的研制和生产也会少走不少弯路,在很大程度上减少了企业的浪费,压缩了成本,从而获得价格优势。满意的顾客往往愿意为令自己满意的理由而额外付出。联邦快递(FEDERAL EXPRESS)由于它的昼夜服务使得它的价格即使比竞争者高也会为顾客所接受。当然顾客的额外付出并不是无限度的,付出多少取决于满意度之外的一些因素,如全面的竞争环境、顾客的价格敏感度、购买类型和公司地位等。

(2)更高的顾客回头率

满意的顾客比不满意的顾客有更高的品牌忠诚度,更可能再次购买该产品或者购买企业的其他产品。与上述的价格优势结合起来,重复购买率高将导致更多的收入,最终使企业获得更多的利润。

(3)降低交易成本

每个销售人员都知道,成交一次重复购买比说服新顾客购买容易的多。越高的顾客忠诚度意味着销售的花费越低。对于重复购买,销售人员只需向顾客推荐应该买哪种产品,多少钱,而不是费时费力地与顾客推荐为什么要买本企业的产品。

(4) 降低沟通成本

满意的顾客乐于将自己的感受告诉别人,诸如朋友、亲戚,甚至于其他的顾客。研究表明,这种口头宣传的广告比其他沟通方式更加有效,并且几乎不需要成本。

3. 顾客满意使企业在竞争中得到更好的保护

满意的顾客不但忠诚,而且这种忠诚能够长期保持,他们不大可能转向其他产品或为了更低的价格抛弃原来的供应商。即使在企业出现困难时,这些顾客也会在一定范围对企业保持忠诚,这给企业提供了缓冲困难的时间,最大限度降低对企业产生的影响。

满意顾客不会立即选择新产品。如 IBM 进入小型电脑市场较晚,在苹果公司开发 APPLE Ⅱ 之后的五年后才推出第一台自己的个人计算机,然而在这段时间里,IBM 原来的顾客(主要是大公司的采购者)都在耐心等待。最终,IBM 成为这一行业的领导者。当然其中也有 IBM 的努力和苹果公司等其他计算机公司本身存在的问题等各方面原因,但不可否认,顾客忠诚也是其中重要原因之一。

满意顾客不会很快转向低价格产品。正如满意的顾客愿意额外付出一样,他们同样不大可能仅仅由于价格低的诱惑而转向其他的供应商。不过,当价格相差很大时,顾客也不会永远保持对高价格产品的忠诚。

4. 顾客满意使企业足以应付顾客需求的变化

顾客的需求随着时代的发展在不断变化,如何抓住这一变化并去满足不断产生的新需求,是许多企业在发展中遇到的问题。顾客满意最大化对解决这一问题具有现实意义。因为,以令顾客满意为目的的企业,由于平时所做的工作能够预测到顾客需求的变化,而且满意的顾客一般也会给企业改变做法的时间。如瑞士航空公司一直以来都具有较高的顾客满意度,但在适应顾客的新需求,如介绍售票的分机情况、制订常客计划、加大头等舱座位等方面都落后于竞争对手,但顾客仍乘坐它的航班,同时在这些方面提供了大量的反馈信息。

知识链接

从顾客满意到顾客信任

顾客满意和顾客信任是两个层面的问题。如果说顾客满意是一种价值判断的话,顾客信任则是顾客满意的行为化。

因此,我们说顾客满意仅仅只是迈上了顾客信任的第一个台阶,不断强化的顾客满意才是顾客信任的基础。同时,需要明确的是,顾客满意并不一定可以发展致顾客信任,在从顾客满意到顾客信任的过程中,企业还要做许许多多的事情。

在促进顾客信任的因素中,个性化的产品和及时性服务是两个决定性因素。个性化的产品和及时性服务能增强顾客的认知体验,从而培养顾客的认知信任;个性化的产品和及时性服务能使顾客产生依赖,进而培养情感信任。只有个性化的产品和及时性服务都能适应顾客的需求变化时,顾客才会形成信赖。顾客不可能自发地信任,顾客信任需要企业以实际行动来培养。

客户忠诚度

客户忠诚是从客户满意概念中引出的概念,是指客户满意后而产生的对某种产品品牌或公司的信赖、维护和希望重复购买的一种心理倾向。客户忠诚实际上是一种客户行为的持续性,客户忠诚度是指客户忠诚于企业的程度。客户忠诚表现为两种形式,一种是客户忠诚于企业的意愿;另一种是客户忠诚于企业的行为。而一般的企业往往容易对此两种形式混淆起来,其实这两者具有本质的区别,前者对于企业来说本身并不产生直接的价值,而后者则对企业来说非常具有价值。道理很简单,客户只有意愿,却没有行动,对于企业来说没有意义。企业要做的,一是推动客户从"意愿"向"行为"的转化程度;二是通过交叉销售和追加销售等途径进一步提升客户与企业的交易频度。

例如,许多用户对微软的产品有这样那样的意见和不满,但是如果改换使用其他产品要付出很大的成本,他们也会始终坚持使用微软的产品。最近的一个调查发现,大约 25% 的手机用户为了保留他们的电话号码,会容忍当前签约供应商不完善的服务而不会转签别的电信供应商。但如果有一天,他们在转约的同时可以保留原来的号码,相信他们一定会马上行动。

三、顾客不满意的后果及应对措施

1. 顾客不满意的后果

感到不满意的消费者行为就比较复杂,有采取行动和不采取行动之分。一般而言,若不满意的程度较低或商品的价值不大,消费者有可能不采取任何行动;但是如果不满意的程度较高或商品的价值较大,消费者一般都会采取相应的行动。

不满意的消费者所采取的一种做法是个人行为,如到商店要求对商品进行退换,将不满意的情况告诉亲戚朋友,以后再也不购买此种品牌或此家企业的商品等。消费者的个人行为虽然对企业有影响,但是影响的程度相对小一些;消费者另一种可能的做法就是将其不满意的情况诉诸公众,如向消费者协会投诉,向新闻媒体披露,甚至告上法庭。这样的行为就会对企业造成较大的损失。企业应当尽可能避免这样的情况出现。

2. 应对顾客不满意的措施

忽视顾客的不满意,稍有不慎就会给企业带来沉重的打击。树立"不满意"公关意识,有助于企业及时做好准备,采取有效的策略化解顾客的不满意。

(1) 树立全员"不满意危机公关"意识

企业只有树立了全员"不满意危机公关"意识,认识到不满意处理不当可能会给企业造成的危害,企业的工作人员才不会置顾客投诉而不理,或相互推诿,而是以一种积极的心态去处理顾客的不满意,直至顾客满意。

(2) 定期进行满意度调查

企业定期组织顾客进行满意度调查,通过调查企业可以得知顾客对企业产品或服务的满意程度,了解到企业对顾客满意度影响较大的是哪些方面,企业存在的不足是什么,应如何改进等,进而企业做出对策,扼杀顾客不满意的萌芽。

(3) 设立专门的顾客投诉部门

根据调查得知,95% 的不满意顾客不会投诉,他们所做的仅仅是停止购买。因此,为方便顾客的投诉,企业要设立一个专门的顾客投诉部门并设置便捷的投诉方式,尽量将顾客的不满意化解于企业内部。对此,可安排建议表格、免费投诉电话和电子信箱地址等。另外,专门的顾客投诉队伍也可使顾客的投诉更加便捷,同时避免了出现顾客投诉时员工互相推卸责任现象的发生。3M公司就是采用设立专门部门来处理顾客投诉的方式,来迅速转化顾客的不满意,3M公司骄傲地说,它的产品的改进有2/3来自于顾客的建议。

由此得知,即便出现消费者不满意的情况,企业若能妥善处理,也是能够使消费者转怒为喜的。

沃尔玛会员制受挫中国

沃尔玛山姆会员店是沃尔玛的一种业态,是以其创始人山姆·沃尔顿的名字命名的只向会员提供服务的会员制仓储式购物商店。在美国每3个家庭中就有1个是沃尔玛山姆会员店的会员,而在中国,沃尔玛会员制却遭遇水土不服。1996年8月,沃尔玛在中国的第一家山姆会员商店在深圳登陆。几年来,沃尔玛曾在北京、福州、昆明、长春等地开设5家山姆会员店。从2003年到2004年,沃尔玛已连续对昆明会员店和长春会员店的业态进行调整。有消息说,如果北京石景山会员店的销售业绩仍上不去,也将"在劫难逃"。

沃尔玛山姆会员店的失利也一定意义上意味着生长于西方社会的会员制在中国的失败。下面我们将根据案例所提供的一些相关资料作一下简要地分析,主要是指出失败的原因或因素。

1. 对目标顾客没有把握住

首先,其在会员制的所制定的条例中对顾客没有公平对待,像"山姆会员店可取消任何一个有损本商店利益之会员会籍"和"山姆会员商店有权拒绝任何有损其商店利益的人进入本商店",这些条款虽然是商家的自我保护,但这种规定使商家有对条款任意性、扩张性的解释权力,这种权力的行使也与会员的基本权利存在矛盾。其次,不了解中国特殊的消费方式和消费习惯。会员制并不符合中国消费者的购物习惯,也将许多顾客资源流失了。从中国人的消费方式来看,据全球领先的市场研究公司AC尼尔森调查数据显示,中国消费者具有购物频率高、花费较低、喜欢选择不同的购物渠道的习惯。并且,中国消费者对价格的敏感程度是最高的,只要价格便宜,他们可以对时间、车费等机会成本、潜在成本都置之不理,因为他们对价格的偏好及灵敏度远远大于其他。

2. 与顾客互动的沟通机制不完善

"山姆会员店保留对规则随时做出修改之权力,而无须事先通知,修改后的规则从张贴公布之日起生效。"从这样的规定可以看出,会员既然购买了会员卡,就应该享有完全的知情权,双方在一个公正透明的前提下进行交易,否则使得顾客有不平等的感受。

3. 顾客入会员制的进入门槛太高,使得无法发挥规模效应

收取会费本是市场细分化的手段,但在发展中的中国却无形成了提高消费的门槛,在沃尔玛办一张主卡会费是150元,会员在这里一年至少消费1 500~3 000元才能收回成本,否则就不划算,因此其商品的价格优势并不明显。

4. 会员与非会员之间的差异不明显

在沃尔玛,会员与非会员在商品价格上的不同在于,后者需加收5%的费用,会员的价格优惠似乎并不明显。

5. 价格策略与市场定位不一致

会员店就是要抓住高端商品低价销售的细分市场,会员店并不适合对价格斤斤计较、将品质的关注放在其次的消费者。富裕阶层、小生意人、酒店等团体购物者才是会员店的目标消费群。而国内消费者绝大多数是那些不愿交纳会员费、为了一斤鸡蛋便宜2毛钱而不计时间成本排队一个小时、多频次购物且每次购物量很小的消费群体,目前还没有形成稳定的中产阶层。

6. 没有充分考虑竞争对手,与其之间的差异不大,导致彼此竞争激烈

会员店与一般超市、批发市场存在多层的竞争重合,重合的竞争大大削弱了会员店模式的竞争力。超市的利润并不来自于销售商品的毛利,而是来自于对供应商征收的进场费、上架费等各种费用。超低价竞争成为超市行业的常规手段,会员店的低价折扣优势并不明显。

复习思考题

1. 参与购买决策的成员有哪些?
2. 购买行为的类型有哪些?
3. 购买决策分哪几个阶段?
4. 什么是"预期满意"理论?
5. 什么是"认识差距"理论?
6. 如果购买后失衡消费者会有什么行为?

参 考 文 献

[1] 戈登·福克塞尔,罗纳德·戈德史密斯,斯蒂芬·布朗. 裴利芳,何润宇,译. 市场营销中的消费者心理学. 北京:机械工业出版社,2001.

[2] Frank R. Kardes. 马龙龙译. 消费者行为与管理决策. 北京:清华大学出版社,2003.

[3] 江林主编. 消费者心理与行为. 北京:中国人民大学出版社,2004.

[4] 殷智红,叶敏. 管理心理学. 北京:北京邮电大学出版社,2007.

[5] 李国振编. 消费心理学. 上海:上海交通大学出版社,1986.

[6] 姚伟主编. 新编消费心理学. 北京:中国商业出版社,1996.

[7] 冯章编主编. 消费心理分析:38 黄金法则与实务. 北京:中国经济出版社,2006.

[8] 莫温,迈纳. 黄格非,束珏婷译. 消费者行为学(市场营销学简明译丛). 北京:清华大学出版社,2003.

[9] 王长征. 消费者行为学. 武汉:武汉大学出版社,2003.

[10] 恩格尔(Engel,J. F.)等. 徐海,等,译. 消费者行为学. 北京:机械工业出版社,2003.

[11] 杨锡勇,汪绍铨. 消费者行为学. 北京:中国商业出版社,1989.

[12] 江林编. 消费者行为学. 北京:首都经济贸易大学出版社,2002.

[13] 李品媛. 消费者行为学. 大连:东北财经大学出版社,2001.

[14] 彼德(Peter,J. P.),奥尔森(Olson,J. C.). 韩德昌,译. 消费者行为与营销战略(市场营销经典译丛). 大连:东北财经大学出版社,2000.

[15] 王毅成. 消费者行为学. 武汉:武汉工业大学出版社,2000.

[16] 符国群. 消费者行为学. 武汉:武汉大学出版社,2000.

[17] 王生辉. 消费者行为分析与实务. 北京:中国人民大学出版社,2006.

[18] 单凤儒. 营销心理学. 北京:高等教育出版社,2005.

[19] 林建煌. 消费者行为. 北京:北京大学出版社,2004.

[20] 王曼,白玉苓,王智勇. 消费者行为学. 北京:机械工业出版社,2007.